Bir uzak mesafe aşkı hikâyesi.

3391 KİLOMETRE

BEYZA ALKOÇ

İNDİGO KİTAP

3391 Kilometre
Beyza Alkoç

Baskı: Ocak 2024
ISBN: 978-625-6772-28-1
Yayınevi Sertifika No: 31594

Editör: Büşra Kanoğlu
Sayfa Tasarımı: B&S Ajans
Film Afiş Konsepti ve Tasarımı: Arda Aktaş / daire

Baskı
Egem Basım Yayın Sanayi ve Ticaret LTD. ŞTİ.
Maltepe Mah. Gümüşsuyu Cad. Odin İş Merkezi
Kat: 2 No: 436 Zeytinburnu / İstanbul
Sertifika No: 43624

İNDİGO YAY. DAĞ. PAZ. REK. LTD. ŞTİ.
Skyport Residence Yakuplu Mah. Hürriyet Blv. No:1 İç Kapı No: 177
Beylikdüzü / İstanbul
Tel: 0 (212) 438 17 83 • Fax: 0 (212) 438 17 84
www.indigokitap.com • info@indigokitap.com

İNDİGO YAY Bir İndigo Kitap Yayın Dağ. Paz. Rek. Ltd. Şti. markasıdır.

3391 KİLOMETRE
Bir Mesafe Aşkı Hikâyesi!

İzmir'in Ege'sine kavuşmasının hikâyesi...

ÖNSÖZ

Sevgili sevgililerim...

Size hiç okurlarım diyemedim, hep böyle başlamak istedim. Her şeye "Bu kitap içinde halledemeyenlere gelsin." cümlesiyle başladık. İçinizde bazı şeyleri öyle halledememişsiniz ki gelip beni buldunuz, satırlarımı buldunuz. Siz benim satırlarıma bazı şeyleri içinizde halledebilmek için geldiniz. Ben de bu satırları yazmaya bazı şeyleri içimde halledemeyerek başladım.

Bazen bazı zamanlar olur, kim olduğunuzu unutursunuz, dünyadaki yerinizi sorgularsınız. Öyle şeyler hissedersiniz ki acı içinde olduğunuzu bilir ama kimseye ispat edemezsiniz. İnsan kolunu kapıya çarpınca bunu ispat edebilir, bu acıya bir açıklama bulur. İnsan ayağını masaya çarpınca da bunu ispat edebilir, bu acıya da bir açıklama bulur. Hasta olur, ispat edebilir. Sakatlanır ve bunu herkese gösterebilir, herkesi buna inandırabilir. Oysa insanın ruhu acı içindeyken bunu kendinden başka kimseye tam olarak anlatamaz, kendinden başka kimse sayesinde iyileşemez... Ama o karanlıkta yine de bir el uzanır size ve en azından karanlığınızı biraz aydınlatır. Ben bu satırlarda bir yerlerde karanlıkta kalmış birilerine el uzatmak ve ışıklarını açmak istedim. Ruhlarına iyi gelebilmek istedim.

Hayatım boyunca hep, "Her şey anını bekler." cümlesini tekrarladım kendime ve her seferinde, her adımımda bunu tekrarlamaya devam ettim ve istedim ki sizi de kendimle birlikte buna inandırayım, birlikte her şeyin anını beklediğine inanalım. Ne yaşarsak yaşayalım bilelim ki aslında her şey anını bekliyor ve taşlar öyle bir yerine oturacak ki bir gün, "Hah, işte oldu," diyeceğiz.

Şu an her nerede ve hangi şartlar altında olursanız olun, bilin ki hiçbir fırtına sonsuza kadar sürmez, tüm o fırtınalar bir gün diner ve her gemi bir gün durgun sulara geri döner. 3391 Kilometre'de size her şeyden önce iki insanın birbirini bulup birbirlerine nasıl iyi gelebileceklerini göstermek istedim. Ve tabii ki tüm o kilometrelere, aralarındaki denizlere, şehirlere rağmen birbirlerinin ellerini nasıl tutabileceklerini göstermek istedim. Ve sanıyorum gösterebildim de... Arkadaşlarınız, aileniz ya da âşık olduğunuz insan sizden uzakta olabilir. Emin olun yakın olabilmek için yan yana olmaya gerek yok. Hayat bana bunu yaşatarak öğretti ve ben de size öğrendiklerimi anlatmak istedim.

3391 Kilometre'yi yazmaya başladığım andan beri hep yanımdaydınız, her zaman dediğim gibi siz benim içinde bulunmaktan en mutlu olduğum kalabalıksınız... Bu kitapta bir cümle kurmuştum, "Güzel kalpler hiç yalnız kalmaz, güzel kalpler hep birbirlerini bulur." diye... Ve siz bana bu cümlenin ispatısınız. Biz birbirimizi bulduk sizinle... Bulmadık mı?

Bu zamana kadar beş kitabım yayımlandı, her birinin önsözünde kendimden bir şeyler de anlattım size. Oysa bu sefer hiçbir şey anlatmayacağım. Ve bu kitabı sizden başka kimseye ithaf etmeyeceğim.

Çünkü bu kitap ve bu satırlar benim size hediyemdir...

Tüm bu satırlar size gelsin...

Bir yerlerde beni okuyan ve iyileşmeyi bekleyen, karanlığından çıkmak isteyen herkese...

- Beyza Alkoç

Bu Kitap

"İÇİNDE HALLEDEMEYENLERE"

Gelsin...

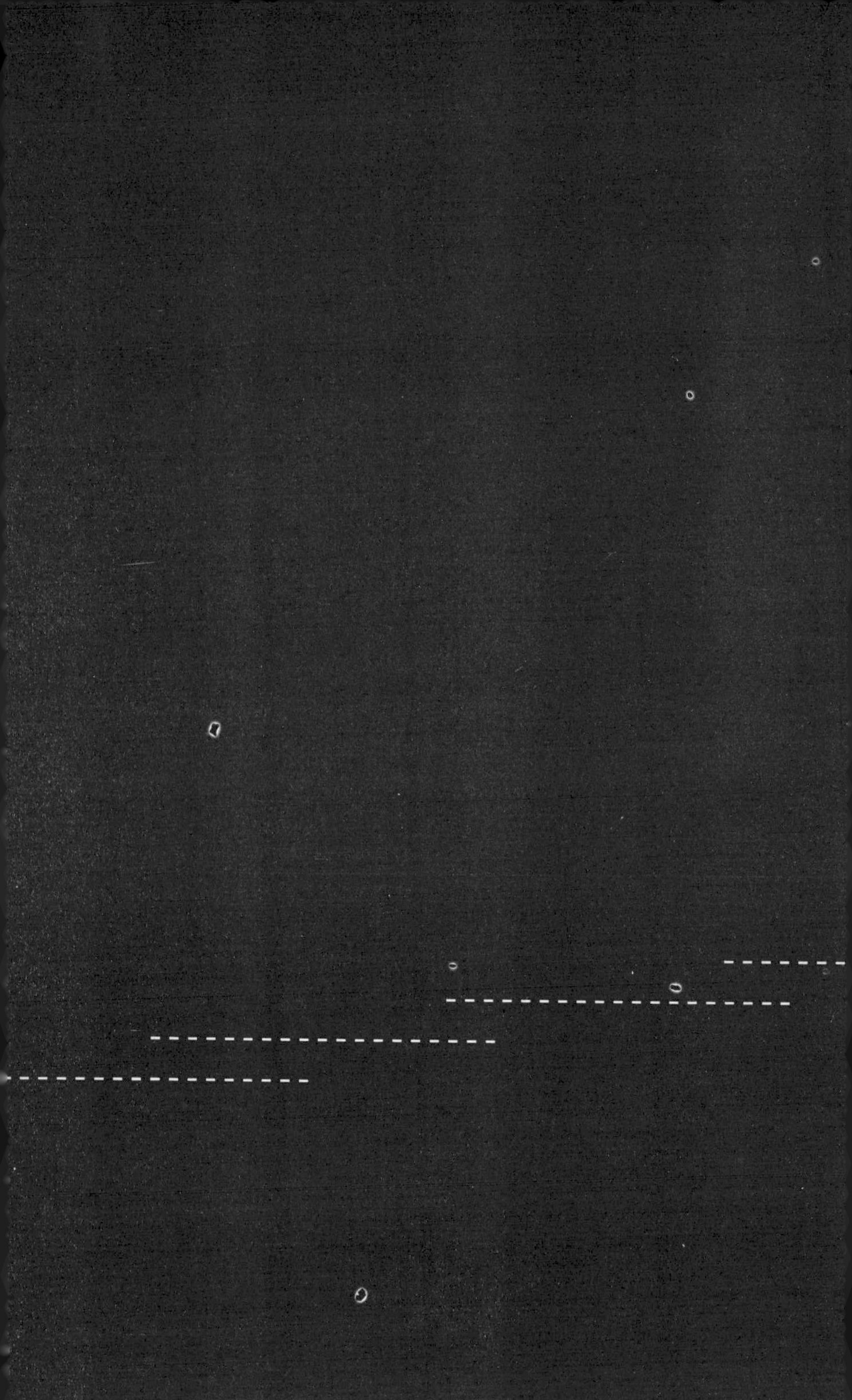

Bomboş bir odaya geçelim.

Işıkları kısalım.

Ve bu kitabı öyle okuyalım...

Bir şövalye, aştığı dağların ardında atıyla ilerliyordu.
Ta ki yedi dağ ötede gökyüzünden düşen bir yıldız görene kadar.
Şöyle düşündü şövalye,
"Yıldızlar neden hiç dibime düşmez ey göklerin koruyucusu,
söyle bana; güzel olan her şey uzakta mıdır?"

1. Bölüm
Yere Düşen Yıldızlar

> *Kimse, hiçbir yeri geri dönmek üzere terk etmez.*

Ayaklarıma baktım. Ayaklarımdaki siyah Vans ayakkabılarıma, kenarlarındaki beyaz çizgilere. İkisinin zıtlığına, zıtlığının güzelliğine. Kocaman sırt çantamı ağır ağır çekerek bacaklarımın arasına aldım, aklımda bana kurduğu son cümle, aklımda telefonda duyduğum o ses... "Belki de ben gerçekten gelmemeye gittim. O kadar çok gittim ki artık hiçbir yerdeyim. Ama şunu bil ki bu dünyada olmayı seçebileceğim tek bir yer olsaydı senin yanını seçerdim. Çünkü ben seni, ben seni..." Tamamlanamayan cümle, duyduğum tek silah sesi. Çığlıklarım, adını haykırışlarım, telefonun kapanışı, bip seslerinin kulaklarıma saplanışı. Sakinleşmem, telefonu kulağımdan belki açar umudumu yitirmemle indirmem saatlerimi aldı. Kendimi birkaç saat sonra burada buldum. Kimseye haber vermeden, gizlice çıktım odamdan mahvolmuş bir halde.

"Dikkat! Bu bir kapı değişikliği anonsudur! Türk Hava Yolları İstanbul-Paris uçuşu, 14 numaralı kapıya taşınmıştır. Yolcuların dikkatine." Çantamı aldığım gibi hızla yürümeye başladım. Kocaman sırt çantamla ona giden o uçağın kapısına doğru yürüyordum. Kimsesiz, habersiz, tek başıma... Ben İzmir. İsmimi doğduğum şehirden aldım. Ülkemin en güzide şehrinden... Oysa

ben şimdi bu ülkeyi bırakıp gidiyorum. Onun için, onu bulmak için, onu kurtarmak için. Ona yarım kalan cümlesinin cevabını vermek için. "Ben de seni... ben de seni..." demek için. Ben İzmir ve bu İzmir'in Ege'sine kavuşma hikâyesi.

(Şubat 2016)

Tanıdık geliyor mu şimdi söyleyeceklerim, iyi dinleyin. Her sabah okula gidiyorsunuz, bir köşede sessizce oturuyorsunuz, birileriyle konuştuğunuzda, güldüğünüzde, eğlendiğinizde bile içinizin bir köşesinde ruhunuz sessizce oturuyor herkesten uzakta. Akşam eve dönüyorsunuz ve yine, bir kez daha gecelerinizi bir köşede öylece otururken geçiriyorsunuz. Geçip gitmesini istemiyorsunuz bugünlerin, çünkü bir köşede oturmaktan başka hiçbir şey gelmiyorsa da elinizden öyle yorgunsunuz ki bugünlerden kurtulmak ve o köşeden sıyrılmak bile istemiyorsunuz. Ama bazen öyle günler oluyor ki ruhunuz içinizdeki o köşeden sıyrılıp çıkmak istiyor. Sabah uyanmak istemiyorsunuz, evden çıkmak istemiyorsunuz, her şeye rağmen evden çıkıyorsunuz, akşam eve dönmek istemiyorsunuz. Sonra öyle bir an geliyor ki dönecek bir eviniz kalmıyor. Ve insan doğası öyle ki, *insan her daim eve dönmek istiyor. İnsan bazen evdeyken bile eve dönmek istiyor...* İşte bu benim gerçek evimi bulup ruhumu o eve götürme hikâyem.

Saat 03.26. Sabah 7'de kalkacak olmam umurumda değilmiş gibi bilgisayarın başında oturmuş Tumblr'da geziniyorum. Ve yalnız değilim, sadece 150 blogu takip ediyorum ve yarın okul olmasına rağmen gecenin bu vaktinde bile yalnız değilim. Birkaç kişi daha var ve eğleniyoruz. Birbirimizle konuşmasak da kendi kendimize bir şeyler paylaşsak da yalnız değiliz, birlikte eğleniyoruz. Biliyorum. Ve onların da böyle hissettiğine eminim.

Fonda Cem Adrian *"Ben seni çok sevdim..."* diye bağırıyordu, *"Ben seni çok sevdim. Oku kelimeleri gözlerimden."* Kendi kendime dertlenerek derin bir nefes aldım. Hayatımda hiç âşık olmadım. 18 yaşındayım ve daha önce hiç sevgilim olmadı. Kimseden hoşlanmadım bile. Karşıma doğru insan çıkmadı belki de evet, ama konumuz şu ki, tüm bunlara rağmen ne zaman bir aşk şarkısı dinlesem hüzünleniyorum. Bazen kendimden gizli sevgilim mi var diye düşünmüyor değilim. Çünkü şarkı ayrılığı anlatıyor ve ben ağlayacak gibi oluyorum. Şarkı özlemi anlatıyor başımı sallıyorum. Evet diyorum ya, evet! Özlemden öleceğim diyorum. Ama kimi özlüyorum? Yok. Kimse yok. Benden giden kimse olmadı. Çünkü bana gelen kimse olmadı. Ben de kimseden gitmedim. Çünkü ben de kimseye gitmedim. Yani sevgili Cem Adrian, haklısın, ben onu çok sevdim. Ama kimi?

Masanın üstünde duran yarılanmış yeşil çayımdan bir yudum alıp sayfada yukarı çıktım. Her zamanki gibi bir görüntü beklerken birden kaşlarım çatıldı. Mesaj kutusunun üstünde hayatımda ilk defa "1" yazıyordu. O mesaj kutusunun üstü ilk kez kırmızıydı. Elimi laptop faresinin üstüne götürdüm ve ağır ağır mesaj kutusuna doğru ilerledim. İçimden bir ses tıklama diyordu. Ya da tıkla ama mesajı okumadan sil. Çünkü bilirsiniz, Tumblr'ın anonimleri bazen can sıkıcı olabiliyor. Ve hayatımda ilk kez alacağım anonim mesaj kötü olursa hayata küsebilirim. Ciddi ciddi küserim, bunalıma girmek için bahane arayan bir adet İzmir -ki evet bu benim ismim- bu kadar ufak bir olayla bile hayata küsebilir. Neyse ki cesaretimi topladım, iç sesim her ne kadar okuma diye fısıldasa da mesajı açtım. Ve gözlerimi satırlara çevirdim. Birincisi, bu bir anonim mesajı değildi. Kimden geldiği belliydi. Kullanıcı adı, gelmemeyegidenadam'dı. Kullanıcı adının güzelliğiyle içimde garip bir kuş belirdi. Nereye gitmişti? Neden gelmeyecekti? Tamam İzmir, bir dur da mesajı oku.

Kimden: gelmemeyegidenadam

Kime: benegeninincisi

"Artık uyu."

Gözlerim iyice kısılarak okudum yazılmış iki kelimeyi. "Artık uyu..."

Evet, durum şu, açıklıyorum. Biz Tumblr kullanıcıları gece gündüz demeden sürekli Tumblr'dayızdır. Bağımlılık gibi, nefes almak gibi ya da basitleştirelim, su içmek gibi dolaşır dururuz bu mavi sitenin güzel tonunda. Ve tümümüzün tek bir isteği vardır çoğu zaman, bir mesaj. Herkes ilk mesajlarının ne olacağını merakla bekler, bazıları dayanamaz ve anonim olarak kendilerine mesaj atarlar. Ben dayandım, ilk mesajım benden bana olmayacak dedim, ilk mesajım değerli olacak dedim. Ve ilk mesajım saat 4'e doğru ilerlerken gelen iki kelimelik anlamsız bir mesaj, **artık uyu**. Sinirle cevap yazma butonuna tıkladım.

"Teşekkür ederim." Yazdım ve sildim. Bu kadar sinirlenip neden teşekkür eder bir insan? Tamam, düşün. Bu çocuk bu saatte bana bunu niye yazdı? Neden ilk mesajımı böyle basit bir mesajla çaldı?

Kime: gelmemeyegidenadam

Kimden: benegeninincisi

"Bunu söylemene ihtiyacım yoktu. Uykum geldiğinde yapacağım ilk iş uyumak olacaktı zaten."

Mesajı yolladım, trip atar gibi ekrana doğru omuz silktim ve yeşil çayımdan bir yudum daha aldım. Farkında mıydım bilmiyorum ama stres yapmıştım. Acaba öyle yazmasa mıydım? Teşekkür etmek daha iyi olurdu sanki. Mesaj butonuna takılı kaldı gözlerim. Neden cevap yazmadı? Gerçi daha üç saniye oldu yollayalı. Acaba mesajı gördü mü? Acaba başkasına da mesaj attı mı? Bundan bana ne. Ah, bu mesaj alma işi ne zormuş. Titrediğini yeni fark ettiğim elimle mesaj kutusuna bir kez daha tıklayıp mesaj atan nam-ı diğer gelmemeyegidenadam'ın linkine tıkladım ve bloguna girdim. Gözlerim anında fotoğrafına kaydı. Tamam... Terslememeliydim. Çocuk Francisco Lachowski'ye benziyor. Tumblr kızlarının en büyük hayali. Bak... Anlamıyorum... Hayır yani ne diye Francisco Lachowski'ye benzeyen bir çocuğu terslersin İzmir!? Sinirle biyografisine göz attım.

Ömer Ege Zorlu/19/Fransa. Kimse hiçbir yeri geri dönmek üzere terk etmez...

Yutkundum. Kullanıcı adını düşündüm önce, gelmemeye giden adam. Ardından biyografisinde yazan o cümle, kimse hiçbir yeri geri dönmek üzere terk etmez. Ve bulunduğu yer, Fransa. Bu çocuk Türkiye'yi terk edip Fransa'ya mı gitmiş? Ben bir yeri terk edecek olsam imkânlarım ancak odamı terk edip mutfağa gitmeme elverir. Blogunu nedense takip etmek yerine sık kullanılanlar sekmeme ekleyip oradan çıktım ve tekrar Tumblr'a girdim. Mesaj kutumda yazan "1" sayısıyla birlikte resmen sırıttım. Bana neler oluyor? Çocuğu terslediğimin farkında mı değilim? Çocuğu tersledin sen İzmir, şimdi neyi görmek için sırıtıyorsun? Muhtemelen küfür etti. Asaletimi bozmadan mesaj kutusunun üstüne tıkladım ve mesajı açtım.

Kimden: gelmemeyegidenadam

Kime: benegeninincisi

"Uyumazsan uyanamazsın diye söyledim Ege'nin incisi İzmir. Ben Ege. Tanıştığımıza memnun oldum. Yarın bana yazacaksın. İyi geceler."

Yutkundum. Hani bazı anlar vardır. Saf gibi kalırsınız ve güçlü bir tepki vermek istersiniz. Ama bunun yerine yapabileceğiniz tek şey yutkunmak olur. Bu, "Söylediğin şey boğazımdan geçmedi. Geçsin diye yutkundum." demektir. Kimse bunu itiraf edemez, ama karşı taraf her zaman bilir. O zaman hep beraber yutkunalım... Çünkü çocuk bana yarın ne yapacağımı emreder gibi iletti ve benim ona verecek afili bir cevabım yok. Boş bırakamam, üç yanlış bir doğruyu götürmüyorsa boş bırakmak anlamsız. Yazmak zorundayım. Ama aklım çocuğun ismi ve benim kullanıcı adımın garip uyumunda. O Ege, ben Ege'nin incisi. O Ege, ben İzmir. Derin bir nefes aldım ve cevap verme butonuna tıkladım. Hadi kızım, onu olduğu yere çivileyecek bir cevap yazabilirsin. Sertçe tuşlara tıklamaya hazırlandım.

Kime: gelmemeyegidenadam

Kimden: benegenincisi

"Yarın sana yazmayacağım. İyi geceler."

Harika! Eminim olduğu yere çivilenecektir. Aptal İzmir. Verebilecek en iyi cevabın bu muydu? Küfür etsen daha şok edici olurdu. Çocuk şimdi bunu okuyacak, rahatlıkla uyumaya gidecek. Acaba bir mesaj daha yollayıp ekleme yapsam mı? "Ve senin ağzına sı..." Neyse. Yazmayacağım.

Mesaj kutusundan çıktım ve öylece ekrana bakmaya başladım. Yeşil çayımdan ağır ağır yudumlar alarak sadece ve sadece ekrana baktım yarım saat boyunca. Mesaj gelmedi. Gelmesini de beklemiyordum zaten. Hayır, gerçekten beklemiyordum. Son kez sayfayı yeniledim ne olur ne olmaz diye ve ani bir kararla bilgisayarımı kapattım. Burnumdan soluyarak yatağıma girdim ve gözlerimi kapattım.

Aklımdan çıkarsa uyuyacaktım...

Garip bir şekilde gözlerimi kapattığım an göz kapaklarımın önüne, "Artık uyu..." yazısı geldi. Sanki söylenmiş de kulağıma tekrarlanıyormuş gibi. Rahatsız olarak gözlerimi açtım ve bir kez daha kapattım. *Artık uyu.* Şaka bu değil mi? Bir kez daha gözlerimi açtım ve bir kez daha kapattım. *Artık uyu.* Cidden mi? Bedenim benimle dalga geçiyor. Başka açıklaması olamaz. Gözlerimi sımsıkı kapattım ve o karıncalanmış karanlığın oluşması için iyice sıktım. Gözlerim artık acımaya başladığında yazı kalmamıştı, yerine göz altlarımın acısı kalmıştı. Şimdi uğraşması gereken ben değildim, bedenimdi. Hadi bakalım. İyi geceler. *Ben İzmir. Ege'nin incisi...* Bak yine yapıyor!

Yol uzun, güneş sıcak, ay uzakmış...
Başını kaldırmış şövalye, "Ne garip," demiş, "aradığım yıldız, yolumu aydınlatan güneş... Ne garip, gece olacak.
Aradığım hâlâ yıldız, yolumu aydınlatan ay." İçini çekmiş.
"Ey güneş," demiş, "ey ay... Sen olsaydın aradığım, düşer miydin yedi dağ öteye? Yoksa kavuşmak olur muydu senin gökyüzünde doğuşun. Söyle bana, kavuşmak dokunmadan olur mu?
Her dokunan kavuşur mu?"

2. Bölüm
Gelmemeye Giden Adam

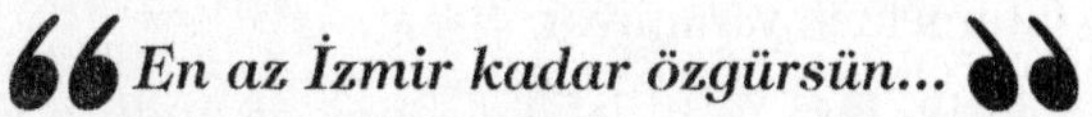

Bütün gün aklımdaydı. Evet, kahretsin ki bütün gün aklımdaydı! Sürekli telefonumdan Tumblr'a girip bir mesaj var mı diye baktım. Ve akşama kadar hiçbir mesaj gelmedi. Gözlerimi kapattığım anda profilindeki fotoğrafı geliyordu gözümün önüne. Gözümü açıyordum her şey normal, ama yine de aklımdan çıkmıyordu. Hayır yani, anlamadığım şey şu, neden bu kadar etkilendim? Sadece... neden!?

Saat gecenin 2'sine geliyor. Uykum yok, gözlerim bilgisayar ekranında. Neden bana 'yarın yazacaksın' dedi mesela? Acaba umutlandı mı? Yazmadığımı görünce ne yaptı? Yazmadım diye üzüldü mü? Ah, küfür edeyim böyle işe ya! Bu çok kötü. Bu ciddi ciddi çok kötü bir durum. Sinirle blogunu açtım. Ne yaptığımın bilinçsizliğiyle mesaj kutusuna tıkladım. Ve bom! Mesaj kutusu açıldı.

Yapma İzmir! Onu haklı çıkarma İzmir! Sana mesaj atacaksın dedi ve onun dediğini yapmamalısın! Sen bu değilsin. Sen güçlüsün, sen özgürsün, sen emirlere gelemezsin! Ama... kötü bir şey istemedi ki. Belki bir derdi var?

"Ne istiyorsun benden?" Gönderdim! Gönderdim! Aman Tanrım. Gönderdim mi ben şimdi bunu? Gönderdim tabii!

Harika. Mutlu olacak şimdi. İstediğim oldu diye düşünecek! Kazanmış gibi hissedecek. Yalnız benim mesajımın saçmalığına bakar mısınız ya. 'Ne istiyorsun benden' yazılır mı? Sanki silahla takip ediyor çocuk beni. Resmen aksiyon repliği kullanmışım. Kesin şu an gülüyordur bana. Gülüyor ki hâlâ mesaj gelmedi. Gülmekten yazamıyor.

Yedi dakika. Tam yedi dakika sonra göründü o kırmızı 1 yazısı mesaj kutumun üstünde. Beklemeliyim. Ben de yedi dakika sonra cevap vermeliyim ona. Tıklama İzmir... Tıklama! Tıkladım.

"Şu an ilk mesajı atan ben değilim. Sensin. Sen ne istiyorsun?"

Bu çocuk benimle dalga geçiyor. Tamam. Anladım ben olayı. Muhtemelen arkadaşlarıyla birini işletelim dediler beni seçtiler. Çünkü ben safım. Harika. Yoo, ağlamıyorum.

"İyi eğleniyor musun Gelmemeye Giden Adam (!)?"

Mesaj sayfasını kapatmadım bile. Öylece oturdum ekranda açık olan bütün sekmelerle bağlantımı kestim ve sadece mesaj kutuma bakıyorum. Bu sefer beklemedim. Cevap direkt geldi.

"Eğlenmek?" Biraz daha dalga geçmek için malzeme istiyor anlaşılan. Bu sefer cevap vermeyeceğim. Bu kadar konuşma yeter. Artık benden cevap alamayacak. Sayfayı kapatıp kendim için bir şarkı açtım ve başka sayfalarda gezinmeye başladım. Gelmemeye Giden Adam hesabı başlamadan bitti sanırım benim için. Dün aslında bir an gerçekten arkadaş olabiliriz sanmadım değil. Çünkü... ne bileyim ya. İnsanın çevresinde ne kadar insan olursa olsun yalnız hissediyor bazen. Yanında olmadan da yanında olan birini istiyor insan. Belli etmesem de düzgün internet kültürü olan herkes gibi bekledim böyle birini. Ve dün mesaj geldiğinde 'acaba?' dedim. Acaba? Ama olmadı tabii.

Yaklaşık yarım saat boyunca başka sayfalarda gezindikten sonra içimde büyük bir merakla Tumblr'ıma girdim tekrar. Mesaj atmış olabilirdi. Cevap vermeyecek olsam bile mesaj atıp atmadığını merak ediyordum. Ve ah... şaka mı? Yedi mesaj!? Anında mesajlara tıkladım.

"İzmir? Bir yanlış anlaşılma oldu sanırım. Seninle eğlenmiyordum. -Ege"

"Bak, cevap vermemekte haklısın ama açıklamama izin ver. -Ege"

"En azından bir soru işareti yolla ki okuduğunu bileyim. -Ege"

"Pekâlâ. Sen okumasan bile, açıklamak zorunda hissediyorum. Seninle kesinlikle eğlenmiyordum. -Ege"

"Kendimi kötü hissettiğim bir zamanda blogun karşıma çıktı. İçimden bir ses sana mesaj atmamı söyledi ve burada buldum kendimi. -Ege."

"Kötü bir niyetim yoktu. Konuşmaya çalıştım. Ama istemiyorsan tamam. Zorlamıyorum. Özgürsün. En az İzmir kadar özgürsün... -Ege."

"Ama bir arkadaşa ihtiyacın varsa ben buradayım. Çünkü benim ihtiyacım var. Tamam? -Ege."

Ekranın karşısında yutkundum. Yedi mesaj insanın bedeninde umut taneciklerinin dolaşmasını sağlar mı? Daha yedi mesaj önce cevap bile vermeyeceğime emin olduğum bir adam vardı karşımda. Belki de bir çocuk. Kendisine adam diyen bir çocuk... 19 yaşında, benden 1 yaş büyük bir çocuk. Bana arkadaşa ihtiyacı olduğunu söylüyor. Benim de içimden bir ses bas bas bağırıyor, "BİZİM DE İHTİYACIMIZ VAR!" diye. Oluyor... İstediğim oluyor... Yanımda olmadan yanımda olan bir arkadaş istedim. Ve bu oluyor. Çünkü çok istedim. Çünkü kalbimden istedim. Çünkü olmazsa ölürüm demeden istedim. Çünkü olmazsa da olur diyerek istedim. Şimdi benim anlamlı tek bir mesaja ihtiyacım var. Kelimelere bile ihtiyacım yok belki. Harika. Benim sayılara ihtiyacım var.

Cevap yazma tuşuna tıkladım ve cevabımı oldukça açık bir şekilde yazdım: "053233287** -İzmir."

Ekranın karşısında telefon numaramı aldığı ilk anda ne yapacağını merak ediyordum. Ama görme imkânım yoktu. O, ekranın içindeydi. Ekranın içinde ve benim yüzlerce kilometre uzağımda. Merakla ondan gelecek cevabı beklerken telefonum titredi. Telefonumu kaşlarım çatılı bir şekilde elime alıp ekrana baktım. Whatsapp'tan bir bildirim vardı.

Kimden: 053492855**

"Artık uyu."

Telefonumun ekranına en içten gülümsememle baktım. Bu mesajın kimden geldiğini, bu numaranın kime ait olduğunu biliyordum. Gizemli bir adamdan gizemli mesajlar... Önce çok coşkulu bir mesaj yazayım dedim. Mesela, "HAYATIMA HOŞ GELDİN! KAPIYI KAPAT DA İÇERİSİ SOĞUMASIN!" Ama tabii kendimi vazgeçirdim. Çünkü saçmalık.

Telefon numarasını telefonuma "Gelmemeye Giden Adam Ege" diye kaydettim. Ve hemen sonra mesajına cevap vermeye giriştim.

"İyi geceler Ege." Yazıyor...

"İyi geceler İzmir. Ha, unutmadan. Yarın sabah bana yazacaksın."

Gülümsedim.

Haklıydı.

Yazacaktım.

Şövalye, atını bir derenin kenarında durdurmuş.
Su içmiş, içirmiş. Saat gecenin bir vakti, mevsim zaten hep kışmış. Su içmek için eğildiği simsiyah derede gecenin karanlığını görmüş, sonra dereye yansıyan yıldızları.
Başını kaldırmış, gülümsemiş.
"Üstümde binlercesi var," demiş,
"ben günlerdir birini arıyorum."

3. Bölüm

Yedi Ay

> *Seni duymam için ses tonunu bilmeme gerek yok.*

Yazmak ve yazmamak. İşte bütün mesele bu. Uyandım, hazırlandım, okula gittim, sırama oturdum, dersler bir bir geçiyor ve ben telefon elimde sadece ona yazıp yazmayacağıma karar vermeye çalışıyorum. "Yarın sabah yazacaksın." Cümlesi çok netti. Ve haklıydı da yazacaktım. Ama ne zaman? Şu an uyuyor mudur bilmiyorum mesela. Orada saat kaçtır bilmiyorum. İşi var mıdır bilmiyorum ya da okula gidiyor mudur, bilmiyorum. Çok zor. Bu kadar kısa bir süre önce tanıştığım, çok az konuştuğum ve benimle aynı yerde oturmayı bırak bana yakın bile oturmayan bir insana mesaj atmamın zamanını belirlemem çok zor. Hem ne yazabilirim ki? Nasıl günaydın denmesinden hoşlanır?

Sıranın altından telefonumu açtım ve Coğrafya hocama göstermeden Whatsapp sayfasına girdim. Önce durumuna baktım, durumunda "Hiç kimse bir yeri geri dönmek üzere terk etmez." yazıyordu. Bu, onda görmeye şimdiden aşina olduğum bir cümleydi. Durum kısmından çıktığım gibi sohbet sayfasına girdim. Ne yazsam? Günaydın nasıl yazılıyordu?

"Günaydın." Sildim. Öyle günaydın mı yazılır? Trip atar gibi. Nokta koymayayım. Ama nokta koymasam da bir garip olur.

"Günaydınlar!" Yuh! Sil sil. Seda Sayan'ın program başlangıcı gibi oldu. O kadar uzun zamandır kimseye günaydın mesajı atmıyorum ki nasıl günaydın yazıldığını unuttum.

"Günaymış :)" Bakın bu en ilginci işte. Sanki günün aydığını başkasından duymuşum da haberi olsun diye mesaj atıyormuşum gibi. Tamam kızım, sakin ol. Alt tarafı bir günaydın mesajı. Ama nasıl yazacağım? Soğuk yazsam olmaz, sıcak yazsam olmaz. Sadece ismini ve yaşadığı yeri bildiğim bir insana yazacağım mesajı bu kadar uzun düşünmemeliyim. Yazayım gitsin. Hadi İzmir. Hadi kızım.

"Günaydın Ege, gerçi orada saat kaç bilmiyorum, uyuyor da olabilirsin :)" Gönderdim. Ciddi ciddi gönderdim. Yüzümde garip bir korku oluştu şu an. Yüzümü görseniz telefonumdan cinayete tanık olduğumu düşünebilirsiniz. Yutkundum ve kendimi toparlamaya çalıştım. Acaba biri şu an yüz ifademi görüyor mu? En arka sırada, en köşedeyim. Tek başıma oturuyorum, bu yüzden çoğunluk beni göremiyor. Ki görebilseler de bana bakmazlar. Ama yine de o ifadeyi yüzümde yakalayan biri olursa çok utanırım. Resmen korkudan kaskatı kesildim. Neden korktuğumu sorsalar ne derim? Yeni tanıştığım bir çocuğa günaydın mesajı attım da vereceği cevaptan korkuyorum. Saçma.

Telefon elimde titreyince şok içinde bacağım, dizime çekiçle vurulmuş gibi hareket etti ve sıraya çarptı.

"Ah..." Sessizce sızlanıp yüzümü buruşturduğum sırada sınıfta bir sessizlik olduğunu ve birkaç kişinin bana döndüğünü hissettim. Başımı ağır ağır kaldırdığımda sınıfın çoğunluğu ve Coğrafya hocam bana kilitlenmişlerdi. Çok iyi. Ne olacak şimdi?

"İyi misin kızım?" İsmimi bile bilmiyor. Bilemez ki nereden bilecek, okuldaki hiç kimse beni görmeden okulu bitirmek için çabalıyorum resmen.

"İyiyim." Yüzümü saklayarak konuştum ve yavaşça başımı eğip boğazımı temizledim. Sadece birkaç saniye daha beni izlediler. Amaçları neydi bilmiyorum ama kendi işlerine döndükleri anda derin bir nefes alıp telefonumu sıranın altında bir kez daha açtım ve gelen mesaja baktım.

Gelmemeye Giden Adam Ege'den 1 Yeni Mesaj...

"Uyuyordum, telefona bildirim gelince uyandım. Günaydın İzmir. ^^" Telaşa kapıldım bir an. Benim mesajımla mı uyanmıştı? Mesajımla uyandırmıştım onu. Şaka gibi. Birini mesaj atarak uyandırdım. Kötü bir şey bu! Keşke mesaj atmasaydım. Çocuk uykusundan oldu resmen. Özür mü dilesem? Kahretsin ya ne diye günaydın mesajı atarsın ki aptal, çocuğu uyandırdın!

"Özür dilerim, uyuyor olduğunu bilseydim mesaj atmazdım! Gerçekten tam bir salağım. Keşke dün akşam kaçta uyandığını sorsaydım... Lütfen uyumaya devam et, gerçekten özür dilerim!"

Resmen dertli oldum şu an. Kara kara düşünüyorum telefon ekranına bakıp saat 10.37. Acaba orada kaç? Çok büyük bir fark olmaması gerekiyor. Olsa olsa 9.37'dir.

Çevrimiçi... Yazıyor...

"Özür dileme. Uzun zaman sonra ilk defa kendim uyanmadım. Beni sen uyandırdın İzmir ^^"

Gülümsedim. Tamam, telaş yapmıştım, kızacak diye korkmuştum hatta. Ne hakla bana günaydın mesajı atarsın diyecek diye beklemiştim. Ama tabii ki bunlar olmadı. Onu uyandırdım. Bu onu mutlu etti. Bu beni de mutlu etti. Ben birini uyandırdım... Şaka gibi gelecek belki, ama ben birini uyandırdım! Annemin her sabah babamı uyandırması gibi. Dokunarak, öperek, seslenerek değil belki ama birini uyandırdım. Mesaj atarak uyandırdım. Biri benim mesajımla uyandı. Uyuyordu, ben mesaj attım ve uyandı. Varlığımın farkında, benim farkımda. Anlatamıyorum. O kadar güzel bir his ki. Biri... benim... mesajımla... uyandı...

"Peki, nasıl hissettiriyor mesajla uyandırılmak? :)"

Çevrimiçi... Yazıyor...

"Yalnız değilmişim gibi."

Buruk bir bakış attım telefona. Yalnız mı? Ege yalnız mıydı? Ülkeyi terk ettiği çok açık bir şekilde belliydi. Ama ailesiyle gitmemiş miydi? Tek başına mı gitmişti Fransa'ya? Dün akşam bana kendini kötü hissettiği bir anda blogumu gördüğünü söylemişti. Yalnızlıktan mı kötü hissediyordu kendini? Yoksa başka bir sorunu mu vardı?

"Yalnız olduğunu sanmıyorum Ege."

Çevrimiçi... Yazıyor...

"Haklısın. Artık yalnız değilim."

Ne demekti bu? Ben olduğum için mi artık yalnız değil? Öyleyse çok mutlu olurum çünkü. Öyle mi? Sorsam mı? Sorsam soramam ki. Çok saçma olur. Ya beni kastederek söylemediyse rezil olurum. Ayrıca mesajlarının sonuna gülücük koymuyor, acaba işi mi var? Rahatsız etmesem mi? Morali de bozuk gibi. Belki konuşmak istemiyordur. Uyumak istiyordur belki? Mesaj atmayı kessem mi? Böyle birdenbire susayım, uyusun akşam konuşuruz. Ama birdenbire mesaj atmayı kesmek saçma olur. Öldüğümü düşünebilir. Yalnızlık konusunun derinine inmeden, geçiştirici bir cevap yazmalıyım.

"Artık yalnız olmayacaksın :)" Geçiştirilmiş mesaja bakın, çocuğa resmen evlenme sözü verdim! Ama olsun, öyle olduğundan emin olmasam da madem o ben hayatına girdim diye artık yalnız olmadığını düşünüyor, ben de hayatından çıkmam o zaman. Buna hakkım vardır, değil mi?

Gözlerim telefon ekranında cevap beklediğim sürede Coğrafya hocasının tekrar tekrar "Dağlar denize paralel!" dediğini ve tekrar "dağlar... denize... paralel!" diye eklediğini duydum. Başımı hafifçe kaldırdığımda elleriyle haritayı işaret ettiğini ve anlatmak için çabaladığını gördüm. Gözleri gözlerime değince anladığımı belirtmek için başımı salladım hafifçe. Anlamıştım da zaten, dağlar denize paraleldi işte.

Klik! Mesaj sesiyle birlikte anında başımı eğdim.

"Anlatsana, isminin anlamı nereden geliyor İzmir? İzmir'de yaşadığın için mi?"

Gülümsedim. Hayatımda ilk defa bir insan benimle ilgili bir şeyi merak ediyor. Bu insan yanımda değil, bu insan karşımda değil, bu insan şehrimde değil. Bu insan telefonumun içinde. Telefonumun içinde, ama beni merak ediyor.

"İzmir'de yaşamamızın da etkisi var elbette. Ama şöyle anlatayım, annem bana hamileyken ultrasonda doktor erkek olacağımı görmüş. Annem ve babam da isim düşünmeye başlamışlar. Ve ortak kararla ismimin Özgür olmasına karar vermişler. Çünkü bir insanın özgürlüğü olduktan sonra başka hiçbir şeye ihtiyacı olmadığını düşünüyorlarmış. Sonra ben doğmuşum, kız olduğumu öğrendiklerinde şok olmuşlar. Özgür ismini bir kıza yakıştıramamışlar. Sonra düşünmüşler, Özgür ismi gibi ismim her söylendiğinde özgürlük alanım genişlesin istemişler. Ve özgürlük deyince akıllarına gelen ilk kelime İzmir olmuş. O andan beri İzmir'im ben. Doğduğumdan beri özgürüm."

Cevabımı yazdığım an ona biraz süre tanımak için telefonumu sıranın alt bölmesine bıraktım ve tekrar başımı kaldırıp dersle ilgileniyormuşum gibi hocaya göz attım. Bu sefer de "Dağlar denize dik uzanıyor!" dediğini duydum. Yüzüme baktı ve tekrarladı, "Dik uzanıyor!" Başımı salladım anlayışla. Adam dik kelimesini öyle bastıra bastıra söylüyordu ki yan sıramdaki ismini bilmediğim sınıf arkadaşımın "Dickhead..." diye fısıldadığını ve sıra arkadaşıyla gülüştüklerini duydum. Gözlerimi devirip derin bir nefes aldım. Sınıf arkadaşlarım komik olduklarını sanıyorlar.

Klik. Gözlerimi bir kez daha devirerek başımı eğdim ve klik sesi gelen telefonumu elime alıp Whatsapp sayfama girdim. Ege'den mesaj vardı. Başka kim mesaj atar ki zaten. Gerçi ben böyle olmasından mutluyum. Şu yan sıramdaki çocuk bana mesaj atsaydı mutlu olmazdım mesela.

"Bu zamana kadar çok kişinin isminin hikâyesini dinledim. Ama böyle güzelini ilk kez duyuyorum. Gerçekten, ne diyeceğimi bilemedim İzmir." Gülümsedim, mesajın arasında yakaladığım duymak kelimesi çok garip gelmişti. Mesaj atmıştım, mesajım kulaklarına gelmiş gibi cevap vermişti.

"Duyuyor musun yoksa okuyor musun Ege? :)"

Çevrimiçi... Yazıyor...

"Ben mesajları sadece okumam. Duyarım da." Kaşlarımı çattım. Ses tonunu bilmediği bir insanın mesajlarını nasıl sesli duyardı bir insan?

"Ama ses tonumu bilmiyorsun?"

Çevrimiçi... Yazıyor... Çevrimiçi...

Yazıyor dedikten sonra çevrimiçi oldu. Hâlâ çevrimiçi, demek ki bir şey yazdı sildi. Ne yazacağını mı düşünüyor yoksa tam bana mesaj yazarken onun için benden daha önemli olan bir başka insan mesaj attı da benim mesajımı yarım bırakıp onun mesajına cevap vermeye mi karar verdi? Umutsuzluk tanrıçasıyım şu an.

Çevrimiçi... Yazıyor... Nihayet...

"Seni duymam için ses tonunu bilmeme gerek yok." Ben nutkum tutulmuş bir şekilde mesajının güzelliğine baktığım sırada anında bir mesaj daha attı.

"Bazen sen de sesini duyan insanların seni duymadıklarını hissetmiyor musun? Ben senin sesini bilmiyorum. Ben senin sesini duymuyorum. Ama ben seni duyuyorum. Blogunu gördüğüm ilk andan beri, konuşmasak bile, ben seni duyuyorum."

Kurduğu cümleler, kullandığı kelimeler öyle güzeldi ki böylece bakakaldım. Şaşkın bir ifadeyle yüzümü kaldırdım telefon ekranından. Öylece baktım sınıfa boş boş. Ne diyeceğimi bilemiyordum. Ne yazacağımı bilemiyordum. Ne hissedeceğimi bilemiyordum. Bunlar duyduğum en güzel sözlerdi. Ya ben bu zamana kadar güzel söz duymamıştım, ya Ege'nin söyledikleri çok güzeldi. Coğrafya hocamla göz göze geldik. "En yüksek ortalama sıcaklık Güneydoğu Anadolu bölgesinin güneyinde görülür!" diye mırıldandı dikkatlice. Güneydoğu Anadolu bölgesinin güneyini o kadar iyi anlıyordum ki, şu an bir sıcaklık ne kadar yüksek olabilirse o kadar yüksekti içimde. Yutkundum. Başımı eğdim. Telefonumu elime aldım.

"Ne kadar zamandır beni duyuyorsun? Kaç gündür?"

Çevrimiçi... Yazıyor...

"Yedi aydır."

Şövalye, atıyla bir ağacın altına sığındığında çoktan başlamış yağmur, ormanı alıp götürürcesine. Sıkıca bağlamış atını ağaca, sıkıca sarmış kollarını ağacın gövdesine. Gözlerini kapatmış, o an öyle garip bir şey hissetmiş ki aklını kaybettiğini düşünmüş, "Kasırga alsa beni, götürür mü yedi dağ öteye sağ salim ya da ölü. Bu fırtınaya bıraksam kendimi, günlerdir aradığım yıldızıma gider miyim ey gökyüzü, söyle. Açayım mı kollarımı? Ölü de olsam götürür müsün beni ona?" Açmış kollarını fırtınaya, "Gel al beni!" demiş, atını bırakmış, kendini bir kasırganın ortasında bulmuş. O an anlamış, âşık olmak fırtınaya kollarını açmak, kasırganın ortasına atılmakmış...

Belki bir gün biz de birer kahraman olabiliriz, değil mi?

Çevrimiçi... Yazıyor...

Birbirimizin ruhlarını kurtarırsak neden olmasın?

4. Bölüm
Bizim Küçük Gezegenimiz!

"Yedi aydır." Yedi ay. Yedi ay. Yedi koskoca ay. Yirmi sekiz hafta. Günler, saatler, dakikalar beynimin içinde dolaşıyor. Beynim manyak bir stalkerla karşı karşıya olduğumu iddia ediyor! Beynim mesajdan çık diye bağırıyor, beynim durmuyor, engelle onu diyor! Çatık kaşlarımın altındaki şaşkın gözlerim, "Çevrimiçi" yazısında takılı hâlâ. Beni mi bekliyor? Ne tepki vereceğimi... Öylece dakikalardır ekrana bakıyorum, o da öylece dakikalardır benden cevap mı bekliyor? Tereddütlü parmaklarımla mesaj yazmaya başladım, çok garip, o an korktuğumu hissettim.

"Ege..." yazdım ve devam ettim.

Çevrimiçi...

"Şu an konuşmasak olur mu?" Kendimi en suçlu hissettiğim anlardan birindeyim. Ne diyeceğimi bilemedim, böyle bir şey başıma ilk defa geliyor ve çocuğa resmen ondan korktuğumu belli ettim.

Çevrimiçi...

Hâlâ çevrimiçi, hâlâ ekrana bakıyor, mesajımı gördü ama hiçbir şey yazmıyor. Korkuyla tekrar yazmaya başladım.

"Özür dilerim. Ben buna alışık değilim, yanlış anlama lütfen. Şu an ne diyeceğimi bilemiyorum. O yüzden şimdi konuşmamamız daha iyi. Yanlış anlama sakın."

Çevrimiçi... Çevrimiçi... *Son görülme 11.04...*

Ne!? Çevrimdışı oldu. Konuşmadan çıktı. Ben bir salağım, ben gerçekten bir salağım. Sanki peşimde gezip her gittiğim yerde takip ediyormuş gibi tepki verdim. Çocuğun yaptığı tek şey yedi aydır blogumu gözetlemekten başka bir şey değildi. Bir de ezik gibi yanlış anlama deyip durdum ve yanlış anlamadı. Doğru anladı, doğru anlaması çok daha kötü çünkü resmen berbat bir tepki verdim. Telefonu sinirle çantama attım ve başımı kaldırdım. Şu an tek yapabileceğim derslerin bitmesini beklemek, ona biraz zaman vermek ve mesaj atmaktı. Üzülmüş müydü acaba? Çok garip, içimde bir sızı hissediyorum. Neden? Neden içimde bir sızı hissediyorum? Bir yer var içimde, "Ne yaptın İzmir?" diye bağırıyor, "Bulduğun an kaybettin onu." Bu hissi bilirsiniz, çok iyi bilirsiniz... Değil mi? Biz yalnızlar çok iyi biliriz. Yapayalnız hissettiğimiz bir anda biri girer hayatımıza. Hah deriz, işte geldi. Daha ilk dakikada içimize bir şeyler doğar, sanki bir umut huzmesi, sanki güzel bir koku yayılır hücrelerimize sadece içten duyulan. Herkes için olmaz bu. Sadece bazı kişiler geldiğinde hissederiz bunu, siz kimlerden bahsettiğimi çok iyi biliyorsunuz. Aklınızda bir isim oluştu bile. Evet diyorsunuz değil mi, o geldiğinde duymuştum içimde o güzel kokuyu, karnımda umut hissetmiştim. İnsan, elindekileri tutabilen bir varlık değil maalesef. Hele de yapayalnızsan sana gelen ilk insanda öyle bir telaşa kapılıyorsun ki. Şu an o telaştayım. Hayatımın büyük bir kısmı hayatımda kimseyi istemeyerek geçti, insanlarla konuşurken çok rahat değildim çünkü. Yanıma geldiklerinde yüzlerine bakıp içimden, "Acaba hakkımda ne düşünüyor?" diye düşünüyordum sürekli. Bir öğretmenim anneme siz bu çocuğu kavanozun içinde kimseye değdirmeden mi büyüttünüz demiş, kimseye yanaşmıyorum diye. Sebep bu değil, kavanozun içinde büyümedim ben. Sorun benim. Ben. İnsanların yüzüne bakmak istememem, sesimi duymalarını istememem, kumral saçlarımı açıp rahat rahat gezememem, o saçları hep toplu tutmak zorunda hissetmem. Sorun baştan aşağı benim. İşte bu yüzden internete kapattım kendimi. Bu yüzden ilk defa Ege'den mesaj alınca biriyle konuşurken rahat hissettim kendimi. Sesimi duymuyordu, yüzümü görmüyordu, saçlarım umurunda değildi. Rahattım, çünkü benimle sadece benimle konuşmak istediği için konuşuyordu. Sadece bunun için.

Saatler sonra evdeydim, annem akşam yemeğini hazırlarken çok büyük bir katkıda bulunuyordum, çorbayı karıştırıyordum. Aklım Ege'deydi. Defalarca son görülmesine baktım ama son görülmesi hâlâ 11.04'tü. Bir kez bile girmemişti. Bloguna da defalarca bakmıştım, hiçbir şey paylaşmamıştı.

"Çorbayı karıştırırken telefona bakmasan seni o Tumblr'dan atıyorlar mı kızım?"

"Evet," dedim, "belli saatlerimiz var hepimiz o saatlerde girmek zorundayız siteye anne." Başını sağa sola sallayıp gülerken çorba kaşığını elimden aldı.

"Hadi, git odana sen. Ben yemek hazır olunca çağırırım." Hiç sesimi çıkarmadan kaşığı bırakıp odama doğru ilerledim. Hava buz gibiydi, hafif hafif yağmur çiselerken odama girdim, kapıyı kapatıp bilgisayarımın başına geçtim. Tumblr'a girdim, karşıma çıkan ilk gönderiyi okumaya başladım.

"Derin bir nefes al. Arkana yaslan, öyle eğilip bakma ekrana, dik dur. Çünkü sen dik durmak için yaratıldın, dik durmak için geldin bu dünyaya.

- -

Derin bir nefes daha al, bir nefes daha. İyice düşün, kendini bir binanın yıkık dökük merdivenlerinde hayal et. O merdivenlerden çıkmaya çalışıyorsun, duvarlar yıkılıyor. Her adımında bir parça düşüyor önüne, her adımında bir engel çıkıyor.

O bina senin hayatın.

O an, o binanın en tepesinden, enkazın içinden bir ses duyuyorsun.

Hayal et, o sesi hayal et.

En sevdiğin insanın sesini duyuyorsun orada. Dünyada en sevdiğin insan. Hayal et, kim olduğuna karar ver. Biliyorum, gözünde bir görüntü, kulağında bir ses canlandı. O ses senden yardım istiyor, o ses sana bana yardım et diye bağırıyor, "Kimse yok mu?" diyor bu dünyada en sevdiğin insan. Acı çekiyor, sana muhtaç. Duvarların arasında, enkazın altında bir yerlerde o ses seni bekliyor.

Her kim geldi aklına bilmem, ama şimdi düşün, ona öyle bir cümleyle cevap vereceksin ki en sevdiğin insanın tüm korkuları son bulacak.

Ona ne dersin? En sevdiğin insana, korkmaması için ne dersin?"

- - - - - - - - - - - - - - - - - - - -

Gözlerimi kıstım. Dünyada en sevdiğim insan, enkaz altında. Benden yardım bekliyor... Gözümde annem canlandı, üzerine yıkılmış bir duvarın altında benden yardım istiyor. Yüzümü buruşturdum, babamı düşündüm. İnsanın sevdiği insanları böyle görmesi, en güçlü sandıklarının en güçsüz hallerini kafasında canlandırması bile ellerini titretiyor. Hiçbir şey yazamadım. Bu düşünceyi beynimden atmak istercesine sayfada aşağı indim. O an aklıma bir soru takıldı, bir gün bu yazıyı gelecekte okuduğumda bir başkası daha gelecek miydi aklıma? Yoksa ben bu kavanozun içinde yaşamaya devam mı edecektim? Telefonumu elime aldım, büyük bir cesaretle Ege'ye mesaj yazmaya başladım.

"Merhaba, neler yapıyorsun?" Neler yapıyorsun mu? Yıllar sonra sokakta karşılaştığın ortaokul arkadaşına mı soruyorsun neler yaptığını İzmir?

"Ege, nasıl oldun?" Nasıl mı oldun? İzmir, çocukla sevgili olup ayrılmadınız. İki gündür tanışıyorsunuz ve ufacık bir sorun çıktı sadece, sakin ol. Çocuk yasta filan da değil şu an!

"Ege..." En iyisi bu, yazabildiğim en iyi mesaj bu. Sadece bunu yazıp yollayayım bakıp bakıp ne demek istemiş diye düşünsün. Sinirle derin bir nefes aldım. "Ege, özür dilerim. Bak, ben böyle arkadaşlık işlerine alışık değilim. Sen yedi aydır yazdıklarını okuyorum, blogunu izliyorum deyince şoka girdim. Yani... aslında sanırım bu ilk defa değer görmemden kaynaklı. Hayatımda ilk defa biri bana değer veriyor. Ve ben bunun şoku içindeyim." Yolladım. Mesaj ekranında beklemeye başladım. Dakikalarca gözlerimi telefondan ayırmadan baktım ekrana. Stresli, gergin ve telaş içindeydim. Hadi Ege, gir mesaja. Hadi...

Çevrimiçi...

Telaşla mesajdan çıktım ve telefonu kapattım! Ne? Telefonu neden kapattın salak! Bu muydu yani? Mesaja girdiğini görmek için mesajda dakikalarca bekleyip mesaja girdiği an mesajdan çıkmak ve telaştan telefonu bile kapatmak, daha harika davranamazdım. Bir camdan atmadığım kaldı telefonu. Açma tuşuna uzun uzun bastım ve açtım telefonu. Bir yeni bildirim! Heyecanla mesaja girdim.

"Peter Gabriel – Heroes." Kaşlarımı çattım, bu da ne böyle? Bana bunu neden yazdı? Şu an hâlâ çevrimiçiydi. Anlamadığımı anlamasın diye başımı kaldırıp bilgisayar klavyesini kendime yaklaştırdım, hemen Google'a girip Peter Gabriel – Heroes yazdım. Bu bir şarkıydı, çıkan ilk linke tıkladım ve şarkıyı açtım. Alt dudağımı ısırdım temkinli bir şekilde.

"Dinliyorum şarkıyı. Bir şey demeyecek misin? İyi miyiz? Yani... aramız..."

Çevrimiçi... Yazıyor... Nihayet...

"Birine şarkı yollamak, kulağının duyduğunu onunla paylaşmak iyiyiz demekten çok daha öte. Sorun yok İzmir. Değer görmeye alışsan iyi olur, çünkü hayatına beni aldın."

Gülümsedim. Şarkının sözleri kafamda Türkçeye çevrilmeye başladı, **"Bir günlüğüne biz de birer kahraman olabiliriz belki. Sadece bir günlüğüne."** *

Mesaj yazmaya başladım. "Sözleri harika. Belki bir gün biz de birer kahraman olabiliriz, değil mi? ^^"

Çevrimiçi... Yazıyor...

"Birbirimizin ruhlarını kurtarırsak neden olmasın?" Kaşlarımı çattım. Ruhlarımız... Değer görmeye bile alışık olmayan bir ruhum vardı benim, evet. Peki onun ruhunun neyi vardı? İçinin hangi parçası hastaydı?

"Ege," yazdım ve devam ettim, "anlatsana..."

"Anlatayım..." yazdı, ne anlatayım diye sormadan, sormaktan korka korka öylesine bir şeyler anlatmaya başladı ben gözlerim dolu dolu ekrana bakarken.

"Biliyor musun, ilginç bir hobim var." Merakla bekledim diğer mesajını.

"Canım sıkkın olduğunda hayvanat bahçesine gidiyorum. Bana çok yakında bir hayvanat bahçesi var, etrafımda deniz filan yok, pek yaşamaya uygun bir yerde yaşadığım da söylenemez. Son iki aydır buna alıştım. Çok saçma değil mi? Aslan kafesinin önünde oturdum bugün iki saat! Bayağı kükredi bana. Siktir git demek istedi sanırım." Kıkırdamaya başladım. Hayatımda ilk defa birinden direkt olarak küfür duyuyordum, yani okuyordum. Sanırım buna alışmalıydım, bir erkekle konuşmak böyle bir şey olsa gerek.

"Kesinlikle onu kastetmiş olmalı! Biri gelip iki saat senin önünde dursa, sana baksa sen ne derdin!"

"Siktir git." Hemen ekledi. "Yani öyle derdim. Sana demedim." Gülümseyişim yüzümde büyüdü. Bir kez daha kıkırdadım. Heyecanla mesaj yazmaya başladım.

"Sen Fransa'nın neresinde oturuyorsun ki?"

"Jurques diye bir yer. Allah'ın unuttuğu bir yerdeyim. Google'da arattığında hayvan resimleri çıkacaktır, başka da bir şey yok zaten. Benim aslanı orada görebilirsin. Ona bir isim bile verdim."

"Ciddi misin? Ahaha! Bir dakika bakıyorum, ismi ne bu arada?"

"David. Türkçe isim verirdim, ama Avrupa'daki yaşamını zorlaştırmak istemedim." Büyük bir kahkaha attım. Çocuk şu anki halimi görse şoka girerdi, telefona doğru eğilmişim kahkahalar atıyorum ve yüzüm kıpkırmızı. Hayatımda ilk defa mizaha maruz kalıyor gibiyim. Bu sırada Google'a Jurques yazdım ve cidden sadece hayvan resimleri çıktı! Amazon'da mı yaşıyor ne. Ve aslan! Aslanı gördüm. Hemen mesaj yazmaya başladım.

"David'i gördüm! Çok hoş bir tipi var. Bekâr mı?"

Çevrimiçi... Yazıyor... Gülüyorum...

"Maalesef evli. Karısı hamile, aslında ilk gördüğümde David'i dişi sanmıştım. Yeleleri daha uzundu. Ama değilmiş. Ne gereksiz bir bilgi verdim değil mi?" Anında yazmaya devam etti. "Biraz bekler misin? Ben yemek yiyip geleceğim." Başımı salladım telefona doğru. Mesaja başımı salladım, evet.

"Tamamdır. Ben buralardayım."

Çevrimiçi... Yazıyor...

"Hep buralarda ol İzmir." Gülümsedim. Delirmek üzereyim, ilgi delisi oldum. Çocuğa sürekli güzel şeyler yazmak istiyorum. Kafayı yemem umarım sırf hayatıma biri girdi diye. Telefonun ekranını kapatıp masaya koydum. Tumblr'a girdim, tam sayfada aşağı iniyordum ki mesaj kutusunun üzerindeki "1" yazısı gözüme çarptı. Kaşlarımı çatarak tıkladım, Ege buradan da mesaj atmış olabilir miydi? Mesaj kutusu açıldığında kaşlarım daha çok çatıldı. Bir başkasından mesaj gelmişti.

Kimden: uranustenkacan

Kime: benegeninincisi

Merhaba İzmir, ben Koray. Şimdi diyeceksin ki sen kimsin Koray. Şöyle ki hemen konuya gireyim ben. Ben üç yıldır bu sitenin kullanıcılarındanım. Ve aklımda bir Whatsapp grubu kurma fikri vardı uzun zamandır. Ama öyle yirmi otuz kişilik altın günleri gibi karmakarışık bir konuşma grubu değil. Beş altı kişilik, tanışacağımız ve haftanın sadece belli günlerinde güzel paylaşımlar yapacağımız bir grup. Bu sitede paylaşımlarını en sevdiğim üç insana yazdım, sen de dörtsün. Onlar kabul etti, az önce grubu açtık. Eğer kabul edersen ve eh, yalnızlıktan artık bıktıysan sizi de bekleriz Ege'nin İncisi Hanım! Ne dersin?

Ne oluyor, evren benim yalnızlığımı bitirmeye mi karar verdi? İnsan akınına uğruyorum. İnternet âleminin en popüler kızına döndüm! Ama reddetmek istemiyorum, ben artık birileriyle konuşmak istiyorum, anlatmak, çekinmeden yazmak istiyorum hayatımı... "Günaydın!" demek istiyorum onlara, "İyi geceler." Ve aklımda tüm bunlardan çok daha güzel bir şey var. Hevesle yazmaya başladım.

Kimden: benegeninincisi

Kime: uranustenkacan

Merhaba^^ Kabul ederim tabii ki. Ama bir şartla. Ben bir arkadaşımı daha getirmek istiyorum gruba. Altı kişi olsak bir sorun olur mu?

Kimden: uranustenkacan

Kime: benegenininincisi

Olalım bakalım, altıdan fazla almam diyordum senin arkadaşınla kapatalım üyeliği^^ Haftada sadece iki gün konuşacağız, böyle bir kuralımız var kendimizde büyük bir sorumluluk hissetmeyelim diye. Ben Koray. Diğer arkadaşlarım Ateş, Doruk ve Merve'yle de tanışırsın. Seni ve arkadaşını da ekliyorum. Arkadaşının kullanıcı adını ve telefonlarınızı verebilir misin?

Tereddütle baktım ekrana. Vermeli miydim telefonlarımızı? Yani Ege'nin telefonunu, ona sormadan vermeli miydim? Hâlâ açık olan, tekrar tekrar çalan Ege'nin attığı şarkının sözleri bir kez daha Türkçeye çevrildi kafamda, "Bir günlüğüne biz de birer kahraman olabiliriz belki. Sadece bir günlüğüne." Sonra Ege'nin bana kurduğu cümle, "Birbirimizin ruhlarını kurtarırsak neden olmasın?" Ruhunu kurtaracaktım. Onu bu yalnızlıktan azat edecektim, onu mutlu edecektim, onun kahramanı ben olacaktım.

Kimden: benegenininincisi

Kime: uranustenkacan

Ben İzmir, arkadaşım Ege. Kullanıcı adı gelmemeyegidenadam ve telefon numaralarımız...

Güzel olan her şey bir anda olurdu. Hep derler, güzel şeyler asla bekletmezdi insanı. Benim hayatım, Ege'nin hayatı, bizim hayatımız bir anda iyi olacaktı. Ruhlarımız bir anda iyileşecekti ve ben emindim, ruhlarımızın ilacı birbirimiz olacaktı. Telefonumdan gelen bildirimle kaşlarımı çattım, bildirimi okuduğum an yeni hayatıma hoş geldiğimi fısıldadım kendime.

"Bizim Küçük Gezegenimiz adlı grubuna eklendiniz."

Fırtına dinmiş, sular çekilmiş, güneş açmış, kurumuş şövalye.
"Bu hep böyledir," diye düşünmüş, "fırtına gelir, fırtına diner.
Sular gelir, sular gider. Güneş batar, güneş açar."
Hayatımızın da fırtınası bir gün diner, elbet bir gün güneş açar,
elbet bir gün kurur içimiz. Öylesine bir başına, bir başka dağın
tepesinde bulmuş kendini şövalye.
Zar zor ayağa kalkmış, başını kaldırmış...
Yıldızına ulaşmak için aşması gereken üç dağ kaldığını görmüş,
hafifçe gülümsemiş. "Ey bulutlar," demiş,
"sevdiğime yaklaşmamın yolu sürüklenmek miydi?
İnsan ancak kendini mahvederse mi bulur sevdiğini?"

Sevgili günlük...

O gün,

bana

"Sinemaya gidelim mi?"

diye sordu...

Kilometrelerce öteden,

şehirlerce,

denizlerce uzağımdan...

Yanımdaki

insanlar

görmezken beni,

o bana imkânsız olduğunu

bile

bile

"Sinemaya gidelim mi?"

dedi...

5. Bölüm
Sinemaya Gidelim Mi?

“*Kilometrelerce öteden, şehirlerce, denizlerce uzağımdan...*”

Hayatımızda bazı anlar vardır, o anlar sanki gelecekte başımıza gelecek her şeyi hissediyormuşuz gibi hissettirir birkaç saniyeliğine. O gün, akşam odamda otururken, Bizim Küçük Gezegenimiz grubuna alınırken, Ege'nin yemeğini yiyip gelmesini beklerken içimde bir korku hissettim. Sanki kötü şeyler olacak bildirisi aldı ruhum, ne olacağını bilmiyordum. Olacak mıydı olmayacak mıydı bunu da bilmiyordum, tek bildiğim bir korku hissettiğimdi. Ve tahminime göre bu korku iyi şeyler yaşamaya başlayan herkese olurdu. İnsanın ruhu ilk defa iyi şeyler hissettiğinde, o iyi hisleri kaybetmenin korkusunu yaşamaya başlardı. Ruhum öyle yorulmuştu ki kötü hissetmekten, ilk defa iyi hissettiğinde buram buram, “Bu hisleri kaybedemeyiz İzmir!” korkusunu bağırıyordu içimde. Haklıydı. Ben iyi hissetmeyi hak ediyordum. Ruhuma bunu borçluydum.

Tam 10 gün oldu. Tam 10 gün geçti her şeyin üzerinden. Gruba alınışımızın üzerinden, kendimi iyi hissetmeye başlayışımın üzerinden. Koray, Ateş, Doruk, Merve ve o... Ege. Ege'nin numarasını verirken çok tereddüt etmiştim onlarla konuşmak istemeyeceğini düşünerek, oysa tam tersi oldu, Ege gayet konuşkan çıktı! Biraz mesafesini koruyor, ama herkesle iyi anlaştı. Ben de öyle. Sizlere onları tanıtmama izin verin!

Merve. Kullanıcı adı, mervelerdekalabilirmiyim. Birine feci derecede âşık! Lise son sınıf öğrencisi ve âşık olduğu çocuk Buray, geçen sene okullarından mezun olup gitmiş. Ama Merve diyor ki, "Kalbimden mezun edemedim daha." Buna epey güldük, ama cümle üzerinde biraz düşününce üzücü gelmeye başlıyor. Bir deneyin düşünmeyi. Merve kısa kahverengi saçlı çok tatlı bir kız. En büyük hayali saçlarını maviye boyamakmış, ama maalesef bunu tam olarak gerçekleştiremiyor, çünkü okulu kendisini okuldan atmakla tehdit edecek kadar karşı bu işe. Merve de işin çözümünü şöyle bulmuş, kendisine bir kutu dolusu mavi tebeşir almış, okuldan çıkar çıkmaz maviye boyuyor saçlarını. En büyük tutkusu ay, ayı izlemek. Geceleri gruba sürekli ay fotoğrafları çekip atıyor. Ve fotoğraflarda ay hiç gözükmüyor, ama hepimiz "Harika!" filan demek zorunda kalıyoruz. En önemlisi, Merve Bolu'da yaşıyor. Ve hepimiz gibi, o da çok yalnız. Kimse bilmese de görmese de dünyada o kadar çok yalnız var ki. Sen, ben, biz, hepimizin içinde birer yalnız yatıyor. Bu grup bana bunu gösterdi.

Koray! Beni gruba davet eden çocuk. Kullanıcı adı uranustenkacan. Kendisi bir gezegen manyağı, gezegenlerle kafayı bozmuş. Ve favori gezegeninin Uranüs olduğunu söylüyor. Çünkü Koray'ın uğurlu sayısı 7 ve Uranüs gezegen sıralamasında 7.sırada. "Çok fazla ortak noktamız vardı." diye açıklıyor, sanki Uranüs kız arkadaşıymış gibi. Koray Ankara'da yaşıyor. Lise son sınıf öğrencisi, hayatında kimse yok, kimseye âşık da değil. Uranüs dışında... Yalnızlıktan kafayı yemek üzereyken aklına bir grup kurma fikri gelmiş. Ve bizleri seçmiş, tam bir haftalık bir düşünme sürecinden sonra tabii! Her şeyimizi biliyor, hepimizin bloglarını her noktasına kadar ezberlemiş. Hayatımda gördüğüm en neşeli, en komik insanlardan biri. Bana yalnız insanların da içinde çok neşeli insanlar yatabileceğini göstermek için gelmiş bu dünyaya sanki.

Doruk. Kullanıcı adı hayatindoruklarinda. Ve gerçekten de hayatın doruklarında! Öncelikle kendisi bayağı zengin. Ama tahmin edemeyeceğiniz kadar zengin. Ciddi ciddi bir villada yaşıyor, ama inanılmaz derecede mütevazı. Babasının işi nedeniyle dünyada gezmediği, görmediği yer kalmamış. Ama içten içe mutsuz işte. İstanbul'da yaşıyor ve hiçbir sıkıntı çekmese bile ailesinden başka kimsesi olmadığını anlatmaya çalışıyor işte. Gittiği saçma sapan kolejlerdeki insanların hiçbirine kafa uyduramadığını, bu yüzden kendini sosyal medyaya adadığını. Bir de oyunlara! Doruk tam bir oyun delisi. Sürekli bilgisayar oyunları oynuyor ve işin kötü yanı gruptaki diğer çocukları da etkilemeye başladı. Bir ara Ege bile bir oyun hakkında sorular sormaya başladı! Buna mutlu oldum, Ege'nin birileriyle iletişime geçmesine... Çok garip, Ege'yi bu kadar sahiplenmem gerçekten çok garip...

Ateş... Kullanıcı adı pardonatesinizvarmi. Grubumuzun en garip üyesi, çok fazla mesaj atmıyor. Balıkesir'de yaşıyormuş ve ufak tefek bir bunalımda olduğundan bahsetti. Ağzından zorla laf aldılar yani. Annesi ve babası üç yıl önce ayrılmış, annesiyle kalıyormuş ama annesi üç yıldır çok mutsuzmuş. Bu durumdan o da çok etkilenmiş, okulu bırakmış. Şu an öylesine bütün gün annesiyle oturuyormuş evde. Döneceğini, dönmek istediğini söylüyor. Ama öyle bir buhrana girmiş ki sokağa adım atası gelmiyormuş. İçim gitti mesajlarını okurken, ona yardım etmeyi istedim içten içe. Ama inanıyordum, bu grup ona iyi gelecekti. Çok iyi... Ateş'i küllerinden doğduracaktık.

Ve Ege... Kullanıcı adı, gelmemeyegidenadam. Kendisini gruba tanıtırken çok az bilgi verdi, üstelediler ama bir süre cevap vermeyince konu kaynadı gitti. Fransa'da yaşadığını, 19 yaşında olduğunu, Paris'te bir üniversiteyi kazanmak için gece gündüz çalıştığını, bunun dışında pek bir şey yapmadığını söyledi. Bu kadar, Ege hakkında bildiklerim bu kadar. Kocaman bir dünya var kafasında, ama ben sadece bir dünya maketi görmekle yetiniyor gibiyim. Dışını görüyor, içine asla ulaşamıyorum...

Grup kurallarımızdan biri, haftada sadece iki gün grupta konuşmak. Tabii onun dışında da ufak tefek şeyler atıyoruz birbirimize, ama kurala uyacağımıza söz verdik. Hayatımızın sorumluluğu haline gelmesin diye, normal hayatlarımıza da devam edelim diye birbirimize ayıracak 2 günümüz olmasına karar verdik. Oysa 10 gün boyunca Ege'yle her gün konuştuk! Sabah kalkar kalkmaz yazdığım ilk insan oydu, gece uyurken yazdığım son insan da oydu. Birbirimize yaşadığımız her şeyi anlatmaya başladık, yediğimiz yiyecekleri, dinlediğimiz müzikleri, hatta dün ona yürüdüğüm kaldırımın resmini attım. Ve bana neden diye sormadı. Çok garip, öyle garip bir durumdayız ki... Hayatımın her anını ona anlatmak, onunla paylaşmak istiyorum. Az önce dolabımın kulpu çıktı. Ve ben bunu bile ona anlatmak istedim.

"Dolabımın kulpu çıktı!" Yazdım ve gülümseyerek yolladım.

Çevrimiçi... Yazıyor...

"Seninle yan yana gelmekten korkmaya başladım İzmir. Dün de odandaki pencerenin kolunu çıkardığını söylemiştin." Büyük bir kahkaha attım!

"Ama o yanlışlıkla olmuştu!"

Çevrimiçi... Yazıyor...

"Dolabın kulpunu bilerek mi çıkardın?" Hemen sonra ekledi, "Sakın cevap verme, bilerek yapmış olma ihtimalini öğrenmek istemiyorum." Şu yüzümdeki gülümseme, öyle parlak ki...

10 gündür böyleyim, yüzüm hep böyle. Onunla mesajlaşırken hep gülümsüyorum ve buna engel olamıyorum. Yazdığı her cümle beni güldürüyor.

"Eee," yazdım, "ne yapıyorsun şu an?"

"Hafta sonu Paris'e gideceğim. Yeni bir filmin ilk gösterimi olacakmış." Sonra mesajına anında ekledi, "İzmir, sinemaya gidelim mi?" O an gülüşüm yüzümde dondu. Kalbim öyle büyük bir umut hissetti ki gözlerimin doluşuna şahit oldum. Bu anı günlüğüme yazacaktım. "Sevgili günlük," diye başlayacaktım söze... "O gün, bana 'Sinemaya gidelim mi?' diye sordu. Kilometrelerce öteden, şehirlerce, denizlerce uzağımdan... Yanımdaki insanlar görmezken beni, o bana imkânsız olduğunu bile bile 'Sinemaya gidelim mi?' dedi..."

Yutkundum. Ege çevrimiçiydi ve benim mesajına cevap vermemi bekliyordu. Burnumu çektim, derin bir iç çekip yazmaya başladım.

"Olur, hangi film?" Ekranın karşısında gülümsediğine emindim. Elimi telefonun içine sokup yüzüne dokunmak istiyordum.

"Fantastic Beats And Where To Find Them. Hiç duydun mu?"

"Duymaz mıyım! Büyük bir Harry Potter hayranına söylüyorsun bunu. Saat kaç gibi Paris'te olayım sayın Ömer Ege Zorlu?"

"Cumartesi saat 3 gibi, Allocine önünde buluşalım."

Yüzümü buruşturdum. "Tamam!" Yazdım, "Uçağa atlar gelirim. Allacina önünde olacağım."

"Hahaha," yazdı, "Allocine, allocine değil." Gülmeye başladım.

"Ege! Yazdığın iki kelime aynı, fark ettin mi? Yanlış yazmaya çalışırken bile doğru yazdın!"

"Fransızcam iyidir." Yazdı ve bir de göz kırpma işareti yolladı! ";)"

"Eh, bizim bir Fransızca öğretenimiz yok ki."

"Madem öyle, yarından itibaren sana ufak tefek Fransızca aşılamaya başlıyorum. Eh, buraya geldiğinde lazım olacak."

Kaşlarımı çattım. "Oraya geldiğimde mi?" Hemen sonra şakayı anlayıp bir mesaj daha attım, "Heh! Sen sinema şakasından bahsediyorsun. Ehe, evet lazım olacak."

"Hayır. Sinema şakasından değil. Ben gerçekten bahsediyorum..." Ben şaşkınlıkla mesajını okurken ikinci mesajını attı, **"Seni bir gün ayaklarıma getireceğim İzmir. Yaz bunu bir kenara."** Kalbimin deli gibi attığını hissediyordum. Cevap verecek halde değildim. Bunun hayali bile o kadar güzeldi ki kalbim duracaktı neredeyse... Ben cevap yazamayıp mal mal ekrana baktığım sırada Ege yazmaya başladı.

"Eee, sen ne yapıyorsun?" Mal mal ekrana bakıyorum Ege.

"Ben mi? Ben de bilgisayar başındayım. Müzik dinliyorum."

"Hangi şarkı?"

"Türkçe sever misin sen? Türkçe dinliyorum."

"Ben her dilde şarkı severim. Hangisi?"

"Son Feci Bisiklet – Bikinisinde Astronomi. Sözlerine dikkat et, çok güzel^^"

"Tamam. Açıyorum."

O sırada hoparlörümün sesini açtım, tam da "Sıkılırsan güneşten, gece oluruz erkenden." kısmındaydım şarkının, en güzel kısmında.

"Off..." yazdım, "Keşke hep gece olsa. Gündüzleri hiç sevmiyorum." Ege tekrar mesaja girdi. Ufak bir beklemeden sonra yazmaya başladı.

"Sıkılırsan güneşten, gece oluruz erkenden... Sen istersen." Kalbim bir kez daha teklerken Ege bir mesaj daha attı, "Güzel söz. Şarkı harikaymış, sözleri çok daha harikaymış."

Gözlerim hayranlıkla mesajlarına bakarken parmaklarımı Ege'nin mesajlarının üzerinde gezdirdim. Tanrım, geldiğim hale bakın, birinin bana attığı mesajları okşuyordum. Ona karşı içimde başlayan hisler büyük şeyler değildi, ama büyük olan bir şey vardı. Ben her geçen gün Ege'ye hayran oluyordum. Daha fazla ve daha fazla... Ömer Ege Zorlu hayranlığım, vücudumda bir hücre gibi büyümeye başlamıştı, çok yakında kalbimin yerini alacak kadar büyümemesini umuyordum. Çünkü bildiğim bir şey vardı, *ben ona giden bu mesafeleri aşamazdım.*

"İzmir. Sana bir şey söyleyeceğim." Kaşlarımı çattım.

"Söyle Ege." Yazdım. Bir süre "Çevrimiçi" yazısı sabit kaldı. Sonra tereddüt edermiş gibi yazmaya başladı tekrar.

"Ben... senin sesini duymak istiyorum artık. 10 gündür konuşuyoruz, mesajlaşıyoruz. Ve artık bana bu cümleleri yazan sesi merak ediyorum." Yutkundum. O an içimi büyük bir korku kapladı. Sanki binlerce kişinin önünde sahneye çıkacak gibiydim. Hiçbir şey yazmadım. Dakikalarca ekrana baktım öyle. Sonra Ege devam etti.

"Akşam seni arayacağım. Tamam?" Bekledim, bekledim, bekledim... Alt dudağım ısırılmaktan paramparça olacaktı. Ve en sonunda büyük bir cesaretle yazdım.

"Tamam Ege^^ Akşam ara." Derin bir nefes aldım. Başkaları için çok küçük bir olay gibi görünen bu telefon konuşması benim için en riskli ameliyattan daha korkunçtu. Korkuyordum. Sesimi duymasından, sesimin titremesinden, doğru düzgün cümleler kuramamaktan. Ama en kötüsü, sesini duyduğum an ona âşık olmaktan korkuyordum. Ama kaçış yoktu, bu akşam ilk telefon konuşmamızı yapacaktık. *Bu akşam, onun sesiyle tanışacaktım...*

Şövalye, yıldızına giden yolun on beşinci gününde bir atlıyla karşılaşmış. Atlı şövalyeyi görür görmez atını durdurmuş, inmiş aşağı. "Şövalye!" demiş, "Ben karşı dağdan geliyorum. Sevdiğime gidiyorum. Atım yol üzerinde sakatlandı. Beni ancak bir gün daha götürür. Oysa benim yolum en az on günlük. Üç dağ ötede bir at gördüm, başıboş. Oraya gidecek kestirme bir yol bilir misin?" Şövalye başını çevirmiş, üç dağ öteye bakmış. Kızıl ağaçlarla kaplı o dağ, yıldızına ulaşmak için atını feda ettiği, terk edip gittiği dağmış. Şimdi karşısında bir adam, ona onun atına ulaşmak için kısa bir yol soruyormuş. "Bu aşk için yaptıklarım..." diye düşünmüş içinden, "görmediğim bir yıldıza ulaşmak için feda ettiklerim... Yurdum, evim, atım..." Devam edememiş cümlesine. Öyle çok istiyormuş ki hiç görmediği o yıldızı görmeyi, neyi var neyi yoksa bırakmış gitmiş. Ve eminmiş, neyi kaldıysa onu da bırakır gidermiş. "Ben kısa yol bilmem." demiş, "O atı istiyorsan yürüyeceksin günlerce. Yağmur yağacak ıslanacaksın, bacakların ağrıyacak, susuz kalacaksın, üşüyeceksin, terleyeceksin. Kestirmesi olsa her yolun, anlamı kalır mı kavuşmanın?" Çünkü biliyormuş şövalye, bu atlının sevdiğini de atı da yıldızı da güzel yapan uzakta olmalarıymış. Uzakta olan güzel olmasaydı bu kadar, bakar mıydı gözler bu kadar uzağa? İnsan öyle bir yaratılmış ki, gözleri en uzağı, gökyüzünü bile görüyor. Çünkü güzel olan uzak olandır, her daim ve daima...

Onun sessizliği,

yüz binlerce insanın cümlesinden daha güzeldi.

6. Bölüm
Benim Yerim

"Bu kızı, o trene bindireceğim."

Saatlerdir Ege'yle mesajlaşmaya devam ediyoruz. Birbirimize şarkılar atıyoruz, odamın içinde delirmiş gibi mesajlarına gülüp duruyorum. Saatler ilerleyip akşama yaklaştıkça içimdeki korkunun büyüdüğünü hissettim, çünkü saatlerin ilerlemesi, havanın kararması onun beni arayacağı saate yaklaştığımızı gösteriyordu. Sesimi duyacaktı, sesini duyacaktım. Hayatımda ilk defa deliler gibi merak ettiğim bir ses tonuna şahit olacaktı kulaklarım. Sesi nasıldı acaba? Kalın mıydı, ince miydi? Nasıl gülüyordu? Gülüşü nasıldı? Kıkırdıyor muydu, yoksa tok bir kahkaha mı atıyordu, kadife sesine mi benziyordu gülüşü mesela? İsmimi nasıl söylerdi? Nasıl İzmir derdi?

Telefonu yatağıma bırakıp ayağa kalktım. Ağır ağır yürüdüm odamın içinde. Aynanın karşısına geçtim. Kendime baktım, sanki birazdan Ege'yle buluşacakmışım gibi. Altıma giydiğim siyah taytım, gri panduflarım, üzerimdeki KISSES yazılı siyah tişörtüm, toplanmış kumral saçlarım, sersefil halime baktım öylece... Gözlerim aynadaki gözlerimle buluştu. "Acaba bir gün beni sevecek mi?" diye düşündüm gözlerim gözlerimde. Kendimi bir deprem ardında darmadağınık olmuş bir odaya benzetiyordum, bu dağınıklığı sever miydi bir gün? Öylesine özgüvensizdim ki aynaya her baktığımda moralim bozularak ayrılıyordum aynanın karşısından. Sıkıntılı bir nefes vererek, yatağıma doğru ilerledim. Titremeye başlayan telefonumu elime aldığımda ben de titriyordum. Ekrandaki "Gelmemeye Giden Adam Arıyor" yazısı bu telefonda bu zamana kadar gördüğüm en unutamayacağım görüntüydü.

Derin bir nefes aldım. Telefonu açmadan önce deneme yaptım, "Alo! Alo... Alo... Kötü alo diyorum bu ne ya! Alo! Ege, merhaba. Selam Ege. Alo... Heey, merhaba, naber? Selam Ege, alo..." Telefonun titremesi ellerim arasında durduğunda korkuyla telefona baktım. Arama durdu! Hemen mesajlara girdim, çevrimiçiydi. Ne yazacaktım? Ne yazabilirdim, "Ege ya ben telefona cevap vermeden önce söyleyeceklerimin provasını yapıyordum da yetişemedim. Bir yarım saat beklersen provam bitince ben seni ararım" mı? Büyük bir cesaretle mesaj yazmak yerine arama tuşuna bastım. Ben onu arıyordum şimdi! Kalbim pır pır çarparken Ege üçüncü çalışında açtı telefonu.

Sessizlik.

Konuşmuyor, ben de konuşmuyorum.

"Alo..." Kalbim durdu. Kalbim durdu! Yemin ederim kalbim durdu! Kalbim çalışmıyor, kalbim atmıyor. Bana "Alo..." dedi! Sesi... sesi çok güzel.

"İzmir, orada mısın?" Değilim, ben buradan çok uzaklaştım. İyi değilim, burada değilim. Kendime gelmem lazım. Heyecandan öleceğim. Sanki sesim bile berbatmış gibi geliyor, konuşmak istemiyorum. Cevap vermek istemiyorum. Ne yapacağım? Yüzüne kapatıp hatlarda sorun var sanırım mı demeliyim?

"İzmir..." Tamam, sakin ol. Sakin ol, sen buradasın ve bu yaşanıyor İzmir. Sen buradasın ve bu yaşanıyor. Sakin ol, kendini akışına bırak. Nehre girdin, boğulmak istemiyorsan yüzeceksin.

"Ege..." diye mırıldandım kesik kesik. Tir tir titreyen sesim onu hafifçe güldürürken dizlerimin üstüne çöktüm. Yerde halının üzerinde dizlerimin üstünde oturuyorum şu an. Sesi öyle karakteristik ki tipini bile tahmin edebiliyorum. Olgun bir sesi var, kalın, gülüşü çok tatlı. O an garip bir şey oldu, nefes aldım, nefes verdim. O da nefes aldı, nefes verdi. Birkaç dakika öylece sustuk telefonda. Onunla konuşmaktan daha güzeldi belki de onunla susmak. Telefonun karşısında olduğunu biliyordum, telefonun karşısında olduğumu biliyordu. Ama ne o bir cümle kuruyordu ne ben. Öylece birbirimizin sessizliğini dinliyorduk. Onun sessizliği, yüz binlerce insanın cümlelerinden daha güzeldi. Sonra birden bozdu sessizliği. "Naber?" diye mırıldandı, "Bayağıdır mesajlaşmıyoruz, yaklaşık üç dakikadır. Ben de arayayım dedim." Kıkırdamaya başladım ama yüzümü görmeniz lazım o kadar zor durumdayım ki acı çekiyor gibiyim. Her an gülerken ağlayabilirim.

"Ahaha evet..." dedim gülüşümün arasından. Bu ne şimdi? Çocuk espri yaptı, konuşmaya çalışıyor seninle ve verdiğin cevap bu mu yani? Bulabildiğin cevap bu mu? Sen evrende yaratılmış en üstün ırka yani insan ırkına dahilsin ve bulabildiğin tek cevap bu mu?

"Senin... sesin mi titriyor?" Allah'ım, yardım et bana. Lütfen birkaç dakikalığına çok rahat bir İzmir olarak konuşayım onunla. Yalvarıyorum sana.

"Bilmiyorum... bana bir şey oldu... çok heyecanlıyım şu an..."

"Açıkçası, şu an ben de pek sakin sayılmam... Telefonu ilk açtığında sakindim, basit bir telefon konuşması olacak gibi geliyordu. Ama şimdi, cümle kurduğun an kalbim hızlandı sanki." Yutkundum. Bu söylediği gerçek olabilir miydi? Bir insanın kalbi benim konuşmamla hızlanabilir miydi?

"Çok garip..." dedi kendi kendine düşünür gibi, "İlk defa böyle bir şey hissediyorum..."

Sessizlik. Yine dakikalarca bir sessizlik girdi araya. Söylediği cümle kalbime o kadar dokunmuştu ki kalbim hiç bu kadar güzel bir ruhla karşılaşmamış gibiydi. Sesi çok güzeldi, söyledikleri çok güzeldi. Hayatımda ilk defa biriyle konuşmak özgüvenimi düşürmek yerine mutlu etmişti beni. Hayatımda ilk defa bir insan tarafından mutlu edilmiştim.

"Ege," diye mırıldandım, "hadi buluşalım." Gülmeye başladı, ben de gülmeye başladım.

"Tamam, Kordon'da bekle beni. Hazırlanıp çıkıyorum."

"Ah, Kordon tabii! İzmir'e dair bilinen tek yer. Hiç geldin mi buraya?" Çok garip, ilk defa biriyle bu kadar rahat konuşuyordum.

"Hiç gelmedim. Hayatım İstanbul'da geçti, sonra Fransa... Türkiye'de de çok gezdiğim söylenemez. Bildiğim tek şehir İstanbul."

"Bunu adı İzmir olan biriyle konuşurken söylüyorsun." Güldü.

"Sen benim tanıdığım ikinci şehirsin. Koskoca bir şehir seni ifade ediyor bana." Derin bir nefes aldım cümlenin derinliğiyle.

"Söylesene, kaç kilometre var aramızda? Fransa'yla ya da yaşadığın şehirle aramızdaki kilometreyi sormuyorum. Bulunduğun nokta ve bulunduğum nokta arasında birebir santimi santimine kaç kilometre var acaba?"

"Önümde bilgisayar açtık. Bir dakika... Sokağını söylesene bana."

"351. Sokak..."

"Hesaplatıyorum şimdi. 351. Sokak..." Tuş seslerini duymak çok güzeldi, sanki yanındaymışım da benimle konuşurken bir yandan bilgisayarıyla ilgileniyormuş gibi, sanki birlikte olmak rutin olmuş gibi.

"3391." diye mırıldandı bir anda, "Aramızda tam 3391 kilometre var." O an içime büyük bir yağmur bulutu oturdu sanki.

"Aramızda bir dünya var." dedim. Gülümsemeye çalıştım, "Bir an ufak bir korku hissettim."

"Korku mu?" Sesinde hayret vardı.

"Evet... On gündür sürekli konuşuyoruz, gece gündüz... Oysa aramızda tam 3391 kilometre var. Bir gün görüşmek istesek bile biz bu kilometreleri aşamayız." Kendinden emin bir nefes aldı.

"Yan yana dizilmiş dört rakamdan mı korkacağız?" Cümlesi bir kez daha kalbimi hızlandırırken içimden geçen hislerin ne kadar tehlikeli olduğunu düşündüm. Kendimi kaptırmak istemiyordum, Ege dünyanın en dalgalı denizi gibiydi, kendimi bıraktığım an sürüklene sürüklene Ege'nin kıyısında bulacaktım kendimi. Şimdilik buna izin veremezdim. Şimdilik duygularımın ipleri eline almasına izin veremezdim. Şimdilik... Ama küçük bir kaçamak yapıp onun sesini biraz daha duymak istiyor oluşuma engel olmayacaktım.

"Hadi bana bir şeyler anlat." dedim hevesle.

"Bir şeyler... Tamam. Bak şimdi, cama çıksana." Dizlerimin üzerine çöktüğüm halıdan kalktım. Hızla cama çıktım.

"Çıktım."

"Başını kaldır, ayı görüyor musun?" Başımı kaldırdım. Ay tam karşımdaydı. Yanında kocaman bir yıldız vardı.

"Görüyorum, yanındaki büyük yıldızı da. Orada da yıldız görünüyor mu?" Güldü.

"Hayır, burada yıldız görünmüyor İzmir. Orada da görünmüyor. O bir yıldız değil." dedi dalga geçer gibi, "Venüs o." Kaşlarımı çattım. Gözlerimi kısarak baktım ayın yanındaki büyük yıldıza.

"Hayır!" dedim, "Bu Venüs filan olamaz, büyük bir yıldız sadece. Çok büyük bir yıldız."

"Hayır, o çok büyük bir Venüs sadece!" dedi çocuğa anlatır gibi.

"Ciddi misin? Yani biz şu anda gökyüzünden Venüs'ü mü görüyoruz!"

"Evet, gökyüzünden Venüs'ü görüyoruz... İşin çok daha garip yanı, sen oradasın ben burada, aramızda şehirler, ülkeler, denizler, binlerce kilometre var. Ama hâlâ cama çıktığımızda aynı görüntüyü görüyoruz. Her şeye rağmen gökyüzümüz aynı. Korkun azaldı mı?"

"Bir şey diyeyim mi?" dedim aya doğru gülerek, "Korkum gerçekten azaldı. Dünyanın farklı yerlerinde de olsak aynı gökyüzüne bakıyoruz." dedim, sonra durdum, tereddütle devam ettim, "Ege... Sen bana bir şey söylemiştin... Beni yedi aydır takip ettiğinle ilgili. Yanlış anlama, korktuğumdan değil. Sadece merak ediyorum, ne oldu, nasıl oldu..."

"Belki de korkmalısın." Gülüyordu.

"Yoksa karşımda psikopat bir stalker mı var!"

"Yedi ay önce bir paylaşımını gördüm. Bir şarkı paylaşmıştın, bir arkadaşım da senin paylaşımını bloglamıştı. Ane Brun – Big In Japan şarkısını paylaşmışsın. O akşam kendimi inanılmaz yalnız hissediyordum. Şarkına tıkladım, arkama yaslandım, gözlerimi cama çevirdim. Şarkı beni öyle etkiledi ki o gece sana teşekkür edesim geldi. Bloguna girdim, ama hiçbir şey yazamadım. Seni takip ettim, sabaha kadar paylaşımlarını inceledim. İzmir'de yaşadığını öğrendim, en sevdiğin yabancı şarkının Big In Japan olduğunu, en sevdiğin filmin In Bruges olduğunu, en sevdiğin dizinin Friends olduğunu, en merak ettiğin şehrin Prag olduğunu, en büyük hayalinin bir gün Satürn'ü görmek olduğunu ve bunun gerçekleşmeyeceğini biliyor olmanın seni üzdüğünü, yalnızlığının seni içten içe mutsuz ettiğini kabullenemediğini, kendinden nefret ettiğini sandığını ama içten içe kendini sevdiğini, gördüğüm en güzel cümleleri yazdığını öğrendim, gördüm, okudum İzmir. Ben yedi ay boyunca senin yazdığın her cümleyi okudum, yedi ay boyunca paylaştığın her şarkıyı dinledim, önerdiğin her filmi izledim tek tek. Konuşmaya başlamamızdan bir hafta önce bir yazı paylaştın. O yazıyı okuduktan sonra sana yazmaya karar verdim. Cümlelerin hâlâ ezberimde... '*Hiçbir zaman içinde bulunamayacağımız fotoğraflar, asla önünde duramayacağımız binalar, adım atma ihtimalimizin dahi olmadığı merdivenler. Binemeyeceğimiz trenler, alamayacağımız biletler, gidemeyeceğimiz şehirler. Sokakta yürürken karşılaşma ihtimalimizin olmadığı insanlar, asla duyamayacağımız cümleler, gelmeyecek günler, geçmeyecek yıllar...*' Bu yazıyı okudum. Ve o an dedim ki, ben bu kızı o trene bindireceğim. Asla duyamayacağı cümleleri ona söyleyeceğim. Cesaretimi toplamam bir haftamı aldı, sonra sana yazdım. Ve şimdi buradayız, sesimi duyuyorsun, sesini duyuyorum. Ve inan bana, seninle bir gün sokakta yürürken de karşılaşacağız."

Ben nutkum tutulmuş bir şekilde hayranlıkla ve hayretle cümlelerini dinlerken Ege'nin telefonunun arka planından bir ses duydum. Beni donduran, kalbimi hızlandıran bir ses. Nereden geliyordu bilmiyorum, bir kapı gürültülü bir şekilde tekmelenirken şaşkınlıkla donakaldım telefonda. Kapıdan kırılırcasına yere yığılma sesi gelirken korkuyla sordum.

"Ege! Ne oluyor?" Cevap gelmedi. Telefon karmakarışık bir sese karışırken birden kapandı. Korkuyla donakaldım telefon kulağımda. Ne olmuş olabilirdi? Ne oluyor olabilirdi? Hızla tekrar aradım. Çaldı, çaldı, çaldı... Telefon defalarca çaldı ama bir cevap veren yoktu. Titreyen parmaklarımla mesaj sayfasına girdim. "Ege, ne oldu? İyi misin? O sesler neydi!" yazdım hızla. Tek tik. Mesajımda tek tik çıktı! Ne oldu da birden interneti gitti, kafayı yemek üzereyim. Hızla ne yaptığımın bilinçsizliğiyle odamdan çıktım. Oturma odasına ulaştığımda haberleri izleyen anne ve babamın karşısında buldum kendimi.

"Baba..." dedim korkuyla. Kaşlarını çatarak baktı bana.

"İzmir," dedi bir asker edasıyla, "Neyin var?" Ne diyecektim? "Baba internetten tanıştığım bir çocukla telefondan konuşuyorduk birden bir gürültü koptu ve hat kesildi!" mi? Babam bir asker. Üstelik bir zamanlar yüksek rütbeli bir askerdi. Uzun süre TSK özel timin başındaki kurmay yarbaydı. Çok büyük görevleri yönetti, çok büyük toplantıların başındaydı. Yıllarca ayrı kaldık ondan. Şimdi de sürekli ayrı kalıyoruz, yılda toplasan üç ayımızı bile beraber geçiremiyoruz. Ege'nin telefonundan tüm o sesleri duyduğumda birden burada buldum kendimi. Belki bir şekilde bir şey öğrenmeme yardımcı olabilir diye. Oysa umudum saçmaydı. Çok büyük güvenlik önlemleriyle yaşıyorduk zaten. Okula giderken, okuldan dönerken, alışverişe giderken bile iki koruma eşlik ediyordu elli metre arkamızdan. Şimdi gelip de babama internetten biriyle tanıştım diyemezdim. Yutkundum.

"Bir... kurs buldum. Kursa gitmek istiyorum. Gidebilir miyim? Onu soracaktım."

"Ne kursu bu böyle seni kan ter içinde bırakmış?" O an hiçbir yalan uyduramıyordum. Aklım tamamen Ege'deydi, ne olmuştu? Ne olmuş olabilirdi böyle!

"Matematik kursu," diye attım. Yanlarına oturdum, babamın kursla ilgili sorduğu sorulara ufak tefek yalanlar söyleyerek konuşmayı ilerletmeye çalıştım. Aklım telefondaydı. Ne titriyordu ne bir ses geliyordu. Telefon cansızlaşmıştı, sanki içindeki Ege ölmüştü. Kalbimde büyük bir hüzünle oturuyordum oturma odamızın koltuğunda. Uzak olmak, görememek, sokakta karşılaşmamak bile dayanılabilirdi. Ama şu an içimi öyle büyük bir korku kaplamıştı ki ellerim titriyordu. İyi miydi bilmiyordum. İyi olacak mıydı bilmiyordum. İyiyse bile geleceğimiz nasıl olacaktı? Bir gün hasta olsa ve bana yazamasa burada kafayı yiyecektim. Görmemek değildi katlanılamayan, yanında olamamak, yanı başında duramamaktı. Biliyordum, ne olursa olsun onun hayatına asla dahil olamayacaktım. Şu an, hayatında ne olduğunu bilmediğim bir şey oluyordu ve ben ondan binlerce kilometre ötede sadece oturuyor ve haber bekliyordum. Ben yerim buydu. Benim yerim ondan kilometrelerce ötedeydi...

Şövalye, haftalar boyu dere tepe düz gitmiş. Gözü hep ondan dağlarca ötede olan ama bu uzaklığa rağmen her baktığında ona parlayan yıldızındaymış. Yirmi yedinci günün sonunda bir ağacın altında kestirdiği üç saatlik uykusundan uyandığında ayağa kalkmış. Başını kaldırıp iki dağ ötedeki yıldızına bakmak istemiş. Oysa o an yıldızını görememiş şövalye. Telaşa kapılmış, koşarak dağın uçurumunda bulmuş kendini. İki dağ ötede parlayan bir yıldızı bırakın, bir ateş böceği tanesi bile yokmuş. Aklını kaybedecek gibi olmuş şövalye. "Tanrım!" demiş kendi kendine, "Bu nasıl bir sınav? Dağları tepeleri aştım. Gücümü başımı kaldırıp onu her gördüğümde aldım. Oysa şimdi orada mı değil mi bilmiyorum. Bir yerlerde beni beklediğini biliyorum, oysa bihaberim artık yıldızımdan. Uzak olmak değilmiş insanı üzen, insanı asıl üzen sevdiğini kaybetmekmiş. İki dağ ötemde onu göremediğim günler, yedi dağ ötemde onu gördüğüm günlerden kötüymüş."

O an keşke yine uzak olsak demiş içinden... "Keşke uzak olsak da onu görebilsem, iyi olduğunu bilsem."

Çünkü sevmek buymuş. Sevmek yakınında olmasa da sadece orada olduğunu bilmek, iyi olduğunu görmekmiş...

Kendimi
bir
deprem
ardında
darmadağınık
olmuş
bir
odaya
benzetiyordum,
bu
dağınıklığı
sever
miydi
bir
gün?

Söylesenize,

elinizi uzattığınızda
dokunamayacağınızı
bildiğiniz bir insanı
hayatınıza alır mıydınız?
Bunu kendinize
yapar mıydınız?

7. Bölüm

Yan Yanaymışız Gibi...

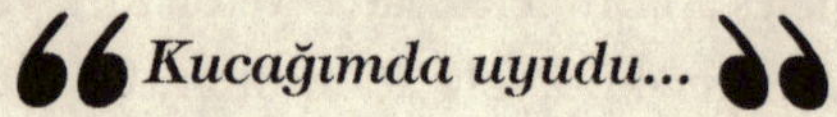

"Şimdi ben, kayıp..." Dinlediğim şarkı, kendini kaybetmiş bir adamı anlatıyor. Sadece kendini değil, sahip olduğu her şeyi ve herkesi kaybetmiş bir adam. Her şeyden öylesine vazgeçmiş ki kendini en usta zalimin bile ellerine bırakmaya hazır bir adamı anlatıyor. En sonunda şöyle diyor, *"Vardır elbet bir çıkılacak yol."* *

Oradasın, biliyorum. Bu satırları okuyorsun. Şimdi bu satıra geçtin, kaşların çatıldı. Kafan karıştı. Kimle konuştuğumu, bu satırları kime yazdığımı anlamaya çalışıyorsun. Ben bu satırları sana yazıyorum. Ona, buna, şuna değil. Sana yazıyorum. Dünyanın her neresindesin bilmiyorum, hangi şehrin hangi sokağından okuyorsun bu yazdıklarımı bilmiyorum. Bir otobüste misin, trende misin, saat orada kaç? Bilmiyorum... Ekrana dökülen saçların ne renk inan bana tahmin edemiyorum. Ve inan bana, bunların hiçbirinin önemi yok. Saçlarının renginin, saçlarının olup olmamasının, nerede olduğunun, saatinin kaç olduğunun... Tek önemli olan sensin. Bu satırları okuyor olman. Tek önemli olan şimdi bu cümleye geçmiş olman. Neler yaşadın, neleri atlattın, neler yaşayacaksın, neleri atlatmak zorunda kalacaksın bilmiyorum. Tek bir bildiğim var, bu dünyada çıkmaz sokak yok. Sonuna geldiğini düşündüğün her yolda, o yolun sonunda bir duvar da görsen adım attığında yıkılacak o duvar. Belki mahvolmuş bir haldesin, belki pes ettin, belki çaresizsin, belki artık hiçbir şeyin iyi olacağına inanmıyorsun. Ama sen bu satıra geçtiysen, hâlâ umut var demektir. Çünkü bu satırları okumaya devam ediyorsan bu satırlardan bir kurtuluş yolu, bir cevap arıyorsun demektir. Derin bir nefes al. Bir nefes daha. Ve bil ki, **"Vardır elbet bir çıkılacak yol."** Yeter ki o yola adımını at. O telefonu eline al, kendini tuttuğun o mesajı at. Aynanın karşısına geç, kendine bir bak. O kadar değerlisin ki kendinin kendine yazık etmesine izin verme, saçlarını tara. Bir özür dile kendinden. Kendine yaptığın haksızlıklar için, kendini soktuğun o çıkmaz sokak için, kendini suçladığın her an için özür dile kendinden. Bu dünyadaki en önemli insan sensin. Bu dünyadaki en değerli insan sensin. Başkalarına verdiğin değerin yarısını bile kendine vermediysen eğer, şimdi bir kez daha özür dile kendinden. Ve bir kez daha. Unutma, herkes gittiğinde bile ruhun seninle kalacak... Senin en yakın arkadaşın, en daimi ailen sensin...

Bu satırları yazdığım günü hatırlıyorum. Yaklaşık üç hafta önce yazmıştım. Muhtemelen Ege bunları yazdığım an okumuştu. Acaba ne düşünmüştü? Telefonumu elime aldım, mesajlaşmalara girdim ve Ege'ye yazdığım ama hâlâ ona ulaşmayan o mesaja baktım. Telefonun kapanmasının üzerinden yaklaşık üç saat geçmişti fakat Ege'den haber yoktu. Odamda oturmuş kafayı yiyordum. Bu kafayı yeme türü, kafayı yemelerin en büyüğüdür! Bilirsiniz, odanızda tek başınıza oturur öylece kafayı yersiniz. Anlatacak kimseniz yoktur. Çünkü anlayacak kimseniz yoktur. Yatağımdan kalktım, odanın içinde biraz gezindim. Cama çıktım, ayın hemen yanındaki Venüs'e göz attım. Ay oradaydı, Venüs ordaydı, ben buradaydım ama Ege olması gereken yerde, burada değildi. İç sıkıntımı büyüterek girdim içeri. Yatağıma geri döndüm. Odanın ışığını kısıp olabildiğince loş bir hale getirip yatağımın içine perişan bir halde çöktüm. Sığındım. Yatağıma sığındım. Kendimi her kötü hissettiğimde bunu yaparım. Yorganıma sıkıca sarılır, öylece karanlıkta otu-rur kendimi kötü hislerden koruma görevini yatağıma veririm. Ona sığınırım...

Odamın loş ışığı, içimin karanlığı, birdenbire telefonumun titremesiyle aydınlandı. Telaşla telefonu öyle bir kaptım ki neredeyse yere düşüyordu!

"Gelmemeye Giden Adam Ege'den Bir Yeni Mesaj"

Evet diye bağırmak istedim odamın içinde EVET! Mesaj attı! Bana mesaj attı! Cama çıkıp çığlık atmak istiyorum. Ufak bir kahkaha attım daha mesajı açmadan. Şu geldiğim hale bakın, mesaj geliyor ve delirmiş gibi gülüyorum.

"İnanamayacaksın ama telefon elimden düştü. Saatlerdir açmaya çalışıyorum. Şimdi de ekran görüntüsü gidip geliyor, umarım kapanmaz." Kaşlarımı çattım. Telefonda duyulan kırılan kapı sesi neydi peki? Yalan mı söylüyor?

"Çok büyük bir ses duydum... Korktum senin için..."

Çevrimiçi... Yazıyor... Çevrimiçi... Yazıyor...

"Muhtemelen telefonun düşme sesi sana farklı bir ses gibi geldi^^ Eee, neler yaptın yokluğumda? Özlemişsin sanırım." Şüphelerim ve endişem yerlerini terk etmemesine rağmen yüzümde buruk bir gülümseme oluştu.

"Eh, boş boş durdum. Şuna bak, iki haftada hayatımın tamamına dönmüşsün. Seninle mesajlaşmayınca yapacak bir şey bulamıyorum."

"Ben de saatlerdir telefonu açabilmek için insanüstü bir çaba gösteriyorum. Bundan iki hafta önce telefonum bozulsa umurumda olmazdı. Ama şimdi o telefonun içinde çok değerli bir şey var..." Anlamayarak kaşlarımı çattım.

"Ne var?"

"Sen varsın..." Yüzümdeki buruk gülümseme donakalırken öylece ekranı izledim. Ege'ye karşı hislerim, düşüncelerim, hayatımdaki yeri sabit olmayan bir şekilde her mesajında değişiyordu. Hepsinde daha çok büyüyordu yeri, her cümlesinde artıyordu hayatımdaki kapasitesi. Bu şekilde nereye gidiyorduk bilmiyordum. Tek bildiğim her şeyimi anlatabileceğim bir arkadaş bulduğumdu, oysa o arkadaşı hiç bulamamış sayılırdım benden binlerce kilometre uzaktayken. Söylesenize, elinizi uzattığınızda dokunamayacağınızı bildiğiniz bir insanı hayatınıza alır mıydınız? Bunu kendinize yapar mıydınız? Çünkü bağlılığım öylesine artıyordu ki elimi ekranın içine sokmak, ona dokunmak istiyordum kurduğu her cümlede. Her şeyden öte, şu an içimde çok büyük bir his vardı. Telefonun o sesle kapanışı, Ege'nin saatlerce ortada olmayışı, geldiğinde söylediği bahaneler... Sanki çok kötü şeyler yaşamış, gelmiş de bana yalan dolan açıklamalar yapıyor gibiydi. Aslına bakarsanız en başından beri her konuşmamızda bunu seziyordum. Sanki bir savaşın ortasında benimle konuşuyor, ara ara cepheye koşuyor gibiydi. Benden sakladığı ne vardı hayatında, bilmiyordum. Tek bildiğim pek de iyi bir dünyanın ortasında olmadığıydı.

"Söylesene," yazdı bir anda, "hiç dışarı çıkmaz mısın sen? Konuşmaya başladığımızdan beri okul dışında bir yerde olduğunu anlattığını duymadım." Sıkıntılı bir nefes verdim. Beni yavaş yavaş tanımaya başlıyordu.

"Sayılır. Benim dünyam odamdan ibaret. Dünyamdan dışarı taşamıyorum." Sonra gülerek ekledim. "Senin gibi hafta sonlarımızı Paris'te geçiremiyoruz!"

Yazıyor... Çevrimiçi... Yazıyor...

"Bir gün bir hafta sonumuzu beraber Paris'te geçiririz." Gülmeden, öylece bunun imkânsızlığını bilerek baktım ekrana.

"İmkânsızın hayalini kurmak istemem." Yazdım.

Çevrimiçi... Yazıyor...

"Hayalini kurmadığın her şey imkânsız olarak kalır."

Ben ekrana bakıp ikimizi Eiffel'in önünde hayal ederken Ege yazmaya devam etti.

"Seni o odadan çıkaracağım. Sana kendi dünyamı gezdireceğim." Gülümsedim. Derin bir iç çektikten sonra yavaş yavaş yazmaya başladım.

"Sana bir şey soracağım Ege..."

"Ne istersen."

"Bu zamana kadar konuştuğum en güzel cümleler kuran insansın."

"Farkındayım." Egoist cevabına güldükten sonra devam ettim.

"Peki neden yalnızsın... Çoktan bir sevgilin olmalıymış. Fransa'da yaşıyorsun, bir insanın senden etkilenmemesi mümkün değil. Ama yapayalnızsın. Arkadaşların yok, çok daha ötesi bir sevgilin de yok."

"Öğrenmek istediğin buysa evet. Bir sevgilim yok, korkma^^ Neden olmadığı konusuna gelince de... Bilmiyorum. İnsanın âşık olması için güzel cümleler kuruyor olması yetmiyor. Güzel cümleler duyuyor olması gerekiyor. Ve ben bu zamana kadar kimsenin cümlelerinden etkilenmedim. Aşkı arıyor da değilim. Aşk birdenbire karşıma çıkacak. Kime âşık olacağımı bilmiyorum, kimse bilmez. Belki âşık olacağım insan hayatımdadır şu an. Belki bu cümleleri okuyordur, belki tam da şu an bu cümleye geçmiştir. Olamaz mı? Olabilir..."

Garip bir şekilde Ege her böyle konuştuğunda içimde bir korku hissediyordum. Kendimi Ege denizinin akıntılarına bırakmış da hangi kıyıya vuracağımı bilmeden sürükleniyor gibi hissediyordum. Yunan kıyılarına mı vuracaktım, Balıkesir'de bir tekneye mi çekilecektim yoksa? Bilmiyordum, hisler böyleydi işte, kendinizi bıraktığınız an nereye çekileceğinizi siz bile tahmin edemiyordunuz. Oysa ben kendimi bırakmak istemiyordum. Onun bana âşık olmasından, çok daha kötüsü ona âşık olmaktan korkuyordum. Çünkü ben acı çekmekten korkuyordum.

"Hadi!" yazdım konuyu değiştirmek için, "Birlikte bir diziye başlayalım!"

"Aynı anda mı izleyeceğiz? Yan yanaymışız gibi?" Gülümsedim,

"Evet... Yan yanaymışız gibi..."

Çevrimiçi... Çevrimiçi... Çevrimiçi... Yazıyor...

"Tamam. Sen diziyi seç, ben de kendime kahve yapacağım. Sonra sen de kendine kahve yap. Birlikte içiyormuşuz gibi." Kıkırdadım.

"Tamam! Birlikte içiyormuşuz gibi..." Cümlesini tekrarladım ve bilgisayarı açtım. Dizi incelemesine başladığım sırada Ege çevrimdışı oldu. Aslında çok fazla dizi incelemesi yapmama gerek yoktu. Ne izleyeceğimizi biliyordum. Bilgisayarımı yatakta bırakıp kalktım ve içeri gittim, annem ve babam televizyon izlerken salondaki kestirme kapıdan mutfağa girdim. Hemen sonra salona geri döndüm.

"Kendime kahve yapacağım da siz de ister misiniz?" Babam anında başını salladı.

"Çikolata da aldım, kahvenin yanına koyarsın. Benimki şekersiz olsun."

"Anne, sen?"

"Bana da bir yeşil çay yaparsan içerim annem." Tam o sırada babam anneme gülerek döndü.

"Bu kızın evlenme yaşı gelmiş Zeynep. Geçiyor bile valla! Kahve yapıyor, çay yapıyor!" Gözlerimi devirdim, gülerek mutfağa girdim. Annemin çayının suyunu ısıtırken bir yandan da cezveye kahve için su ve kahve koyup karıştırmaya başladım. Şu an telefonum iki dakikadır yanımda olmadığı için kafayı yiyecek gibi hissediyordum. Sanki yeni doğmuş bebeğimi tek başına bırakıp dışarı çıkmış gibiydim. Oysa sadece mutfağa kahve yapmaya gelmiştim. Kahveleri ve yeşil çayı telaşla hazırlayarak tepsiye koydum, yanlarına da çikolataları yerleştirip mutfaktan çıktım.

"Mutfağın ışığı açık kaldı." dedi babam, telaşla kahvesini ve annemin çayını masaya bırakıp koşarak mutfağın ışığını kapattım. Yetişmem gereken bir mesajlaşma vardı! Hızla salondan çıkarken babamın arkamdan söylendiğini duydum.

"Atlı kovalıyor sanki bizim çikolataları vermeyi bile unuttu!" Telaşla geri dönüp annem ve babamın çikolatasını verdikten sonra odama döndüm. Nefes nefese telefonu aldım elime. Mesaj yoktu! Bu ne şimdi! O kahve yaparken benim gibi telaş yapmamıştı anladığım kadarıyla.

"Ben hazırım... Friends izleyeceğiz. Birinci bölümünü bulup açarsın^^ Gelince haber ver aynı anda açalım." yazdım. Saniyeler sonra titredi telefonum.

"Geldim, açıyorum hazırsan."

"Hazırım, tamam... Açtım."

İnsanın en büyük şanssızlığı birlikte eğlenebileceği insanların yanı başında değil kilometrelerce uzağında oluşuydu. Biz bugün, yan yana bir dizi izlemek için her şeyimizi vermeye hazırken kilometrelerce uzaklıkta aynı anda aynı diziyi izliyor ve yan yana izliyor gibi davranıyorduk. Bu da bizim şanssızlığımızın santim santim gözler önüne serilişiydi. Bizim şanssızlığımız birbirimizden kilometrelerce uzakta oluşumuzdu. Bizim şanssızlığımız tam 3391 kilometrelik bir şanssızlıktı.

"Ahaha!" yazdım, "İlk sahne harika!" Bu da kilometrelerce uzakta yan yanaymışız gibi gülüşmemizin özetiydi. Cevap gecikmedi.

"Hahaha, Rachel en sevdiğim karakter oldu şu an." Kaşlarımı çattım mesajını okurken.

"Güzel olduğu için mi?"

"Sanırım kıskanılıyorum. Hem de bir dizi karakterinden." Gülerek gözlerimi devirdim.

"Ben asla kıskanmam Ege! Kimseyi!"

"Görüyoruz kıskanmadığını :')"

Onunla konuşmak çok güzeldi. Birbirimizi tanımak, huylarımızı anlamak, hislerimizi, duygularımızı görmek, tepkilerimize şahit olmak çok güzeldi. Bunu birbirimizi görmeden de yapacaktık, duymadan da. Evet, kalbim âşık olma noktasına geldiğinde kaçacaktı, biliyordum... Ama onu tanıyacaktım. Ona kendimi tanıtacaktım. O benim en yakın arkadaşım olacaktı. Yan yana olmadan yan yana olduğum en yakın arkadaşım... O benim dizileri birlikte izlediğim, şarkıları birlikte dinlediğim, birlikte güldüğüm, birlikte hayaller kurduğum arkadaşım olacaktı. Çünkü onun tırnağı olamayacak insanlarla çevriliydi hayatım. Ve ben aramızdaki yolların, asfaltların, denizlerin, okyanusların, adaların, şehirlerin beni ondan mahrum etmesine izin vermeyecektim.

"Düşünsene, dizideki gibi bir evde yaşıyorsun arkadaşlarınla. Ben de dizideki gibi karşı dairende yaşıyorum arkadaşlarımla. Harika olmaz mı?" Yazdıktan sonra yeni bir mesaj attı.

"Bu arada bilmen gereken bir şey var. Kahve benim uykumu getiriyor! Gözlerim kapanıyor ama izlemeye devam edeceğim. Cevap vermezsem bil ki uyuyakalmışım." Gülümsedim.

"Dünyanın en güzel hayatını tarif ettin, karşılıklı evlerde yaşamak... Ama bu asosyallikle o noktaya ulaşmam çok zor. Senden başka arkadaşım yok!"

"Yarın şu beni eklediğin Tumblr grubunun konuşma günü değil mi? Bir bakarsın arkadaş olursun hepsiyle."

"Olursun derken... Sen olmayı düşünmüyorsun sanırım?"

"Ben daha çok senin için oradayım. Beni ekledin ve seni kırmak istemedim. Arkadaşa ihtiyacım yok, ama madem orada olmamı istiyorsun olacağım." Başımı ekrana çevirdim. Gelinlikle koşuşturan Rachel'a bakıp gülmeye başladım.

"Diziye odaklan!" yazdım.

"Tamam, kızdırmayalım seni!" Mesaj ekranından çıkıp diziye odaklandım. Hemen sonra telefonu elime aldım.

"Dünyanın en iyi erkek karakteri Joey!"

Anında cevap geldi. "Yakışıklı olduğu için mi?"

Gülümsedim. "Kıskanılıyorum sanırım! Bir dizi karakterinden hem de..."

"Evet," yazdı, "kıskanılıyorsun." Gülerek telefonu kapatıp yatağa koydum ve diziye döndüm. O an bir hayal kurdum. Ege burada, yanımda... Birlikte, yan yana uzanmış dizi izliyoruz. Şakalaşıyoruz. Kahve içtiği için herkesin aksine uykusu gelmiş öylece gözlerini kırpa kırpa bakıyor ekrana. Sonra ağır ağır başını kaldırıyor, kucağıma yatıyor... Derin bir iç çektikten dakikalar sonra bir sahnede mesaj attım.

"Uyudun mu?" Cevap gelmedi. Dakikalar geçti, dizi bitti. Cevap gelmedi. Ege uyuyakalmıştı. Hayalim devam etti o an, Ege benim kucağımda uyuyakaldı o gece arkadaşlar. Biliyorum, yanımda değildi. Ama kimse inkâr edemezdi, biz o gece birlikte dizi izlemiş, kucak kucağa uyumuştuk...

Ben de saatlerdir telefonu açabilmek için insanüstü bir çaba gösteriyorum. Bundan iki hafta önce telefonum bozulsa umrumda olmazdı. Ama şimdi o telefonun içinde çok değerli bir şey var...

Anlamayarak kaşlarımı çattım.

Ne var?

Sen varsın...

Şövalye, yıldızını göremediği günler boyunca perişanmış. İnancını kaybetmiş, yorgun düşmüş, yürüyemez olmuş. Başını kaldırıp her baktığında ne yıldızı varmış görünürde ne de ufacık bir ışık... Hasta düşmüş bir ağacın kökünde. Kendine sarılmış, yalnızlığını kendi kollarına sarılarak unutmak istemiş. Rüzgâr şövalyenin hastalığını körüklerken saatler sonunda hava zifiri karanlık olduğunda gözlerini aralamış.
O an, iki dağ ötede küçücük bir ışık görmüş.
Fırlamış ayağa şövalye, üşüme hissi uçmuş gitmiş. Hızla koşmaya başlamış, "Yıldızım!" diye bağırmış, "Göster kendini."
Ufacık bir ışık görüyormuş oysa, yıldızından mı geliyormuş bir ateş böceğinden mi bilmiyormuş. Umurunda da değilmiş.
İyileşmiş o an, üşümesi geçmiş, dinçleşmiş.
Koşmaya başlamış şövalye. Çünkü âşığın hastalığını alıp götüren âşığının umuduymuş. Ufacık bir ışık görmüş, içindeki koskoca ateş sönmüş...
Şimdi ne rüzgâr durdururmuş onu ne hastalık ne soğuk...

8. Bölüm
Güçlü Yürü

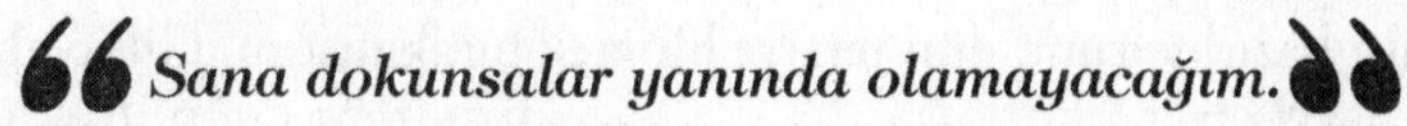
Sana dokunsalar yanında olamayacağım.

Bilgisayarımı, telefonumun ekranını kapatıp yatağımın yanındaki komodine koyduktan sonra yorganımın içine girdim iyice. Aklım Ege'deydi. Şu an nasıl uyuyordu acaba? Üstü örtülü müydü? Uyurken nasıl görünüyordu? Daha onun uyumuyorken nasıl göründüğünü bile bilmiyordum... Sahi ya, Ege nasıl görünüyordu? Telefonu elime alıp konuşmamıza girdim, profil resmine tıklayıp yüzüncü kez bir süre baktım. Öyle güzel görünüyordu ki derin bir iç çektim. Gözlerimi ekrandan kaydırıp tam karşımdaki boy aynasından bu akşam ikinci kez kendime baktım. Sersefil bir haldeydim. O saçlarını diktiği, kot bir ceket giydiği, sivri burnunu yan durarak gözler önüne serdiği bir Fransız binasının önündeki fotoğrafıyla ne kadar yakışıklıysa ben de bu aynadaki kadar sefildim işte. Darmadağınık toplanmış saçlar, ufak tefek ergenlik sivilceleri ve her şeyden önemlisi yüzümdeki o bıkkın ifade. Yüzümde öyle bıkkın bir ifade var ki! Her şeyden bıkmışım gibi bakıyorum. Üç çocuğumla ortada kalmışım gibi bakıyorum! Oysa Ege'nin yüzünde dünyadaki her güzel şeyi tatmışlık ifadesi var benim aksime. Dolu dolu, mutluluğa doygun bakıyor. Ah Ege... Neden benimle konuşuyorsun? Ben buna değmem ki. Tüm o cümlelerini hak etmiyorum bile.

Telefonu komodinin üzerine bırakıp derin bir nefes alarak yatağımda döndüm. Gözlerimi kapattım ve tanıştığımızdan beri bilmem kaçıncı kez onunla bir sokakta karşılaştığımı hayal ederek uykuya daldım.

"İzmir... Hayatım babanın acil çıkması gerekti. Ben de kahvaltı hazırlıyorum, dün terziye bir etek bırakmıştım. Gidip alır mısın?" Gözlerimi zar zor açıp anneme BENİ ÖLDÜR der gibi baktım. Beni öldür ama bir yere yollama anne. Size yemin ederim yüzüm anneme beni öldür diye yalvarıyor.

"Acil mi? Off..."

"Çok acil! Kahvaltıdan hemen sonra çıkmam lazım! Derneğe gideceğim!" Sinirle yorganı üzerimden çekip kalktım.

"Nerede terzi?"

"Dört sokak ötedeki caddede. Şu sana doğum günü pastası aldığımız yerin yanı. Gidince görürsün. Durak var hemen önünde." Başımı salladım dolabı açarken. Montumu çıkarıp pijamamın üzerine geçirdim. Başıma da rastgele bir şapka taktım.

"Bir de kız olacaksın sen, bu ne hal? Böyle mi çıkacaksın dışarı?"

"Bir şey olmaz anne, kim görecek beni?"

"Dışarıdaki insanlar."

"Dışarıdaki insanlar umurumda değil. Hiçbirinin benim hayatımda yeri yok."

Size kendimi tarif ettiğim şekilde, sersefil bir halde çıktım evden. Ailemizin koruması Volkan Abi peşimden ilerlerken hızımı arttırdım. Size anlatmıştım. Babam Özel Tim'de görev yapmış bir asker. Dışarı korumasız çıkamıyoruz... Volkan Abi'yi daha çok göreceksiniz benimle! Cebimdeki telefonumu müzik dinlemek için çıkardığım an titredi.

Gelmemeye Giden Adam Ege'den Bir Yeni Mesaj!

"Günaydın. Dün gece uyuyakalmışım dediğim gibi^^" Gülümsedim. Evet kucağımda uyudun Ege!

"Günaydın! Sana kahve içmeyi yasaklıyorum. Dizinin 15. dakikasında uyudun."

"Ne garip değil mi? Herkesin uyanık kalmak için içtiği şey beni uyutuyor. Hadi, hemen diğer bölüme geçelim. Kahvaltı yaparken izleriz." Duyduğum ani bir korna sesiyle başımı telefondan kaldırdım. Beni santimlerle es geçen arabaya şok içinde baktığımda Volkan Abi'nin beni kolumdan tutup çekmesi bir oldu.

"İzmir! Seni dışarı çıkarmamak lazım!" diyen Volkan Abi'ye sakin bir şekilde baktım.

"İyiyim ben Volkan Abi! Adamın suçuydu!" Kolumu bırakırken yürümeye başladım. Kaldırıma geçer geçmez başımı telefonuma çevirdim.

"Az kalsın ölüyordum!" Yazdım.

"Ne oldu? Ne ölmesi?"

"Sana mesaj yazarken araba çarpıyordu bana."

"Aferin. Bana mesaj yazarken karşıdan karşıya mı geçiyordun. Aferin. Evde değil misin sen?" Kızması çok tatlı geldi bir an. Tam güldüğüm sırada Volkan Abi bir kez daha kolumdan tuttu.

"Annen aradı, İzmir'i bırak marketten yumurta alıp gel o kendi gelir dedi. Gideyim mi? Ölmeyeceğine emin misin?" Başımı salladım.

"Söz Volkan Abi, ölmem." Gülerek yanımdan ayrılırken caddede ilerledim. Telefona döndüm.

"Terziden annemin eteğini almaya gidiyorum. Kızdık sanırım :)" Yazdım. Hızla cevap yazdı.

"Kızdık." Başka bir şey yok. Mesajdan çıktı. Bu ne şimdi? Trip atıyor! Ege bana trip atıyor! Aman tanrım! Ve tribin sebebi bana araba çarpıyor olması.

"Ege, özür dilerim. Ama..." yazıp yolladım. Tam devamını yazacağım sırada önünden geçtiğim arsadan çıkan sarhoşa benzer bir tip kolumu tuttu. Korkuyla yüzüne baktığım sırada gözlerim caddeye kaydı. Oldukça tenha bir caddede tanımadığım bir adam kolumu tutmuştu. Telefonumun açık kalan mesaj sayfasından bildirim geldiğini hissettim ama korkuyla adama bakıyordum.

"Çok güzelsin..." Ben mi? Kör müsün!

"Ben... kolumu... bırakır mısınız..." O sırada gözüm mesajlara kaydı.

"Ama?"

"İzmir?"

"İyi misin?"

"Bir şey olmadı, değil mi?" Adama döndüm korkuyla.

"Üzerimde para yok! Hiçbir şey yok! Bırakır mısınız!"

Ve telefonum çalmaya başladı! Ege arıyor...

"Bana yardım et..." diye mırıldandı sarhoş adam kolumu çekiştirerek. Tam o sırada korkuyla kendimi geri çekerken Ege'nin aramasını yanlışlıkla açtım! Olay bir felakete dönüşüyordu, olaya bakın! Bir adam beni taciz ediyor ve Ege bunu telefonda dinliyor!

"Ne yardımı! Gitmem lazım, bırakır mısınız... lütfen..."

"Evimi temizlemem lazım..." dedi ağzını yaya yaya, "Evim şurada... gelip yardım eder misin... Başka bir şey yapmayacağım..."

"İzmir?" Ege'nin sesini duyuyordum! Telefonda şok içinde konuşuyordu!

"Çok yalnızım! Kimsem yok... Bir gelsen... yalnızlığımı geçirsen..." Adam ağzını yamultarak konuşurken korkudan ölmek üzereydim. Ayakta bile zar zor duruyordu.

"Bırakır mısınız!" Adamı sertçe itip yere düşürdüğümde hızlandım. İşin çok daha kötüsü tüm bu olayın ortasında Ege'ye ne diyeceğimi düşünüyordum! Adam yere düştüğünde sızmış gibi gözleri kapalı bir şekilde uzanıp kalırken telefonu kulağıma dayadım titreyen sesimle.

"A-alo... Ben... Ben sana haber vereceğim..."

"Kapatma! İz..." Telefonu telaşla yüzüne kapattığımda dakikalar boyu hızla yürümenin ardından kendimi terzinin önünde buldum. Korkudan ve Ege'ye yaşattığım şoktan dolayı nefes nefese çaresizce etrafıma bakınıyordum. Yutkundum. Terzinin önündeki bomboş otobüs durağına oturdum. Ellerim titriyordu. Mesaj sayfasına girip titreyen ellerimle Ege'nin mesajlarını açtım.

"Allah kahretsin, ne oldu?"

"Girip bir açıklama yapacak mısın?"

"Kafayı yiyorum burada."

Telaşla mesaj yazmaya başladım.

"Ege... Özür dilerim! Aramanı yanlışlıkla açtım, duymanı istemezdim."

"Allah aşkına, ne oldu İzmir! Ne oldu az önce!"

"Bir adam, sarhoş gibi bir şeydi... Kolumu tuttu... evine götürmeye çalıştı bilmiyorum! Korkudan hiçbir şey anlamadım!"

"Kimse yok muydu etrafta yardım edecek? Ben delirdim burada! Kimse mi görmedi seni!"

"Geçen arabalar vardı. Ama bomboştu cadde. Özür dilerim, özür dilerim... Seni korkutmak istemedim. Yanlışlıkla açtım aramanı."

Çevrimiçi... Çevrimiçi... Çevrimiçi... Yaz hadi. Yaz. *Yazıyor...*

"Ben özür dilerim İzmir. Korkuyu yaşayan sendin, sana kızan benim. Ama inan senin kadar korktum burada. İçim gitti."

Çevrimiçi...

O ekrana bakıyor. Ben ekrana bakıyorum. Ne o yazıyor ne ben...

Yazıyor...

"Hep böyle mi olacak?" Yazdığı cümleyi korkuyla okudum. Devam etti. "Sana dokunsalar yanında olamayacağım. Sana zarar verseler ellerini tutamayacağım bu orospu çocuklarının. Adam kolundan tutup götürmeye kalktı seni, o adamın yüzüne bir yumruk indiremeyecek miyim ben şimdi? Hep böyle mi olacak İzmir? Uzağında, sana zarar gelecek diye kafayı mı yiyeceğim hep?"

Yutkundum. Gözlerim dolu dolu baktım telefonun ekranına. Haklıydı, öyle bir yola girmiştik ki ikimizden birine bir şey olsa sadece uzaktan uzağa kafayı yiyecektik. Fazlasına hakkımız yoktu. Oysa kurduğu cümleler, beni sahiplenişi, kafayı yiyişi o kadar büyük bir bağ yerleştirmişti ki içime...

"Buna mecburuz." Yazdım ve devam ettim. "Ama eğer kafayı yemek istemiyorsan her şeye tam şu an bir nokta koyabiliriz."

Hızla yazmaya başladı. "Eve dön. Telefona bakmadan yürü. Tenha olmayan yollardan yürü, korunmasız görünme, güçlü yürü. Eve dön... ve dizi izleyelim. Söylediğine bir cevabım yok."

Derin bir iç çekerek telefonu montumun cebine attım. Durağın arkasındaki terziye girdim.

"Merhaba, annemin bir eteği vardı. Mavi, kot kumaşından..."

"İsmi neydi?"

"Eteğin mi?" Harika, saçmaladım. Adam gülüyor.

"Annenizin ismi."

"Ha, pardon... Zeynep..." Adam paketler arasından bir tanesini çıkarıp bana uzattı.

"Ödemesi yapılmıştı, buyurun..."

"Teşekkürler, iyi günler..." Terziden çıktıktan sonra geldiğim yolun üst tarafına yöneldim Ege'nin sözünü dinleyip. Kulağıma kulaklığımı taktım. Rastgele bir şarkı açtım, şarkı şöyle dedi, "Ne bir arada ne de yalnız olamayan insanlar gibi denedim durdum, bu çelişki içinde boğuldum." Derin bir nefes aldım. Başım dik yürümeye başladım, belki de hayatımda ilk defa başım dik yürüyordum. Çünkü Ege söylemişti bunu yapmamı, "Korunmasız görünme, güçlü yürü." Bir cümleye bağlıydı güçlü olmak. Ve ben o cümleyi duymuştum. Siz de duyacaksınız. Hepimiz kendimize geleceğiz bir gün. Üzüle üzüle mutlu olmayı, güçsüz kala kala güçlü olmayı öğreneceğiz. Düşe düşe kalkmayı, öle öle yaşamayı, ağlaya ağlaya gülmeyi ve ayrı kala kala sevmeyi... Bir gün hepimiz kavuşmayı da öğreneceğiz. O gün yakın. Bir gün hepimiz aramızdaki kilometreleri, santimetreleri aşacağız. Kime bakıyorsak uzaktan uzağa, bir gün tam karşımızda gözlerinin içine bakacağız. Çünkü mesafeler, aşılmak içindir...

Şövalye yolculuğuna durmak bilmeksizin devam etmiş.
Dakikalar dakikaları, saatler saatleri kovalamış.
Oysa yorgun değilmiş, çünkü başını kaldırır kaldırmaz ufacık bir ışık görüyormuş dağların ardında. Yıldızından mı bir başkasından mı geldiğini bilmediği bu ışık ona sonsuz güç vermiş. Sonra, bir an başını kaldırmış şövalye.
O ışığa bakıp bir kez daha güç alacağı o an ışığının havalandığını görmüş. Kaşlarını çatmış, bu yıldızı olamazmış.
Dehşete düştüğünü hissetmiş, durmaksızın başını kaldırıp baka baka ilerlediği o ışık bir ateş böceğinin ışığıymış.
Kaybolduğunu hissetmiş şövalye. Tüm hisleri, umutları, hayalleri kaybolmuş bir anda.
Ateş böceğinin uçup uzaklaşarak kapkaranlık bıraktığı o dağ artık simsiyahmış. Şövalye dizlerinin üstüne atıvermiş kendini.
Büyük bir gürleme çıkmış ağzından.
"Kayboldum!" diye bağırmış acı acı, "Işığın söndü, ben karanlıkta kalakaldım." Üstelik öyle garip ki, güneş bile yıldızı kadar aydınlatmıyormuş onun dünyasını.
Şövalyenin gözleri kapanmış yere yığılırken.
Yıldızını bulamayışı, onu güneşli bir günün en öğle saatinde karanlıkta bırakmış.

9. Bölüm
Benim Miladım...

“*Bakmaya doyamamak böyle bir şey olsa gerek.*” 

Eve gelmemin üzerinden yarım saat geçti. Ege'ye hâlâ yazmadım, o da bana yazmadı. Birkaç kez girip baktım ve her seferinde çevrimiçi olduğunu gördüm, eh biraz kızgınlık hissediyorum sanırım. Yine de annemle kahvaltımız bitene kadar yazmamaya kararlıyım ve kahvaltımız çoktan bitmek üzere. Kahvaltının yenilecek her şey yendikten sonra çay içerek boş boş konuşulduğu evresindeyiz.

“Yeni kimlikler için randevu aldım üçümüze de. Akşam döndüğümde fotoğraf çektirmeye gideceğiz seninle, yedi gibi hazır ol, tamam mı?”

“Iyy,” dedim yüzümü buruşturarak, “fotoğraf mı? Fotoğrafsız başvuru yapılmıyor mu?” Oldum olası fotoğraf çekilmeye karşı büyük bir çekingenliğim olmuştur. Kendimi aynada görmeye bile dayanamıyorken gidip bir de özellikle kendimi görmek ve göstermek için fotoğraf çektirmek benim için hoş bir seçenek değildi.

“Ah ah, kız diye erkek mi doğurdum yanlışlıkla! Kızım, biraz saçlarını aç, üzerine özen göster, fotoğraf çektirmeyi sev... Sen güzelsin. Annene bak bir kere!” dedi annem kendini göstererek, “Böyle anneden çirkin çocuk çıkar mı?” Kıkırdamaya başladım.

"Maalesef çıkmış anne!" Güldü, eliyle saçlarımı okşayarak kalktı masadan.

"Hadi bakalım, ben masayı toplayıp çıkıyorum derneğe yetişmem lazım. Sen ne yapacaksın evde?" Mesajlaşacağım.

"Ders çalışırım ben de."

"İyi bakalım, bol bol çalış." Gülümseyerek masadan kalktım. Bol bol mesajlaşacaktım. Annem masayı toplarken kendime kahve yapıp odama geçtim. Bilgisayarım açılırken telefonumu çıkardım. Ekrandaki yansımamdan dağılmış saçlarıma bakarak iç çektim ve telefonumun kilidini açtım. Mesajlaşmamıza girip çevrimiçi olduğunu görünce sinirle bir iç daha çektim ve hızla yazdım.

"Selam..." Mavi tik! Mavi tik oldu! Mesajım bir saniye bile beklemeden mavi tik oldu! Bu ne demek biliyor musunuz? Ben mesaj yazarken Ege benim mesaj sayfamda bekliyordu. Cama çıkıp havai fişek atmak istiyorum şu an! Büyük bir kahkaha attım delirmiş gibi. Yalnız bir şey daha oldu, ben mesaj attığımda mavi tik olur olmaz Ege mesajdan çıktı. Bu neydi şimdi? Neden çıkmıştı? İki saniye sonra tekrar girdiğinde yazmaya başladı.

"Selam..." Neden mesajdan çıktığını sormalı mıydım?

"Nasılsın?" NASILSIN VE NEDEN MESAJDAN ÇIKTIN EGE?

"İyiyim... Sen nasılsın?"

"Ben de iyiyim..." BEN DE İYİYİM VE NEDEN MESAJDAN ÇIKTIN EGE?

"Sana bir şey söyleyeceğim. Lütfen bir daha evden çıktığında seni merak ettiğimi bildiğin için eve dönüp kapıdan girer girmez bana haber ver. Böyle olunca aklımdan çıkmıyorsun." Kaşlarımı çattım. İçimden bir ses yarım saattir çevrimiçi oluşlarının hepsinde benim çevrimiçi olup olmadığıma baktığını söylüyordu. Olabilir miydi? O da benim kadar manyak olabilir miydi?

"Sen... Yani..." Yazdım ve sildim. Derin bir nefes alıp cesurca yazdım, "Yarım saattir benim çevrimiçi olmamı mı bekliyorsun mesaj sayfasında?"

Tereddütsüzce yazdı. "Evet." Gülümsedim.

"Peki ben yazar yazmaz neden çevrimdışı oldun?" Bir kez daha tereddütsüzce yazdı.

"Telefon elimden düştü. Bir an telaş yaptım." O da benim kadar manyaktı! Büyük bir kahkaha attığım sırada annem içeri girdi.

"Kızım sen iyi misin? Odana girdiğinden beri kahkaha sesleri geliyor." Anneme milli piyango kazananı olmuşum gibi sırıtarak baktım.

"İyiyim..." Annem delirmişim gibi yüzüme bakarak odadan çıktığında sırıtarak telefona döndüm.

"Bir nevi yakalanmışım gibi oldu sana!" Yazdı Ege. Tanrım! Çok tatlıydı!

"Fark ettim. Bu işlerde pek profesyonel değilsin. Ben olsam çevrimiçi yazısını gördüğüm an mesajdan çıkardım. Yetenek meselesi. ;)"

"Emin ol bu konularda senden daha yetenekliyim. Yedi aydır hayatındayım, on gündür haberdarsın. Yetmez mi?" Büyük bir kahkaha daha attığım sırada birden nasıl olduğunu anlamadığım bir şekilde bilgisayar sandalyesi altımdan kayıp gitti! Bir an kendimi yerde, başımı bilgisayar masasına çarpmış bir halde bulduğumda gülüşüm yerini şoka bırakmıştı. Bu neydi şimdi! Çok daha garibi düşüşüme, başımın acısına aldırmadan, umursamadan düştüğüm yerden uzanıp telefonumu aldım odanın uçtuğu kısmından. Annem telaşla girdi içeri. Beni görünce telaşı arttı.

"İzmir! Ne oldu!"

"Düştüm..."

"Nasıl düştün otururken birden kızım, ne oluyor sana!" Mesaja gülerken düştüm anne.

"Alnın kızarmış..." diyerek geldi yanıma. Telefonu hızla kapatıp başımı kaldırdım.

"Çok fena şişecek kafan! Kalk, doktora gidelim sert mi vurdun kafanı?"

"Yok, iyiyim ben anne... Geçer birazdan. Buz koyarım olmazsa."

"Kız manyak mısın kalk doktora gidelim kıpkırmızı tüm alnın!"

"Anne acımıyor!" diye yalan söyledim, "Sen işe geç kalma. Ben bir şeyim olursa Volkan Abi'ye söylerim söz."

Tereddütle kalktı annem. "İyi... Bir şey olursa beni ara hemen, tamam mı?" Başımı salladım. Annem odamdan çıkarken toparlanıp telaşla sandalyeye oturdum ve telefonumu açtım.

"Ne oldu? Neden mesajdan çıktın?" Ne diyecektim şimdi? *Sevgili Ege, mesajına gülerken sandalyeden düştüm ve kafamı sertçe masaya çarptım, büyük ihtimalle ciddi bir darbe aldım ama buna rağmen hastaneye gitmemi isteyen annemi gitmemeye ikna etmekle uğraşıyordum şimdi gelebildim...*

"Annem gelip bir şeyler anlatmaya başladı da. Klasik anneler işte."

"Anladım. Sana bir şey daha söyleyeceğim... Ama bu biraz ciddi bir şey." Kaşlarım çatıldı. İçimde garip bir korku oluşurken tek elim şişen kıpkırmızı alnımdaydı, şu halime bakın.

"Hazır mısın?" Yazdı. Kalbim hızlanırken derin bir nefes aldım.

"Ne söyleyeceksin? Hazırım..."

Çevrimiçi... Çevrimiçi... Yazıyor... Nihayet...

"Ben artık seni görmek istiyorum İzmir." Kalbim deliler gibi atarken beynimden binlerce şey geçiyordu. Beni görmek?

Beni nasıl görecekti? Ne demekti bu? Buraya mı geliyordu, Türkiye'ye filan mı geliyordu? Nasıl görecekti beni, gelseydi bile onunla görüşmeye kalkmak onu hayal kırıklığına uğratmak olurdu. Beni görmesini istemiyordum, asla isteyemezdim.

"Nasıl?" Yazdım titreyen ellerimle.

"Bir nevi telefon konuşması gibi. Bir üst seviyesine geçeceğiz sadece. Görüntülü konuşacağız." Kalbim biraz rahatlarken her şeye rağmen kameradan da olsa beni göreceği gerçeği değişmemişti. Gözlerim bir kez daha aynaya kaydı. Kendime. Her gün yüz kez gözlerim bu aynaya kayıyordu. Sorun şuydu, ben kendimle yüzleşemiyordum. Yutkundum. Ne diyecektim, ne diyebilirdim? Üzgünüm ben çirkinim, bu yüzden görüşemeyiz.

Hadi İzmir. Hadi be. Yapma bunu bana, yapma bunu bize. Cesur ol, bir kez olsun aklının değil korkularının değil kalbinin sesini dinle. Sen onu görmek istiyor musun? Evet. O zaman, onu görmek için onun seni görmesine katlanmak zorundasın...

"Tamam..." Yazdım parmaklarım titrerken. Ege'nin ekranın karşısında güldüğünü hissedebiliyordum.

"Tamam!" Yazdı o da. Sonra devam etti, "Programın adını yazıyorum. Bilgisayarından indir, on beş dakikaya iner. Açar konuşuruz. Oldu mu^^" Titrek bir nefes aldım. Hiçbir şey demeden programın adını alıp bilgisayarımda arattım ve indirmeye başladım. Ayağa kalktım. Ağır ağır aynanın karşısına geçtim. Kendime baktım. Birden, elim aynaya dokundu. Üzerimdeki bol pijama, karamele dönük kumral toplu ama kabarmış saçlarım, ufak tefek sivilceli buğday tenli yüzüm, kalın ama hiçbir şey ifade etmeyen dudaklarım, sıradan kahverengi gözlerim... Hadi İzmir. O kadar da kötü bir durumda olamazsın. Alt dudağımı ısırarak dolabımı açtım, dolabımdan boğazlı çizgili siyah beyaz kazağımı çıkarıp pijama üstümün yerine onu giydim. Saçlarımı hayatımda ilk defa gündüz vakti açıp tarağı elime aldım. Ağır

ağır taradım orta boy kabarık ve hafif dalgalı saçlarımı. Sonra odamdan çıktım, annemin odasına daldım ve makyaj çekmecesini açtım. Makyaj yapmayacaktım tabii ki! Sadece fondötenini alıp sivilcelerimin üzerine ve kızaran alnıma bir iki damla sürdüm. Tamam biraz da ruj sürmüş olabilirim! Sonra telaşla odama döndüm ve bilgisayar masamdaki bilgisayarı alıp yatağıma geçirdim. Yatağım güneş görüyordu ve güneş önemliydi. Sonra halimi düşündüm, altımda bol Mickey Mouse'lu pijama altım, üstümde siyah beyaz çizgili kaliteli kazağım. Altım hayatım, üstüm hayallerim gibiydi. Gülerek telefonumu açtım.

"Uygulama indi." Yazdım deli gibi çarpan kalbimle.

"Tamam! Beni ekle, kullanıcı adım gelmemeyegidenadam." Hemen Ege'yi programda bulup ekledikten sonra ekranda saniyesinde şöyle bir yazı belirdi GELMEMEYEGİDENADAM KİŞİSİNDEN GÖRÜNTÜLÜ ARAMA ÇAĞRISI! Allah'ım, kafamda itfaiye sesleri çalıyor... Beni görecek. Beni görecek. Ege beni görecek. Birazdan karşısında olacağım. Açamam, hayır. O kadar da değil, karşısına çıkamam. Açamayacağım. Hadi İzmir, yapabilirsin! Yapamayacağım! Lütfen İzmir! Hayır! Derken birdenbire açıverdim aramayı! Ve çok daha kötüsü rezil bir şekilde yüzümü ellerimle kapatıyorum aman tanrım rezil bir haldeyim! Ekrana bakamıyorum. Ellerim yüzümde... Ve o ses.

"İzmir..." Hafif bir kahkaha, "Gerçekten utanıyor olamazsın." Allah'ım, neden bu kadar güzel gülüyor? Neden bu kadar güzel konuşuyor? Yutkundum.

"Hadi," dedi gülerek, "aç yüzünü." Ellerimi ağır ağır çektim yüzümden gülerek. Utancımdan gülmemi durduramıyordum neredeyse sebepsiz yere kahkaha atacak hemen sonrasında da ağlamaya başlayacaktım. Bir hayal etsenize bunun olduğunu. O an ben hiçbir şeyi hayal edecek durumda değildim. Karşımdaydı, üzerindeki siyah motosiklet desenli tişörtüyle hafif sakallarının arasından gülerek bana bakıyordu. Öyle etkileyiciydi ki gülüşüm yüzümde donakaldı. Bir anda ona da aynısı oldu, gülüşü kendini çatık kaşlara bıraktığında çatık kaşlarla birbirimizi izliyorduk. Size yemin ederim, en az beş dakika bu şekilde durduk. Ona çok özlediğim bir arkadaşımı görmüş gibi özlemle bakıyordum. İşin garip yanı o da bana öyle bakıyordu. Sanki birbirimize muhtaçmışız gibi, sanki elimizi uzatsak birbirimizi tutacakmışız gibi.

"Ne oldu?" diye sordum korkuyla hiçbir şey söylemeyince.

"Böyle bir şey beklemiyordum. Seni böyle beklemiyordum." dediğinde kaşlarım çatıldı, yüzüne çok daha büyük bir korkuyla baktım.

"Nasıl yani?"

"Sen... çok güzelsin..." Birden büyük bir kahkaha attım. Tanrım. Çocuk bana iltifat etti ve ben şoktan mı mutluluktan mı şaka yapıyordur diye mi bilmiyorum büyük bir kahkaha attım! Hemen sonra gülüşümü söndürüp yutkunarak yüzüne baktım. Ciddi miydi? Ciddi olabilir miydi? İlk anın şoku birden yerini acaba ciddi olabilir mi düşüncesine bıraktığında utandığımı hissettim.

"Teşekkür ederim... Ben... yani... normal bir insanım..." Elleriyle sakallarını kaşırken yüzüme o kadar karizmatik, soğuk, ürpertici derecede çekici geliyordu ki iç çektim. Yüzüme bakıyor, hiçbir şey söylemiyordu. Yüzüne bakıyor, hiçbir şey söylemiyordum. Dakikalarca öylece yüzüme baktı. Ben de ona. Bundan daha güzel bir an olabilir miydi? Onun bana bakması, benim ona bakma iznimin olması en büyük ödüldü bana. Ela gözleri çok güzeldi. Dikleşmiş kahverengi saçları gözlerimi sürekli saçlarına çevirmeme sebep oluyordu. Sanki hayatımda ilk defa bir insan görmüş gibi inceliyordum onu. Ona dokunmak istiyordum. Derin bir iç çekti bana bakmayı sürdürürken.

"Ne oldu?" diye sordum birden utanarak. Hayranlıkla başını dikleştirdi.

"Bakmaya doyamamak böyle bir şey olsa gerek." Kurduğu cümle kalbimi tekletirken ne olduğuna anlam veremiyordum. Ne olmuştu şimdi? Bana mı demişti bunu? Bana mı bakmaya doyamıyordu? Bana mı? Ben mi? İçim öyle büyük bir heyecanla dolmuştu ki yaşananları aklım almıyordu. İlk defa duyuyordum bu cümleleri, ilk defa hissediyordum tüm bunları. Ağlamak, gülmek, ardından tekrar ağlamak istiyordum. Bir cümleyi duymaya muhtaç olduğunuzu fark ettiğinizde o cümleyi duyduğunuz an sizin miladınız oluyordu. Bu an benim miladımdı. Artık aynaya kendime acıyarak bakmayacak, hayatımı umutsuzca devam ettirmeyecektim. Bana bir sebep, bir amaç vermişti... Ege, benim miladım olmuştu.

"Ege..." diye mırıldandım ve tam o an birdenbire bağlantı gitti. Şok içinde ekrana bakarken arama ekranına dönmeye çalıştım. Fakat bilgisayar internet yok hatası veriyordu. Ne oldu şimdi! Ayağa kalkıp modeme baktım, ışıkları yanmıyordu. Odanın ışığını açmayı denedim o da yanmadı. Elektrikler gitmişti. Şuna bakın ya, birbirimizi gördüğümüz ilk an elektrikler gitti! Perdeyi aralayıp dışarı baktığımda feci bir tipi olduğunu gördüm. Sinirle perdeyi kapatıp tipiden hafifçe kararmış havanın maviliğinde yatağıma oturdum. Telefonumun internet paketini açıp mesajlara girdim. Ege'den mesaj vardı.

"Ne oldu? Neden çıktın?"

Sinirle yazdım. "Elektrikler gitti. Şaka gibi, seni gördüğüm ilk an elektrikler gitti."

"Hava kötü sanırım oralarda, bugün internette de gördüm. İzmir için son yirmi yılın en soğuk kışı olacak deniyordu. Sen bir şey söyleyecektin bana internetin gittiğinde? Neydi? Ege dedin, kapandı..."

"Unuttum. O anın heyecanı birden elektrik gitmesiyle sönünce aklımdan uçtu gitti." Sonra bir mesaj daha attım.

"Şu an moralim bozuldu..."

"Neden? Elektrik gitti diye mi? Emin ol o ekran kapanırken benim de içim kötü oldu. Ama olsun, tekrar yaparız^^" Sıkıntılı bir nefes verdim.

"Seni görmeyi sevmiştim. Birden görüntün gidince... içim gitti." Ekrana uzun uzun baktığını biliyordum, hiçbir şey yazmıyordu. Ben de yalnızca bakıyordum... Sonra yazmaya başladı.

"Arkana yaslan." Kaşlarımı çattım. "Arkana yaslan." Kaşlarımı çattım.

"Ne?"

"Arkana yaslan, dinle beni." Gülümseyerek arkama yaslandım.

"Yaslandım."

"Tamam. Şimdi... Kapat gözlerini, buluşalım." Mesajını okuyunca kaşlarımı bir kez daha çattım. Ekrana anlamayarak baktım.

"Ne?" Yazdım bir kez daha.

"Gözlerini kapat, beni görmeye çalış, yanımda olduğunu hayal et. Buluşalım... Ben de kapatacağım. Hayalimde seni Kordon'da bekliyor olacağım." Gülmeye başladım.

"Hayır!" yazdım, "Bıktım İzmir'den bari hayalimde başka bir yerde olalım."

"Nereyi istersin?"

"Norveç, Kuzey Işıkları!"

"Tamam. Hayal et, şimdi susacağız. Hayallerimiz konuşacak. Hazır mısın?"

"Hazırım Ege."

Gözlerimi kapattım. Onu hayal ettim, oysa çok garip bir şey oldu. Onu Norveç'te, Kuzey Işıklarında ya da dünyanın bir başka yerinde hayal edemedim. Burada, odamda hayal ettim. Yanımda. Yatağımda oturuyoruz. Eli elimde, başı başıma yaslanmış. Ege benim yanımda. Bu hayalden çok öte artık. Sakalını kaşıyor, gülüyor. Sesini duyuyorum. Hani o bana dedi ya, "Seni o trene bindireceğim." diye. O beni o trene bindiremedi, ama ben onu yanı başıma getirdim... İnanın bana, birinin yanınızda olmasına ne kadar ihtiyacınız varsa onu yanınızda o kadar kolay hayal ediyordunuz. Bunu siz de çok iyi bilirsiniz, çünkü ben hepinizin hayallerini biliyorum... Hiçbiriniz o hayallerde yalnız değilsiniz. Ve hayal ettikçe gerçekte de yalnız olmayacaksınız. Çünkü ben, şimdi Ege'yi yanımda hayal edip bunu bir kere tattım ya, artık kararlıyım. Bir gün o trene bineceğim, o şehre gideceğim...

Şövalye dinlene dinlene aştığı yolların ötesinde bir gölün kenarında oturmuş. Eğilmiş, elini yüzünü yıkamış, avuç avuç su içmiş. Sonra bir gölge görmüş suyun üzerinde kıpırdayan. Başını yanına çevirmiş, yanındaki taşa konan kuşa bakmış. Minicik, sapsarı bir kuş. Kuş eğilip gölden bir damla su almış kanatlarını çırpa çırpa uçmuş gitmiş.

O an derin bir iç çekmiş şövalye,

"Keşke kuş olsaydım," demiş, "uçar giderdim şimdi yanına."

Keşke kuş olsam.
Sana gelirdim şimdi.

10. Bölüm
Gölgelerimiz Beraber

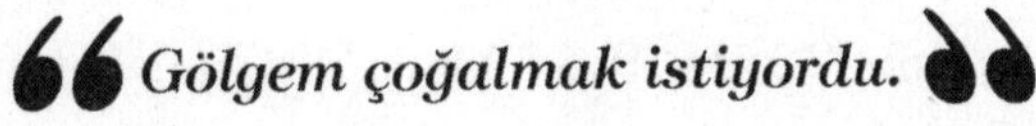

Gözlerimi karanlık bir odaya açtığımda uyuyakaldığımı anladım. Yıllardır komadaymışım da yıllar sonra gözlerimi açmışım gibi merakla etrafa bakındığım sırada her şeyi hatırladım. Ege'yle mesajlaşıyordum, Norveç Kuzey Işıklarını hayal ederken uyuyakalmıştım! Telaşla telefonu elime aldım. Beş mesaj vardı!

"Hâlâ hayal dünyasında mısın? :)"

"İzmir?

"Sanırım seni uyuttum. Bunu bilmek güzel..."

"Çok garip, değil mi? Sanki yanındaymışım da seni uyutmuşum gibi hissediyorum. Saçlarına dokunarak, bir şeyler anlatarak. Oysa dokunmayı bırak yakınında bile değilim. İçimde garip şeyler oluyor İzmir. Ve ben bunlara anlam veremiyorum. Tüm bu hislere. Sen uyuyorsun ve ben huzurlu hissediyorum."

"Bana ne yaptın?"

Gözlerim tüm bu mesajların üzerinden hızlı hızlı geçerken kalbimin hızlandığını hissettim. Bana ne yaptın? Bana ne yaptın? Bana ne yaptın? Cümleyi defalarca okudum ve kalbim deli gibi atıyor. Ona ne yapmıştım? Her şeyden önemlisi o bana ne yapmıştı, kalbimi nasıl bu kadar hızlandırabiliyordu? Onun dediği gibi benim de içimde garip şeyler oluyordu ve ben bunlara anlam veremiyordum. Tüm bu hislere.

"Günaydın." Yazdım hiçbir şey söylememiş gibi. Devam ettim. "Güzel rüyalar gördüm! Bol Kuzey Işık'lı..."

Anında cevap geldi. "Ben var mıydım?"

Gülümsedim. "Vardın Ege." Mesaj sayfasına bakıyordu, biliyordum. Ben de mesaj sayfasına bakıyordum öylece. Parmaklarım yavaş yavaş dokundu ekrana.

"Ne yapıyorsun? Neler yaptın ben yokken?"

"Çatıya çıktım. Hâlâ çatıdayım."

"Çatıda mısın?"

"Evet. Evimin güzel bir çatısı var. Güzel bir manzarası var... Aylardır bu çatıya tek başıma çıkıyordum, bugüne kadar." İçimde hafif bir huzursuzluk hissettim.

"Kimle çıktın ki şimdi?"

"Seninle."

Kaşlarımı çattım. "Belki buna alışamadın ama tanıştığımızdan beri, daha doğrusu aklıma girdiğinden beri sanki her şeyi seninle yapıyormuşum gibi geliyor. Diziyi birlikte izledik, birlikte uyuduk, birlikte çatıya çıktık. Artık buraya bakınca tek gölge görmüyorum." Yazdı ve bir resim yolladı. Gözlerimi kısarak baktım resme. Duvardaki kendi gölgesinin resmini çekmişti. Gülümsedim. Ayağa kalktım ve odamın duvarına doğru ilerledim. Sokaktaki sokak lambasından odama vuran ışık duvara gölgemi çıkarıyordu. Gölgemin resmini çektim ve yolladım.

"Gölgelerimiz birlikte." Yazdım.

"Düşünsene biz de yan yanayız. Yani... bir gün... Sana hep çok büyük konuştum değil mi? Bir tane daha geliyor şimdi. Seni bir gün bu çatıya çıkaracağım İzmir. Yan yana duracağız, duvarda iki gölge olacak. Bizim gölgemiz." Kalbim acı içinde teklerken cevabını yazdım.

"O duvarda zaten iki gölge var Ege. Bizim gölgemiz. Ben gölgeme baktığımda seni de görüyorum artık. İçimde bir yerlerdesin. Ben de senin içinde değil miyim? Ufacık da olsa bir yerlerde." Bekledim. Uzun uzun cevap yazmadı, ama ekrandan da çıkmadı. O yazana kadar bekledim, sonra yavaş yavaş yazdı.

"İçimdesin... İzmir Ege'dedir, sen de bendesin."

Büyük depremler önceden hissedilir derler. Kuşların ötüşü değişir, köpekler durmadan havlar. Uzmanlar yıllar öncesinden uyarı verir. Büyük deprem geliyor manşetleri ekranı sarar. Ne zaman geleceğini, nasıl geleceğini kimse bilmez. Tek bildikleri geleceğidir ve o deprem gelir. Şimdi aynen öyle hissediyorum. Kuşlar farklı ötüyor, köpeklerin havlayışı değişti, uzmanlar uyarı veriyor, kafamın içi bas bas bağırıyor deprem geliyor İzmir kaç diye. Ege'nin bana hissettikleri, benim ona hissettiklerim bir felaketten başka bir şey değil. Bir felakete doğru gidiyoruz, görmüyor musunuz? İki insanın kavuşamayacaklarını bile bile birbirini sevmesi intihardır. Niye buna izin veriyoruz?

"Bazen soruyorum kendime," yazdı Ege. "Bu dünyada ne için varım, niye geldim, yaşama amacım ne, neyden kaçıyorum diye... Artık bu soruyu sorduğumda ara ara aklıma sen gelir oldun. Belki senin için geldim bu dünyaya. Yapayalnız bir ömür geçirdim. Yapayalnız. Hep sordum, hiç mi kimse olmaz bu dünyada benim varlığımı fark edecek. Hiç mi kimse olmaz çıkıp da 'Aaa, sen de bu dünyadasın!' diyecek. Olmadı. Kimse olmadı. Kimse. Sonra seni gördüm. Ve sen beni yapayalnızlığımdan kurtardın. Sessiz sedasız hayatıma yazdığın harflerle ses oldun. Bu yüzden ben mesajlarını okumuyorum, duyuyorum İzmir. Mesajlarının bir melodisi var."

İçimden bir ses bas bas bağırıyordu "Kaç!" diye, devam ediyordu. Bana bağlanıyordu, hissediyordum. Ona bağlanıyordum, bunu da hissediyordum. Ne yapabilirdim bilmiyordum, şimdi ona yalnızlığını bitiriyormuşum gibi gelirken beni sevmeye başlayıp kavuşamadığında yalnızlığını daha fazla hissedecekti. Söyledikleri o kadar bendi ki... O kadar beni anlatıyordu ki dünyada benden bir tane daha vardı sanki. Allah onu da almış dünyanın bir ucuna atmıştı. Aramızda şehirler asfaltlar adalar ülkeler denizler... Oysa ne şehirlerin ne asfaltların ne adaların ne ülkelerin ne denizlerin haberi vardı kendilerine rağmen Ege'ye hissettiğim tüm bu duygulardan.

"Ege," Yazdım telaşla, "Kapat bu konuyu. Lütfen... Kötü hissediyorum..." Sonra kendimi tuttuğum, yazdığım anda kendimden nefret ettiğim o soruyu sordum.

"Ege... Sen neyden kaçıyorsun?"

Çevrimiçi... Çevrimiçi... Çevrimiçi...

Dakikalar geçti, cevap yok. Sormamalıydım, sormamalıydım. Zamanı gelince anlatacağına emindim ama soran taraf ben olmamalıydım.

"Tek söyleyebileceğim bir daha geri dönemeyeceğim bir şeyi ardımda bırakarak gittiğim. Sen benim dünyadaki yasak bölgemdesin İzmir. Tüm dünyayı gezsem dolaşsam bir dakika uğrayamayacağım tek yerdesin." Ne olmuş olabilirdi, bir suçu mu vardı? Bir suç mu işlemişti? Ailesi neredeydi? Neyden kaçmıştı, neden geri dönemeyecekti? Kafamdaki binlerce soruyu içime attım ve yutkundum.

"Başka hiçbir şey sormayacağım. Zamanı gelince anlatacağını biliyorum."

"Sorma..." Yazdı ve devam etti. "Ben biraz çıkıp çatıda müzik dinleyeceğim... Görüşürüz." Bu neydi şimdi? Morali bozulmuştu. Moralini bozmuştum saçma sapan merakımla. Konuşmadan çıktım. Odanın içinde gezinmeye başladım. Sonra gözlerim gölgeme kaydı. Elimi uzattım, gölgeme dokundum. Bir anda telefonumu çıkardım, masadaki vazonun önüne sabitleyip kamerasını açtım. Zaman ayarlaması yapıp gölgemin karşısına geçtim. Ellerimle gölgemde kuş gölgesi oluşturdum ve resmini çektim. Gülerek elime aldım telefonu. Duvardaki kuş gölgesi beklediğimden güzel çıkmıştı! Ege'ye yolladım ve şöyle yazdım.

"Keşke kuş olsam. Sana gelirdim şimdi." Mesajın başında heyecanla bekledim. Ne olmuştu, ne yaşamıştı bilmiyordum ama size yemin ederim Ege masumdu. Hayatımda gördüğüm en masum ruha sahipti. Birkaç dakika sonra umudum sönmek üzereyken mesaj geldi. Mesaja girer girmez kıkırdamaya başladım. Aynı resimden çekmişti! Elleriyle kuş gölgesi yapmıştı ve şöyle yazmıştı.

"Havada buluşalım." Gülümseyerek baktım ekrana. Kuş gölgesinden iki resim, Ege ve ben, birbirine bir gökyüzü mesafesi kadar uzak iki insan. Keşke kuş olsaydık, havada buluşurduk. Aynen dediği gibi. Oysa biz uçmaktan mahrum, birbirine asla yaklaşamayacak iki insandık belki de.

"Hangi şarkıyı dinliyorsun?" Yazdım.

"Evgeny Grinko - Faulkner's Sleep."

"Hemen açıyorum!" Koşarak bilgisayarımın kapağını kaldırdım, açılmasını bekleyip açılır açılmaz dediği müziği açtım. Müzik ağır ağır çalarken içime işlediğini hissettim.

"Seni tanımaya başladım, biliyor musun?" Yazdım.

"Öyle mi? Kimmişim ben?"

"Bir aptalsın sen."

"Ahaha, ne?" Ege'nin gülmesiyle gülerek cevapladım.

"Sürekli üzgün olan, ama şarkılarla neşelenmek yerine kendini hüzünlü müziklere itip daha çok üzülen, çatıda tek başına oturup bunalıma giren bir aptalsın!"

"Sen de bir aptalsın." Kaşlarımı çattım.

"Ne?"

"Sana hislerimden her bahsettiğimde konuyu değiştiren, hislerimden ve kendi hislerinden korkan, ulaşamayacağın bir insanı sevmeye çekinen bir aptalsın." Gülümsedim.

"Birbirimizi bulmuşuz o zaman."

"Aptal Ege ve Aptal İzmir'in büyük aşkı." Kıkırdadım ve yazmaya başladım.

"Aşk mı?"

"Pardon," yazdı, "Sen hislerden korkuyorsun. Ve haklısın da, ortada aşk yok."

"Peki bir gün olacak mı? Korkmadan soruyorum."

"Gün olur, herkes evine dönmek ister İzmir. Eğer kendini bana sevdirmeye devam edip ruhunu ruhuma ev yaparsan, âşık olurum sana. Engel olamazsın."

"Ege," yazdım ağır ağır. Derin bir nefes aldım ve korkuyla devam ettim, "bana âşık olma. Lütfen." Hiçbir şey yazmıyordu. Ben de açıklamaya çalışıyor ama kendime bir sebep bulamıyordum.

"Ben... ben..."

"Korkaksın."

"Öyleyim! Sırf bu yüzden âşık olmamalısın. İnsan bir korkağa âşık olmamalı. Aramızda binlerce kilometre var ve biz bu kilometreleri asla aşamayacağız, bunu bile bile âşık olmak aptallık olur. Yapma Ege, yapmayalım bunu."

"Bitirmek mi istiyorsun konuşmamızı?"

"Hayır!" yazdım telaşla, "Ben sadece duygularını kontrol etmeni istiyorum... âşık olmamanı..."

"Özür dilerim. Seninle konuşmaya devam edersem ben sana âşık olacağım İzmir. Buna engel olamam, olamazsın. Bu yüzden kararını ver, ya hep varım ya hiç yokum."

"Ege..." yazabildim sadece. Hiçbir şey yazamıyordum. Aşktan ve imkânsızlıklardan öylesine korkuyordum ki ne diyeceğimi bilmiyordum.

"Bizim yaşadığımızın adı aşk olmaz Ege. Acı çekmek olur. Sen orada ben burada, biz âşık olamayız. Biz acı çekeriz. Dokunmak istesen dokunamazsın, öpmek istesen öpemezsin, sarılmak istesen sarılamazsın."

"Hiç mi umudun yok? Belki bir gün yan yana oluruz. Belki bir gün dokunurum sana. Belki bir gün öperim seni. Acı çekeceğimi bilmediğimi mi sanıyorsun? Ben şimdiden çekiyorum o acıyı. Aylarca bekledim seninle konuşmak için, iki haftadır her saniyende hayatındayım, uyuyorsun biliyorum, yemek yiyorsun biliyorum, dışarı çıkıyorsun biliyorum, dolap kapağının kulpu çıkıyor bunu bile biliyorum. Ama yanında olamıyorum, acı çekiyorum. Uyuyakaldın ve Allah kahretsin dedim ya, Allah kahretsin gidip üstünü örtemiyorum! Orospu çocuğunun teki taciz etti seni. Ne yapabildim? Hiçbir şey. Hiçbir şey, kocaman bir hiçlik! Bomboş, elimden gelen bomboş bir hiçlikti! Bunlar acı vermiyor mu sanıyorsun? Ve ben bu acıya rağmen varım, acı çekmeye de varım. Sen var mısın? Yoksa hayatının sonuna kadar bir korkak olarak mı yaşayacaksın?"

Başımı kaldırdım. Duvardaki gölgeme baktım. Yanımda kocaman bomboş bir duvar vardı. O duvar dolmak istiyordu. Gölgem çoğalmak istiyordu. Ve ben hayatımda ilk defa acı çekmek istiyordum. Narkozsuz bir ameliyata girmeyi kabul ediyordum, kılıçsız bir savaşa dalıyordum sanki. Kendimi dünyanın en dalgalı denizinin ortasına bırakıyordum, silahlı çatışmanın ortasına atılıyordum, alev alev yanan odunların üstüne doğru ilerliyordum. Ben acı çekeceğim o döneme giriyordum. Bunu kabul ediyordum, bile isteye.

"Varım Ege... Varım."

Şövalye akşamın koyu karanlığında bir ağacın kenarına oturmuş. Öylece gökyüzünü izliyormuş.
Önce siyah bir kuş geçmiş önünden, ağaca konmuş.
Sonra bembeyaz bir kuş geçmiş, başka bir ağaca konmuş.
Şövalye bir siyah kuşa, bir beyaz kuşa bakmış.
Kondukları ağaçların dalları öyle küçükmüş ki, asla aynı dalda olamayacaklarmış.
Asla yan yana duramayacak bu iki kuş için üzülürken kuşlar havalanmış, yan yana gökyüzüne doğru uçmaya başlamışlar.
Dalları aynı olamasa da gökyüzleri aynıymış.
O an yanında olamadığı yıldızı için kaybolan umudu gelmiş aklına. "Olsun," demiş şövalye, "aynı gökyüzünün altındayız. Bir gün kavuşacağız..."

Belki bir gün
yan yana oluruz.

Belki bir gün
dokunurum sana.

Belki bir gün
öperim seni.

11. Bölüm

Siyah Beyaz

❝ *Siyah beyazız ikimiz, sarılınca renkleneceğiz.* 

Bu dünyanın neresindesin, hiç düşündün mü? Ne olarak var oluyorsun bu dünyada? Amacın ne, ne kadar yer kaplıyorsun, hayallerin ne, ne için buradasın sen? Aynanın karşısına geç ve sor kendine: Ne için buradayım ben? Herkes ama herkes bu dünyaya bir sebeple yollandı. Herkesin burada olmasının bir sebebi var. Sen de biliyorsun... İçinde büyük bir dünya var senin. Çiçeklerle kaplı, bulutlarla çevrili bir dünya. Biliyorum, bazen o bulutlar kararıyor yağmur yağıyor içine. Ama sen de biliyorsun ki her yağmur sonrası güneş açar. Ve yine bilmelisin ki, yağmur yağmadan çiçek açmaz... Bırak yağsın yağmurun. Bırak aksın gözyaşların. Yoruldun mu, bırak tutmasın bacakların. Çaresiz misin? Kal öyle. Bırak artık kendini, üzüntünü yaşa. Kendine engel olma, kendini tutma. Kendi felaketine kollarını aç. Ellerin mi titriyor, bırak titresinler. Titreye titreye durmayı öğrenecekler. Üzüntünü durdurmaya çalışma. Her şeyi yaşayacaksın bu hayatta, hüznü de mutluluğu da. Oysa sen şimdi hüznünü durdurmaya çalışıyorsun ya, sadece hüznün değil mutluluğun da duruverir böyle. Her şeyi dolu dolu yaşa ki evren de sana mutlu olma zamanın geldiğinde mutluluğunu da dolu dolu yaşatsın. Hayat bir nehir, akıp gidiyor. Suyun üstüne uzat bedenini, akıp git sen de. İnan bana, şelaleden aşağı düştüğünde güzel bir gölde uyanacaksın. Şimdi kapat gözlerini, aç kollarını, arkana doğru yaslan ve kendine şöyle mırıldan, "Su akar, yolunu bulur."

Loş bir oda, atıştıran yağmurun sesi, telefonumdan gelen hafif müzik sesi, henüz gelmeyen annem ve babam, bomboş evim, aralanmış perdem ve mesajlarımı aldıkça aralıksız yazan Ege... Huzurlu bir akşamüstü geçiriyorum yatağımda. Ya da geçiriyoruz mu demeliyim? Bana hep böyle geliyor, sanki ayrı ayrı yerlerde değiliz. Sanki bir aradayız. Mesajlaştıkça yanımda hissediyorum onu. Bir akşamı beraber geçiriyoruz onunla sanki. O da böyle hissediyor biliyorum.

"Sen hâlâ çatıda mısın?"

"Hayır. Odama indim, yatağımdayım. Camdan dışarıyı izliyorum. Sen ne yapıyorsun?" Gülümsedim.

"Yatağımdayım. Camdan dışarıyı izliyorum. Yağmur yağıyor, müzik dinliyorum. Yani aslında bunların hepsini beraber yapıyoruz! Öyle değil mi?"

"Beraber yataktayız yani :)" Ege'nin cevabıyla büyük bir kahkaha attım.

"Lütfen bunu başka yerlere çekmeyelim!"

"Beraber yatakta olsak şu an konuşuyor olmayabilirdik." Yüzüm kıpkırmızı bir şekilde baktım ekrana.

"Konuşuyor olurduk." diye düzelttim onu gülerek.

"Ben uyurdum. Büyük ihtimalle huzurdan uyuyakalmış olurdum." Ege'nin cevabıyla alt dudağımı ısırdım. Ben çok yanlış anlamışım ya. Çok farklı şeyler söyleyecek diye bekledim! Gerçekten yazıklar olsun bana.

"Gerçekten uyur muydun?" Soruma bakın. Ne uyuması seviş benimle diye bağırıyor resmen! Utanç verici sorular soruyorum! Ege'nin karşı tarafta güldüğünü hissediyor gibiydim.

Birden telefonum çalmaya başladı. Ege'nin aradığını görünce telaşla telefonu sağ elime geçirdim. Neden arıyordu şimdi? Boğazımı temizleyip telefonu açmadan havaya doğru "Alo! Alo?" deme provası yaptıktan sonra sesimi düzeltip telefonu açtım.

"Alo?"

"Sen ne yapmaya çalışıyorsun?" Sesi o kadar tok, o kadar etkileyici ki. Hafif bir gülme tınısıyla konuşuyor. Kalbimin hızlandığını hissettim.

"Ne yapmışım?"

"Beni yatağa attın. Ve benden faydalanmaya çalışıyorsun." Kıkırdadım.

"Ben... sadece... m..." M? M deyip kaldım. Heyecandan konuşamıyorum.

"Sen... sadece... m... Ben Fransa'ya gideli Türkçe epey bir değişmiş." Gülmeye devam ettiğim sırada cevap verdim.

"Ben sadece merak ettim. Ciddi misin değil misin onu anlamaya çalıştım. Yani... genelde erkekler bu tarz düşünmez. Yanında olsam huzurdan uyurum filan... Sen gerçekten böyle mi düşünüyorsun? Yanımda olsan uyur musun?"

"Hayır." Söyler söylemez etkileyici bir şekilde gülmeye başlayınca kıkırdadım. Yüzüm giderek kızarıyordu. Bu konuyu kapatmalıydık.

"Ege!" dedim telaşla, "Bu konuyu kapatabilir miyiz?"

"Biliyor musun, hayatımda duyduğum en güzel Ege diyen ses tonuna sahipsin."

"Öyle mi Ege?" Ege karşı tarafta gülerken ondan farksız değildim. Hem mutluluktan hem heyecandan sürekli gülüp duruyordum. Sonra bir an Ege'nin telefonunun arka planından gelen sese odaklandım.

"Orada da mı yağmur yağıyor?" diye sordum duyduğum yağmur sesiyle.

"Evet, bir iki saattir yağmurlu hava. O yüzden çatıdan inmek zorunda kaldım. Şimdi kendini bana biraz daha yakın hissetmen lazım, aynı anda yağmuru izliyoruz. Aynı anda yağmuru dinliyoruz. Her şeye rağmen gökyüzümüzün aynı olmasının kanıtı bu."

"Ege," dedim camı açarken, "elini camdan dışarı uzatsana."

"Neden?"

"Ben de uzatacağım. Aynı yağmur elimizi ıslatacak. Sanki..."

"Ellerimiz birbirine değiyor gibi." Cümlemi tamamlayınca gülümseyerek elimi camdan uzattım.

"Uzatıyor musun?" diye sordum.

"Evet. *Tuttum elini...*"

"Ben de..."

Sessizlik. Öylece ikimiz de camdan dışarı elimizi uzatmış yağmurun altında ıslanmasını izliyoruz. O konuşmuyor, ben konuşmuyorum. Telefonlarımızdan duyduğumuz tek ses yağmur sesi. Bu şekilde bir beş dakika durduk.

"Hadi kapat camı. Üşümüşsündür." Sözünü dinleyip donmuş sırılsıklam elimi içeri çektim. Camı kapatıp tir tir titreyerek yorganımın altına girdim.

"Yorganın altındayım! Donuyorum!"

"Bir romantiklik uğruna zatürre oluyormuşuz!" Büyük bir kahkaha attım.

"İkimiz de yarın hastanedeyiz, serumlarla filan fotoğraf atıyoruz düşünsene. Sebep, ellerimiz birbirine değer diye dakikalarca yağmurun altında bekledik. Büyük ihtimalle psikiyatriye sevk ediliriz serumlardan sonra."

Yine kısa bir sessizlik girdi araya. İkimiz de yorganlarımızın altında ısınmaya çalışıyorduk. İyice mayışmış bir halde neredeyse uyuyakalacaktım.

"Bir gün... yağmurun altında ikimiz birlikte duracağız. Bu sefer ellerimiz gerçekten birbirine değecek. Söz veriyorum, bir gün senin ellerini gerçekten tutacağım İzmir."

Sesiyle bunları duymak, o uykulu sesini kulaklarımda hissetmek tüylerimi ürpertmişti. Eğilip yanağından öpmek isterdim şimdi. Uykuya dalışını izlemek isterdim. Ama ben ona asla böyle cümleler söyleyemeyecektim sanırım. Utancım her zaman susturacaktı beni.

"İkimiz de çok renksiziz aslında... değil mi?"

"Nasıl yani?" diye sordu Ege içimden gelerek kurduğum bu karmakarışık cümleye.

"İkimizin de içinde büyük bir hüzün var sanki. Sanki yıllardır bir hüzün taşıyormuşuz içimizde. Renklerimizi kaybetmişiz, enerjimiz yok, sadece ruhumuz var. Hayat bizi her üzdüğünde içimize ata ata renklerimizi bir bir yolda bırakmışız. Sen siyah olmuşsun, ben beyaz. Sonra birbirimizle tanışmışız, birbirimize karışıp yeni bir renk olalım diye. Yani... Siyah beyazız ikimiz, sarılınca renkleneceğiz."

"Sarılacak mıyız? Bunun olacağına inanıyor musun? İnanmıyordun hani."

"Sarılacağız Ege. Bu da benim sözüm olsun." Ege derin bir iç çekti telefonun karşısında. Tam o sırada telefonumu bir numara daha aramaya başladı. Telefonu kulağımdan çekip ekrana baktım. Numarayı tanımıyordum. Ama içimde annem ve babamın hâlâ eve gelmemesiyle ilgili bir endişe de vardı. Yağmurdan yolda filan mı kalmışlardı?

"Ege," dedim, "Benim şimdi kapatmam lazım. Biri daha arıyor. Onu açmam lazım."

"Kim arıyor?"

"Tanımıyorum. Annem başka bir numaradan arıyor olmalı."

"Tamam, konuşman bitince yaz bana."

"Tamam... Öptüm." dedim safça gülümseyerek.

"Ben de seni öptüm." Telefonu kapattığım gibi yüzümde salakça bir gülümsemeyle diğer aramayı açtım.

"Alo!" dedim hevesle, arkadan bir telsiz sinyali sesi geldi. Kaşlarımı çattım.

"Alo, İzmir nasılsın kızım?"

"İyiyim. Tanıyamadım?"

"Ben babanın arkadaşı Üsteğmen Birkan Vuran."

"Tanıdım Birkan Amca, hatırlayamadım ilk başta."

"Canım benim, şimdi bir ekip sizin eve geliyor. Seni alacaklar, buraya getirecekler. Endişelenme, onlarla gelebilirsin, korkma." Korkuyla gülüşüm söndü.

"Neden? Nereye götürecekler beni?"

"Anlatacaklar sana. Sen korkma, her şeyden haberim var. Tamam mı?" Çalan kapıyla birlikte ayağa fırladım. Kalbim iki kat hızlanırken ne olduğunu anlamaya çalışıyordum.

"Babam iyi mi?" Kapıya doğru ilerlerken telefondan bir karşılık bekliyordum.

"Birkan Amca babama bir şey mi oldu!"

"Canım benim gelmiş olmaları lazım. Burası çok kalabalık duyamıyorum. Sen korkmadan onlarla git. Hiçbir sorun olmayacak tamam mı? Kapatıyorum şimdi, yirmi dakikada burada olursunuz." Telefonu sertçe kulağımdan çekip kapıyı açtığımda dört tane asker karşıladı beni.

"İzmir Hanım, askeriyeye gitmemiz lazım. Üstünüze bir şey alın isterseniz." Telaşla odama girdim, montumu üzerime geçirip koşarak kapıya döndüm.

"Bir şey mi oldu! Babama bir şey mi oldu!" Bir yandan telefonumu çıkarmış telaşla annemi arıyordum. Açmıyordu! Korkudan ölmek üzereydim! Birlikte indik, arabaya bindik. Yüzlerce soru sordum. Hiçbirine cevap vermediler.

"Sakin olun, size her şey anlatılacak." deyip duruyorlardı. Ağlamaktan ölmek üzereydim, annem hâlâ açmıyordu, babamın telefonu açık bile değildi. Ekranda beliren "Gelmemeye Giden Adam Ege Arıyor..." yazısıyla direkt aramayı kapattım. Dakikalar sonra askeriyede durduğumuzda hızla kontrolden geçirildim. Korkudan darmadağın bir hale gelmiştim. Yüzlerce asker gece koşusundayken binanın yan tarafına yönelttiler beni. Birkan Amca'yı askeriyenin bahçesinde görür görmez ona doğru hızlandım. Yanında yirmiden fazla asker vardı. Hepsi yüksek rütbeliydi belli ki. Etraflarında polis arabaları, jandarma arabaları... Polis arabalarının birinin önünde korumamız Volkan Abi'yle konuşan polisler. Bir şeyler oluyordu. Kötü şeyler.

"Birkan Amca!" dedim ağlayarak. Yüzümü ellerinin arasına aldı.

"Kızım... sakin olmanı istiyorum. Kötü haberler alıştıra alıştıra verilir. Ama sen asker kızısın, güçlü olmak zorundasın. Anneni ve babanı komplo olduğunu düşündüğümüz bir trafik kazasında kaybettik."

Bırakın kendinizi o nehre, bırakın akıntı alsın götürsün sizi. Açın kollarınızı, arkanıza yaslanın. Felaketinize hazır olun, kendi felaketinizi karşılayın.

Hani bazı anlar vardır, o an, tam o an ölmek istersiniz. Tam o an her şey bir anda bitsin, bir anda kalbiniz dursun, beyniniz sussun istersiniz. İşte ben o anı yaşıyorum. Tam olarak o andayım. Ölmek istiyorum. Beynimin susmasını istiyorum. Tüm bunların yaşanmamasını, birer hayal olarak kalmasını istiyorum. Şu an benim hayatımın en büyük felaketinin yaşandığı an. Canımın içimden çıkmak istediği an. Acı çektiğim, bir kaktüsün kalbime değdiğini hissettiğim an. Ölüyorum. Acıdan ölüyorum.

Şövalye, günlerden bir gün dinlendiği gölün kenarından kalkmış devam etmiş yoluna. Tam o an bir atlı sesi duymuş ardında. Arkasına dönmüş, yanında duran soluk soluğa atlıya bakmış. "Ey atlı," demiş, "nedir bu acelen?"
Atlı konuşmuş. "Bunu size saraydan yolladılar. Derhal dönmem emredildi!" Atlı şövalyeyi eline tutuşturduğu bir mektupla bırakıp hızla uzaklaşırken şövalye oturmuş açmış mektubu.
Yazanları bir bir okumuş içi dağlanırken. Bir tanecik babasını, dünyadaki son akrabasını, tek ailesini kaybettiğini öğrenmiş.
İçine bir acı çökmüş. Bağırmış gökyüzüne doğru, "Ey!" diye.
Saatler geçmiş, ağlanıp durmuş şövalye.
"Ey dağlar, ey gökyüzü, ey yıldızlar. Alıp götürürsünüz her taşın tozunu, ne oldu da alamazsınız içimdeki acıyı?" Ayağa kalksa kalkamazmış acıdan, otursa oturamaz.
Şimdi iki seçenek varmış önünde, bunca yol gittiği yıldızına biraz daha gidip kavuşmak, tüm yolu hiçe sayıp bir tanecik babasının cenazesine yetişmek. Aşkı öyle büyükmüş ki biliyormuş yıldızında annesini bulacağını, biliyormuş bugünden sonra babasına sarılır gibi de sarılacağını. Kalkmış ayağa, annesine babasına gider gibi hızla devam etmiş yoluna.
İnsanın aşkı, kaybettiği her şeyin yansımasıymış aslında. İnsanın yâri annesiymiş, babasıymış, kardeşi, çocuğuymuş.
İnsan bunu bilir, hisseder öyle ararmış aşkını yıllarca dağ bayır durmadan. Aşkta insan kaybettiklerini bulurmuş.
Şövalye hızlanmış, bağıra bağıra, ağlaya ağlaya ilerlemiş yıldızının olduğu dağa. Yıldızı artık sadece yâri değilmiş onun, tüm ailesi, eviymiş. Kaybettiklerini kaybetmiş, şimdi kazanacaklarında bulacakmış kaybettiklerini.

12. Bölüm
Sürükleniş Dönemi

> ***"Sana yalvarıyorum benim olmadığım bir hayatı seçme."***

Merhaba, ben acı...

İçinize kalbinizden girer, oraya yerleşir, uzun süre sizinle kalırım. Bir tedavim yok. Bir kere beni içinize aldığınız zaman, beni oradan çıkarmanız çok zor olacaktır, bilirsiniz. Beni içinize almanız için kalbinizi açmanız yeterli olacaktır. Bir insana, bir duruma, bir yere kalbinizi açtığınız an sonunuz kaçınılmazdır. Ben, açtığınız o kalbinizden içeri girecek, en derininize yerleşeceğim. Biliyorum, hepiniz benden nefret ediyorsunuz. Ama aslında ben size zarar vermek için değil, sizi gerçeğinizle buluşturmak için giriyorum kalbinize. Binlerce, hatta yüz binlerce türüm var benim. Şu an hepinizin içindeyim, şöyle bir nefes alın. Acıyı hissedeceksiniz. Elinizi kalbinize koyun ve selam verin bana. Sonra etrafınızdakilere bir selam verin. Çünkü hepinizin bir ortak noktası var, acı. Hepiniz aslında acı içindesiniz. Acı sizin içinizde, siz acı içindesiniz. Ruhunuz hayatında ilk kez dizleri üzerine düşmüş bir çocuk gibi acıyor. Ağlamıyorsunuz ya da ağlıyorsunuz. Ne olursa olsun dayanıyorsunuz. Çünkü siz dizlerinizin üzerinde değil, ayaklarınızın üzerindesiniz. Binlerce kiloyum ben. İçinizde binlerce kiloluk bir acı taşıyor, yine de düşmüyorsunuz. Miktarım arttıkça kilom da artıyor. Bazen yüz binlerce kilo oluyorum içinizde. Yürürken birden duruyorsunuz, acıdan yürüyemeyeceğinizi hissediyorsunuz. İşte o an bilin ki beni çok doyurmuş, kilo aldırmışsınız. İçinize ata ata, biriktire biriktire beni büyütmekten başka bir şey yapmıyorsunuz. Oysa hareket etseniz, konuşsanız, gülümseseniz birikmeyeceğim içinizde. Giderek kilo verecek, kayıp gideceğim içinizden... Siz sustukça ben büyüyeceğim. Siz sustukça acınız artacak. Bir de bazıları var, onların içinde büyümüyorum. Onların içine kocaman bir parça olarak yerleşiyorum zaten. Bilmem tanır mısınız, İzmir diye bir kız var. İzmir'de yaşıyor. Dün akşam saatlerinde göreve çağırıldım. İzmir'in içine yerleşme görevi. Şu an kalbindeyim, üstelik yüz binlerce kiloyum. Annesini ve babasını kaybetmiş duyduğum kadarıyla. Susuyor. Tek kelime etmedi, giderek büyüyorum içinde. Üstelik acısı öyle büyük ki içinde olmaktan ben bile acı çekiyorum. Çaresiz hissediyor, biliyorum. Hayatımda ilk defa birinin kalbini içinden okşamak istiyorum. Dokunuyorum kalbine, iç çekiyor. Biraz daha üzülüyor, biraz daha ve ben biraz daha büyüyorum. Kalbinden dolup taşmak, tüm vücuduna yayılmak üzereyim. Kıpırdayamayacak hale getirecek kadar büyüyorum içinde. Acıdan hareket edemeyecek hale gelene kadar. İçeride bir savaş başladı sanki, herkes "Hadi İzmir!" diyor, böbrekleri, ciğerleri, kalbi, beyni... Hadi İzmir, kendine gel. Bizi mahvetme, beni büyütme! Hadi! Şunu bilin ki, bir insanın içine yerleşen acısı o insan bu acıyı atlattığında kayıp gider ve yaşamına başka vücutlarda devam eder. Bu zamana kadar hep böyle oldu. Oysa birinin kalbindeyken o kişi bu acıyı atlatamazsa, içinde acısı varken yaşamına son verirse acı da içinde onunla birlikte ölür. Ölüm bir donakalma şeklidir aslında. İçinizde bir dünya var, organlarınız, hücreleriniz her bir noktanız bu dünyanın birer bireyi. Ve siz kendinize yazık ederek onlara da yazık ediyorsunuz. Üzüldükçe üzüyor, ağladıkça ağlatıyorsunuz. Bazen gözünüzden gözyaşı akmaz ama içiniz ağlıyor gibi hissedersiniz ya hani, bilin ki o an içinizdeki bir hücreniz ağlıyor. İçiniz ağlıyor sizin için, bizzat sizin için. Size üzüldüğü için. Şimdi, kendinizi üzmeden, toparlanmaya başlamadan önce bir kez daha düşünün. Yalnız değilsiniz, içinizde sizin için endişelenen koskoca bir dünya var... Senin de İzmir. Hücrelerin ağlıyor, görüyorum. Kalbin sırılsıklam. Biliyorum, acın büyük. Ama içindeki dünya ondan da büyük...

Yatakta sarkıttığım elimi izliyorum. Gözlerim ağlamaktan kurumuş, kolumdaki üçüncü şişe serum bitmek üzere. Hayatımın en korkunç sakinliğini yaşıyorum. Önce bağırdığımı hatırlıyorum, çok bağırdığımı. Kendimi yere bıraktığımı, yerleri yumrukladığımı, kendimi kaybettiğimi ve bir daha bulmak istemediğimi hatırlıyorum. Sonra o ilk iğneyi yiyişim. Yavaş yavaş sakinleşmeye başlamam, ama etkisi geçtikçe delirmem, etkisi geçtikçe kafayı yer gibi acı çekmem. Serum üstüne serum, serum üstüne serum. Delireceğimi düşünüyorlar ve haklılar. Delirdim. Sakin göründüğümü biliyorum ama kafam bir delinin kafasından farksız. Ölümden başka bir hedef göremiyorum kendime. Ölümden başka bir amaç bulamıyorum kafamda. Ne yapacağım, ne yapmalıyım, nasıl yapacağım soruları artık art arda gele gele tüketti kendini. Şimdi geride tek bir soru kaldı, onların yanına nasıl gideceğim? Bir köprüden mi atlamalıyım, bir arabanın önüne mi? Bir binadan mı atlamalıyım, bir trenin önüne mi? Bir silah mı dayamalıyım kafama, bir bıçak mı tam kalbimin üzerine? Bir kutu ilaç mı içmeliyim, yoksa kendimi bir ölüm orucunun kollarına mı atmalıyım? Hangisi? Hangisiyle süzülüp gitmeliyim bu dünyadan?

Siz acı çekmek nedir bilir misiniz? Saniye saniye acı çekmek, milim milim her türlü acıyı en derininizde yaşamak nedir bilir misiniz? Siz ölmek nedir bilir misiniz? Ölmek. Ölüm. Bir daha alınamayan nefesler. Bir daha aralanmayan dudaklar, bir daha... bir daha... kızım diyemeyecek bir anne, bir baba. Kimsesiz kalmak ne demek bilir misiniz? Birini kaybetmenin acısı tarifsizken ikisini aynı anda kaybetmek nedir, siz bunları bilir misiniz?

Ne oluyor ne bitiyor etrafımda bilmiyorum, anlamıyorum. Babamın arkadaşı Kenan ve askerleri odaya girip duruyor, bir şeyler diyorlar, algılayamıyorum. Görüntüleri bulanıklaşıyor, sesleri kulaklarımda yok. Kalbim sakinlikten durmak üzere, oysa ben bağırmak istiyorum. Dudaklarım aralanmıyor, dudaklarımdan ufacık bir ses çıkmıyor. Gözlerimi kapatıyorum.

Ve günler sonra açıyorum. Aynı odadayım, aynı serum şişesi başımda, askerler girip çıkıyor. Bağırmak istiyorum, duvarları yumruklamak istiyorum. Bir ara bir doktorun sesini duyuyorum, "Hiç iyi değil. Gözetimimiz altında kalması gerekiyor." Gözlerim kapanıyor, koluma bir iğnenin girişini hissediyorum.

Bağıra bağıra açıyorum gözlerimi. "Anne! Anne! Baba!" Nefes nefese, kan ter içindeyim. Bağırıyorum, çığlıklar atıyorum, askerler dalıyor odaya. İki kolumdan tutuyorlar beni. "BABA YARDIM ET! ANNE NEREDESİNİZ!" Bir iğne saplanıyor üst bacağıma, kalbim yavaşlıyor, gözlerim kapanıyor.

Bir rüyaya dalıyorum, yıllar öncesine gidiyorum rüyamda. Bir hatıramı sunuyor Allah bana rüya olarak, hediye ediyor sanki. Hastanedeyiz, annem ben babam. Ben yedi yaşındayım. İğne vurulacağımı hatırlıyorum. Hastane yatağında yatıyorum, arkamı dönmüşüm ve ağlıyorum. "Anne çok korkuyorum, istemiyorum iğne! Tatlı şurup versinler söylesene!" Annem gülüyor, bana doğru eğiliyor, "Sen asker kızısın," diyor, "İğneden mi korkacaksın?" Sonra rüyam karışıyor, günler öncesini görmeye başlıyorum, "Sen asker kızısın, güçlü olmak zorundasın. Anneni ve babanı komplo olduğunu düşündüğümüz bir trafik kazasında kaybettik." Bağırarak uyanıyorum saatler sonra. Kollarımdan tutuyorlar, sakinleştirmeye çalışıyorlar. Uyutuluyorum.

Uzunca bir süre uyuduktan sonra bitkisel hayattan farksız boş boş bakıyorum etrafa. Bir hap veriyorlar içiyorum, uyuyorum. Uyanıyorum, uyuyorum, uyuyorum, uyanıyorum. Ben de bir nevi ölüyüm sanki.

Günler geçiyor böyle, benim acım geçmiyor. Bağırarak uyanıyor, ağlayarak uyuyorum. Ellerini tutmak istiyorum annemin. Babama sarılmak istiyorum. Ders çalışmak istiyorum onların zoruyla. Babamın bana, "N'aber çirkin?" demesini istiyorum, annemin "Kız sen manyak mısın bu ne gürültü?" diye odama girmesini istiyorum. Sarıldıkça o muhteşem anne kokusunu duymayı özlüyorum, sarıldıkça o asker tıraş losyonu kokusunu duymak istiyorum. Sarılmak istiyorum. Güvende olduğumu bilmek istiyorum. Onlara dokunmak istiyorum. Boş boş yanlarında oturup televizyon izlemek istiyorum. Onları istiyorum, onları istiyorum, onları istiyorum. Hayatımda hiçbir şeyi istemediğim kadar, hayatımdan vazgeçecek kadar onları istiyorum.

Gecenin bir vakti uyanıyorum. Gözlerim ağır ağır cama kayıyor, camda tek başıma yansımamı görüyorum ve hızla kapatıyorum gözlerimi. İçimden bir ses "Artık böylesin," diyor, "Tek başına, yapayalnız." Gözlerimden birkaç damla yaş süzülürken uyumaya zorluyorum kendimi. Yapayalnız olacağım bir dünyaya uyanmak istemiyorum. Saatler sonra başımda sesler duyuyorum. Tanıdık bir kadın sesiyle gözlerimi aralıyorum. New York'ta yaşayan anneannemi ve teyzemi başımda gördüğüm an içime bir şeyler oluyor. Sanki annemi görmüş gibi ağlamaya başlıyorum, bana dönüyorlar.

"Yavrum!" diyor anneannem katıla katıla ağlayarak, bana sarılıyor, bağıra bağıra ağlıyorum.

"Anneanne! Anneanne!" diyorum sadece, başka kelime çıkmıyor ağzımdan. Teyzem bir köşede ağlıyor, kapıda eniştem, kuzenlerim korka korka bakıyorlar içeri gözleri yaşlı.

Anneannemi kokluyorum, annem gibi kokuyor. Anneannemi koklamaktan başka bir şey yapamıyorum. Bırakamıyorum onu. Ellerim yapışıyor üzerine, kendime doğru çektikçe çekiyorum sanki içinden bir daha annemi çıkaracakmış gibi. Sanki anneannem hâlâ içinde annemi taşıyormuş gibi.

"Yavrum! Yavrum benim, biz varız! Senin annen benim artık! Baban da benim! Meleğim benim bir tanem!"

Bağıra bağıra ağlıyorum, o da ağlıyor, teyzem de... Odadaki herkes kafayı yemiş gibi konuşmadan ağlıyor. Teyzem anneannemle bana sarılırken konuşmaya başlıyor.

"Yalnız değilsin bir tanem, biz varız. Ailen var. Koskoca bir ailen var senin. Sen bize ablamın emanetisin artık." Bunlar bana kendimi iyi hissettirmiyor. Yalnız kalmak umurumda değildi, umurumda olan onlarsız olmak. Bana kendimi iyi hissettiren tek şey anneannemin kokusu şu an. Anneme sarılıyor gibi gözlerimi kapatıyor, ona sarılıyorum. Öpüyorum boynunu, gözyaşlarımız birbirine karışıyor.

Hastaneden çıktığım ilk gün ruh gibiyim. Teyzemlerin Karşıyaka'daki evine götürüyorlar beni, bir şeyler anlatıyorlar, teselli ediyorlar, ağlıyorlar ama hiçbir şeye tepki vermiyorum. Yemek yemiyorum, konuşmuyorum, sadece yatıyorum.

"İzmir, üzme bizi kızım," diyor teyzem, eniştem atlıyor lafa.

"İnsanın çektiği acıyı insandan başkası bilmez. Bırakın yaşasın acısını, siz onu anlamazsınız." Gözlerimi kapatıyorum, ama artık yaş da akmıyor gözlerimden. Bomboş, kupkuru bir acıya dönüyor her acı gibi. Ruhumun öldüğünü hissediyorum, hatta bundan eminim. Ruhum öldü, bedenimi terk etti çoktan.

Tam üç hafta, tam üç hafta sonra ilk kez çıkıyorum yatağımdan. Mutsuz mutsuz kahvaltılarını yapan anneannem ve teyzemin olduğu mutfağa giriyorum. Gözleri beni görünce aydınlanıyor. Oturuyor, sessizce kahvaltı yapıyorum, onları dinliyorum.

"New York'a götüreceğiz seni. Bizimle kalacaksın artık, yepyeni bir hayat, yepyeni bir okul, yepyeni bir dil." Cevap vermiyorum. Günler geçiyor, yanlarında oturmaya alışıyor ama katiyen konuşmuyorum. Haftalardır telefonumu elime almadığım geliyor aklıma, sonra birden o geliyor. Ege... Ne yapıyordur, ne yapmıştır bunca zaman, ilk kez düşünüyorum.

Kimseye sormadan odadan çıkıyor, çantamdaki telefonumu çıkarıyorum. Haftalar sonra açıyor, acı içinde gelen bildirimlere bakıyorum.

135 Cevapsız Arama ve Ege'den 360 Yeni Mesaj. Sadece son mesajını okuyorum, "Kafayı yiyeceğim artık kafayı!" Acımasızca siliyorum 360 mesajını okumadan. Onun hayatında olmam bundan sonra sadece acı verir ona. Ruhu ölmüş birinin hayatında ruhu yaşayan biri olmamalı. Ölü ruhlar, canlı ruhları da öldürür, biliyorum. Telefonu çantama geri koyarken birden çalmaya başlıyor.

Gelmemeye Giden Adam Ege Arıyor...

Açmıyorum. Çalıyor, çalıyor, cevap vermiyorum. Hemen ardından bir mesaj geliyor.

"Öğrendim her şeyi."

Bir mesaj daha. "Telefonunu açmışsın."

"Lütfen benimle konuş."

"Bana ihtiyacın var biliyorum."

Ekrana bakıyorum boş boş. Hiçbir şey ifade etmiyor bunlar bana. O kadar çok acı çektim ki artık hiçbir şey bana hiçbir şey ifade etmiyor. Telefonun ekranını kapatıp çantama koyuyor, ayağa kalkıyorum. O sırada tekrar titriyor ve içimde bir sızı hissederek oturuyorum yatağa. Telefonu çantamdan çıkarıyorum. Mesajı okuyorum.

"Her şeyini kaybettin."

"Bırak her şeyin olayım."

Uzunca bir süre gözlerim ekranda, uzunca bir süre ruhum bedenimin çok uzağında. Girmeli miyim mesajına? Bir yaşama belirtisi göstermeli miyim? Bir cevap vermeli miyim ona? Parmaklarım benden izinsizce hareket ediyor, mesaja giriyor ve cevap yazmaya başlıyorum.

"Kaç kilometre ötemde, kaç şehir ötemde?"

Çevrimiçi... Yazıyor...

"Ben senin yanındayım tüm bu s*ktiğimin kilometrelerine rağmen!"

"İzin ver hayatında olayım."

"İzin ver her şeyin olayım."

"İzin ver yardım edeyim sana İzmir. Yalvarıyorum sana."

Öylece, bomboş bakıyorum ekrana. O da dakikalarca duruyor mesaj sayfasında, sonra son bir mesaj yazıyor.

"Sen acı çektikçe benim içim gidiyor. Yalvarırım izin ver yardım edeyim sana. Söz veriyorum, bir gün senin dibinde tam karşında da olacağım, elimi uzatıp oturduğun yerden kaldıracağım seni. Yemin ediyorum bunun için her şeyi yapacağım. Ama beni bırakma. Hayatında olmama izin ver, bırak acını birlikte yaşayalım. Sana yalvarıyorum benim olmadığım bir hayatı seçme."

Mesajını okuyorum, uzun uzun bakıyorum ekrana. Sonra acımasızca çıkıyorum mesajından. Hayatımda artık hiç kimseye, hiçbir şeye yer yok, buna karar veriyorum. Ben bomboş bir hayat yaşayacağım bundan sonra. Bir nehre bırakmışım kendimi, akıntı nereye götürürse oraya gideceğim. Çünkü çaresizliğin başka tanımı yok. Çaresizlik bir akıntıya kapılıp yönünü değiştirmeye çalışmadan öylece sürüklenmek demek. Öylece sürükleneceğim bundan sonra. Bu da benim hayatımın yeni dönemi, sürükleniş dönemi.

Şövalye, içinde acısı, önünde kapkaranlık bir yol öylece ilerliyormuş. Gözlerinden akan yaşlar, göğüs kafesine çarpan kalbi pırpırmış. Acı çekiyor fakat sevdiğinden vazgeçmiyormuş. Bir an karanlığa dayanamamış başını kaldırmış, işte o an yıldızını bir kez daha iki dağ ötede görüvermiş günler sonra! Kaybolan yıldızı, acısını içine atıp pes etmeyen şövalyenin gözleri önündeymiş bir kez daha.

Gülümsemiş şövalye gözyaşları içinde.

"Mesele," demiş, "ışık gittiğinde bile pes etmeyip karanlıkta devam etmek yola...

Karanlık ondan korkmayıp içine daldığında ışığını veriyor geri."

13. Bölüm

Sana Döndüm

Merhaba, ben acı...

En son konuşmamızı hatırlar mısınız? İzmir'in içine yeni yerleştiğim günlerde yazmıştım size. Şimdi uzun zamandır büyük bir parçasıyım onun. Giderek büyüyor, kalbinden taşmış bir halde bütün vücudunu kaplayarak sarıyorum tüm bedenini. İzmir konuşmuyor, beni küçültecek tek bir şey yapmıyor, yardım istemiyor. İzmir pes etmiş, yakında tüm bedenini benimle kaplamaya niyetli gibi içine attıkça atıyor. Korkuyorum. Onun yerine geçmekten çok korkuyorum. Yakında ondan eser kalmayacak, İzmir'in içinde bir acı değil acının içinde bir İzmir yaşıyor olacak. Ve ben bundan çok korkuyorum. Bütünü değil, ayrıntısı olmak istiyorum onun. Ve elimden hiçbir şey gelmiyor. O üzüldükçe, o içine attıkça büyümemi durduramıyorum. Mutluluktan eser yok, her saniye acı çekiyor yalnızca. Her saniye beni büyütüyor. Bir zavallı gibi kalkıp silkelenmeden öylece acıdan ölmeyi bekliyor. Oysa kalksa, konuşsa, bir gram yaşama isteği duysa küçüleceğim, içinde koştura koştura azalacağım. Ama yapmıyor, teslim olmuş çoktan. İzmir pes ediyor...

"İki seçenek var önünde tatlı kızım." Birkan Amca'nın sesiyle başımı kaldırdım. Askeriyedeki odasının deri koltuklarından birindeyim, elimi koltuğun kenarından yavaş yavaş kucağıma indirdim ve boş boş baktım yüzüne.

"Okulun devamsızlıklarını umursamayacak, mezun olacaksın. Üniversite sınavına da günler kaldı. Şimdi, birinci seçenek şu, askeriye seni her şeyinle okutmak istiyor. Seni İstanbul'da bağlantılı olduğumuz bir özel üniversiteye, istediğin bölüme puanın ne olursa olsun yazdıracağız. İstanbul'da yeni bir üniversite açılıyor. Düşük fiyattan tam on beş bin öğrenci alacaklar bu yıl. Öğrenci akını olacak oraya. Şu an en düşük puanlı bölümler onda. Tanıtımları tüm ülke çapında yapılıyor. Üniversitenin ödemeleri bize ait olacak. Kampüsün içindeki yurtta bir odan da olacak, onu da biz ödeyeceğiz. Sana her ay düzenli bir harçlık ödememiz de olacak. Yani birinci seçeneğin Türkiye'de kalıp kendi ayakların üzerinde durup okumak. Her şeyini biz karşılayacağız. İkinci seçeneğin ise şu, anneannen ve teyzen seni New York'a götürmek istiyor. Ki bu harika bir seçenek. Yepyeni bir hayat, yepyeni insanlar, yepyeni bir dil. Önce bir dil kursuna yazılırsın, anneannenle yaşarsın. Sonra bir üniversite kazanır orada okumaya devam edersin. Sanırım cevabını sormama bile gerek yok, düşünmeden hangisini seçeceğini tahmin edebiliyorum az çok." Yutkundum, bir kez daha boş boş baktım yüzüne.

"İstanbul." diye mırıldandım, Birkan Amca'nın kaşları şok içinde çatılırken gözlerimi diktim yüzüne.

"Kimseye yük olmak istemiyorum. Tek başına bir kader yazıldı bana, tek başıma yaşayacağım bu kaderi."

"Kızım ne yük olması! Onlar senin ailen, seve seve aralarına alacaklar seni!"

Omuz silktim. "İstemiyorum. Düzen bozmak, sonradan çıkan bir piyango bileti olmak, son dakika golü olmak istemiyorum."

"Ne için peki! Kötü mü davranıyorlar sana?" Gözlerimi kaçırdım.

"Hayır... Ben onlara kötü davranıyorum. Konuşmuyorum, dediklerine cevap vermiyorum. Ruhsuz, ölü bir insana döndüm." dedim fısıltıyla konuşur gibi. Öyle halsizdim ki konuşacak gücüm yoktu.

"Bunu çekmek zorunda değiller..."

"Hep böyle olmayacaksın ki yahu! Düzeleceksin, yaşam enerjini geri kazanacaksın."

"Asla eskisi gibi olmayacağım. Ben... kararımı verdim. Tek başıma yaşayacağım ruhumun ölümünü. Hiç kimseyi ve hiçbir şeyi istemiyorum."

"Kızım... emin misin?" Başımı salladım ve o baş sallayış her şeyin kökünden değişiyor oluşunun ilk adımıydı. Hayatım komple değişiyordu. Artık yapayalnız, tek başına, acı içinde bir genç kızdım. Kimsem yoktu kendimden başka. Annem, babam, bir evim, bir ailem, Ege. Tek başımaydım, yapayalnız.

Aylar geçti her şeyin üzerinden. Üniversite sınavından alabileceğim en düşük puanı aldım, tercihlerime kendim bakmadım bile. Anneannem New York'taki her şeyini bir süreliğine bırakıp ben yurduma yerleşene kadar teyzemin Karşıyaka'daki evinde benimle kaldı. Bu fikrimi desteklemese de bana defalarca ağlayarak onlarla gitmem için yalvarsa da bir duvardan farksızdım. Aylarca haftada bir psikoloğa gittim, sessizce dinledim söylediklerini. Önüme bir duvar örülmüş ve ben o duvarı asla aşamıyordum. Acım maalesef yavaş yavaş geçiyordu. İnsan acısının geçmesine üzülür müydü, ben üzülüyordum. Acımın geçmesi onları unutmam demekti ve ben yavaş yavaş seslerini, kokularını unutuyordum. Acı çekmeyi onları unutmaya tercih ederdim, oysa elimden bir şey gelmiyordu, acım elimde olmadan azalıyordu.

Eşyalarımı almaya eve gitmek istemedim, anneannem eve gidip en ufak eşyama kadar her şeyimi toplayıp üç büyük valiz yaptı. Sonra her şeyin bittiği o yerde, havaalanında vedalaştık anneannemle.

"Yavrum, yavrumun yavrusu! Aklım hep sende kalacak bir tanem! Kendini kötü hissettiğin an atlıyorsun uçağa geliyorsun. Her hafta harçlığını da yollayacağım, senin bir annen daha var, unutma. Tamam mı?" Başımı salladım. Sarıldım ona, son kez kokladım o anne kokusunu. Uçağa bindiğimde ilk kez bir yumru hissettim boğazımda, ilk kez bir kararsızlık hissettim. Sanki yıkamadığım duvarımın bir iki taşı yere düşmüş gibiydi, sanki ufacık bir güneş sızıntısı alıyordum içime. İlk kez korkuyordum ne yapacağımdan. İlk kez endişeliydim her şeyin nasıl olacağından. Tek başıma bir savaşa giriyordum sanki, silahım yoktu, kılıcım yok... Bu uçağa bindiğim andan itibaren asıl tek başınalığım başlamıştı. Şimdi gerçekten de hiç kimsem yoktu işte. Şimdi gerçekten de tek başımaydım.

Saatler sonra kendimi yeni hayatımın merkezinde buldum. Bakırköy'deyim, yeni okulum Aras Üniversitesi'nin kampüsünde. Okulun koskoca ağaçlar içinde bir kampüsü var. Okul üç binaya ayrılmış durumda. Ha bu arada, umurumda değil ve umurunuzda değil ama Psikoloji bölümüne alındı kaydım. Evet, çocukluktan beri en büyük hayalimdi ama buna mutlu olacak halde bile değilim. Ne istediğimi sordular, Psikoloji dedim, tercihime yazdılar ve en düşük puanlı olan yüzde sıfır burslu tercihimi kazandım. Ne büyük başarı.

Okulun bölümlerinin dağıldığı dört binanın ağaçlarla çevrili yollarının biraz ötesinde yurtlar var. Bir kız yurdu ve bir erkek yurdu karşı karşıya. Etrafları adeta bir orman. Beni havaalanından alıp buraya bir asker getirdi. Üç valizimi ve kol çantamı taşıyarak yurda girerken oldukça minyon bir kadın durdurdu bizi.

"Merhaba! Hoş geldiniz, siz şu bahsedilen öğrencisiniz sanırım." Başımı salladım.

"Muhtemelen oyum..." Kadın gülümseyerek elini uzattı bana yanımızdaki asker valizleri asansörün önüne bırakırken.

"Ben Zeliha! Yurdun sorumlusuyum. Sana tek kişilik bir oda tuttular, bir saniye. Anahtarını vereyim." Cebinden çıkardığı anahtarlarla dolu büyük anahtarlıktan bir tanesini çıkarıp bana uzattı.

"En güzel odayı veriyorum sana! Kıymetini bil, bahçeye bakıyor ve üçüncü kat. Bu arada karşı yurt ve kız yurdunun yemekhanesi ortak, iki binanın ortasındaki küçük tek katlı binada yiyeceksiniz kahvaltı öğle yemeği ve akşam yemeklerinizi. Saatleri kapısında yazıyor. Hadi bakalım, yerleş odana. Bu arada internet şifresi aras123. Haberin olsun." İnternet şifresini söylemese de tahmin ederdim sanırım.

"Tamam," diye mırıldandım, "teşekkürler." Yanından ayrılırken beni buraya getiren askere doğru döndüm.

"Teşekkürler. Sanırım yukarı çıkmanız yasak. Ben götürürüm."

"Tamam, okulunuzda başarılar. Bir ihtiyacınız olduğunda emrinizdeyim." İlk defa kendimi gülümsemeye zorlayıp başımı salladım. Valizlerimi çekiştire çekiştire asansöre bindim. Üçüncü kata çıktıktan sonra yine çekiştire çekiştire indim asansörden. Son valizimi kapıya sıkışmasın diye çekerken birden valizle birlikte asansörün önüne düştüm! Ufak bir kıkırdama sesi duyduğum an başımı kaldırdım, kısa mavi-siyah saçlı ufak tefek bir kız başımda bana gülerek elini uzatıyordu.

"Yemin ederim az önce tam böyle düştüm! Ama ben yüzüstü düştüm Allah'tan sen yan düştün. Çenem fena acıyor! Gel, valizlerini odana götürmene yardım edeyim." Hızla kalktım ve başımı salladım. Kız valizlerden ikisini alırken ben de birini ve çantamı alıp peşine düştüm.

"Oda numaran kaçtı?"

"307."

"AAA! Ben de 305, aynı dairedeyiz, aynı banyoyu kullanacağız. Çok sevindim. Ama senin odan tek kişilik sanırım. Zenginlik böyle bir şey." Gözlerim kızın üzerinde, kızı birine öyle bir benzetiyorum ki gözlerimi alamıyorum.

"Evet... tek kişilik."

"Benim çift, salağın tekiyle aynı odaya düştüm. Heh, şurası odan. Anahtarınla aç istersen..." Kapıyı açıp valizimle içeri girdim, odaya şöylece bir baktım, güzel duruyordu. Mor duvarlar, pembe tüller, tam bir kız için tasarlanmıştı. Şaşkınlıkla kıza döndüm, bu kız o kız olabilir miydi?

"İsmin neydi?" diye sordu.

"İzmir..."

"Ben de," deyip elini uzatırken cümlesini tamamladım.

"Merve!"

"Merve!" Aynı anda konuşunca şaşkınlıkla konuşmaya devam etti kız.

"Sen... beni... nereden tanıyorsun?" Bir anda yüzümde salakça bir gülümseme belirdi uzun zaman sonra.

"Bu nasıl bir tesadüf bilmiyorum ama ben seni gruptan tanıyorum. Bizim Küçük Gezegenimiz grubu. Birkaç gün konuşmuştuk."

"Ha? Haaa! İzmir! Ege'nin İncisi! Bir hafta yazıp aylarca ortadan kaybolan kız! Seni çok merak ettik! Özellikle şu seninki. Ege. Ona sorduk defalarca, kafayı yiyecekti çocuk. Ama bizimkilerle iyi anlaştı. Seni çok aradılar internette. Sonra... bir saniye... şimdi hatırlıyorum... şey olmuştu... annen... baban... Ya... Ben bunu tamamen unutmuşum. Şu an çok üzgünüm. Özür dilerim. Sen iyisin değil mi? Atlattın mı?" Derin bir nefes aldım.

"İyiyim... Her acı zamanla atlatılıyor." Sonra aklıma takılır gibi sordum. "Ege... size mi yazdı... gruba yani..."

"Aslında biz ona yazdık. Sana da yazdık. Ses çıkmayınca merak ettik ikinizi, sonra Ege döndü bize. Gruba yazdı sana ulaşamadığını. Fotoğrafın da yoktu hiç, ben o yüzden tanıyamadım seni. Aramamız da bu yüzden zor oldu. Ege ülke dışında olduğu için bizden yardım istedi, soyadını da bilmiyorduk. Sonra Koray haberlerde duymuş İzmir'de böyle bir kaza olduğunu. Aile soyağacını biraz araştırınca senin adına ulaşmış. O yazdı gruba. Hepimiz çok üzüldük, sana defalarca yazdım, gruptakiler de yazdı. Ege zaten kafayı yediği için o dönem senden başka bir şey düşünemiyordu. Keşke... keşke yazsaydın ona... Yani... gerçekten çok korkmuştu... neyse sen beni boş ver. Acını anlıyorum. Peki şimdi konuşuyor musunuz Ege'yle?" Derin bir iç çektim suçlulukla.

"Hayır... Ben... pek konuşasım gelmiyor." Merve yüzüme suçlar gibi birkaç saniye baktıktan sonra bakışlarını kaçırdı.

"Olabilir, zor zamanlar geçirdin. Sen odana yerleş. İstersen akşam yemeğinde bizimle takılabilirsin."

Yüzüne tereddütle baktım. "Siz?"

"Doruk ve Koray, gruptan tanırsın."

"Onlar da mı burada?" diye sordum şok içinde.

"Evet! Tesadüfün böylesi. Ben zorladım onları! Başta gelmeyeceklerdi kötü bir yerdir filan falan diye, sonra ben gezmek için gelip kampüsten birkaç resim atınca fırsatı kaçırmadılar. Ateş de gelmeyi çok istedi, ama kontenjandan almadılar çocuğu! Ege zaten senin dışında pek bir konudan bahsetmek için girmedi gruba. Adamlar devrim yaptı, şu an ülkenin en düşük puanlı ve en düşük ücretli okulu burası. Herkes akın etti buraya. Benim liseden bile on altı kişi var ki ben liseyi Bolu'da okudum, düşün! Biz de Doruk, Koray ve ben kendimizi burada bulduk. Dur! Gruba senin de burada olduğunu yazayım! Kayıp kız bizim okulda!" Merve telefonunu eline alırken elini tuttum.

"Yazma!" dedim yutkunarak, "Ben... Ege benim hakkımda bir şey öğrensin istemiyorum..." Yüzüme garip bir ifadeyle bakarken telefonunu indirdi. Başını salladı.

"Tamam... Hadi sen odana yerleş. İstersen... bana... yazarsın..." Başımı salladım, teşekkür ederek girdim odama. Sıkıntılı bir iç çekerek yatağıma oturdum. Bu kötü olmuştu, tanıdık kimseyi istemezken üç tane tanıdığım çıkmıştı şimdiden. Üstelik Ege'ye benden bahsetme olasılığı yüksek üç tanıdık. Sıkıntıyla yatağa uzanırken gözlerim yanıma düşen telefonuma kaydı. Aklım yaklaşık on dakikadır Ege'deydi. Beni çok merak etmişti, değil mi? Ona çok büyük bir haksızlık etmiştim. Ona çok büyük bir kötülük etmiştim. Ben tam bir aptaldım, tam bir aptal. Kalbini kırmış, üzmüş, bir başına bırakmıştım onu. Çocuk günlerce benden bir haber aramış, aylarca bir mesaj beklemişti. Bense yeni hayatıma adım atarken ondan kaçıyordum.

Telefonumu elime aldım, aylar sonra mesaj sayfasına girdim. Ege'den son konuşmamız üzerine sadece ve sadece 1 mesaj gelmişti. Geçen hafta atmıştı bu mesajı. Korkarak açtım.

"Artık gölgeme bakınca seni göremiyorum." Ben bir aptaldım. Kendi hayatı mahvolurken kendisiyle birlikte başkasını da mahvolmuş bir hayata sürükleyen bir aptal. Mesajı içime işlerken elimi kaldırdım, duvara doğru tutup gölgemin resmini çektim. İçimde bir savaş daha başlarken Ege'ye yolladım.

"Ben burada hâlâ tek bir el görmüyorum. Gölgelerimiz hâlâ beraber. Sadece birimizinki acı içinde." Anında çevrimiçi oldu. Çevrimiçi oluşuna bile gözlerim dolarken yavaş yavaş yazdı.

"İkimizinki." yazdı.

"İkimizinki de acı içinde. Sen acı çekerken ben mutlu olabildim mi sanıyorsun?"

Ekrana gözlerimden bir damla yaş süzülerek bakarken devam etti yazmaya.

"Artık geri geldin mi? Eğer bir daha gideceksen yazma bana. Bulmuşken kaybetme hissini tekrar yaşayamam. Ben seni sen yokken içimde canlı tutamıyorum artık. Çünkü içim ona acı çektirdiğim için bana küsmek üzere." Yutkundum. Titreyen parmaklarımla yazdım.

"Geldim Ege. Sana döndüm. Affet beni." Uzun uzun yazmadı bir şey. Sonra ben korkarak cevabını beklerken içime derin bir nefes aldırdı.

"Hoş geldin İzmir." Ekrana bakarken yüzümü gülümsemekle ağlamak arasında bırakan o cümleyi yazarak devam etti.

"Dizi izleyelim mi?"

Her acı biter, her hüzün sona ererdi. Her insan ölür, her ruh dirilirdi. Her şey normale dönüyordu. Ben kabullenmek istemesem de acım bitiyor, sanki annem ve babam ne var olmuşlar ne de ölmüşler gibi yaşamaya devam ediyordum. En acısı da buydu zaten, onlardan arda kalan tek şey olan acım bitiyordu...

Ege'nin sorusuna gözyaşlarımdan cevap veremezken Ege bir soru daha sordu. Ve kült filmlerin efsane sahnelerini andıran bir konuşma yaşadık, belki basit bir mesajlaşmaydı ama o an kafamda Ege yanımdaydı, odamda, gölgelerimiz duvara yansıyor öylece bana bakıyordu.

"Neler yaptın bensiz?"

"Ağladım."

"Hep mi?"

"Hep ağladım. Sen neler yaptın bensiz?"

"Seni bekledim."

"Hep mi?"

"Hep bekledim."

İşte bu satırlar, bu sorular, bu cevaplar aslında belki de kimsesiz kalmadığımı gösteriyordu bana. Kimsesiz değildim ben, tek başımaydım ama yalnız değildim. Sanki cümleleriyle aylar sonra ihtiyacım olan o sarılmayı vermişti bana. Tam şu an, tam burada sarılmıştık aslında. Onu ite ite hayatımın kapısından dışarı atmıştım, ama o kapıda beklemişti. Bir gün ben o kapıyı açarım diye beklemişti aylarca. Ve evet, ben o kapıyı açmış, onu içeri almıştım. Beklerken sırılsıklam olmuş saçlarını kurulamak istiyordum şimdi. Ne kadar acı çekersem çekeyim onun da benim yüzümden çektiği acıyı dindirmek istiyordum.

Sen. Evet sen. Bunu okuyan gözler, bunu okuyan dudaklar, bunu okuyan sen. Sana bir şey söylemek istiyorum, ne kadar güzel bir ruhun olduğunun farkında mısın? Çok üzüldün, çok kırıldın, inan bana ben de çok üzüldüm, ama geçecek. Bu yüzden sana hitap etmek istedim, çünkü biz seninle kardeşiz. Acı kardeşi. Her ne geldi başına bilmiyorum, ufak bir acın mı var, büyük mü? Hiçbir fikrim yok. Ama bil ki, sen yalnız değilsin. İçin ne kadar acısa da şunu bil, insan tek başına diye yalnız olmaz. Çok güzel bir ruhun var. Ruhunu sev. Ne kadar tek başına olursan ol, yalnız olmadığını bil. Sen varsın, ruhun var, ben varım, bizler varız. Tek başımızayız ama asla yalnız değiliz. Ve asla olmayacağız.

Şövalye derin uykusunun ardından bir öğle vakti uyanmış. Suyunu içmiş, yemeğini yemiş. Kalkmış yürümeye başlamış yıldızının olduğu dağa. Sonra bir an, kapalı havanın maviliğinde bir parlaklık görmüş bir dağ ötede. Gözlerini kısmış şövalye, bu da neymiş, gökyüzüne yükselen bir parlaklık. O an içinin yandığını hissetmiş, koşmaya başlamış. "Yıldızım!" Dağa düşen yıldızı, gökyüzüne yükseliyormuş gözleri önünde. Yıldızı diğer yıldızların yanına, ait olduğu yere gidiyormuş. Ve bu sonsuz tutsaklık, asla kavuşamamak demekmiş. Şövalye, yıldızına asla kavuşamayacağını biliyormuş tam o an. Dizlerinin üstüne düşmüş.
"Yıldızım!" demiş son bir kez daha, "Gitme o diyarlara, yıldızların yanına, sen orada binlerce yıldızdan biri olacaksın, oysa burada benim bir tanem olacaksın.
Gitme! Düş kucağıma!" Yıldızı, göğe yükselip gökyüzünün parlaklığında kaybolurken hıçkıra hıçkıra ağlamış şövalye.
Çare yokmuş, yıldızı gerçek hayatına,
diğer yıldızların yanına dönerken kendisi
artık bir başınaymış bu diyarlarda.

14. Bölüm
Gerçek Hayata Dön

> *Gerçek hayatın benimle mesajlaşmak değil.*

Biliyorum, istemiyorsun o yola girmek. Ama bil ki, o yola girmek zorundasın canımın içi. Biliyorum, çok yandı canın ve çok korkuyorsun bir kez daha canının yanmasından. Ama dünyaya izin vermek zorundasın, canımın içi. Canının yanmasına izin vermek zorundasın. Üzerine düşmediğin bir diz asla iyileşemez, iyileşmek istiyorsan o dizin üzerine düşmek zorundasın. Birilerini kazanabilmek için önce birilerini kaybetmen gerekecek belki de iyileşebilmek için önce hasta olman gerekecek, nefes alabilmek için boğulmak zorunda kalacaksın... Biliyorum, istemiyorsun ölmek. Ama bil ki, yaşaman için önce ölmen gerek canımın içi.

Ege'yle tam üç gündür aralıksız konuşuyoruz sanki aramıza aylar girmemiş gibi. Derslerimin başlamasına bir hafta var ve kendimi odaya kapatmış bir haldeyim. Doruk, Koray ve Merve üçlüsüyle bir kez bile görüşmedim. Her zamanki gibi kendimi asosyal hayatıma, odama kapattım ve yemekler dışında odamdan çıkmıyorum. Merve'yle aynı katta bir iki kez karşılaştık, sadece gülümseyip yanından geçip gittim. Ben buyum, arkadaş edinmekten korkan, başını telefonundan kaldırmayan, kendini odasına kapatıp günlerce çıkmayan bir asosyal. Şimdi yine kapkaranlık bir akşamı yaşıyorum. Yemekhanede yemeğimi yedim, mesajlaşarak odama çıktım. Odama girdim, kapıyı kapattım ve yatağıma geçip bilgisayarımı açtım. Bu sırada Ege bana akşam yediği yemekleri anlatmakla meşgul.

Bu arada, biliyorum. Merak ediyorsunuz. Ege sınavı kazanabildi mi, bir okula gidiyor mu, neler yapıyor... Ege sınavı kazanamamış. Yani aslında gayet iyi bir puan yapmış ama istediği hiçbir yer tutmadığı için bir sene daha denemeye karar vermiş. Şimdi bir kursa gidiyor, yaşadığı o muhteşem çatılı evde kalmaya devam ediyor. Ve benim gibi asosyal bir hayat yaşamaya devam ediyor!

"Bu gece dolunay var gökyüzünde." Ege'nin mesajıyla kalktım ve camı açtım. Gözlerim önce bahçeye kaydı, bahçede ufak bir açılış partisi vardı. Yaklaşık yetmiş kişi hafif müziklerle bir şeyler yiyip içiyor gülüşüyorlardı. Ne iğrenç. Sonra gözlerimi asıl güzelliğe, gökyüzüne çevirdim. Dolunaya baktım, gökyüzünde bir bütün görünen muhteşem ay görüntüsüne.

"Aynı şeye bakıyoruz ya şimdi seninle..." yazdım, "Senin baktığın yere bakıyorum diye göz göze geliriz belki."

"Biz seninle her gün göz göze geliyoruz."

"Nasıl?"

"Bilmem, garip bir şekilde öyle hissediyorum. Sanki seninle mesajlaşırken gözlerine bakıyormuşum gibi. Sanki mesajlarını okurken sesini duyuyormuşum gibi. Bana fotoğraf attığında tam karşımdaymışsın gibi. Hatta sen yokken bile, aylarca yokluğunda bile bunları hissettim. Sanki her odama girdiğimde orada sen de varmışsın, sadece benimle konuşmayı kesmişsin ama hep yanımdaymışsın gibi."

"Hep yanındaydım Ege. Hep aklımdaydın. Ama yapamadım... Oturup seninle ilgili bir sürü cümle yazdım günlüğüme ama sana yazamadım. Çünkü... annem gitti... babam gitti..." yazdım gözlerimden birkaç damla yaş akarken, "Ve artık yaşamamın bir anlamı yoktu. Ve sen benim için yaşamanın birkaç anlamından biriydin. Bu yüzden, sana yazmak ve hayata kaldığım yerden devam etmek istemedim."

"Peki ne değişti? Aylar geçti ve bana bir anda yazmaya karar verdin." Hafifçe gülümsedim gözyaşlarımın arasında.

"Çünkü sen de ailem olmuştun benim. Ve ben ailemi çok özledim."

Gözyaşlarım artık dayanılmayacak bir hal aldığında telefonu yatağa bıraktım, arkama yaslandım ve hüngür hüngür ağlamaya başladım. Ege'den art arda iki mesaj geldi ama gözyaşlarımdan ekranı bile göremiyordum. Birkaç dakika ellerim yüzümde ağlayarak sakinleşmeyi bekledikten sonra telefon çalmaya başladı. Bir an sanki annem arıyormuş gibi hissettim, dalgınlıkla elim telefona gittiğinde kalbime bir acı saplandı. O kadar alışmıştım ki her uzak kaldığımızda sürekli aramasına, yokluğunu unutuyordum bazen. Ekranda gördüğüm Gelmemeye Giden Adam Ege Arıyor yazısıyla burnumu çektim. İlk defa "Alo!" deme provası yapmadan ağlayarak açtım telefonu. Hiçbir şey diyemedim.

"Ağlıyorsun... değil mi?" Hafifçe iç çektim gözyaşlarımın arasından.

"Şu an dünyada en olmak istediğim yer senin yanın. Sen orada acı içindesin, sen orada ağlıyorsun ve ben hiçbir şey yapamıyorum." Durdu, ben ağlamaya devam ederken sessizce dinledi ağlayışımı.

"Sen orada ağlarken benim burada içim gidiyor." Burnumu çektim.

"Yanımda olsan da... bir şey... değişmezdi." dedim zar zor, "Sanırım hayatım acı içinde geçecek. Buna alışmak zorundayım."

"Asla acıya alışmayacaksın. Buna izin vermem. Hüznün hep kalsa da acın geçecek İzmir. Sana söz veriyorum acını geçireceğim."

"Ege, başka bir şeyler anlat bana. Lütfen, aklımdan götür bu konuyu!"

"Biliyor musun," diye başladı hevesle, "geçen hafta dolabımın çekmecesi kırıldı." Ağlamakla karışık gülmeye başladım bir anda.

"Bu mu geldi aklına!"

"Haftalarca sana yaşadığım her şeyi anlatmaya alışmıştım. Şimdi bunları sırasıyla anlatacağım. Geçen hafta dolabımın çekmecesi kırıldı, ondan önceki hafta sipariş ettiğim yemeğin içinden bir çivi çıktı, bildiğin çivi!"

Kıkırdamaya başladım. "Aynı hafta o kadar şiddetli yağmur yağdı ki çatıdan odamın bir noktasına su damlamaya başladı ve ben bundan zevk aldım çünkü tam yüzüme damlıyordu!" Gözyaşlarım kuruyordu. Gülmekten dinleyemiyordum.

"Geçen ay bisikletle bir adama çarptım, adam önce feci bir şekilde yere düştü sonra yerden kalkıp benden özür diledi! Neden böyle bir şey yaptı bilmiyorum." Büyük bir kahkaha attım.

"Sitenin bahçesindeki ağaçlardan biri tam yanından geçtiğim anda geçtiğim yere devrildi, ölmekten bir saniyeyle kurtuldum."

"Bir ara yemek yapmaya çalışırken ocağın altını açmamışım, yaklaşık kırk dakika boyunca karıştırıp malzemeler atıp durdum. Kırk dakika sonra ocağın altının kapalı olduğunu fark ettim."

"Sonra... her gün belki yirmi kez bloguna girdim. Her gün belki otuz kez son görülmene baktım. Her gün belki kırk kez yüzünün bile görünmediği profil fotoğrafına bakıp durdum. Her gün belki elli kez yaptığımız kısa görüntülü konuşmanın kaydını izledim. Her defasında tam senin elektriklerin giderken takılı kalan şaşkın yüz ifadene bakakaldım. Tüm bunları ve daha fazlasını sana anlatmak istedim hep. Ama anlatamadım.

Sen bir anda yok oldun hayatımdan. Seninle birlikte ruhum da gitmiş gibi hissettim. Biliyorum, çok büyük bir acı çektin. Ama artık ayağa kalkma vakti İzmir. Artık o gözyaşlarını silme vakti. Sen gittiğinden beri benim hayatımda hiçbir şey değişmedi, yaşadığım yer aynı, hâlâ bir okulum yok, hâlâ yapayalnızım. Ama senin yaşadığın yer değişti, odan değişti, çevren değişti. İçten içe korkuyorum, yepyeni bir hayatın olacak ve ben bu hayatın dışında kalacağım diye. Ama bir hayatın olsun da ben o hayatın dışında kalayım, yeter ki sen mutlu..." derken odamın kapısı çalmaya başladı.

"Bir saniye."

"Ne oldu?" Kapıya doğru ilerledim merakla. Kapıyı aralayıp baktığımda fazlasıyla hoş bir elbise giymiş, saçlarını topuz yapmış, elinde bir şişe enerji içeceğiyle Merve'yi gördüm.

"Hadi!" dedi, "Parti var, seni tek başına bırakmayacağım odanda! Çabuk, hemen aşağı iniyoruz!" Yüzüne mutsuz bir ifadeyle bakarken Ege'nin tüm söylenilenleri duyduğunu fark ettim.

"Ben..." dedim Merve'ye doğru, "çok havamda değilim..."

"Yahu olur mu öyle şey! Geldiğinden beri odandasın, yürü hadi biraz açılırsın!" Sonra Ege'nin telefondaki sessiz konuşmasını duydum,

"Git bence... **Artık yeni bir hayatın var.** Hayatın benden ibaret olmamalı."

"Ben..."

"Hadi, hazırlan kapıda bekliyorum seni!" Merve odamın kapısını yüzüme kapatırken Ege'ye cevap verdim.

"Gitmek istemiyorum!"

"Git. Odana kapatma kendini, bana kapatma. Biraz mutlu olmaya çalış. Benim şimdi biraz işim var... Zaten yazamayacaktım sana. Sen de tek kalma, **gerçek hayatına dön, gerçek hayatın benimle mesajlaşmak değil.** Görüşürüz."

Bu neydi şimdi? Kızmış mıydı, üzülmüş müydü? Bu tepki neydi? Sanırım onun yerinde olsam ben de üzülürdüm. Eğer Ege'nin hayatı değişmiş olsaydı, yeni bir çevreye giriyor olsaydı, sanırım kıskanırdım. İstemeye istemeye üzerime montumu geçirdim, telefonumu cebime atıp kapıyı açtım. Merve acıyarak baktı üzerime.

"Bu mu hazırlanmış halin?" Altımda gri bir tayt, üzerimde uzun siyah bir tişört, saçlarım tepeden toplu.

"Çok durmayacağım. Biraz bakınıp dönerim odama."

"Sen bilirsin. Hadi gel!" Birlikte asansörle aşağı inerken bana yeni tanıştığı insanları anlatıp duruyordu. Umurumda olmadığı için çoğunu dinlemiyordum, başımı sallayıp gülümsüyordum. Nihayet bahçeye indiğimizde kalabalık giderek artıyordu. Fonda Model'in şarkıları çalarken Merve beni iki kişinin yanına götürdü. Kim olduklarını tahmin edersiniz.

"Doruk, Koray, bu da İzmir! Size anlattığım kayıp kızımız!" Doruk sarı saçlı, mavi gözlü, kalın dudaklı uzun boylu yakışıklı bir çocuktu. Hafifçe gülümseyip elini uzatırken gülerek konuştu.

"Merhaba! Epeydir konuşmuyoruz ama uzun süremiz seni aramakla geçti. Bu arada, olanları duyduğumda çok üzüldüm. Başın sağ olsun. Umarım atlatabilmişsindir." Gülümsedim.

"İdare ediyorum... Teşekkür ederim." Bu sırada Koray elini uzattı gülerek. Koray ise kahverengi saçlı, daha orta boylu, beyaz tenli tatlı bir çocuktu.

"Merhaba! Sonunda tanışabildik kayıp kızla. Yazın kaybolmanı geçtim, burada da üç gündür kayıpsın. Merve burada olduğunu söyledi ama bir türlü göremedik. Eh, şimdiye kısmetmiş. Nasıl gidiyor hayat? Alışabildin mi?"

Başımı salladım. "Asosyaller için her hayat kolay alışılabilirdir!" Üçü de bana gülerlerken Merve elime bir enerji içeceği tutuşturdu.

"Bunların içinde biraz votka var. Çaktırma!" Gülüştükleri sırada kaşlarımı çatarak baktım enerji içeceğine.

"Ben... sevmem alkol."

"Çok değil! Sadece biraz kafanı güzel yapar o kadar."

"Yok, gerçekten içmem. Hiç kullanmadım."

"Her şeyin bir ilki vardır, hem merak etme ben yanındayım. Ki zaten çok sarhoş olmayacaksın, ama olacak gibi olursan söz veriyorum seni durduracağım."

"Sevmiyorsa içmesin kız. Zorlamasan. İzmir senin bölümün ne?" diye sordu Koray konuyu değiştirmek ister gibi. Enerji içeceğini elimden bırakmadan cevapladım.

"Psikoloji. Sizin ne bu arada?

"Aha!" diyerek girdi konuşmaya Koray, "Sonunda bir sınıf arkadaşı buldum! Benim de psikoloji. Doruk diyetisyenlik okuyor, Merve zaten sanat bölümünde, tipinden anlamışsındır. Saçını mavi yapmadan almıyorlar." Gülerek Merve'ye baktığımda kıkırdayarak saçlarını salladı bize doğru.

"Bizim bölümden başka biriyle konuştun mu?" diye sordu Koray.

"Hayır. Siz benim burada konuştuğum ilk insanlarsınız." Üçü de kıkırdadı.

"Durumu bizden kötü olan da varmış. Biz de kendimize asosyal diyorduk." Bu sırada farkında bile olmadan votkalı enerji içeceğini kafama diktim ve yutar yutmaz şok içinde öksürmeye başladım! Kahkaha atarlarken kusmak üzereydim.

"Sen bence ver bunu, abi birinin ilk kez içişini izlemek harika değil mi ya!" Koray söylenerek enerji içeceğini elimden alırken Merve bana masadan bir bardak su getiriyordu.

"İlk ve son." diye mırıldandım, "Yanlışlıkla içtim zaten." Bu sırada tam yanımızda duran bir gruptan simsiyah saçlı bir çocuk bizim konuşmaya atladı.

"Ahaha! Yanlışlıkla alkol mü alınırmış!" Hafifçe tebessüm ettim sıcak tavrına karşı. Bizimkiler de gülerken çocuk bizim yanımıza geldi bir an.

"Merhaba, konuşmanıza tanıklık ettim de öyle birden atladım diye sorun olmamıştır umarım. Ben Berk." Elini bana uzatırken hafifçe sıkıp çektim.

"İzmir."

"Koray."

"Doruk."

"Merveee!" Merve aşırı enerjiden ve samimiyetten ismini uzatarak söyleyince gülmeye başladım.

"Hangi bölümdesiniz?" Hepimiz sırayla bölümlerimizi söyledikten sonra Berk gülerek Koray ve bana baktı.

"Ben de sosyoloji bölümündeyim. Ortak derslerimiz olacakmış. Sınıf arkadaşı sayılırız. Sizin gibi kafa insanlarla sınıf arkadaşı olmak güzel olacak. Bu arada içeceklere dikkat, yanlışlıkla alkol almayalım. Görüşürüz!" Bana son esprisini yaptıktan sonra aramızdan uzaklaşırken Koray gıcık olmuş gibi konuştu.

"Morhobo bon Bork. Şaşırdık mı? Tam bir özel üniversiteli ismi. Okulun yarısı Berk zaten ismini söylemese de tahmin ederdik." Gülüştüğümüz sırada elim cebimdeki telefonuma gitti. Telefonu kontrol ettiğimde içimde bir sıkıntı vardı. Ege'den hiç mesaj yoktu. Sanki onu odasında yalnız bırakıp partiye inmiş gibi hissediyordum.

"Seninki nasıl?" Koray'ın sorusuyla şaşkınlıkla telefonumdan başımı kaldırdım.

"Benimki?"

"Gelmemeye giden adam. Çok uğraştırdı bizi yazın. Çocuk bayağı bunalımdaydı endişeden. Sonra senin haberini bulunca konuşmaya ara verdik ama şimdi hâlâ özelden ara ara konuşuyoruz, harika bir çocuk, tam benim kafa. Şansını kaçırma bence, çok değer veriyor sana. Geçen hafta bir oyun önerdim ona. Eğer vakit bulabilirsek Doruk, Ateş, ben, Ege oynayacağız birlikte. Aynı okulda olduğumuzu biliyor mu? Dün konuştuk ama bir şey söylemedim. Söylememde sakınca var mı?" Demek Koray'la konuşuyordu. Yani bir gün mutlaka öğrenecekti aynı okulda olduğumuzu.

"Ben... bugün söyleyeceğim ona..."

"Konuşmaya başladınız yani. Harika haber. Bunalımdan çıkmıştır! Oyun oynayabiliriz yani." Gülümsedim. Kendimi çok garip hissediyordum. Ege bana gerçekten bu kadar değer veriyor olabilir miydi? Evet, veriyordu işte. Şu an burada, bu partide olmaktan o kadar rahatsızdım ki bir an önce odama kaçıp Ege'ye kavuşmak istiyordum. Ama bir yandan da bana git demesinden on dakika sonra dönsem çok saçma olacaktı. Bunu da biliyordum.

"Şey... ben biraz yürüyeceğim ormana doğru, birazdan gelirim." diye mırıldandım.

"Tamamdır, kaybolma ama! Biz buradayız bir iki saat daha." Koray'a gülümseyerek yanlarından ayrıldım. İki yurdun arasındaki yoldan ağaçlarla çevrili yola girdim. Fazla ilerlemedim, partiyi görebileceğim bir şekilde iki ağacın arasındaki uzun kütüğün bir köşesine oturdum. Telefonumu çıkarıp biraz sosyal medyada gezdim. Aklım Ege'deydi. Acaba ne yapıyordu? Yazmalı mıydım? Mesaj sayfasına girdim.

"Ege..." yazdım, yolladım. Tam ikinci mesajı atıyordum ki birden yanımda birinin belirmesiyle telefonu yere düşürdüm.

"Selam!" Berk. Az önce tanıştığımız çocuk. Kaşlarım çatılı bir şekilde baktım yüzüne. Eğilip yerden telefonumu alıp bana uzattı gülümseyerek. Telefonum mesaj gelmesiyle titrerken bakmak yerine ekranı kapatıp cebime koydum ve Berk'e döndüm.

"Oturabilir miyim?" Kütüğü gösterince çaresizce başımı salladım. Biraz mesafe bırakıp yanıma oturdu ve nedense benimle konuşmaya başladı. Neden benimle konuşuyorsun Berk? Lütfen git.

"Siz yeni mi tanıştınız o grupla?"

"Biz... Hayır. Yani yeni sayılır, daha önce internetten konuşuyorduk."

"İnternet mi? İnternet arkadaşları filan mıydınız?"

"Evet öyleydik." Büyük bir kahkaha attı.

"Öyle arkadaşlık mı olur ya. Görmeden, konuşmadan, birlikte takılmadan sadece mesajlaşarak." Yüzüne bir aptala bakar gibi baktım.

"Daha güzel arkadaşlıklar çıkıyor oradan. Daha güzel aşklar."

"Aşk bir de! En imkânsızı. Yanında yoksun, yakınında değilsin. Düşünsene, şu bahçede yürüyorum sana rastlıyorum. Ama internet aşkıma rastlama ihtimalim sıfır. Kötü bir olay." Derin bir nefes aldım sinirle. Cevap vermek yerine partiyi izlerken Berk konuşmaya devam etti, tam o sırada telefonuma bir mesaj daha gelmişti. Ama yanımda bu çocuk varken bakamazdım!

"Bak bak, şu dans edene bak! Az önce yanındaydım çocuğun, tam dört şişe bitirdi! Manyak gibi dans ediyor!" Gösterdiği yere baktığımda masanın üzerine çıkmış, beline hırkasını bağlamış oryantal yapan bir çocuk gördüm. Birden kendimi tutamayıp gülmeye başladım. Berk kahkahalarla gülerken telefonum çalmaya başladı. Gülerek elimi cebime götürdüğümde bir yandan dans edene bakıyor bir yandan ekranı açmaya çalışıyordum.

Gelmemeye Giden Adam Ege arıyor...

Ayağa kalktım, biraz uzaklaşıp alt dudağımı ısırarak telefonu açtım.

"Alo!" dedim gürültüden duyulmak için bağırırken.

"İzmir... Mesaj atmışsın, cevap verdim ama yazmadın. İyi misin? Seni merak ettim." Tam o sırada Berk büyük bir kahkaha attı tam arkamda, dans eden çocuk masada zıplamaya başlamıştı. Herkes gülerek onu izliyordu ve ben de birden kendimi tutamayıp gülmeye başladım.

"İzmir? O sesler ne? Sen neden gülüyorsun?"

"Şey... Ya burada biri var da. Şimdi anlatsam da göremediğin için komik olmayacak. Sarhoş oldu dans ediyor."

"Şuna baksana İzmir Aman Allah'ım!" Berk birden ayağa kalkıp yanıma geldi, dibimde kahkahalarla bağırınca içime çok kötü bir his düştü.

"Sen meşgulsün sanırım. Arkadaşların var. Sonra konuşuruz."

"Ege!" Telefon kapanırken içime oturan bir acıyla bakakaldım tüm bu çevreme. Partiye, insanlara, elleriyle alkış yapan Berk'e, masaya çıkmaya çalışan Merve'ye, tüm bu yeni hayatıma. Sanki yepyeni bir hayata girmiş, Ege'yi dışımda bırakmış gibi hissediyordum. Sanki rengârenk bir odaya girmiş ve tam Ege girerken kapıyı yüzüne kapatmış gibi. Fransa'ya ışınlanmak istiyordum. Tam şu an, onun yanı başında olmaktan başka bir şey dilemiyordum...

Sanırım yavaş yavaş yepyeni bir hayata, yepyeni bir yola giriyordum. Burada bir partinin ortasında Berk denen bu çocukla durmuş dans eden bir sarhoşu izliyordum, Ege benden çok uzakta, yanımda bile olmadan aklım onda olsa da bedenim burada gerçek hayatım olan bu yola istemeye istemeye giriyordum. İçimden bir ses mırıldanıyor sessizce, *"Biliyorum, istemiyorsun o yola girmek. Ama bil ki, o yola girmek zorundasın canımın içi."* Bu yola girmek, gerçek hayatımı yaşamak zorundayım. Yapabilecek hiçbir şeyim yok. Ege'yi önce kalbimde, sonra hayatımda tutarak kendi hayatımı yaşamak zorundayım.

Şövalye günlerce kıpırdamadan oturmuş bir ağacın altında. Artık ulaşabileceği bir yıldızı yokmuş ortada.

Gözleri gökyüzünde, günlerce yıldızını izlemiş. En parlağı oymuş yıldızların, en güzeli. Bir gece, hava öyle soğukmuş, öyle çok sis varmış ki gökyüzünü görememiş şövalye. Kapkaranlık bir gecede kalmış karanlık korkusuyla. Karanlık öyle korkutmuş ki onu nefessiz kalmış korkudan.

Sonra, tüm sisi böler gibi bir aydınlık görmüş gökyüzünde. Yıldızı, tüm sise inat gökyüzünde parlamaya başlamış onu aydınlatmak için. Biliyormuş şövalye, o da onu seviyormuş... Karanlıktan korkmasın diye sisi aşıp parlıyormuş gözlerinin önünde. "Dünyanın en güzel parlayan yıldızı," diye mırıldanmış gökyüzüne doğru, "benim yıldızım."

Onun parmağı
olamayacak insanlarla çevriliydi
hayatım.

Ve ben aramızdaki yolların,
asfaltların, denizlerin,
okyanusların, adaların,
şehirlerin beni ondan
mahrum etmesine izin
vermeyecektim.

15. Bölüm
İzmir'in Ege'si

“Benli rüyalar, ışıklı geceler...”

Ey, sen. Hani her önemli kişiye hitap etmeden önce “Ey!” denir ya, “Ey padişah!”, “Ey kral!” Ben sana ey demek istedim. Çünkü benim gözlerimdeki tek önemli şey sensin. Dışarıdan bakılınca hiçbir şey görmemiş geçirmemiş, hiçbir şey yaşamamış gibi görünen sen. **Oysa sen ki neler gördün, nelere direndin.** Bu yüzden ey sen, öyle güçlüsün ki artık bir gram bile kıramayacaklar seni.

Partinin bitmesini beklemeden, kimseye hiçbir şey demeden öfkeyle ayrıldım bahçeden. Hızlı adımlarla odama çıktım asansörü bile beklemeden. Odamın kapısını kapattım, montumu yatağa attım ve hızla telefonumu açtım. Mesaj sayfasına girip telaşla Ege'ye yazmaya başladım.

“Selam! Biraz durup geldim. Sanırım seni özledim.” Hadi, hadi çevrimiçi ol. Telefonu elimden bırakmadan öylece ekrana baktım dakikalarca. Ege mesaja girmiyordu. Ya bir işi vardı ya da telefonda Berk'in sesini duyduğu için bozulmuştu.

“O duyduğun sesin sahibi sınıf arkadaşımmış. Öyle bir iki cümle konuştuk sadece...” yazdım açıklamak ister gibi. “Bu arada şoka gireceğin bir şey var! Hani şu bir ara konuştuğumuz grup var ya. Bizim Küçük Gezegenimiz. Oradan Koray, Doruk ve Merve de burada! Sana anlatacaktım ama fırsat olmadı.”

Cevap ver, lütfen, cevap ver. Korkuyorum sanki. Sanki de değil, çok korkuyorum. Çünkü öyle bir duruma geldik ki gerçekten bir an onu odamızda tek başına bırakıp partiye inmişim gibi hissetmiştim ve şimdi de yanına gelmiş de onu odada bulamamışım gibi. Telefonun ekranını kapatıp yatağın üzerine koydum. Ve nedenini bilmediğim bir şekilde aklım aşağıdaki partide kalmış gibi cama doğru ilerledim. Camı aralayıp aşağı baktığımda aynı çocuğun masada hâlâ dans etmekte olduğunu gördüm. Birden aşağı bakıp gülmeye başladım. Bunu izlemekten zevk alıyor olamazdım. Sosyal insanlara dönmek istemiyordum. Camı öfkeyle kapattım ve yatağıma döndüm. Elimi uzatıp ışığı da kapattıktan sonra yorganı üzerime çektim ve telefonumu açtım. Yorganın altında öylece Tumblr'da geziyordum. Bir an heyecanla doğruldum. Ege tam bir buçuk saat önce bir resim paylaşmıştı. Üzerinde, "Bana yaşadığın şehrin kapılarını aç, başka şehirleri özleyelim orada seninle. Bu evler, bu sokaklar, bu meydanlar, ikimize yetmez." yazan bir resim. Özdemir Asaf'ın satırları... O an kendimi çok daha suçlu hissettim. O odasında tek başına oturup bize ithaf eden dizeler paylaşırken ben aşağıda eğleniyordum. Tamam, eğlendim sayılmaz. Yine de onu tek başına bırakmıştım. Bir kez daha mesaj sayfasına girip uzun bir özür mesajı yazacağım sırada çevrimiçi olduğunu gördüm. Kalbim hızlanırken mesaj yazmaya başladı.

"Bizim Koray, bizim Doruk?"

Sessizce güldüm. "Siz ben yokken samimiyeti bayağı ilerletmişsiniz gördüğüm kadarıyla. Evet sizin Koray, sizin Doruk. Koray senden çok bahsetti. Oyun oynayacakmışsınız sanırım birlikte. Çok heyecanlı görünüyordu."

"Evet, geçen hafta konuştuk. Bir bilgisayar oyunu buldum, takım olarak oynanıyor ama eh, arkadaşım yok. Koray da mesajlaşırken aynı oyundan bahsedince beraber oynayalım dedim." Sonra ekledi. "Onlarla aynı okulda olmana sevindim. Aklım sende kalmayacak."

Gülümsememem büyürken suçlu hissederek yazdım. "O duyduğun sesler yüzünden bozuldun, biliyorum. Ama çocukla iki cümleden fazla konuşmadık. Aklın bende kalmasın, bende kalan şey kalbin olsun. "

"Bozulmadım. Ama korktum." Kaşlarım çatıldı birden.

"Korktun mu?"

"Daha önce de anlatmıştım. İzmir... Ben senin yanında değilim. Sana dokunsalar yanında olamam. Biri gelip yanına otursa kaldıramam, seninle konuşsalar ağızlarını kapatamam. Bir gün biri sana âşık olsa ben buna engel olamayacağım, çok daha kötüsü bir gün sen birine âşık olsan..." Mesaja devam edemeyip yolladığında içinde büyük bir acı oluşmuştu, biliyordum. Telaşla yazmaya başladım.

"Bunlar olmayacak Ege. Söz veriyorum." Uzunca ekrana baktı, o baktıkça ben de baktım. Sonra konuyu değiştirmek için yazmaya devam ettim. "Eee, sen neler yaptın ben yokken?"

"Değişik bir şey yaptım. Aslında sen aylarca yokken bir hobi edindim ben." Yazdığı an bir resim attı. Turuncu, içinden ışık çıkan küçük bir kayaya benzeyen bir gece lambasıydı attığı resim. Ya da o tarz bir şey. Resme iyice yakınlaştırdım, anlayamayarak baktım.

"Bu bir tuz lambası. Hiç duydun mu?" Görebilecekmiş gibi başımı hayır der gibi salladım.

"Hiç duymadım."

"Tuz kayalarından yapılıyor. Kayayı bu şekle getiriyorsun, içine bir lamba yerleştiriyorsun ve bir gece lamban oluyor. Huzur vermesiyle biliniyor, tüm stresi alıp götürüyor. Aslında bakarsan sen yokken sadece buna değil aydınlatmayla ilgili her şeyle ilgilenmeye başladım. Bir saniye..." Ve bir fotoğraf daha geliyor. Fotoğraf beni şoka sokarken o kadar hoşuma gitti ki içimi büyük bir huzur kapladı. Ege, bana odasının fotoğrafını atmıştı. Duvarları boydan boya renkli led ışıklarla kaplamıştı. Sanırım dünyanın en güzel odasına sahipti.

"Mükemmel." Yazdım hayranlıkla, "Sana hiç bahsettim mi bilmiyorum, benim karanlık korkum var! Ve şu an senin odan benim için dünyadaki en güzel oda. Karanlıktasın, ama ışıkların var. Hem karanlık hem aydınlık içinde yaşıyorsun." Gözlerimi odamın loşluğuna kaydırdım. Sonra yazmaya devam ettim. "Aslında benim sadece karanlık değil, aydınlık korkum da var sanırım. Ne aydınlıkta durabiliyorum ne karanlıkta. Odanın resmi hep hayallerimdeydi." Yazdıktan sonra içimi bir hayal kırıklığı kapladı. Bir an evimi, odamı özlediğimi fark ettim. Oraya dönmek, duvarlarımı minik minik ışıklarla kaplamak isterdim.

"Belki bir gün benim odam senin de odan olur." Ege'nin mesajıyla hafifçe kıkırdadım. Sonra yazmaya devam etti. "Karanlık korkun olduğunu bilmiyordum. Hiç bahsetmedin. İleri derecede değil sanırım."

"Aslında garip bir durum. Mesela şu an odam loş, ama kapkaranlık olsa kafayı yerim. Mesela şu an yorganın altındayım, telefonumun ışığı içeriyi aydınlatıyor ama telefonumun ışığı kapansa bu yorganın altında ölürüm büyük ihtimalle!" Yazar yazmaz Ege hızla yazmaya başladı.

"Sen, bana okulunun adını söylemedin. Ve yurdunun."

"Neden birden bunu sordun?"

"Merak ettim."

Kaşlarım çatılarak yazdım ağır ağır. "Aras Üniversitesi. Kampüsün içindeki kız yurdunda kalıyorum. Aaa, bir ara sana okulun her yerinin fotoğrafını çekip atayım. Bir de odamın."

"Bir de kendinin." Cümlesiyle birlikte bir kez daha gülümsedim.

"Beni görmeyi mi özledin?" Cümlemi taklit eder gibi cevapladı.

"Seni görmeyi özledim." Birden yorganı başımdan attım, hızla kalkıp ışığı açtım. Yatağa geçtim ve mayışmış bir halde hafifçe gülümseyerek fotoğrafımı çektim. Kumral saçlarım omzumun biraz aşağısına dökülürken sıradan yüzüm beni hayal kırıklığına uğratıyordu. Yine de umursamayarak Ege'ye yolladım fotoğrafımı.

Çevrimiçi...

Çevrimiçi...

Çevrimiçi... Sanırım ne kadar çirkin olduğumu inceliyor...

Yazıyor... Nihayet...

"Gözlerinin rengi çok güzel." Kaşlarımı çattım.

"Normal kahverengi göz."

"Gördüğüm en güzel kahverengi gözler." Ben hayranlıkla ekrana bakarken yazmaya devam etti. "Gördüğüm en güzel yeşil gözlerden daha güzel kahverengi gözlerin var..." Sanırım hayatımda duyduğum en güzel cümleydi bu. Belki bir ölene kadar da duyabileceğim en güzel cümle. Ege benim için her şey olmaya başlamıştı. Hayatımın tamamı oluyordu ve buna engel olamıyordum. Buna engel olmak da istemiyordum. Kimseden duymadığım cümleleri duyduğum insandı o. Bu zamana kadar tanıştığım ve hayatımda kalmasını istediğim tek insan.

"Biliyor musun Ege, ben senin gözlerinin rengini bilmiyorum! Ne görüntülü aramada ne fotoğraflarda net olarak görebildim!" Siz hiç, birinin fotoğraflarını saatlerce incelediniz mi? Ben inceledim.

"Ela." Yazdı, "Ara ara yeşile kaçan, ara ara kahverengiye dönen ela gözler." Dünyanın en güzel gözleri yani.

"Hadi, gözlerinin göründüğü bir fotoğrafını at!" Tam birkaç saniye sonra bir fotoğraf geldi. Öyle bir fotoğraf ki kalbimi tekleten... Ege, yatak başlığına yaslanmış darmadağınık kabarık saçlarıyla oldukça asi bir bakış atıyor kameraya! Ve benim içim eriyor. Gözleri şu an tam olarak bal rengi. Dudakları kalın, yüzünün her bir noktası güzel.

"İzmir... Yirmi dakikadır yazmıyorsun. Bir sorun mu var?" Yirmi dakika. Size yemin ederim, yirmi dakikadır fotoğrafına bakıyorum. Arkasındaki yatak başlığının desenlerine, saçlarına, gözlerine, dudaklarına, yüzündeki kahverengi sakallara, sol kulağındaki küçük gri küpesine, arkasına asılı mantar panoya... Mantar panonun üzerindeki notları okumaya bile çalıştım. Duvar saatine baktım, Ikea'dan aldığına emindim, orada saat 22.34'tü, burada 00.34. Saatlerimiz bile farklıydı ve ben saatlerimizin bile farklı olduğu bir insanın fotoğrafına yirmi dakikadır bakıyordum. İmkânsızlıklardan konuşmak ister misiniz? Mesela yaşadığım duyguların imkânsızlığından.

"Ya, internet koptu!" Yazdım birden. Yalana bak! Fotoğrafına bakakaldım Ege. Bakakaldım.

"Kesin yaşanmıştır bu." Ege'nin mesajıyla büyük bir kahkaha attım.

"Ciddiyim. Başka ne olabilir ki?"

"Mesela fotoğrafıma bakakalmış olabilirsin." Sırıtmaya başladım.

"Saçmalama!" Sonra gülerek devam ettim, "Sanırım evet. Ama seni değil odanı inceliyordum. Arkandaki saat Ikea'dan mı?" Karşıda güldüğünü hissediyordum.

"Evet. Mantar pano da oradan. Mantar panonun üzerindeki notları atmamı ister misin?"

"Olur!" diye atladım birden, tam o an dalga geçtiğini anladım ve kıvırmaya çalıştım, "Ahaha! Yedim sandın, değil mi? Mantar pano dikkatimi bile çekmedi." Yalanlar ardına yalanlar.

"İzmir..." Yazdı Ege, "Uyumadan önce bana sesinle iyi geceler der misin?" Hafifçe gülümsedim ve derin bir nefes aldım. Boğazımı temizleyerek kendimden beklenmeyecek bir cesaretle sesimi kaydetmeye başladım.

"İyi geceler Ege... Benli rüyalar!" Yolladım ve üzerinden dakikalar geçti. Ama hâlâ cevap vermiyor.

"Ege... Bir sorun mu var?"

Cevap anında geldi. "Ya, internet koptu!" Büyük bir kahkaha attım! Ses kaydımı defalarca dinliyordu! Buna emindim!

"Kesin yaşanmıştır bu." Yazdım gülerek.

"Ciddiyim, başka ne olabilir ki? Ses kaydını defalarca dinleyecek değilim. Başa sarıp sarıp, gözlerimi kapatıp her defasında yanımdaymışsın da bana tam yanımda iyi geceler diyormuşsun gibi hayaller kuracak değilim. Sanki birazdan yanağıma bir öpücük konduracakmışsın ve ben öylece uykuya dalacakmışım gibi hissediyor değilim. Bir ses kaydıyla kendimden geçecek değilim." Dakikalardır yaşadığı şeyleri tam zıttıymış gibi anlatırken içim içime sığmıyordu. Deli gibi kahkahalar atarak "SENİ YERİM!" diyerek ses kaydı yapmak istiyordum. Ama evet, bu tam bir delilik olacağı için sakin kalmaya çalıştım.

"Hadi, yan yanaymışız gibi hayal ederek uyuyalım şimdi." Yazdım.

"Aramızda ülkeler yokmuş gibi." Yazdı.

"Mesafeler yokmuş gibi."

"Bir yastık uzaklığındaymışız gibi."

"Aynı yorgan bizi ısıtıyormuş gibi."

"Sanki başımı omzuna yaslamışım gibi."

"Sanki omzumdaki başını okşuyormuşum gibi."

"Sanki tam şimdi uyuyakalıyormuşum gibi..." Huzurlu bir şekilde baktım telefona.

"İyi geceler Ege." Yazdım, cevap beklerken birden üstte beliren "Ses Kaydediliyor..." yazısıyla heyecanlandım. Ve o an Ege'nin ses kaydı geldi. Heyecanla açtım.

"İyi geceler İzmir, iyi geceler dünyanın en güzel kahverengi gözleri. Benli rüyalar." Sesi öylesine mayışmış, öylesine uykuluydu ki tam şu an âşık olacaktım. O çevrimdışı olup uykuya dalarken ben belki elli defa daha dinledim ses kaydını. Sonra bir manyaklık yaptım! Ses kaydını müzik çalardan açtım ve tekrara aldım. Biliyorum, bir deli olduğumu düşünüyorsunuz ama o gece sabaha kadar aynı kaydın tekrarını dinleyerek uyudum.

Hafta sonunu yine herkesten uzakta, kendimi odama ve Ege'ye kapatarak geçirdim. Sürekli konuştuk, sürekli hayaller kurduk, sürekli diziler filmler izledik birlikte. Ve maalesef o kara gün geldi, pazartesi. Okul günü. Gergin bir halde uyandım ve neredeyse ağlayacak halde yorganı üzerimden attım. Saat 8'di. Bir insan nasıl bu saatte uyanırdı? Ege uyuyor olmalıydı. Mutsuz da olsam Ege'ye bunu yansıtmayarak bir mesaj yazmaya başladım.

"Günaydın! Benli sabahlar!" Şu hale bakın, saçlarım darmadağın, neredeyse ağlayacak haldeyim ama Ege'ye dünyanın en mutlu insanıymışım gibi bir mesaj atıyorum. Telefonu yatağıma koydum, nefretle üzerimi değiştirmeye başladım. Siyah dar pantolonumu ve yeşil kazağımı üzerime geçirdim. Saçlarımı özensizce taradım ve arkadan tek örgü yaptım. Çantamı sırtıma aldım, telefonumu pantolonumun cebine koyup odamdan çıktım. Tam o an Merve'yle karşılaştım.

"Günaydın!" dedi bana neşeyle. Sabah sabah bir insan nasıl neşeli olabilirdi?

"Günaydın..."

"Bir şey mi var, moralin bozuk gibi duruyorsun?" Okula gidiyorum çünkü.

"İyiyim ya, sabah yorgunluğu."

"Ben garip bir şekilde sabahları yorgun olmuyorum!" dedi birlikte asansöre binerken.

"Dersin hangi fakültede?" diye sordum konuşmayı devam ettirebilmek için.

"Görsel Sanatlar. Senin?"

"Edebiyat." dedim asansörden inerken. O sırada her sabah selam verdiğim yurt görevlisi ayağa kalktı bize doğru.

"İzmir!" dedi masanın altına eğilirken, "Sana kargo geldi ablacığım." Kaşlarımı çattım, bana kargo mu gelmişti? Güvenlik görevlisi Şule Abla kargo paketini elime tutuştururken Merve'ye baktım.

"Sen git istersen. Ben odamda şunu açıp öyle gideceğim."

"Ben de çok merak ettim! Açınca resim at!" Merve'nin samimiyetine gülümseyip başımı salladım. Güvenliğe teşekkür edip hızla asansöre bindim. Ne olabilirdi bu? Kimden olabilirdi? Heyecanla odama girdim ve büyük kargo paketini açmaya başladım. Hızla paketi açtıktan sonra şaşkınlıkla baktım. Paketten bir yorgan paketi çıkmıştı. Üzerindeki not kağıdını alıp okumaya başladım.

Bu hediye sizin için Ömer Ege Zorlu tarafından özel olarak yaptırılmıştır. Kendisinin size notu şöyledir, "Yorganın altına her girdiğinde aydınlanmak için telefonunun ışığını açmak zorunda kalma diye... Benli rüyalar, ışıklı geceler..."

Gözlerim dolu dolu açtım paketi, gözlerim dolu dolu koydum notu bir kenara, gözlerim dolu dolu yorganı kaldırdım serdim yatağa... Üzerine renkli küçücük led ışıklar takılmış, elektrikli bir yorgandı bu. Yorganı yatağa koydum. Üzerine oturdum, notu elime aldım ve abartısız hüngür hüngür ağlamaya başladım. Günler sonra, haftalar sonra, aylar sonra ailemden biriyle aynı yatakta oturuyor gibi hissediyordum. Sanki çok uzaklara giden ailem, bana bir hediye yollamış gibi hissediyordum. Uzun zaman sonra ilk kez mutlu hissediyordum. Artık karanlıkta kalmayacaktım. Acıdan ağlayarak kuruttuğum gözyaşlarım, mutluluktan tekrar canlanmıştı. Ve bunu o sağlamıştı. Ege. İzmir'in Ege'si...

Şövalye çalıların üzerine yatmış, saatlerce gökyüzünü izlemiş. Yıldızı ona göz kırpıyor, o yıldızına gülümsüyormuş adeta. Huzur dolu saatlerin ardından hafif bir fırtına çıkmış. Şövalye donsa da kalkmayacakmış yerinden, izleyecekmiş yıldızını. Sonra fırtına artmış, toz topraktan görünmez olmuş gökyüzü. Şövalye ayağa fırlamış, bir ağacın dallarına tırmanmaya başlamış. Oysa yıldızı, fırtınanın arasında kaybolmuş birdenbire! Gökyüzü yıldızsız, kapkaranlık kalmış. Şövalye elini havaya doğru savurmuş adeta fırtınaya rüzgâra vurmak ister gibi. "Ey yıldızım!" diye haykırmış havaya,
"Fırtına da çıksa, kar da yağsa, deprem de olsa geleceksin bana. Çünkü yuvanım ben senin. Ve herkes gün olur yuvasına döner."

Sanki kapkaranlık bir odadaydım, gelip ışığı açtın. Beni karanlığımdan alıp götürdün, aydınlığa çıkardın.

16. Bölüm
Kimsesiz Kalmak

> *“Bir gün yanında olduğumda da bana böyle gülecek misin?”*

Hani bazı binalar vardır, bütün ışıkları sönmüşken tek bir katının ışığı sabaha kadar yanar. İşte biz o sabaha kadar yanan ışıklı evde yaşayanlarız. Uyumayan, uyuyamayan, içinde bir yerde hep düşünen, düşündükçe düşünenleriz biz. İşin içinden çıkamayan, çıkamadıkça daha çok hapsolan, hiçbir şeyi kendi içinde halledemeyenleriz biz. Her şeye rağmen ayakta kalan ama ayakta kaldıkça mahvolan, mahvoldukça daha güçlü ayakta kalan, oysa çaresiz kaldıkça çaresizliğe sürüklenen, umut gördükçe umuttan kaçanlarız biz. Biz kimiz biliyor musunuz, yıllarca o ışığı sabaha kadar yanan evde yaşamış ve birden kapkaranlık bir odaya hapsedilmiş, biri gelsin de ışıklarımızı yaksın diye bekleyenleriz *biz.* İşte şimdi ben burada oturuyorum, ellerim Ege'nin bana yollattığı hediyesinde, ışıklı yorganımda. Gözlerimden yaşlar akıyor, yorgana damlıyor ve işte o zaman ağlamamam gerektiğini anlıyorum. Ağlamamam gerek çünkü bu yorganı ıslatmamam gerek. Ağlamamam gerek, çünkü beni aydınlatacak bu ışıkları mahvetmemem gerek. Ağlamamam gerek çünkü Ege'yi üzmemem gerek. Ağlamamam gerek, kendim için, Ege için. Anlıyor musun İzmir? Benim artık ağlamamam gerek.

Telefonumu elime aldım. Bir elim yorganın ışıklarına dokunuyor bir elim Ege'ye mesaj yazmakla meşgul. Ne diyeceğimi, nasıl anlatacağımı bilmiyorum.

"Sevgili Ege," yazdım, "Gönderdiğiniz hediye elime ulaştı. Müteşekkirim. Yazdığınız ciddi fakat bir o kadar da duygusal not içime dokundu. Size gelip de EGE SEN NE YAPTIN KAFAYI YEDİM BURADA! yazmak isterdim, fakat bu ince hediye, o ince not böyle bir tepkiyi hak etmiyordu. Bu yüzden size kısa bir mektup yazmaya karar verdim. Siz, kalbime bir notla, bir yorganla, birkaç ışıkla dokundunuz. Sanki geceyi yaşıyordum, birden gündüz oldu. Sanki kapkaranlık bir odadaydım, gelip ışığı açtınız. Beni karanlığımdan alıp götürdünüz, aydınlığa çıkardınız. Artık karanlığa hapsolmamak dileğiyle, bir gün o yorganın altında birlikte ısınacağız... Sevgilerle..." Yazdım, gönderdim ve bir mesaj daha attım.

"EGE SEN NE YAPTIN KAFAYI YEDİM BURADA!" Ve bir mesaj daha.

"Ağlıyorum."

"Gerçekten ağlıyorum."

"Bak," Yazdım ve sol gözümün altındaki gözyaşlarımın bir fotoğrafını çekip yolladım. Resmen ona ağlarken gözümün fotoğrafını çekip yolladım. Gözyaşlarımın arasında hem ağlıyor hem gülüyorum şimdi. Hayatımda aldığım en değerli hediyenin üzerinde oturuyor ve artık gerçekten de yalnız olmadığımı biliyorum. Burnumu çeke çeke istemeye istemeye kalktım yataktan. Gözyaşlarımı elimle silip çantamı tekrar omzuma taktım, yorganıma tekrar bakıp zorla çıktım odadan. Derse ilk günden geç kalmamak adına hızla asansöre bindim. Kendimi iki dakika sonra bahçede bulduğumda fakülteme doğru koşar adım ilerliyordum. Yemyeşil yolların arasında, fakültelerine dağılan öğrencilerle birlikte tam karşımda duran Edebiyat

Fakültesi'ne doğru koşturuyordum. Tam o an, işte tam o an ilk aksiliğimi yaşadım! Birine feci şekilde çarptım. Kitapları yere düşerken yüzüne bile bakmadan eğildim ve kitaplarını toplamasına yardım etmeye başladım,

"Özür dilerim derse yetişmeye..."

"İzmir? Bu ne tesadüf! Anlaşıldı, kanka olacağız seninle!" Yüzümü buruşturarak başımı kaldırdığımda Berk'i gördüm. Dün geceki çocuk. Hafifçe gülümseyerek kitaplarını ona uzattım ve birlikte ayağa kalktık.

"Günaydın," dedim söylediğine cevap vermemek için, "Aynı derse mi gidiyoruz? İnsan Bilimi."

Berk sevinçle dudaklarını araladı. "Evet! Yanıma oturacak birini buldum sonunda! Hadi, geç kalmayalım." Sıkıntılı bir nefes aldım ve birlikte fakülteye yöneldik. Ege'yi aldatıyor gibi hissediyordum. Birlikte fakülteye girerken konuşup duruyordu, şöyle elimi yumruk yapıp ağzına sokmak istiyordum.

"Saçların doğal mı senin? Çok hoş bir rengi var!"

Başımı salladım isteksizce. "Evet... doğal."

"Gerçekten hoşlar. Hafif de dalgası var." Birden elini saçlarıma uzatınca kendimi korkuyla geri çektim. Ne yapıyordu bu, saçlarıma mı dokunacaktı?

"Hey," dedi gülerek, "korktun mu? Sanırım çekingen bir arkadaşımız var karşımızda." Lütfen biri beni şu durumdan kurtarsın. Gökten Ege inip bir anda yanımızda belirsin ve elimden tutup götürsün beni buradan.

"Evet, biraz... Samimiyetten pek hoşlanmıyorum."

"Vay, tamam. Şey, bu biraz laf sokma gibi oldu. Ama hak veriyorum, daha yeni tanıştık. Konuşa konuşa arkadaş olacağız. Bizim sınıf şurası sanırım, bir saniye." Berk telefonuna baktı ve başını salladı, "Evet, evet. Burası. Hadi gel." Birlikte bir sınıfa girdiğimizde bizi oldukça büyük hatta kocaman bir sınıf karşıladı. Gözlerim tanıdık birini arıyordu sırf Berk'ten kurtulabilmek için. Berk konuşarak beni bir sıraya yönlendirirken hâlâ ilahi bir yardım bekliyordum, *lütfen Ege gökten insin lütfen...*

"Bak burası iyi! Ne çok öndeyiz ne çok arkada ne de tam ortada, hoca bizi görmez." İstemeye istemeye yanına otururken başımı salladım. Tam o sırada ismimi duydum birinin ağzından! *Lütfen Ege gökten inmiş olsun, lütfen...*

"İzmir, günaydın." Başımı tanıdık sese doğru çevirdiğimde Koray'ı gördüm ve bir an rahatladığımı hissettim. Sanki gerçek bir arkadaşımı görmüştüm. Gülümseyerek baktım yüzüne.

"Günaydın!" dedim pozitif bir enerjiyle, ne de olsa Ege'nin oyun arkadaşıyla konuşuyordum.

"Burada mı oturacaksın?" dedi kaşları çatık anlam vermeye çalışır gibi. Yüzüne "Bana yardım et." der gibi bakıyordum.

Birden konuşmaya başladı. "Hani söz vermiştin bana, beraber oturacaktık." Yutkundum, beni kurtarıyordu! Başımı salladım anında.

"Evet! Unutmuşum! Berk, ben Koray'a söz vermiştim yanına oturacağım diye. Gitsem sorun olmaz değil mi?"

"Tamam ben de gelirim. Nereye oturuyoruz?" Berk çantasını alırken sıkıntıyla bir iç çektim. Ama maalesef yapabilecek bir şeyimiz yoktu. Sıralar 10'ar kişilikti ve yanımız dolu diyemezdik. İstemeye istemeye kalktım ve Berk'le birlikte Koray'ın peşinden ilerleyip en arkadaki sırasına oturduk. Koray da bu sefer bana "Ne yapacağız şimdi?" bakışı atıyordu. Bu çocuğa nedense ısınmıştım.

"Ben bir su alıp geleyim! İzmir, bir şey ister misin?" Berk'in sorusuyla hafifçe gülümsedim.

"Yok. Teşekkür ederim. İstemem." Berk çantasını bırakıp sıradan uzaklaşır uzaklaşmaz Koray konuşmaya başladı.

"Bon Bork. Sozonlo otormom lozom çonko yolnoz kolomom." Ufak bir kahkaha attığım sırada konuşmaya devam etti, "Seninki duymasın. Yazın yokluğunda kafayı yiyen çocuk bir de dibinden ayrılmayan birini duyarsa kimse tutamaz onu Fransa'da." Keşke tutamasalar.

"Biz..." dedim kem küm ederek, "Ege'yle sevgili değiliz. Arkadaşız."

"O zaman sana bir haberim var İzmir. Çok şaşıracaksın ama öğrenmenin vakti geldi. Siz Ege'yle sevgilisiniz!" Kıkırdadığım sırada devam etti, "En azından o sana âşık oluyor. Bunu bil. Kimse için o kadar endişelenmedim hayatım boyunca, kimse için o kadar bunalıma girmedim. Ama o sensizliği yaşadı ve atlatamadı. Sen gelmeseydin belki hâlâ atlatamamış olacaktı. Bu yüzden duygularını 'Arkadaşız.' diyerek hiçe atma."

"Onu üzdüm... Biliyorum."

"Yaşadıkların kolay şeyler değildi."

"Ama her şeye rağmen onu üzdüm."

"Sen de çok üzüldün. Ve onu dünyanın en mutlu insanı yapmak da senin elinde. Ama lütfen çok mesajlaşmayın ya, oyun oynayamıyoruz! Partide seninle konuştuktan sonra iki gece birlikte oyun oynayalım dedik. Savaş oyunu oynuyoruz, Ege bir ara oyunda durdu. Böyle adamlar üstümüze doğru koşuyor biz Ateş, Doruk, ben kaçıyoruz. Ege öyle duruyor ortada! Taramalıyla taradılar Ege'yi! Ne oldu dedik, mesaj yazıyormuş."

Koray'ın anlattıklarına gülmekten ölecektim! Hele şu "Taramalıyla taradılar Ege'yi." cümlesini asla unutamayacaktım.

"Ciddi misin, oyunda olduğundan haberim bile yoktu! Ben de yazıp duruyordum! Söz, bir daha oyun oynarken yazmayacağım."

"Lütfen yenge." Büyük bir kahkaha attığım sırada Berk içeri girdi, bize doğru gelirken yüzünde saf bir gülümseme oluştu.

"Neye gülüyorsunuz?" Koray somurtarak yanıma oturdu, Berk de diğer yanıma geçerken isteksizce cevapladım.

"Hiç. Öylesine bir şeylerden bahsediyorduk."

"Anlatırsınız teneffüste." Berk'in cümlesiyle birlikte gülerek telefonuyla ilgilenen Koray'a baktım. "Teneffüs ne ya, ortaokuldayız sanki." diye sessizce söylenince kıkırdamaya başladım. Elime telefonumu aldım, sosyal medya hesaplarımda gezinmeye başladım. Tam o sırada içeri 40-45 yaşlarında, hafif beyaz saçlı, uzun boylu, karizmatik hocamız girince telefonu kapatıp sıraya koydum.

"Merhaba, merhaba... Evet, bu kadar mıyız?"

"Hocam bugün ilk günümüz ne kadarız bilmiyoruz." Ön sıralardan gelen sese herkes gülerken hocanın da sırıttığını gördüm. İyi bir hocaya benziyordu.

"Büyük ihtimalle önümüzdeki günlerde artacağız. Sınıf mevcudunuz seksen görünüyor çünkü. Evet, ben kendimi tanıtayım. Ben Ertuğrul Hakan. İnsan Bilimi Profesörüyüm. Haftanın ilk dersini birlikte işleyeceğiz. Maalesef dersimiz biraz sıkıcı, pek hoşlanacağınız bilgiler yok, daha çok ezber üzerinden gideceksiniz. Sizinle bir de Davranış Türleri dersinde birlikte olacağız sanırım Çarşamba günü. Umarım güzel bir eğitim öğretim dönemi geçiririz. Umarım eğlenceli bir öğrencilik hayatınız olur. Kendinizi derslere, notlara kaptırmayın. En güzel yıllarınızı dolu dolu yaşamaya bakın."

Herkes hayranlıkla dinlerken söyledikleri benim de ilgimi çekmişti. İlk defa derse değil hayata önem veren bir hoca görüyordum.

"Evet, şöyle bir giriş yapalım. İnsanın en büyük organı hangisidir? Hadi, bu soruya cevaplarınızı bekliyorum." Birkaç kişi elini korkakça kaldırınca hoca gülümsedi.

"Öyle kedi gibi kaldırmayın ellerinizi ya! Kocaman kaldırım, havaya doğru. Tavana değsin." Gülüşen sesler, uzanan eller. Hoca dersi yönetmesini iyi biliyordu.

"Evet, sen söyle bakalım." diyerek ufak tefek bir kıza söz verdi.

"Beyindir hocam!"

"Evet, senin fikrin ne?"

"Hocam ciğerler olması lazım."

"Hocam, büyük ihtimalle böbreklerdir."

"Tabii ki bağırsaklarımız."

"Mide olduğunu düşünüyorum. Sürekli yiyoruz, o kadar büyümüştür herhalde!"

"Tamam. Bu kadar cevap yeter. Çocuklar, bütün organları saydınız. Tek bir organ gelmedi aklınıza. Kalp." derken bir kız atladı.

"Ama hocam kalp küçücük!" Hoca bilge bir ifadeyle gülümsedi.

"Ben size boyut olarak en büyük organımızı sormadım. Belki de işlev olarak sordum, öyle değil mi? Fakat her biriniz büyüklük kelimesini öylesine boyutla özdeşleştirmişsiniz ki direkt boyutları büyük olan organlarımızı saymaya başladınız. Üstelik çok daha ötesi, sürü psikolojisine uydunuz. Biriniz boyutlardan girince konuya, hepiniz öyle ilerlediniz. İşte, psikolojinin en büyük iki tuzağı, yanlış algı ve sürü psikolojisi. Bu dersimizde bunlardan bahsedeceğiz. Organlardan değil."

Konu öylesine ilgimi çekti ki telefonumu bir kenara bırakıp dinlemeye başladım. Kaşlarım çatık, sessizce dinliyordum söylediklerini. O an içime büyük bir umut doğdu. Bu zamana kadar psikoloji okuyor olmam bile hiçbir şey ifade etmiyordu bana, ama şimdi etmişti işte. Belki de günün birinde harika bir psikolog olacaktım.

"Evet, dersimizin sonuna geldik. Sizlerle olmak harikaydı. Çarşamba günü görüşürüz." Tam iki saatin sonunda ders bittiğinde uykudan yeni uyanmış gibi mahmur bir ifadeyle ayağa kalktım. Hayatımda geçirdiğim en güzel dersti.

"Abi adam harika! Harika!" dedi Koray gaza gelmiş gibi, "Biraz araştırdım derste telefondan, Almanya'da almış eğitimini. Tam Alman disipliniyle Türk sıcaklığının karışımı olmuş. Muhteşem bir adam çıkmış ortaya." Başımı salladım Berk de bizi dinlerken.

"Ben sanırım adama âşık oldum." dedim, "Resmen hipnoz eder gibi etkisi altına aldı!" Koray gülerken Berk konuşmaya atladı birden.

"Yemekhaneye geliyor musunuz?" Oraya da bizimle gelecekti. İstemeye istemeye başımı salladım, tam o sırada Koray söze atladı.

"Hayır, unuttun mu? Merve'nin yanına gidecektik."

"Ha!" dedim aydınlanmış gibi, "Unuttum! Biz arkadaşımızın yanına uğrayacağız, sonra görüşürüz Berk."

"Tamamdır. Görüşürüz." Berk yanımızdan ayrılırken Koray'la kapıya yöneldik.

"Bon Bork. Yomok yoyolom mo?" Kıkırdadığım sırada telefonum titreyince direkt açtım. Ege'den bir mesaj vardı.

"Kardeşim uyanmış sanırım." Koray'ın Ege'ye kardeşim demesi içimi umutla doldururken başımı salladım ve Ege'nin mesajını açtım.

"Sen gerçekten bana ağlarken gözünün fotoğrafını mı çekip yolladın?" Mesajıyla kendimi tutamayıp kahkaha attığımda Koray sorar gibi baktı.

"Ya!" dedim gülerek, "Bana bir hediye yollamış. Çok duygulandım. Ağlamaya başladım ve ağlarken gözümün fotoğrafını çekip attım, ona gülüyorum." Koray da kahkahalarla gülerken gözümün fotoğrafını gösterdim.

"Abi bu ne! Gülmekten öleceğim!" Bu sırada bahçeye çıkmıştık, bir yandan Koray'ın gülüşüne gülüyor bir yandan Ege'ye yazıyordum.

"Sanırım hayatım boyunca yaptığım en rezilce şeydi bu!" Yazdım ve yolladım. Ege anında yazmaya başladı.

"Fotoğrafı görünce bir an rüya görüyorum sandım." Kıkırdayarak ekrana baktığım sırada Ege bir mesaj daha yazdı.

"İlk dersin nasıl geçti?" Ege'yle mesajlaşırken Koray gayet anlayışlı bir şekilde çıt çıkarmadan telefonuyla oynayarak yanımda yürüyordu.

"Harika. Derse giren hocamız müthiş bir adamdı. Sen ne yapacaksın şimdi, kursun vardı bugün değil mi?"

"Evet. Birazdan gideceğim. Akşam görüntülü konuşacağız seninle. Bu sefer uzun uzun. Sanki buluşmuşuz gibi." Gülümsedim.

"Belki bir işim var, buna kendin mi karar veriyorsun?" yazdım dalga geçerek.

"Evet, ben karar veriyorum. Bundan sonra bu konuşmada benim sözüm geçecek." Kıkırdayarak okuduğum sırada bir an Koray'ın telefonunu bana doğru tutup geri çektiğini gördüm, şaşkınlıkla başımı kaldırdığımda telefonunun ekranında fotoğrafımı gördüm. Telefonuna gülerek bir şeyler yazarken elimi uzattım elini kaçırmaya çalışırken. Ege'ye fotoğrafımı yolluyordu! Bir de altında, **"Kardeşim bu kızı böyle nasıl güldürüyorsun taktik ver."** notuyla! Konuşmalarını benden saklarken uzanıp telefonunu almaya çalıştım.

"Lütfen Koray izin ver bakayım, çok çirkin çıkmamış mıyım? Poz verseydim bari!"

"Hayır, sen kendi telefonuna dön. Telefonuma bakman özel hayat ihlaline girer." Gülerek telefonunu cebine atarken pes ettiğim sırada Ege'den bana mesaj geldi.

"Bir gün yanında olduğumda da bana böyle gülecek misin?" Gülüşüm büyürken yazdım.

"O zaman daha büyük güleceğim." Tam o sırada yemekhaneye geldiğimiz için telefonumun ekranını kapattım ve çantama attım. Koray'la birlikte sıraya girdiğimizde arkamızdan neşeli bir kız sesi duyuldu.

"Siz de buradasınız!" Gülerek arkama baktığımda Merve'nin sırıtan yüzünü gördüm.

"Evet!" dedim, "Biz de buradayız."

"Nasıl geçti ders! Harika bir çocuk vardı sınıfta!" Merve'nin dersi değerlendirmesine gülerken yemeğimi aldım.

"Sen daha birkaç ay önce birine kör kütük âşık değil miydin?"

"Aşklar gelir, aşklar geçer." Yemeğini alıp Koray ve benim peşime takıldığında telefonumun cebimde titrediğini hissediyordum. Nihayet bir masa bulup oturduğumuzda birazdan geleceğimi söyleyerek yanlarından ayrıldım ve bahçeye çıktım. Telefonu elime aldığımda "Gelmemeye Giden Adam Ege arıyor" yazısını gördüm, yüzümde büyük bir gülümseme oluşurken anında telefonu açtım ve kulağıma dayadım.

"Beni mi özledin?" diye mırıldandım gülerek.

"İzmir... Sana anlatmam gereken önemli bir şey var..." Gülüşüm yüzümde donarken sesindeki ciddiyet beni korkutuyordu.

"Tamam. Bir şey mi oldu? Az önce iyiydin."

"Bir şey oldu... Bir sürü şey..." Kalbim korkuyla hızlanırken yutkundum, ne diyeceğimi ne düşüneceğimi bilemiyordum ama sesinde öyle büyük bir dehşet tınısı vardı ki sanki mahvolmuş gibiydi.

"Anlat..." diye fısıldadım zar zor. Korkuyorum. Tüylerim diken diken olmuş yemekhanenin duvarına yaslanmış onu dinliyordum.

"Neden kullanıcı adım Gelmemeye Giden Adam diye soruyordun hep... Neden gelmemeye gittim. Neden sana hep dedim ki tüm dünyayı gezsem dolaşsam uğrayamayacağım tek yerdesin? Neden gelemiyorum, neden dönemiyorum... Hep merak ettin, sormasan da içten içe merak ettin. Az önce bir şey oldu ve artık sana söylemek zorunda olduğumu anladım. Ben bir süre mesajlarına cevap veremeyebilirim."

"Neden!"

"Sakin ol, dinle. Şimdi söyleyeceğim şeyden sonra zaten cevap vermemi isteyeceğini de sanmıyorum. İzmir..." dedi derin bir nefes alarak, sesi titriyordu.

"Ben büyük bir şey yaptım. Çok büyük." Üşüdüğümü hissediyordum o an, korkudan üşüdüğümü. Anlatacağı şey sanki her şeyi değiştirecekti.

"Ben Halit Zorlu'nun oğluyum." dedi itirafın başlangıcı gibi, "Magazinlerde duymuşsundur. Ünlü müteahhit. Bundan aylar önce normal bir hayatım vardı. Babamın almam için ısrar etmesine rağmen almadığım lüks arabaların yerine kullandığım normal bir arabam, arkadaşsız asosyal bir hayatım, tek başıma gezdiğim şehirler. Bir gece evdeydim, annem ve babam yıllardır olduğu gibi yine tartışıyordu. Alışmıştım artık aslında. Ama o gece babam ilk defa anneme bir tokat attı. Delirdim, kafayı yedim. Annemi korumaya çalıştım, bağırdım, çağırdım. Annemi alıp çıktım evden, anneanneme götürdüm. Annemi orada bıraktım, ama öfkem geçmiyordu. Bindim arabaya son sürat sürmeye başladım. Babamdan hesap sormaya gidiyordum. Sonra..." derken titreyen sesi anlatmaya devam edemiyordu sanki. Burnunu çekti, derin bir nefes aldı gücünü toparlamak için. O an ben ise duyacağım şeylerden dolayı tir tir titriyordum.

"Bizim evin olduğu sokağa girmek üzereydim. Babamı gördüm, evin bahçesine çıkıyordu, bahçenin önünde sokakta da takım elbiseli bir adam onu bekliyordu. Elini kaldırmış selam veriyordu. Babamın iş arkadaşı, ünlü müteahhit camiasının bir diğer ismi. Kadir Kaftan. O an... Bilmiyorum... bir şey oldu... O kadar öfkeyle hızlı sürüyordum ki sana yemin ederim frene basmama rağmen durmadı araba. Durmadı!" Dehşet içinde söylediklerini dinlerken kalbim ağzımdaydı.

"Adama çarptım. Araba öyle bir çarptı ki adamı ezip duvara girdim. Yaşama ihtimali yoktu. Bu çok belliydi."

"Ege..." dedim şok içinde, "Öldü mü?"

"Öldü." dedi mahvolmuş bir sesle, "Ben birini öldürdüm." Şoktan konuşamıyordum, şoktan tek kelime edemiyordum. Elim ağzımda öylece kalakalmıştım.

Sesi ona inanmam için çaresizce yalvarıyor gibiydi, "Sana yemin ederim fren tutmadı. Babam ambulans bile çağırttırmadı. Belki yaşayacaktı, bilmiyorum. Allah kahretsin. Özel doktoruna haber verdi. Ekibiyle geldiler, ama hiçbir şey yapamadılar. Onlar gelene kadar çoktan ölmüştü... Adamın mobeseden tüm görüntülerini sildirdi, kimsenin aklına bile gelmeyeceğini söylediği bir yere adamı gömdürdü ve o akşam hiç yaşanmamış gibi hayatımıza devam edeceğiz dedi. Beni apar topar Fransa'ya yolladı... Adamın ailesi adamı kayıp biliyor, aylardır arıyorlar..." Ağlıyordu. Ağlıyordum.

"Ben yaptım oysa..." dedi gözyaşlarının arasından, "Ben öldürdüm onu." Hiçbir şey diyemiyordum. Ne diyebilirdim? Şoktan kafayı yemek üzereydim.

"Sonra..." dedi zar zor, "Az önce bir telefon aldım. Tanımadığım bir numaradan, telefonu açtım. Tanımadığım bir ses bana 'Sen olduğunu biliyorum.' dedi, sadece bu. Başka hiçbir şey söylemeden yüzüme kapattı. Büyük ihtimalle öğrenecekler, öğrendiler, öğreniyorlar bilmiyorum! Bir şeyler oluyor. Babam hemen yerimi değiştirmemi söyledi. Ama belki de gidip her şeyi itiraf etmeliyim. Koskoca bir ailenin babası öldü benim yüzümden. Kaçmamalıyım."

"Ege..." Ağlamaktan hiçbir şey diyemiyordum. Bunlar olmuş olamazdı.

"İzmir..." dedi çaresizce, "Artık benimle konuşmazsan seni anlarım." Cevap vermedim. Veremedim. Diyebilecek hiçbir şeyim yoktu.

"Sana yemin ederim o an arabayı durdurabilmek için kendimi parçaladım, ama durmadı. O fren tutmadı! O an keşke ben ölsem de ona bir şey olmasa diye yalvarıyordum içimden. Sonrasında teslim olmak istedim, ama olamadım, yapamadım. Buraya geldim, haftalarca uyuyamadım, aklımdan çıkmadı. Hâlâ aklımda, hâlâ vicdanım dopdolu. Hâlâ teslim olmayı düşünüyorum. Ama insan hayatını bir anda harcayamıyor. Ve artık bu sadece bana mal edilen bir durum değil, teslim olursam ailem de zarar görecek. Cesedi sakladılar, mobese kayıtlarını sildiler... Tek suçlu ben değilim artık..." Sustum. Sadece sustum. Telefon başında sessizce ağlamaktan başka hiçbir şey yapamadım. Titrek bir nefes verdi.

"Sanırım seni de kaybediyorum." Hiçbir şey demedim, gözyaşlarımdan konuşabilecek halde değildim. Ve ne diyeceğimi de bilmiyordum.

"Bilmek zorundaydın. Bunu senden daha fazla saklayamazdım... Affet beni," dedi acı çeker gibi, "aylarca bir katille konuşturdum seni."

"Sen..." dedim hüngür hüngür ağlarken, "bir katil... olamazsın..."

"Ben bir katilim İzmir." Cümlesi, sesindeki o çaresiz tını, beynime vuran o şok dalgası hiçbir şekilde tarif edilemezdi.

"Şimdi," dediğinde sesi titremeye devam ediyordu, "benimle bir daha asla konuşmayacağını biliyorum. Sana bunun için yalvarmak istiyorum ama sana bu kötülüğü yapamam. Bu yüzden bil ki ben elimi her kaldırdığımda, duvardaki gölgemi her gördüğümde seni de göreceğim. Yağmur her yağdığında, yağmurun altında her ıslandığımda seninle birlikte ıslanıyormuşuz gibi hayal edeceğim. Gökyüzüne her baktığımda senin de bakıyor olacağını bileceğim, aynı yere bakıyoruz diye göz göze gelme ihtimalimizi düşüneceğim. Ama biliyorum ki artık hayatında istemiyorsun beni. Bu yüzden, hoşça kal İzmir. Yepyeni bir hayatın var, seni kendimle birlikte bir kafese hapsetmeyeceğim."

Üşüyorum, telefon kulağımdan kayarken sadece üşüdüğümü hissediyorum. Yaşadığım şok bütün vücudumu bir soğukluk dalgası olarak kaplamış da birinin sarılmasına ihtiyacım varmış gibi hissediyorum. İşte şimdi kimsesiz kaldım... İşte şimdi hiç kimsem kalmadı... İşte şimdi bir başımayım...

Şövalye gecelerini bir ağacın dalında geçirmiş. Sırf sis dinsin, yıldızını görebilsin diye. Bir gün ağacın altından bir atlı geçmiş, şövalyeyle sohbete dalmışlar. Sonra atlı "Ne beklersin şövalye?" demiş, şövalye sisin dinmesini beklermiş. "Bekleme," demiş atlı, "iki köy geriden geliyorum, büyük fırtına geliyor buraya. Haftalarca daha dinmez sis, körü körüne karşı dağa geçeceksin. Ama ben gitme derim, önünü göremediğin yola çıkma." Giderim demiş şövalye, atlamış ağaçtan çıkmış yola, körü körüne de olsa önünü görmese de bu yolda ölse de gökyüzünü görecekmiş şövalye. Sevdiğine kavuşacakmış bu yolda. Gözleri umurunda değilmiş.

Gölgelerimiz birlikte...

17. Bölüm
Ben Seni...

Sonra... Sonra... Sonra... Ne garip bir kelime bu, değil mi? Sonra. Küçükken babama her istediğim şeyi söylediğimde "Sonra." derdi bana. Sonra alırız, sonra yaparız, sonra sorarsın, sonra anlatırsın. Sonra... Anlatamadım. Soramadım. Alamadık. Yapamadık. Sonraya atılan hiçbir şeyi yapamadık. Hayatımı hep bu yönde ilerlettim bu zamana kadar, her şeyi sonraya attım, her şeyi öteye attım. İleriyi düşündüm hep, ama ilerleyemedim. Şimdi günler geçti Ege'yle son telefon konuşmamın üzerinden, bir ağacın dibinde oturuyorum yurdumun gerisinde. Her yer karanlık, beni yanımda getirip ağacın dalına astığım el fenerim aydınlatıyor. Düşünüyorum, saatlerdir sadece düşünüyorum burada. Ne yapmalıyım, ne yapmam gerekiyor, Ege'yi kafamdan nasıl çıkarmalıyım? Günler oldu. Tam sekiz gün ve tek bir haber bile yok ondan. Denedim, onu aramayı denedim. Ona mesaj da attım, ama ulaşmıyor. Belki tüm bu gerçeklerin yanında onunla olamam, ama en azından nasıl olduğunu öğrenmek istedim.

Hayatım on sekiz yıldır dünyanın en sıradan insanının hayatından bile daha sıradan ilerledi. Daha sonra şu son birkaç ayda olan şeyler hayatımın sıradanlığını dibe indirdi. Annemi babamı canlarımı kaybedişim. Ege'nin gerçeğiyle yüzleşmem.

Her şey bir anda ve o kadar şok edici bir şekilde gerçekleşti ki şimdi kendimi dalgalarla boğuştuğum bir denizin kıyısına vurmuş gibi hissediyorum. Annem gitti, babam gitti, tüm bunların şokunu atlatamadan Ege'nin şoku geldi üstüne. Tüm bunlar bir kâbusu yaşıyormuşum gibi hissettiriyor bana. Kâbustan da öte, cehennemin ortasına düşmüşüm gibi. Bir insanın sıradan giden hayatının ortasına bu kadar büyük bir darbe indirilir mi? Tek bildiğim şimdi yapayalnız kaldığım, tek bildiğim Ege Bölgesi'ni kaybetmiş bir Türkiye gibi hissettiğim. Tek bildiğim kalbini, aklını, ruhunu kaybetmiş bir zavallı gibi hissettiğim. Annem aklımdı benim, babam kalbim, Ege de kısa zamanda ruhumun yerine geçmişti. Şimdi hiçbiri yok yanımda, hiçbiri yok hayatımda. Tüm canlarını kaybetmiş bir oyun karakteri gibi hissediyorum. Oyunun sonunda en başa dönmek zorunda kalmış gibi, üstelik şimdi hiç kimsesiz, üstelik şimdi tek başına...

"Hey," Arkamdan gelen sesle birlikte gözümden akan tek damla yaşı silip başımı kaldırdım. Gelen Koray'dı.

"Selam." diye fısıldadım burnumu çekerek.

"Selam, yine ağlıyoruz bakıyorum da. Şükürler olsun bugünü de ağlamadan kapatmıyoruz!" Hafifçe gülümsedim. Koray eğilip yanıma oturup ağaca yaslandığında başımı ağaca dayadım.

"Bizim oğlandan ses yok mu?" Onlara gerçeği anlatmasam da Ege için endişelendiğimi, habersizce mesaj atmayı kestiğini söylemiştim.

"Hayır... Yok."

"Kaç gün oldu? Ne olmuş olabilir bu çocuğa Allah aşkına?"

"Sekiz gün... Bilmiyorum. Sabah aradım, telefonu çalmıyor bile. Mesaj attım, gitmiyor."

"Ben de günlerdir mesaj atıp duruyorum. Ya kötüsünü düşünmemeye çalış, birkaç gün daha bekleyelim bakalım, olmazsa bir şeyler düşünürüz. Belki telefonu bozuldu. Diyeceğim de... bilgisayarı var o zaman da. Bilmiyorum, şu an kafam allak bullak oldu. Sen en son ne zaman konuştun?" Gözlerimden birkaç damla yaş engellenemez bir şekilde akarken Koray'ın bana üzülerek baktığını gördüm.

"Şşş," dedi gözyaşlarımı elleriyle silerken, "Ağlama!"

"Her şey... her şey üst üste geldi..." Başımı bir kardeş gibi omzuna yaslayıp hıçkıra hıçkıra ağlamaya başladığımda gerçekten de bir kardeş gibi görüyordum onu. Sekiz gündür her gün birlikteydik, her derste, her ders arasında, Ege'ye her ulaşmaya çalıştığımda. Beni en iyi anlayacak insan oydu.

"Benim de böyle bir dönemim oldu. Ankara'nın denizi yok ama epey bir boğulmuşluğum var içinde." diye başladı anlatmaya, cümlesi içime otururken acısını hissedebiliyordum, "İlk aşkımı kansere teslim ettim ben. Ortaokul aşkım, Ezgi... Gecelerce ağladım, günlerce ağladım, haftalarca ağladım. Senin başına gelenleri ilk duyduğumda şoka girmiştim. Abi demiştim Ege'yle mesajlaşırken, 'Abi ben eski sevgilimi kaybettiğimde mahvoldum kız annesini babasını kaybetti nasıl toparlanacak!' Ege, 'toparlanacak' dedi. 'Toparlayacağım' dedi. Binlerce kilometre uzağındaydı ama sanki yanı başındaymış gibi konuşuyordu. Sizin aranızdaki bağ apayrı bir şey. Şimdi seni anlıyorum. Bu hale gelmeni anlıyorum. Ama ne oldu, ne yaşıyor bunu bilmiyoruz. Fransa'dayken bilmemiz pek mümkün de değil. Ama şuna emin ol o çocuk sana yazacak. Kötü ihtimalleri at kafandan. Toparlan artık, biraz daha bekleyelim bak sana yemin ediyorum gider Fransa'ya yerinde kontrol ederiz gerekirse. Öyle kolay mı kızım bizim kızımızı burada habersiz bırakmak. Hadi, kendine gel." Başımı omzundan kaldırıp derin bir nefes aldım burnumu çekerek. Ağır ağır ayağa kalktım Koray beni izlerken, "Çok teşekkür ederim," dedim zar zor, "Ben gidip biraz uyuyayım. Günlerdir uyumuyorum."

"Tamam. Uyuyamazsan bize mesaj at."

"Tamamdır, iyi geceler."

"İyi geceler Ege'nin İncisi." Gülümsemeye çalışarak yanından ayrıldım. Hızlı adımlarla yurda doğru ilerledim, bir an önce kendimi yatağa atıp bu düşünceleri kafamdan kovmak istiyordum. Yurdun defterine imzamı atıp asansöre bindim. Odama girerken yan odadaki kızların gülüşmelerini duyuyordum. Bu gülüşmeler bile sinirimi bozuyordu. Odama girip tepki olarak kapımı sertçe kapattım. Odam kapkaranlıktı ve birden gözlerim ışıklı yorganımın ışıklarına kaydı. Odayı aydınlatan ışıklara. Ege'min hediyesi olan ışıklara. Gözlerimden bir iki damla yaş akarken ışığı açma gereksinimi duymadan yorganımın altına girdim. Telefonumun ekranını açtım ve Ege'yle konuşmama girdim. Ona yazdığım son mesajlara...

"Ege."

"Neredesin?"

"Ege, lütfen cevap ver."

"Biliyorum telefonda sana bir şeyler söylemeliydim. Ama... şoka girdim... hiçbir şey diyemedim."

"Ege..."

"Lütfen mesajlarımı gördüğün an bana cevap ver."

"Beş gün oldu. Yoksun. Ve artık meraktan kafayı yemek üzereyim."

"Lütfen yaz."

"Bugün altı gün oldu ve artık dayanamıyorum. Hayatımdan uzaklaştıkça aklıma yerleşiyorsun."

"Günaydın."

"Ne diyeceğimi bilmiyorum. Biliyorum, anlattığın kaldırılabilecek bir şey değildi. Ama ilk duyduğum anda bencilce kendimi düşündüm, kaldıramadım. Şimdi farklı düşünüyorum, ben kaldıramıyorsam bunu sen nasıl kaldıracaksın?"

"İyi geceler Ege."

"Bugün yedi gün oldu. Ve hâlâ yoksun. Hayatıma devam edemeyecek hale geldim."

"Ve sekiz... Sen bana yazana kadar ben sana yazacağım."

Mesajlarımdan çıkıp başımı cama çevirdim. Camdan gökyüzündeki aya çevirdim gözlerimi. Günlerce Ege'yle aynı anda camdan başımızı dışarı çıkarıp izlediğimiz aya. Belki de birlikte izliyoruz yine ayı. Oysa şimdi o nerede, ben neredeyim. Kimle, kimlerleyim. O an garip bir şey hissettim, sanki ay bana yol gösterdi. Telefonumu elime aldım ve bir kez daha şansımı denemek için Ege'yi aradım. Telefonu kulağıma dayadım ve kalbimi donduran o telefon çalması sesini duydum. Telefonu çalıyordu, demek ki kapalı değildi. Günlerdir çalmıyordu bile. Bir elimi kalbime götürdüm, kalbim duracak kadar hızlı atıyordu. Ve o an, o ses duyuldu.

"Alo..." Durdu. Size yemin ederim, kalbim durdu. O tok sesi, tok ama harabe olmuş o sesi. O nefesi, duraksayışı, Ege'nin günler sonra İzmir'inin kulaklarına dokunuşu.

"Ege!" dedim nefes nefese. Cevap vermedi. Ama dinliyordu, biliyordum.

"Ege," dedim bir kez daha, "biliyorum beni dinliyorsun. Konuşmasan da beni duyuyorsun. Lütfen kapatma. Biliyorum, o gün benden sana bir şeyler söylememi bekledin. Ve ben sessiz kaldığım için seni suçladığımı düşündün. Şok oldum, bana tüm olanları anlattığında şoka girdim. Annemi babamı kaybedişim, onları bir trafik kazasında kaybetmiş olmam ve senin birden ben trafik kazasında birinin ölümüne sebep oldum demen... Beni şok etti, iki üç gün seninle konuşmak bile istemedim. Ama sonra bana anlattığın şeyler geldi aklıma. Frenin tutmaması, frenin tutması için resmen kendini parçalaman ama yine de arabayı durduramaman. Ege! Senin bile isteye yapmadığını biliyorum, suçlu olmadığını biliyorum. Ve ben seni kavuşma ihtimalimiz yüzde bir bile olsa hayatımda istiyorum! Sensiz bir hayat istemiyorum. Lütfen, beni sensiz bırakma. Sen suçlu olamazsın." Kısa bir sessizlik ve o hasret kaldığım ses...

"Ne olursa olsun biri benim yüzümden öldü. Birileri benim yüzümden babasız kaldı, senin gibi. Sen anlattıklarıma sessiz kalana kadar, seninle tanışıp anneni babanı kaybettiğinde ne hale geldiğini görene kadar idrak edememiştim yaptığım şeyin ne kadar berbat olduğunu. Kendimi teselli ediyordum, fren tutmadı ben suçsuzum diyordum. Oysa ne olursa olsun birinin canını aldım ben. Birinin babasını bir trafik kazasında öldürdüm İzmir. Ve sen bu yüzden girdin hayatıma, yaptığım şeyin ne kadar iğrenç bir şey olduğunu görebileyim diye. Annen ve babanın ölümünden sonra ne hale geldiğini bana anlattığın ilk gün başladım vicdan azabı çekmeye. Bir sürü şey düşündüm, kendimi öldürmeyi dahi düşündüm. Çünkü içim içime sığmıyordu."

"Ege!"

"İstemez miydin anneni babanı öldüren insanın da ölmesini? Hiç dilemedin mi bunu?" Korkudan ölecektim, kendini öldürmekten bahsediyordu. Korkudan kafayı yiyecektim.

"Durumlarımızın bir alakası yok!"

"Var. Apaçık, direkt olarak bir alakası var. Ben bir katilim. Ve gerçekleri sen babasız, annesiz kalınca anladım. Ben de bir başkasını bu hale getirdim, ben de bir başkasının hayatını mahvettim. İzmir, bir elimde telefon, yani sen; yani kalbimin ta kendisi. Bir elimde bir silah, kalbime dayanmış." Korkudan kafayı yemek üzereydim.

"Hayır," dedim korkuyla, "Ege hayır."

"Hayatıma girdin ve bana yaşadığımı hissettirdin. Bir kalbim olduğunu hatırlattın. Yokluğunda acı neymiş onunla tanıştım ben. Sen bana bir insana hiç kimseye olmadığım kadar bağlı olabilmem için yan yana olmama gerek olmadığını gösterdin. Uzağımda ama kalbimin en içindeydin. Şimdi ayı izliyorsun, biliyorum. Ben de izliyorum. Her gece ayı izlemeye çalıştım senin yokluğunda belki aynı yere bakarsak göz göze geliriz diye. Her gece gölgemi izledim duvarda, seni yanımda hayal ettim."

"Ege lütfen yapma!"

"Seni bilgisayar ekranımda ilk gördüğümde o kahverengi gözlerin dünyanın en güzel gözleri olmuştu benim için. O titreyen utangaç sesin duyduğum en güzel şarkıdan daha güzeldi. Bana bir fotoğraf atmıştın, arkanda dünyanın en güzel yağlı tablosu vardı, sen demiştin bunu. Ama sen o tablodan daha güzeldin. Seninle kısa zamanda çok şey yaptık biz İzmir. İnsanlar birlikte gezer, sinemaya gider, dans eder. Biz gölgelerimizi el ele tutuşturduk, yağmura uzattık ellerimizi birbirlerine değsinler diye, aynı anda uyuduk birlikte uyuyormuşuz gibi. Sen gelecek planımda hesaba katmadığım tek şeydin. Hayatımın sonrasını bir odada dış dünyaya kapalı bir halde geçireceğimi düşünmüştüm hep. Nereden bilebilirdim o odanın içinde bana arkadaş olacağını ve o odayı benim için dünyadan daha büyük bir hale getireceğini. Nereden bilebilirdim benimle birlikte o çatıya çıkacağını, gölgemin ellerini tutacağını."

"Ege... yalvarıyorum sana..."

"Geçen gün bloguna bir söz yazmıştın... 'Şimdi bir gemideyim su alıp duran. Yüzme biliyorum, ama kıpırdamam.' İşte ben şimdi o gemideyim İzmir. Ve ben bu gemiyle birlikte batacağım."

"Ege! Eğer beni biraz seviyorsan!"

"Biraz mı? Ben seni çok sevdim İzmir. Biliyorum, sana binlerce söz verdim. Ve hiçbirini gerçekleştiremeden bırakacağım seni bir başına."

"Bırakma o zaman!"

"Bırakacağım İzmir. Bırakmak zorundayım. Ben kendimi affedemiyorum artık. Gelmemeye Giden Adam derdin ya hep bana, belki de ben gerçekten gelmemeye gittim. O kadar çok gittim ki artık hiçbir yerdeyim. Ama şunu bil ki bu dünyada olmayı seçebileceğim tek bir yer olsaydı senin yanını seçerdim. Çünkü ben seni, ben seni..." Tek bir silah sesi, çığlıklarım, Ege'nin adını haykırışım ve telefonun kapanışı.

Kalbim artık kontrolünü kaybetmiş, beynim susmuyor, ruhum şok içinde. Ne oldu, ne bitti, ne oluyor anlayamıyorum. Algılayamıyorum. Şu an bir tarafım "Hayır yapmamıştır!" derken, bir yanım kan ağlıyor. Ellerim tir tir titriyor, arıyorum bir şekilde onun sesini tekrar duyma umuduyla hıçkıra hıçkıra onu arıyorum tekrar ve tekrar.

Bir cevap yok...

Sanki o an birazı ellerimde kalmış dünyamın o kalan küçük parçasını da kaybetmiş gibi hissediyorum. Ama bunun böylece üstünü kapatmayacağıma da eminim. Ne yapamam bunu bilmiyorum, ama ne yapacağımı adım kadar iyi biliyorum. Ne olursa olsun, gidip her şeyi kendi gözlerimle göreceğim. Sadece birkaç saat daha geçirdim odamda. Onu defalarca aradım, araştırmaya çalıştım, harabe olmuş bir şekilde çantama birkaç parça eşyamı attım, yeşil pasaportumu, telefonumu aldım ve sabaha karşı çıktım odadan. Yurt güvenliğinin söylediği şeyleri duymadan çıktım ve kampüsten uzaklaşır uzaklaşmaz metroya bindim. Sadece yarım saat sonra havalimanındaydım. Gözlerim sürekli dolu dolu, gözyaşlarım durmuyor, kalbim yerinden çıkmak üzere gibi. Korkudan kafayı yiyorum, ama bir yanım gerçeği inkâr ediyor. O ölmedi diyor, gitmedi bu dünyadan ve ben onu bu dünyada tutmaya gidiyorum, tutacağım. Biliyorum. O gitmedi, yapmadı, yapamadı. Bunu hissediyorum, buna eminim. Acı içindeyim, yürümekte bile zorlanıyorum, gidip en erken saate bilet almaya çalışırken kadına gideceğim yerin adını bile kekelemeden söyleyemiyorum. Bacaklarım titriyor, ellerim titriyor, sanki ailemin son parçasını hayatımda tutmaya gidiyorum.

Dakikalarca bekledim orada. Havalimanının bir köşesinde, insanlara dolu dolu gözlerle bakarak, sürekli Ege'yi arayarak. Ayaklarıma baktım. Ayaklarımdaki siyah Vans ayakkabılarıma, kenarlarındaki beyaz çizgilere. İkisinin zıtlığına, zıtlığının güzelliğine. Kocaman sırt çantamı ağır ağır çekerek bacaklarımın arasına aldım, aklımda bana kurduğu son cümle, aklımda telefonda duyduğum o ses... "Belki de ben gerçekten gelmemeye gittim. O kadar çok gittim ki, artık hiçbir yerdeyim. Ama şunu bil ki, bu dünyada olmayı seçebileceğim tek bir yer olsaydı senin yanını seçerdim. Çünkü ben seni, ben seni..." Tamamlanamayan cümle, duyduğum tek silah sesi. Çığlıklarım, adını haykırışlarım, telefonun kapanışı, bip seslerinin kulaklarıma saplanışı. Sakinleşmem, telefonu kulağımdan belki açar umudumu yitirmemle indirmem saatlerimi aldı. Kendimi birkaç saat sonra burada buldum. Kimseye haber vermeden, gizlice çıktım odamdan mahvolmuş bir halde.

"Dikkat! Bu bir kapı değişikliği anonsudur! Türk Hava Yolları İstanbul Paris uçuşu, 14 numaralı kapıya taşınmıştır. Yolcuların dikkatine." Çantamı aldığım gibi hızla yürümeye başladım. Kocaman sırt çantamla ona giden o uçağın kapısına doğru yürüyordum. Kimsesiz, habersiz, tek başıma... Ben İzmir. İsmimi doğduğum şehirden aldım. Ülkemin en güzide şehrinden... Oysa ben şimdi bu ülkeyi bırakıp gidiyorum. Onun için, onu bulmak için, onu kurtarmak için. Ona yarım kalan cümlesinin cevabını vermek için. "Ben de seni... ben de seni..." demek için. Ben İzmir ve bu, İzmir'in Ege'sine kavuşma hikâyesi.

Şövalye, sisin ardından ağacın dalında uyuyakalmış. Gözlerini açtığında sis çoktan dinmiş, yıldızı karşılamış onu gökyüzünde. "Ah," demiş, "yıldızım. Beklemesem geceyi senin için, bilmez misin karanlıktan korkarım ben. Gelsen ellerime, ışığım olsan, hiç korkmasam karanlıktan."

O an gökyüzündeki hareketlenmeyle gözlerini kısmış şövalye, yıldızı yavaş yavaş büyümüş gökyüzünde. Kaşlarını çatmış şövalye, yıldızı daha çok büyümüş, ardından biraz daha ve biraz daha. Bir efsanenin başrolü gibi göğü aydınlatmış yıldızı. Gecenin bir vakti sanki gündüze dönmüş hava, küçücük yıldızı gözlerinin önünde koskoca güneşe dönüşmüş adeta. Şövalye sevinçle atlamış ağaçtan!

Bir kez daha âşık olmuş yıldızına. Bir zamanlar kolayca kaybolabilecek küçücük bir yıldız tanesiymiş koca gökyüzünde, sonra büyümüş, her geçen dakika daha da parlamış ve o küçücük yıldız, bir anda güneşe dönüşmüş.

Ve şimdi, artık istese de kaybolamazmış. Şövalye, yerde kavuşamadığı yıldızına gökyüzünde kavuşmuş, sağı solu onun ışığıyla doluymuş artık. Ellerini ısıtan, gözlerini kamaştıran yıldızının ta kendisiymiş.

Şövalyenin aşkı, bir yıldızı güneş yapmaya yetmiş.

18. Bölüm

Sözümü Tuttum

“*İzmir’in Ege’sine kavuşma hikâyesi.*”

İnsanlar kaymayan yıldızların ardından dilek dilemezler. Öyleyse başını kaldır, bu yıldızlı gecede bir kereliğine de yıldızların seni izlediğine inan. Bil ki, bir gün geriye dönüp baktığında yaptıklarına değil, yapamadıklarına pişman olacaksın. O yüzden durma, dudaklarını arala, içinde tuttuğun ne varsa bağırırcasına fısılda.

Uçaktan indiğimden beri tam üç saattir yoldayım. Ege’nin evi tam olarak nerede bilmiyorum, ama Jurques diye küçük bir kasabada yaşadığını biliyorum. *Evet yaşadığını biliyorum, ölmediğini.* Paris’te iner inmez Jurques’e giden otobüse binmek üzere bir servise atladım, ardından otobüse bindim ve inmek üzereyim. Yol boyunca içimde Ege’ye hiçbir şey olmadığına dair o garip inancı taşıyıp durdum, gözlerimden yaşlar akarken insanların İngilizce sorularına gözyaşlarımın arasından cevap veremezken Fransız bir teyzeyle kesişti yolum. Yanımda oturduğu iki saat boyunca hiçbir şey demeyip ağlayışımı izlemesine rağmen sonunda iki dakika önce bana bozuk İngilizcesiyle neden ağladığımı sordu.

“Neden ağlıyorsun ufaklık?” Burnumu çektim, yüzüne baktığım sırada gözyaşlarımdan o buruşmuş ama bembeyaz yüzünü seçebildim ve hüzünlü bir nefes verdim.

"Bazı... kötü şeyler yaşıyorum... yaşadım..." Kadın bilge bir ifadeyle gülümsedi.

"Hepimiz kötü şeyler yaşarız yavrum. Ağladıkça kötü şeylerin seni alt etmesine izin veriyorsun."

"Elimden başka hiçbir şey gelmiyor."

"Gelir," dedi teyze Fransız aksanıyla bezenmiş İngilizcesiyle, "Seni üzen ölüm değilse elinden her şey gelir." Başımı kaldırdım. Yemyeşil gözlerine baktım titreyen gözlerimle.

"Ölüm," diye fısıldadım, "beni üzen ölüm." Kanını donduran bir cevap verdiğimi donakalışından anladım. Elini uzattı, elimi tuttu.

"Belki Tanrı onu yanına burada başına gelmeyi bekleyen felaketlerden kurtarmak için aldı yavrum."

Başımı salladım teşekkür eder gibi. Sonra konuşmaya devam etti. "Kimi kaybettin?"

"Annemi... babamı..."

"Ah, miniğim..." dedi kadın, "İkisini birden. Peki sen şimdi kime gidiyorsun?"

"Kaybetmemeyi umduğum son insana."

"Sevgilin mi?" Acı verici hikâyemi dinlerkenki hüzünlü ifadesi yerini umuda bıraktı. Artık umutlu bakıyordu yüzüme. Hayatta beni de umutlandırabilecek bir şeylerin olduğunu görmek onu sevindirmişti. Bazı insanların bu kadar iyi olması beni hayata bağlıyordu.

"Sevgilim... diyemem." dedim, "Bana annemden babamdan sonra değer verdiğim tek insan."

"Sevgilin diyemezsin. Ama âşıksın. Gözlerinden belli." Gözyaşlarım arasında gülümsedim.

"Evet. Sanırım." Başımı salladım burnumu çeke çeke.

"Ben Jurquesliyim, pek kimse bilmez buraları. İsmi nedir arkadaşının?"

"Ah, tanıyacağınızı sanmıyorum. Ben bir Fransız değilim. Türk'üm. O da Türk."

"Kasabada hiç Türk gördüğümü hatırlamıyorum. Nerede yaşıyor? Adresi nedir?" Kadının kibar sorusuna sıkıntılı bir iç çekişle karşılık verdim.

"Ben... adresini bilmiyorum. Aslında bakarsanız onun ona geldiğimden haberi yok. Ben... sürpriz yapmaya geldim."

"Ah ne güzel! Yavrum, yardımcı olmamı istersen seni birine götürebilirim." Gözyaşlarımı sildim ağır ağır.

"Onu tanıyan birini bulabilir misiniz?"

"Bulurum. Kasabada sadece bir büyük marketimiz var. Ah, nasıl deniyor İngilizcede... Süper market! Herkes oradan alışveriş yapar. Sahibi Juan herkesi tanır. Seni ona götürebilirim."

"Çok teşekkür ederim." dedim dolu gözlerle gülümseyerek. Otobüs tam on beş dakika sonra Jurques'e ulaştı, küçük bir şehir olduğu için bir terminali yok, burası sadece bir geçiş durağı. Durakta Fransız teyzeyle beraber inerken ismini sordum.

"Vanessa." dedi gülümsedim.

"Ben de İzmir." Zar zor yürürken elini uzatıp elimi tuttu.

"Gel," dedi, "market çok yakın. Burada her yer birbirine çok yakın." Peşinden giderken etrafı inceliyordum. Bizi simsiyah bir kilise karşıladı, çanları çalıyordu tam o an. Yanında taştan yapılmış Rönesans dönemini andıran müstakil evler, her yer yeşillik, kaldırımlar Arnavut kaldırımları. Sessiz sakin bir yer ve içimden bir ses Ege'ye o kadar yakın olduğumu söylüyor ki tir tir titriyorum. Belki de şu an camdan bakıyor, bir yerlerde beni görüyor. Umutsuz değilim, onun yaşadığını biliyorum. Biliyorum. Buna eminim, o asla bunu yapabilecek bir insan olmadı olmayacak. O ruhunu seviyor bir kere. Her şeyden öte kendi ruhuna yapmaz bunu. Gölgesini saatlerce izleyen bir çocuk kendi yaşamına son verir mi bir anda? Sözler verdi bana. Bir sürü söz verdi. Elimi tutacaktı, beni o çatıya çıkaracaktı. Beni o trene bindirecekti. Bunları bırakıp gitmez, gidemez, gitmedi, gitmeyecek. Biliyorum. Ne olduğunu gayet iyi biliyorum ve gayet iyi görüyorum. O kaza olduktan sonra herkesin hayatından silinip buraya yerleşti. Hiç var olmamış, hiç yaşamamış gibi. Sonra ben girdim hayatına ve birinin hayatında bu kadar yer etmeyi üstelik ona yaptığı bu kazayı anlatıp karşılığında affedilememeyi kendine yediremedi. O kendini öldürmedi, öldüremez. O sadece beni buna inandırarak kendini benim hayatımdan silmeye çalıştı. Ama silemez. Silemeyecek. Şimdi ona gidiyorum, hesap sormaya. Sen kim oluyorsun diyeceğim ona, sen kimsin de kendini benim iznim olmadan benim hayatımdan çıkarmaya çalışırsın. O kadar öfkeliyim ki ona. Kollarından tutup onu sarsmak istiyorum. Sen benim kalan her şeyimdin, şimdi nasıl olur da her şeyimi elimden alırsın demek istiyorum. Vurmak istiyorum ona, vurmak istiyorum! O güzel yüzüne vurmak istiyorum beni üzdüğü için. Ama bunları onu gördüğümde yapamayacağımı da adım gibi biliyorum. Çünkü siz sevenler beni anlarsınız, insan sevdiğini görünce her şeyi unutur. Ben şimdi ona gidiyorum, bunların hiçbirini yapmaya değil, her şeyi unutmaya.

"İşte burası. Juan! Juan, vous venez ici!" Juan denen esmer tenli sarı gömlekli adam marketin kapısından çıkıp gülerek yanımıza geldiğinde hafifçe gülümsedim. Bir süre Fransızca bir şeyler konuştuktan sonra bana döndüler.

"Merhaba," dedi Juan, "birini arıyormuşsunuz."

"Evet. Bir Türk'ü arıyorum. İsmi Ege." Adam hafifçe gülümsedi.

"Fotoğrafı var mı?" Alt dudağımı tereddütle ısırarak telefonumu çıkardım. Konuşmamıza girdim ve Ege'nin profil resmini açtım. Juan'a doğru tuttuğum sırada kaşlarını çattı. Tek gözü kapalı bir şekilde bir resme bir etrafa baktı.

"Sen kız arkadaşı mısın bu yakışıklının?" derken Fransız teyze araya girdi.

"Oui! Oui!" Bunun Fransızcada evet demek olduğunu biliyordum. Gülümseyerek başımı salladım. Juan telefonu bana uzattı.

"Ah... Nasıl anlatılır..." dedi bozuk İngilizcesiyle, "Yolda gelirken kiliseyi gördünüz mü?"

"Evet!" dedim heyecanla.

"Kilisenin yanında çatısında ışıklar asılı bir ev var. O evden geliyor her gün. Ama üç gündür yok. Hiç gelmedi markete." O an kalbim endişeyle sıkışsa da aceleyle hareket etmem gerekiyordu, başımı salladım.

"Çok teşekkür ederim!" dedim, sonra Fransız teyzeye döndüm, "Çok teşekkür ederim. Tekrar görüşürüz umarım."

"Görüşürüz!" Yanlarından koşar adım ayrıldığımda karnıma sancılar giriyordu. Onu bulmaktan öte onu kötü bir halde bulmak kaldırabileceğim bir şey değildi. Nefes nefese çıktım kilisenin olduğu meydana. Tam orada durdum, kalbim yerinden çıkacak gibi atarken o ışıkları gördüm. Çatının korkuluklarına asılmış rengârenk ışıklar... yanmak için akşamı bekleyen ışıklar... Bizi bekleyen... Korkudan ölmek üzereydim, ev iki katlıydı, büyük ihtimalle Ege ikinci katta yaşıyordu. Bir an durdum, kalbim o kadar hızlı atıyordu ki düşünemiyordum bile. Kalbime ve karnıma giren sancılarla duvara yaslandım. Tam o an binanın kapısı açıldı. İçeriden kırk yaşlarında kıvırcık kızıl saçlı bir kadın çıktı, uzun çiçekli bir elbisesi vardı. Bana gülümsedi.

"Bonjour!" (Merhaba) İngilizce bilmesi için dua ederek konuşmaya başladım.

"Bonjour... Ben, bu binada yaşayan birini soracaktım size..." Başını salladı.

"Tabii." İngilizce bildiği için içimden şükür duaları okuyarak konuşmaya girdim, aslında hiç konuşasım yoktu aralık kalan kapıya dalıp koşarak kadından kaçmak ve üst kata çıkmak istiyordum ama çok garip olurdu. Bu yüzden yapmadım.

"Bu binada oturan birini arıyorum. Ona sürpriz yapacaktım. İsmi Ege." Başını salladı ve gülümseyerek kapıyı açtı, parmağıyla yukarıyı işaret etti. Bu kadar kolay mıydı? Onu bulmuş muydum? Ayrıca, umudum artıyordu. Eğer üst katında bir ölüm olduysa bu kadının haberi olmak zorundaydı. Mutlu olduğuna göre hiçbir şey olmamış demekti. Hızla içeri girdim. Karanlık ve eski püskü merdivenlerden hızla çıktım. Sonra o kapıyı gördüm, renkli ışıklarla sarılmış kapı kulpunu... Burasıydı. Bu Ege'nin kapısıydı. Yavaşça eğildim ve ne yaptığımın bilinçsizliğiyle merdivene çöktüm. Kalbim dayanamayacaktı. Onu görmeye, onun yanında olmaya, onunla aynı havayı solumaya. 3391 Kilometreyi aştım, ona geldim. Ama kapısında kaldım, bir adım daha atıp yanına gidemiyorum. Aşkın tanımı zaten bu değil mi, yılları yolları dağları denizleri aşıp gelirsin, bir adım ötesinde kalakalırsın.

Elim kalbimde tam yirmi dakika oturdum o merdivende. İçeriden hiçbir ses gelmiyordu. Ağır ağır kalktım, elimi yumruk yaptım ve kapıya vurdum yavaşça. Sadece üç saniye sonra yere değen ayak sesleri duydum. Onun ayaklarının sesi. Gözlerimden bir damla yaş akarken kapı açıldı, Fransızca bir şeyler söyledi, bu oydu! O! Çığlık atmak istiyordum o an. Yaşıyordu! Yaşıyordu! Bunu tüm dünyaya haykırmak ve üstüne atlamak istiyordum! Hayattaydı! Buradaydı! Konuşuyor, nefes alıyor, yürüyor, yaşıyordu! Büyük ihtimalle beni alt kattaki kadın sanıyordu. Kapıya bakmadı bile, açtı ve arkasını dönüp yürümeye başladı. O an onu gördüm, arkadan. Ayağındaki siyah eşofmanı, gri çoraplarını, üstündeki arkasında motosiklet resmi olan gri tişörtünü, karmakarışık olmuş saçlarını. Ama hasta gibiydi. Sanki zor yürüyor gibiydi. İçeri girip Fransızca bir şeyler daha mırıldanınca adımımı attım ve kapıyı kapattım. Dediklerini anlamaya çalıştım. Çok sakin konuşuyordu. Söylediklerinin içinden yemek ve mutfak kelimelerini yakaladım Fransızca. Derin bir nefes aldım, girdiği odaya girdim sessizce. Burası, bana fotoğrafını attığı o odaydı. Duvarında rengârenk ışıklar, panjurlar kapalı, lacivert duvarlar, kocaman bir bilgisayar masası, yumuşacık bir yatak. Ve Ege, benim Ege'm bilgisayarının başına oturmuş öylece duruyordu. Bana arkası dönük olduğu sürece sesimi çıkarmadım, yavaşça yanına yaklaştım ve o an nefesimi tuttum. Şu an bilgisayarında benim blogum açıktı, benim blogum. Stresli bir şekilde sayfada aşağı doğru iniyor, yazılarımı okuyordu. Gözlerimden damla damla yaşlar akarken bir kez daha mutfakta olduğunu sandığı komşusuna seslendi, yine yemek ve mutfaktan bahsediyordu. Ne dediğini tam olarak anlayamıyordum. O an vakti gelmişti. Derin bir nefes aldım ve ona doğru konuştum.

"Yemek getiremedim. Çok uzun yoldan geldim." Donakaldı. Size yemin ederim, Ege gözlerimin önünde donakaldı. Eli klavyenin üstünde dondu, nefes almıyor, kıpırdamıyor öylece nefesi kesilmiş bir şekilde kıpırdamadan duruyor. Elimi uzattım, omzuna dokundum, başını yavaşça çevirdi, ela gözleri şok içinde bana kaydı. Şok içinde ayağa kalktı, bana gerçek olmam imkânsızmış gibi baktı. Kaşları çatılı, ela gözleri dolmuş, dudakları şoktan aralık kalmış öylece bana bakıyor odasında bir hayalet görmüş gibi. Ve size kötü bir haberim var, boylarımız arasında o kadar büyük bir fark var ki konuşabilmemiz için merdivene çıkmam gerekecek gibi.

"Selam." dedim gülerek, o an birden anlam veremediğim bir şekilde gözlerimden iki damla yaş aktı. İşte dedim kendi kendime, ailemden bana kalan tek insan bu. Ege, karşımda, benim Ege'm. İzmir'in Ege'si. Ve hâlâ şokta.

"Sen..." Ağzından sadece bu çıktı. "Sen..." dedi tekrar, "İzmir..."

"Ege..." dedim.

"Sen..." Konuşamıyordu. Nutku tutulmuştu. Başımı kaldırdım, derin bir nefes aldım. Sanki yıllardır her gün onu görüyormuşum da ayrı kalmışız ve onu görmeyi, ona sarılmayı özlemişim gibi hissediyordum kendimi. Ona sarılmamak için kendimi zor tutuyordum.

"Biliyorum." dedim, "Öldüğünü sandığımı, seni unutacağımı düşündün." Durdu, dakikalarca yüzüme baktı. Sonra birden beklemediğim bir şey yaptı. Kollarını uzattı, beni kendine çekti ve bana öyle sıkıca sarıldı ki size yemin ederim paramparça olmuş kemiklerim yerine oturmuş gibi hissettim. Dağılmış parçalarımı toparlamış gibi, bir araya getirmiş gibi. O ana kadar ona bu kadar ihtiyacım olduğunu bilmiyordum, idare ediyorum sanıyordum, gülümseyebiliyordum. Ama o an bana sarılınca, kokusunu duyunca, içimde bir şeyler koptu gitti. Hüngür hüngür ağlamaya başladım.

"Neden!" dedim ona, "Neden sen de gitmeye çalıştın benden! Bir tek sen kalmıştın, bir tek sen! Sen de bırakıp gitmeye çalıştın beni!" Eğildi, saçlarıma bir öpücük kondurdu, daha sıkı sardı beni.

"Ben bir aptalım," dedi titreyen sesiyle, "ben bir geri zekâlıyım. Seni bırakabileceğimi sandım. Seni bırakabileceğimi sandım!" Kendi kendine hipnoz olmuş gibi tekrarlıyordu, dakikalarca durduk öylece, ben ağladım, o tekrarladı. Sonra sakinleştik. Yavaşça kendimi ondan çektim, kıpkırmızı olmuş yüzümle, sırılsıklam gözlerimle, darmadağın saçlarımla ona baktım. Benden bir farkı yoktu, darmadağın olmuştu. Sonra birden bir şey oldu, gözlerim duvara kaydı, sarılmış gölgemize baktım.

"Baksana..." diye fısıldadım, Ege o muhteşem ela gözlerini duvara çevirdiğinde çaresizce gülümsedi dolu gözleriyle.

"Sözümü tuttum," dedi, "seni ayaklarıma getirdim."

Aklımda bana aylar önce kurduğu o cümle, "Söz veriyorum, seni bir gün ayaklarıma getirteceğim İzmir. Yaz bunu bir kenara." Kollarımda Ege, gözlerimde duvardaki gölgemiz. Ben İzmir, yıllarca Ege'sini aramış, Marmaralarda, Orta Doğularda kaybolmuş İzmir. Her şeyini kaybetmiş, sonra tekrar bulmuş İzmir. Hayatı boyunca hep bir başına kalmış, şimdi iki olmuş İzmir. Ben İzmir ve bu İzmir'in Ege'sine kavuşma hikâyesi.

Şövalye katettiği yolları geri dönmekteymiş şimdi, haftalar önce yıldızını aramak için terk ettiği köyünün yolunu tutmuş. Çünkü artık bir yıldızı yokmuş, güneşmiş artık kalbindeki. Ve bilirmiş ki nereye giderse oradaymış güneş, kaymaz, düşmez, yok olmazmış. Geceleri uyur, gündüzleri tam karşısına çıkarmış. "Benim gibi," diye düşünmüş şövalye, "geceleri uyur, gündüzleri açar gözlerini." Biricik yıldızı yukarıdan onu ısıtır, aydınlatırmış şimdi. Gözlerini gökyüzüne çevirmiş, hayranlıkla izlermiş yıldızını, güneşlerin en güzelini. Sonra bir an güneş batmış, yağmur başlamış, olduğu yerde durmuş şövalye. Gökyüzüne bakmış, ne yıldızından bir eser kalmış ne ışıktan ne sıcaklıktan. Sırılsıklammış, donuyormuş şimdi. O an anlamış, evren onları birbirine, önlerine engeller koymadan kavuşturmayacakmış. Şimdi sırılsıklammış ya hani, bilirmiş şövalye, bu sırılsıklam oluş yağmurdan değil aşktanmış.

19. Bölüm
Öpsene Beni

“*İşte bu senin nefes alışın...*”

Beni nereden okuyorsun, kimle, kimlerle okuyorsun bilmiyorum. Ama görüyorum ki gözlerin satırlarımın üzerinde. Beni izliyorsun, bizi. Bir yıldız gibi gökyüzünden bana bakıyorsun sanki, bize. Gözlerin birer yıldız, saçların gökyüzü. Ellerin bulutlar, parmakların birer yağmur damlası. Ben buraya geldim, Ege'nin karşısına çıktım, gölgelerimize bakıyoruz ve birden bir şimşek çaktı dışarıda. İşte bu senin nefes alışın. Nefes aldın, şimşek çaktı. Ardından bir gök gürledi, bu da senin gözlerini kırpışın. Sen kırptın gözlerini, gök gürledi dışarıda. Parmakların dokundu satırlarıma, yağmur başladı dışarıda. Çünkü bil ki bu hikâyenin asıl yazarı sensin. Bizi sen kavuşturdun, kalbinden isteye isteye. Ve bil ki kalbinden böyle derin istersen, yukarıdaki de sizi kavuşturacak. İsteye isteye.

Şimdi buradayım, Ege'min karşısında. Bana acınacak bir haldeymiş gibi bakıyor, oysa benim için o asla acınacak bir hale giremeyecek bunu bilmiyor. Saçları darmadağın olmuş, hayatı gibi karışmış. Yüzü bembeyaz kesilmiş ama yanakları heyecandan kıpkırmızı. Ela gözleri hâlâ dolu, ellerimi tuttuğu elleri titriyor. Elleri titriyor arkadaşlar, elleri. Ege'nin elleri titriyor. Bir insan daha güzel olabilir mi? Derin bir nefes aldım. Başımı diktim, yüzüne baktım.

"Neden?" diye fısıldadım, "Neden gitmeye çalıştın benden?" Başını kaldırdı, gözlerini kapattı, gözlerini ağlamamak için sıktı, burnunu çekti ağır ağır. Alt dudağı ısırılmaktan kanayacak halde.

"Kendimi öldürecek cesaretim yoktu. Ben de sendeki beni öldüreyim dedim. **Ama kendimi öldürsem daha kolay olurmuş İzmir.** Sende yok olacağımı bilmek bana kafayı yedirtti. Senin o telefondaki haykırışlarını duyduğumda **içim gitti.** Sen bana gelmeseydin, ben sana gelirdim. Dayanamazdım. Kaçar gelirdim. Umurumda değil geleceğim, umurumda değil geçmişim, hiçbir şey umurumda değil. Sadece sen... sen..." dedi zar zor, alnını alnıma dayadı, yüzümü ellerinin arasına aldı, öylece duruyoruz. Dışarıda yağmur sesi, gök gürlemeleri, şimşekler. Dışarıda fırtına, oysa içerisi çok daha büyük bir felaket.

"Annem gitti... Babam gitti... Sonra... sonra sen..." diye keledim gözyaşlarımın arasında.

"Ben gitmeyeceğim." dedi titreyen sesiyle, "Onlar seni bana emanet ettiler. Bunu kalbimden hissediyorum. Belki yine yanında olamayacağım, belki yine yakınında olamayacağım ama bunların ne önemi var. Sen benim kalbimdesin, aramızdaki şehirler umurumda değil."

Dakikalarca durduk öyle, nefes alış verişlerimiz sakinleştiğinde başımı alnından uzaklaştırdım ve burnumu çektim. Dramatik ortamı dağıtmak için gözyaşlarımı silerek odasına baktım. Her yerde renkli ışıklar vardı, her yerde! Odası renkli ışıklarla doluydu. Çalışma masası, yatak başlığı, duvardaki panosu, bir dakika. Duvardaki panosu derken bir anda panodaki bir resim dikkatimi çekti. Kaşlarımı çatarak panoya yaklaştım. Şok içinde gülmeye başladım, panoya benim ona bir ara kahve içerken mesajla attığım saçma sapan bir fotoğrafımı asmıştı! Çok çirkin çıkmıştım!

"Bu ne!" dedim gülerek, "Asa asa bunu mu astın?" O sırada içimden bir ses fotoğrafımı panoya astığı için "AS BAYRAKLARI AS AS!" diye bağırıyordu.

Hafifçe gülerek yanıma geldi. Sonra gözlerim panodaki diğer fotoğraflara kaydı. En üstte Ege ve bir kadının fotoğrafı vardı. Kadın ellili yaşlarda, kumral saçlı oldukça güzel bir kadındı.

"Annen mi?" diye sordum. Başını salladı hüzün dolu bir iç çekerek.

"Annem."

"Çok güzelmiş."

"Çok güzel."

"Sanırım annene çekmişsin." dedim onun bu hüzün dolu enerjisini dağıtmaya çalışarak. Hafifçe gülümsedi.

"Aslında babama benziyorum. Hatta direkt olarak aynısıyım."

"Baban yakışıklı adam olmalı." Yüzüme bu sefer epey bir gülerek baktı.

"Bana yakışıklı demek için çabalıyorsun, fark ettim. Direkt olarak söylesen daha az belli ederdin." Gülerek yüzüne döndüm.

"Ege," dedim sırıtarak, "sen gerçekten yakışıklıymışsın." Çarpık bir gülüşle oldukça karizmatik bir şekilde baktı yüzüme.

"İzmir," dedi, "sen gerçekten çok güzelmişsin." Birbirimizin yüzüne sırıtarak baktık birkaç saniye, o an içimden geçeni söyleyiverdim.

"Ne kadar salak bir an yaşıyoruz değil mi, 3391 kilometre aşmış sana gelmişim birbirimize bakıp ne kadar yakışıklı ve güzel olduğumu söylüyoruz." Ege hafif bir kahkaha attı.

"Hayatım boyunca bu salak an için beklemiş gibi hissediyorum." Sonra, "Gel," dedi. Birden elimi tuttu. Kalbim teklerken kaşlarımı çattım. Beni kocaman masmavi bir yorganı olan, rengârenk yastıklarla dolu yatağına doğru çekti. Beni yatağa oturttuktan sonra yanıma oturdu, duvara yaslandı. Yüzüme derin bir iç çekerek baktı.

"Neler oldu İzmir? Telefonda konuştuğumuzda, benim öldüğümü sandığında... neler hissettin, neler yaptın... Buraya nasıl geldin, beni nasıl buldun, odama kadar nasıl geldin?"

"Senin öldüğünü sanmadım. Bir saniye bile öldü dememişimdir belki. O anda bile, o silah sesini duyduğumda bile emindim ölmediğinden. Biliyordum, bunu kendine asla yapmazdın."

"Nasıl biliyordun bunu?"

"Duyguların var, hislerin, hayallerin, umutların, kurduğun bir sürü güzel cümle, kuracağın bir sürü güzel cümle, çok güzel bir kalbin var. Bunları hiçe saymazdın." Ege yüzüme hayranlıkla bakıyordu. Devam ettim.

"İlk uçağa atladım." derken dışarıda öyle bir gök gürledi ki hiç beklemediğim bir şekilde yerimden sıçradım. Ege tatlı bir köpeği izliyormuş gibi güldü korkuma.

"Hani hayal ediyorduk ya, bir gün aynı yorganın altında ısınacağız diye. Sanırım o gün bugün." Yorganı kaldırdı, içine girdi ve yanını açarak, "Gel," dedi, "madem gök gürlemesinden korkuyorsun." Birkaç saniye tereddüt etsem de üstümdeki kot ceketimi çıkardım. Yatağın başına koydum ve yorganın altına girdim, Ege'nin yanına oturdum. Sanki yanlış bir hareket yapmaktan çekiniyormuş gibi elini elimin üstüne koydu sadece. Sarılmadı, bana yaklaşmadı bile. Sadece elimi tuttu. O elimi tuttu, kalbim kalbine değdi sanki. Yüzüm heyecandan yanarken ellerim buz gibiydi. Anlatmaya devam ettim.

"İlk uçağa atladım. Paris'te indim, oradan servisle otogara gittim. Sonra buraya gelmek için bir bilet aldım. Şansım açık gitti, otobüste Vanessa diye bir kadınla tanıştım. Kadın buralıymış, herkesi tanırım dedi. Seni tanımıyordu ama beni Juan diye birine götürdü. Herkesi tanırmış buralarda." Ege keyifle bir kahkaha attı.

"Marketçi Juan!" dedi keyifle, gülümsedim.

"Evet o! Sonra bana burayı tarif ettiler. Kapıda bir kadınla tanıştım. Sanırım komşun oluyor. Yukarı çıkmama o izin verdi. Sonrasını zaten biliyorsun. Kapıyı çaldım, beni komşu sandın. Sanırım sana yemek getiriyor ve yemek getirdi sandın." Ege yüzüme hayranlıkla baktı.

"Zeki olduğunu biliyordum, ama bu kadarını tahmin etmiyordum." Gururla gülümsedim. Eğer anı bozmak isteseydim şu an "EEE NE SANDIN?" filan diyebilirdim, ama demeyeceğim.

"Şimdi sen anlat." dedim, "O silah sesi neydi? Telefonu kapatınca neler yaptın?"

"Aslında..." dedi sıkıntılı bir halde, "Bunları şimdi konuşmak istemiyorum. Buradasın, yanımdasın ve ben son yıllarımın en huzurlu gününü yaşıyorum. Bunu konuşarak bozmak istemiyorum." Başını yatak başlığına yasladı, bana doğru döndü ve şu an yüzümü izliyor. O kadar utanıyorum ki sanki her an bir kusurumu görecekmiş gibi. Dayanamayıp elimle gözlerini kapattım.

"Bakma!" dedim gülerek, "Hayatımın en utanç verici anı." Ege o muhteşem gülümsemesiyle elini kaldırdı ve elimi yüzünden çekti. Ve utandırıcı bir şekilde bana bakmaya devam etti.

"Ege!" dedim yalvarır gibi, "Neden öyle bakıyorsun? Utanıyorum!" Yüzünde, gözlerinde öyle bir hayranlık vardı ki içten içe mutlu oluyordum. Sonra parmağıyla arkamdaki duvarda asılı olan bir tabloyu gösterdi.

"Bu tabloyu Paris'ten aldım. Hayatımda gördüğüm en güzel şey." dedi, yavaşça arkama döndüm. Tabloya baktım, üzerinde yaprakları siyah çizilmiş papatyalarla dolu biz vazonun masadan yere düşüşü resmedilmişti. Ama öyle güzel çizilmişti ki bir insanın bu tablodan etkilenmemesi mümkün değildi.

"Dünyanın en güzel tablosunun önünde duruyorsun." dedi ağır ağır, "Ve sen o tablodan daha güzelsin. İşte bu yüzden bakıyorum." O an gözlerim gözleriyle buluştu. O sıradan kahverengi gözlerimle onun sıra dışı ela gözlerine baktım çatık kaşlarla. İçimden ben bunu hak edecek kadar iyi ne yaptım diye düşündüm birkaç saniye.

"Çok garip," dedim, "buradayım. Yanında." Elimi uzattım, sakallarına dokundum. "Sana dokunuyorum." Sonra sakalları öyle güzel geldi ki biraz daha dokundum. Elimi sakallarında gezdirdim. Sonra saçlarına dokundum, karışmış saçlarına...

"Hadi, bana verdiğin sözü tut." dedim birden heyecanla.

"Hangisini?" dedi gülerek.

"Hepsini tutacaksın. Ama şimdi bir tanesini isteyeceğim. Hani yağmur yağıyordu, hatırlıyor musun? Camdan ellerimizi uzatmıştık."

"Aynı yağmurun altında ıslatmıştık." diyerek cümlemi tamamlayınca gülümsedim ve devam ettim.

"Bana demiştin ki..." dediğim sırada sözümü kesti.

"Bir gün bir yağmurun altında ikimiz birlikte duracağız. Bu sefer ellerimiz gerçekten birbirine değecek. Söz veriyorum, bir gün senin ellerini gerçekten tutacağım İzmir..." Bu sefer hayranlıkla bakan o değildi, bendim. Sonra birden ayağa kalktı. Dolabını açtı. Dolabından siyah bir kapüşonlu çıkardı, kucağıma attı.

"Hadi giy. Yağmura çıkıyoruz!" dedi, kaşlarım çatılı bir şekilde ona baktım.

Kendine de bir tane çıkarıp üstüne geçirdiği sırada tereddüdüme son verdim. Ege'nin kapüşonlusunu üzerime geçirdim ve ayağa kalktım. Tam olarak dizlerime kadar uzundu! Ben aynada kendime bakarken birden Ege'nin gülüşünü duydum.

"İzmir!" dedi gülüşünü bastırıp, "Hayatımda gördüğüm en komik görüntü!"

"Ben üşümem yağmurda ya." diyerek kapüşonluyu çıkarmaya yeltendiğim sırada gülerek kolumu tuttu.

"Saçmalama," dedi, "seni böyle görmek istiyorum." Ben umutsuzca kollarımı indirdiğimde kapüşonu başıma geçirip birkaç saniye yüzüme baktı.

"Bana ait olan bir şeymişsin gibi." dedi ve yüzümü kolları arasına alarak bana sıkıca sarıldı.

"Şimdi sana verdiğim iki sözü birden tutacağım. Gel." Kapıyı açtı, ben merakla alt kat merdivenlerine yönelirken elimi tutup beni üst katın merdivenlerine yöneltti. O an anladım, beni çatıya çıkarıyordu.

Seve seve peşinden ilerledim. Çatının kapısını açarken bile elimi bırakmadı, tahtadan yapılmış eski kapıyı açtı ve beni çatıya çıkardı. Ben hayranlıkla çatıya bakarken duvardaki renkli ışıkları yaktı. İşte şimdi bir rüyayı yaşıyordum. Yağmurdan mavileşmiş hava, yarısının üstü kapalı olan çatının tavanının oluşturduğu karanlığı bölen rengârenk ışıklar, Ege'nin müzik seti, yere serilmiş kırmızı kilim ve rengârenk büyük yastıklar. Burası benim için dünyada görebileceğim en huzurlu yerdi. Ege'min çatısı.

"Burası..." dedim tüylerim diken diken olmuş bir halde, "Hayal ettiğimden daha güzel." Ege yere eğilip kilimin yanında duran mumları yakarken çatının üstü kapalı olmayan, yağmur alan diğer kısmına doğru bir adım attım. O sırada Ege yanımda belirdi, elimi tuttu ve ben korkakça yağmura ilerlerken birden beni çekip yağmur altında kalmamızı sağladı. Şimdi hafif yağan yağmurun altında, birlikte öylece duruyorduk. Hafifçe titreyerek baktım yüzüne. Gülümsüyordu.

"Ege..."

"İzmir?"

"Ne gibi hissediyorum biliyor musun?"

"Ne gibi?"

"Sanki kaybettiğim ailemin bir kısmını bulmuşum gibi. Ailemin yanındaymışım gibi. Sanki sende annemden babamdan bir parça varmış gibi."

"Sana dedim ya, sen bana onların emanetisin. Bunu tüm kalbimle hissettim. Sanki seni bana bırakıp gittiler."

"Keşke gitmeselerdi. Seni babamla tanıştırsaydım, korka korka tanışmaya gelseydin. Annem şöylece bir üstünü başını süzseydi, kulağındaki küpeyi görünce beni mutfakta sıkıştırıp küpen olmasıyla ilgili laf soksaydı bana." Gözlerim uzağa dalarken Ege sırılsıklam olmuş saçlarımın önüme düşen tutamını kulağımın arkasına attı, ellerimi sıkıca tuttu.

"Sana söz veriyorum, ben gitmeyeceğim İzmir. Biliyorum, hiçbir zaman ailenin yerini tutamam. Ama hep hayatında olacağım. 3391 kilometre ötende, şehirlerce, denizlerce uzağında. Ama bir o kadar da yanında." Gözlerimi kapattım, derin bir nefes aldım, yağmur kokusunu içime çektim. Dakikalarca durduk öyle yağmurun altında, gözlerim kapalı, ellerim Ege'nin ellerinde.

"İzmir," diye mırıldandı Ege birden. Gözlerimi açmadan, "Hmm?" dedim ve beklemediğim bir cümle duydum o an.

"Öpsene beni." Gözlerimi açtım şok içinde. Sırılsıklam olmuş karışık saçlarına baktım, elimi kaldırdım, ıslak elimle o ıslak yanağına dokundum. O an o kadar istedim ki onu öpmeyi, içimde bir ses bana engel olsa da o sese izin vermedim. Parmak uçlarım üzerinde yükseldim, elimle Ege'nin gözlerini kapattım ve kalbim yerinden çıkarcasına atarken dudaklarımı önce yanağına, sonra dudağının kenarına ve en sonunda kalbinin kapısına, dudaklarına dokundurdum.

Kendimi geri çektiğimde elim hâlâ Ege'nin gözlerini kapatıyordu. Ege o halde hafifçe gülümsedi. Elimi ağır ağır yüzünden çektim, umutla yüzüne baktım.

"İzmir Ege'yi öper," diye mırıldandı Ege hayranlıkla bir kitabın satırlarını okur gibi, "Ege'nin **içi gider.**"

Gözlerine baktım, o güzel ruhun bu güzel cümlelerin sahibinin gözlerine. Bana verdiği sözleri bir bir tutuşuna, beni ayaklarına getirişine, beni bu çatıya çıkarışına, bana içinin gidişine ve çok daha ötesi... Beni kendine âşık edişine...

Şövalye az gitmiş uz gitmiş sonunda köyüne dönmüş.
Her sabah uyanır, atlarını temizler, gökyüzündeki en güzel yıldız olan güneşine selam verir, bahçesinde meyvelerini yermiş. Akşam oldu mu bir hüzün sararmış artık şövalyeyi.
Erkenden uyur, güneşin doğuşuna gözlerini açarmış.
O an anlamış şövalye, yıldızı güneş olmadan önce günün en sevdiği vakti geceymiş yıldızı gökte diye. Oysa yıldızı güneşe dönüşmüş, şimdi gündüzü severmiş şövalye.
Aşk buymuş işte, sevdiğin neredeyse orası sana dünyanın en güzel yeri olurmuş.

20. Bölüm
Dünyanın En Güzel Kızı

> *Ben senin içini gördüm İzmir.*

Öptüm onu. Öptüm. Onu öptüm. Duyuyor musunuz? Ben Ege'yi öptüm. İzmir Ege'yi öptü. Sanki Ege kıyıları İzmir sahiline vurdu, öyle güzel bir kavuşmaydı o an. Ege gözlerini açtı, derin derin baktı bana, derin derin bakıyor ama gülüyor da. İçinden neler dediğini biliyorum, içinden bas bas, "Öptü beni! Öptü! Beni öptü!" diye bağırdığını biliyorum. Çünkü bunu gözleri anlatıyor. Öylece iki utangaç çocuk gibi duruyoruz bu çatının tepesinde, yağmurun altında. Az önce birbirimizi öpmenin şaşkınlığıyla, sanki beş yaşında iki çocuk gibi gözlerimizi kaçırıyor, birbirimize gülüyoruz. İnanamıyorum, inanamaz bir ifadeyle bakıyorum. Arkadaşlar, ben gerçekten öptüm mü onu? Siz gördünüz mü?

"Sanırım artık yağmurun altından çıkma vakti geldi. Sırılsıklamız!" Ege gülerek beni çatının kapalı alanına çekerken yüzümde saf bir sırıtma vardı. Dediği şeyi anlamıyor, sadece saf saf gülüyordum öpüşmenin etkisiyle. Öpüşmeyi atlatan Ege ise yüzüme bakıp halime gülmeye başladı birden.

"Seni her öptüğümde böyle olacaksan..." diye mırıldanınca utanarak alt dudağımı ısırdım. Cümlesi beni etkilese de öpüşme şaşkınlığım yavaş yavaş geçiyordu ve şu anki durumumuza odaklanmalıydım. Halimiz! Üstümüz başımız! Sırılsıklamız.

"Bu gece hasta olmamıza yüzde kaç ihtimal verirsin?" dedim Ege'nin üstüme giydirdiği ama sırılsıklam olmuş sweatimi tutarak.

"Ben asla hasta olmam İzmir. Güçlüyümdür. Ama sen şu an yüzünü görsen hasta olur muyum diye düşünmezdin bile, şu haline bak, kıpkırmızı olmuşsun. Hasta oldun bile!"

"Sanırım yüzüm yanıyor!" dedim elimle yüzüme hava yollamaya çalışarak.

"Gel! Aşağı inelim, üstünü değiştirelim senin." Elimi tutup beni merdivenlere çekerken omuz silktim.

"Çatıya tekrar çıkacak mıyız?" Ege merdivenlerin başında durdu, elimi tutarak bana baktı ela gözleriyle, sırılsıklam saçlarıyla.

"Burası bizim çatımız İzmir. İstediğimiz zaman çıkarız." Yüzüne birkaç saniye baktım, yüzüne baktığımda koskocaman bir galaksi görüyordum sanki, hiçbir şey diyemedim. Hafifçe gülümsedim. Ağır ağır peşinden ilerledim. Merdivenlere adım attığımızda konuşmaya başladı.

"Burası da bizim merdivenlerimiz. Bu basamak bizim basamağımız." Sonra evin kapısını itti, "Bu kapı bizim kapımız. Bu ev bizim evimiz." Ben kıkırdarken odasının kapısını açtı, "Bu da odamız. Yatağımız. Penceremiz. Işıklarımız. Mantar panomuz. Bu eskimiş halı bizim halımız. Koltuk bizim koltuğumuz. Yastıklar bizim yastıklarımız. Mutfaktaki kupalar, bizim kupalarımız. Tüller, perdeler bizim."

Odanın ortasında durdu, beni kendine doğru çekti. Yüzüme ciddi bir ifadeyle baktı. Sırılsıklamız, odanın ortasında birbirimize tutunmuş öylece duruyoruz ve göz gözeyiz. Ege sessizce devam etti.

"Burası bizim dünyamız İzmir. İkimizin dünyası. Sen yanımda olsan da olmasan da burası hep bizim dünyamız olarak kalacak. Sen gittiğinde de hep bu evin içinde benimle olacaksın." Birkaç saniye ona baksam da gideceğim düşüncesi aklıma geldikten sonra hüzünle gözlerimi yere çevirdim. Halıya baktım. Sorunlarımdan kaçma şeklim budur benim, halıya bakmak. Halıyı izlemek. Yine öyle yaptım. Ellerim Ege'nin kollarında, Ege'nin gözleri bende ama ben halıyı izliyorum.

"Hah!" dedi gülerek, "Halıyı izleme taktiği. Sorunlardan kaçıyorsun." Hafifçe kıkırdadım.

"Tüh, taktiğimi bilen biri daha var." Tam o sırada hafifçe öksürdüm. Ege beni elimden tutup yatağına oturttu. Yatağımıza.

"Çıkar üstündekileri," diye mırıldandı dolabına yönelirken. Tabii ki çıkarmaya başlamadım, namusumu lekeleyecek değildim. Şaka şaka, o kadar üşüyordum ki kıpırdayamıyordum. Tabii, Ege'den de utanmıyor değildim. Öylece oturduğum yerde bana kıyafetler vermesini bekledim.

"Aslında," dedim tir tir titreyerek. Kekeleyerek devam ettim, "çantamda kıyafet-le-le-lerim... var..." Ege omuz silkti.

"Kıyafet-le-lerinin olması umurumda değil." Taklidimi yapmasıyla o halde bile kıkırdadım. Ege devam etti.

"En büyük hayalim neydi biliyor musun? Sevgilimi kendi kıyafetlerimin içinde görmek. Yanımda olduğum sürece sana kendi kıyafetlerini giymek yasak." Sevgilim mi?

"Sevgilin?" Dolaptan siyah bir kapüşonlu daha çıkarırken soruma cevap vermedi bile. Hiçbir şey sormamışım gibi geldi, kapüşonluyu yatağa bıraktı. Sonra dolaba yöneldi, kendisi için de bir şeyler çıkarırken ben bir ona bir yataktaki kapüşonluya bakıyordum. Kendine çıkardığı kıyafetleri dolabın yanındaki koltuğa koydu ve birden üstündeki tişörtü çıkardı! Aman Allah'ım! Onu çıplak mı görecektim! Ne yaptığımın bilinçsizliğiyle bir salak gibi telaşla elimle yüzümü kapattım. O anda Ege'nin gülüşünü duydum.

"Gerçekten bunu yapıyor musun?" dedi şaşkınlıkla gülerek. Elimi yüzümden çektim ve utanarak baktım yüzüne. Çoktan yeni tişörtünü giymişti.

"Merak etme, eşofman altımı içeride giyeceğim. Sen de rahat rahat üstünü değiştir. Ayrıca elinle yüzünü kapatmana gerek yoktu, gözlerini kapatsan da görmeyecektin." Göz kırparak odadan çıktığında resmen benimle dalga geçiyordu! O kadar utanmıştım ki. Salak İzmir elinle yüzünü kapatmak nereden çıktı! Sinirle oturduğum yerden kalktım, üstümdeki kapüşonluyu çıkardım, pantolonumu da çıkarıp üzerime Ege'nin verdiği yeni kapüşonluyu geçirdim. Birden ağzımdan beklemediğim sessiz bir söylenme çıktı, "Eee, altım boş kaldı!"

O an aklıma meşhur dizilerin, filmlerin romantik sahneleri geldi. Başrol kız başrol oğlanın evinde kalır, bir şekilde kızın üstü ıslanır tesadüfe bak sen! Eh tabii oğlan da kıza kendi kıyafetlerinden verir ama asla altına giyebileceği bir şey vermez. Sadece üstüne giyebileceği bir tişört verir. Ve kızlar da benim gibi tişörtü giydikten sonra EEE ALTIM BOŞ KALDI demez. Gayet seksi bir şekilde dizlerinin üstüne gelen tişörtle evin içinde salına salına yürür. Ama ben asla bir romantik komedi filminin başrolü olamayacağım, çünkü ben Ege'nin dizimin üstüne gelen kapüşonlusunu giydikten sonra EEE ALTIM BOŞ KALDI dedim! Kendimden utanıyorum. Utanıyorum.

Yere bıraktığım ıslak kıyafetleri aldım, odanın karşı duvarına dayanmış mavi koltuğun üzerine kurumaları için serdim, duvara asılı havlulardan birini aldım ve saçımı kurulayarak odanın kapısını açtım.

"Mutfaktayım." Ege'nin seslenmesiyle birlikte mutfağa yöneldim. Saçımı kurulayarak mutfağa girdiğimde Ege mutfak tezgahında bir şeylerle uğraşıyordu. Birden nemli saçlarıyla bana döndü, yüzüme etkileyici bir bakış attı. Sonra beni baştan aşağı süzdü ve şöyle dedi.

"Eee altın boş kalmış." Cümleyi kurduktan sonra büyük bir kahkaha attığında öfkeyle yüzüne baktım.

"Duydun mu!" dedim utanarak.

"Evet. Kapının önünden geçiyordum. Söylendiğini duydum. On dakikadır gülüşümü içimde tutuyorum!" Ege o kadar eğleniyordu ki yüzümü utancımdan ellerimin arasına aldım.

"Ben İstanbul'a dönüyorum." dedim utancımdan ölür bir halde. Ege büyük bir kahkaha daha attı.

"Altın boş mu gideceksin? Bekle de pantolonun kurusun."

"Ya Ege! Lütfen yapma!" Ben mutfak masasına oturup başımı masaya yaslarken birden ensemde bir öpücük hissettim.

"Şşş, tamam! Dalga geçmiyorum, o cümleyi de duymamışım gibi davranacağız. Ama sana bunu bir on yıl sonra hatırlatıp iyi dalga geçeceğim seninle. Buna izin veriyor musun?" Başımı kaldırdım, o muhteşem yüzüne baktım gözlerimi devirerek.

"On değil de bir on beş yıl sonra tamam, dalga geçebilirsin. Eee ne yiyoruz?"

"Sen giyinirken alt kattaki Fransız komşudan yemek alıp geldim. Bu arada evet, her gün bana yemek veriyor."

"Ne yapmış kruvasan mı?" Ege yüzüme beni kınar gibi baktı.

"Neden herkes Fransızların tek yiyeceği kruvasanmış gibi davranıyor. Et sote yapmış. Yanında salata, patates püresi."

"Şu dakikaya kadar Fransızlar sürekli kruvasan yiyor sanıyordum. Onlar da mı gerçek yemek yiyor! Şoktayım şu an." dedim dalga geçerek, Ege yemekleri masaya getirince açlıktan telaşla sandalyemi değiştirdim. Ege'nin karşısına oturdum ve yüzüne bile bakmadan yemeye başladım. Bir on dakika kadar tek tük konuşarak yemeklerimizi yedik, sonra Ege'nin can sıkıcı sorusuyla başımı kaldırdım.

"Dönüş biletini aldın mı?" Yüzüne baktım. Gitmemi istemediğini biliyordum, ama kalmamdan da korkuyordu. Çünkü kalmam, hayatımı mahvetmek anlamına geliyordu.

"Korkma, burada kalmayacağım. Döneceğim." Ege kaşlarını çattı.

"Kalmanı her şeyden çok istediğimi biliyorsun."

"Ama gitmemi de istiyorsun."

"Evet, gitmeni de istiyorum çünkü bunu istemek zorundayım. Ne yapmalıydım, bir kaçağın yanında kalmanı mı istemeliydim, okulunu, arkadaşlarını bırakmanı mı istemeliydim, hayatını mahvetmeni mi istemeliydim? Bunları istemiyorum İzmir. Yanında olmayı dünyadaki her şeyden daha çok istiyorum, ama yanında olamam. Hayatını mahvedemem. Dönüp hayatına devam etmek zorundasın, hayatını kurtarmak zorundasın." Birkaç saniye yüzüne baktıktan sonra sessizce yemeğime döndüm. Dönmek, bu evi, onu bırakmak istemiyordum. Daha birkaç saattir buradaydım ama buraya ait olduğumu biliyordum. Hani birini ilk kez görüşünüzde yıllardır görüyormuşsunuz gibi hissedersiniz ya, ben Ege'ye de bu eve de karşı böyle hissettim işte. Sanki yıllardır bu evde Ege'yle yaşıyormuşum gibi.

Yemeğin kalanında Ege'yle tek kelime konuşmadık. Yemeklerimiz bittiğinde birlikte tabakları tezgâha kaldırdık, bulaşık makinesine dizdik ve sessizce mutfaktan çıkıp odasına yöneldik. Konuşmadan aynı yatağın iki kenarına oturduk. Başımı duvara yasladım, üşüyordum. Üzerime yorganı çektim ve öylece düşünmeye başladım. Ege de vücudunun yarısı yorganın altında sessizce beni izliyordu. Dakikalar geçti, Ege başını yatağın başlığına yaslamış bir halde beni izlemeye devam ediyordu. Güzel bir şeydi aslında bu. Sevdiğiniz insanın sizi izlemesi, bunu bir yere not edin. Bir gün yaşadığınızda dediğimi anlayacaksınız, başınıza gelebilecek en güzel şeylerden biri.

"Neden bana bakıyorsun?" dedim sessizce.

"Hoşuma gidiyor." Hafifçe gülümsedim. Bakışlarımı ona çevirdim. Dakikalar geçti, öylece birbirimize bakmaya devam ettik hiçbir şey demeden. Bu sefer aynı soruyu o sordu.

"Neden bakıyorsun?" Gülerek cevap verdim.

"Hoşuma gidiyor."

Derin bir nefes aldım, elimi Ege'nin saçlarına uzattım. Birden beklemediğim bir şekilde yerinden kıpırdandı ve başını kucağıma koydu. Ellerim saçlarında, Ege kucağımdaydı şimdi. Hep hayal ettiğimiz gibi... Saçlarıyla oynamaya başladım. Kahverengi, kabarmış ve yeni kurumuş o güzel saçlarıyla...

"Ege..." diye mırıldandım. Gözleri kapalıydı, "Hmm?" dedi sessizce.

"Dönüş biletimi yarına almıştım." Gözlerini açtı. Bana bakmadı ama, bu bir şaşkınlık göz açışıydı. Birkaç saniye karşıya baktı ve ardından tekrar kapattı gözlerini. Hiçbir şey demedi. Sustu. İnsanlar gerçekten üzüldüklerinde susar zaten.

"Okul yeni başladı. Babamın asker arkadaşları tarafından sürekli kontrol ediliyorum, yurttan izin almadım, eminim şu an herkes kafayı yemiştir ve bir de sürekli arayan anneannem var. Ama sana söz veriyorum en kısa zamanda her şeyi planlayıp tekrar geleceğim yanına! Belki haftaya! Hatta sömestr boyunca yanında olacağım, haftalarca burada kalacağım, söz veriyorum."

Cevap vermedi, hiçbir şey söylemedi. Sessizce kucağımda yatmaya devam etti. Derin bir nefes aldım, başımı yatak başlığına yasladım ve saçlarıyla oynamaya devam ettim. Susmak istiyorsa buna izin verecektim, onu konuşmaya zorlayamazdım.

Dakikalarca öylece durduk, o kucağımda, benim ellerim saçlarında. Yarın döneceğimi o da biliyordu ben de ama şu an o kadar huzurlu bir an yaşıyorduk ki keşke size anlatabilseydim.

En sevdiğiniz insanla en yakın olduğunuz anı düşünün şimdi, heh, işte öyle bir şey. Boynundan güzel bir tıraş losyonu kokusu geliyor, saçları yumuşacık. İçimden bas bas bağırıyorum BU BENİM EGE'M diye, içim coşkuyla selamlıyor beni. Tebrik ediyor içim beni, hücrelerim alkışlıyor, organlarım kahkahalar atıyor. Ama en çok kalbim, en çok kalbim tebrik ediyor beni. Çünkü benden çok kalbim seviyor onu. Tebrikten öte, teşekkür ediyor bana. Âşık olduğu insanı, yanı başımıza getirdim diye...

"Okulda..." diye mırıldandı Ege gözlerini açmadan, "Seninle telefonda konuşurken bir çocuğun sesini duymuştum. Sana bir şeyler diyordu..." Kaşlarımı çattım.

"Kim?"

"Bir çocuk vardı... telefonda sesi gelmişti..." Bir kez daha kaşlarımı çattım, acaba Berk'ten mi bahsediyordu Koray'dan mı, ama Koray olsa sesinden tanırdı.

"Olayı hatırlayamıyorum. Kim?" diye eveleyip geveleyince Ege en sonunda içinde tuttuğunu itiraf etti.

"Partinin olduğu gece seninle telefonda konuşurken arkadan sesi duyulsun diye avazı çıktığı kadar İzmir diye bağıran orospu çocuğundan bahsediyorum."

Gözlerini açıp kucağımdan kalktığında birden kıskanılmanın verdiği mutlulukla utanç verici ve rezil bir şekilde sırıttım! Ben gerçekten salağım! Çocuk beni kıskanmış ve mutluluktan gülüyorum! Anında gülüşümü kızgın bir ifadeye çevirmeye çalıştım, boğazımı temizledim.

"Bilip bilmeden küfür etmen pek hoş olmadı." diye mırıldandım, bana bir bakın ya kahkahalar atmamak için zor duruyorum bir de kurduğum cümleye bakın, içimden "BENİ KISKANIYOR ALLAH'IM!" diye bağırıyor, dışımdan onaylamaz cümleler kuruyorum. Berbat bir yalancıyım.

"Her neyse," dedi bozulmuş bir şekilde, "koruduğuna göre önemli biri olmalı. Sanırım seninle ilgileniyor." Şoka girmiş bir şekilde yüzüne bakıyorum saf saf. Tamam, beni daha önce mesajlaşırken de kıskanmıştı, ama ilk defa yüz yüze kıskanılıyorum ve ne tepki vereceğimi şaşırdım. Ege kaşlarını çattı, yüzümdeki şaşkın ifadeye bir anlam vermeye çalışıyor. Ah ne aptal görünüyorum kim bilir!

"Sanırım..." diye mırıldandım olayı toparlamak için, "Yani... Benimle konuşmaya çalışıyor. Yanıma gelip duruyor. Ama ben pek konuşmuyorum, merak etme." Gözlerini gözlerime dikti, o ela gözleriyle gözlerime delip geçici bir bakış attı. Ve kararlı bir ses tonuyla cevap verdi.

"Pek değil. Hiç konuşma." Yutkundum. Rica etmiyordu, emrediyordu. Emretmek değil de açık açık yapma diyordu. Yapma üzülüyorum diyordu. Bunu gözlerinden okuyabiliyordum.

"O akşam telefonda Berk'in sesini duyduğunda ne hissettin?" diye sordum söylediği şeyden cesaret alarak. Bakışlarını kaçırdı. Odanın içine birkaç saniye bakındıktan sonra gözlerini yatak örtüsünde sabitledi.

"Senin ismini bir başkasının ağzından duymak çok kötüydü." diye mırıldandı yavaş yavaş, "Sen oradasın. Ben buradayım. Ben sana yüzlerce kilometre öteden bir şeyler anlatıyorum oysa bir başkası senin ismini sana, senin yanı başında söylüyor. Ben seni göremiyorum, ben sana bakamıyorum, oysa sen bir başkasının yanındasın, gözlerinin önündesin. Fotoğrafının çıktısını alıp mantar panoma astığım akşamdı o akşam. Mantar panomdaki fotoğrafına uzun uzun baktım. Sonra seninle konuşmak istedim. Sonra o sesi duyunca... bir başkasının ağzından senin adını duyunca **içim gitti.** O kadar zor ki..." Devam edemedi. Başını kaldırıp yatak başlığına yasladı, gözlerini kapattı.

"Şimdi senin yanındayım ama." dedim anında, uzandım, elini tuttum. O kocaman elinin içine aldı elimi. Keşke dedim, keşke hiç bırakmasa elimi.

"Ama yarın onun yanında olacaksın. Yarın buradan gideceksin. Uçakta bir sürü insanın yanında olacaksın, uçaktan ineceksin, metroda bir sürü insanın yanında olacaksın. Metrodan inecek, belki yürüyeceksin ve bir sürü insanın yanından geçeceksin. Sonra okuluna gireceksin, bir sürü insan görecek seni. Ders dinleyeceksin, bir sürü insanla aynı havayı soluyacaksın. Birileri yanına oturacak, birileri seni görüp bir kez daha bakacaklar sana. Ben bir kez bile bakamıyorken birileri sana ikinci kez bakabilecek İzmir. Yurda gideceksin, bir sürü insanın yanından geçip merdivenlerden çıkacaksın. Sen yarın gideceksin, ben bu odada tek başıma seni düşünüp duracağım. Ben sensiz seni düşünüp dururken yüzlerce binlerce insanın yanından geçeceksin ve onlar bunun değerini bilmeyecek. Kimse senin yanından geçmenin ne kadar değerli bir şey olduğunu anlamayacak." Nutkum tutulmuş bir şekilde onu izlerken bana baktı.

"Ben senin içini gördüm İzmir." diye mırıldandı, "Yedi ay boyunca seninle konuşmadan seni uzaktan uzağa takip ederken blogunda yazdığın her yazıda senin içini gördüm. O kadar güzel bir ruhun var ki. O kadar güzel bir kalbin var ki keşke kendimi küçültüp o kalbin içine sığdırabilecek bir hale gelsem, keşke senin içinde yaşasam." Burnunu çekti, ağlayacaktı. Kalbim deli gibi atıyordu o an.

"O kadar zor ki..." dedi zar zor, "Burada tek başımayım. Kimsem yok. Kimsemin olmamasından öte... sevdiğim insan benden kilometrelerce uzakta. Boka batmış bir hayat yaşıyorum, öyle bir işe bulaştım ki babamı çiğneyip her şeyi bırakıp senin yanına gelemiyorum. Çok düşündüm, çok denedim. Bir defasında çantamı hazırladım biliyor musun? Seninle konuşamadığımız o dönem, bir akşam oturdum çantamı hazırladım. İstanbul'a gelip seni bulacaktım. Uçak bileti aldığım babamın kulağına gitmiş. Gelme mahvolursun dedi, sana bir daha anneni göstermem dedi, telefonla bile konuşturmam dedi. Artık ne burada ne Fransa'da bir evin olur dedi. Çiğneyemedim. Yapamadım. Korkağın tekiyim ben. Korkağın tekiyim."

"Değilsin," dedim gözyaşlarımın arasından, "sen korkak değilsin Ege. Asıl her şeyi çiğneyip peşimden gelsen salağın teki olurdun. Ege..." diye mırıldandım korka korka.

"Bu iş... bu kaza işi... Ne kadar büyük?" Ege burnunu çekti bir kez daha.

"Ailem ve babamın adamları dışında kimse bilmiyor. Bir vur kaç kazası olduğu düşünülüyor. Adamın ailesi hâlâ katili arıyor. Tabii babam her şeyi temizlettiği için bulma imkânları çok düşük. Ama benim oraya dönmem tehlikeli. Öğrenirlerse, öğrendikleri anda ellerinin altında olmam demek İstanbul'a dönmem. Eğer burada kalırsam... ve öğrenirlerse... en azından bana zarar veremezler. Gerçi keşke zarar verseler bana. Keşke öldürseler beni. Bu siktiğimin hayatını yaşamaktan iyidir. Her gün ölüyorum zaten."

"Artık öyle olmayacak." dedim gözlerim gözlerinde. "Artık ben varım. Sürekli sana geleceğim, belki her hafta sonu!"

Derin derin baktı yüzüme. Elini yanağıma koydu. Başımı eline yasladığım sırada bana öyle bir bakıyordu ki içim içime sığmıyordu. Sanki o an dünyanın en güzel kızı bendim.

"Bana öyle bir bakıyorsun ki..." diye mırıldandım.

"Nasıl?" dedi sarhoş olmuş gibi bakan gözleriyle.

"Sanki dünyanın en güzel kızı benmişim gibi." dedim gülerek. Yutkundu, birkaç saniye yüzüme baktı iç çeke çeke. Sonra tek nefeste öyle bir cevap verdi ki kalbim durdu.

"Dünyanın en güzel kızı sensin İzmir."

Bu neydi? Bu aşk mıydı? Öyleyse aşk çok güzel bir şeydi be arkadaşlar. Hani bazen bazı insanlar giriyor hayatımıza, "Acaba?" diyoruz, "Acaba beni seviyor mu?" İşte o insanlar bizi hak edecek kadar sevmiyor. Çünkü sevgi öyle bir şey ki insan asla acaba demiyor. İnsan karşısındakinin yüzüne bakıyor ve "Evet!" diyor sadece, "Evet bu beni seviyor!" Aşkın asla acabası olmaz. Aşk en saklanamayan duygudur. Aşk o kadar büyüktür ki hiçbir yere saklayamazsınız. Hiçbir yerde gizleyemezsiniz, ağzınızdan gözünüzden ellerinizden kaçıverir. Ve öyle bir duygudur ki size dünyanın en güzel insanıymışsınız gibi hissettirir. Bekleyin, hazır olun. Dünyanın en güzel insanı olmak üzeresiniz. Tüm dünya için olmasa da bir insan için bir gün dünyanın en güzel insanı olacaksınız. Ve bunun adına aşk diyeceksiniz. Mesafe nedir bilmeyen, zorluk tanımayan, dünyanın en güzel duygusu...

Şövalye günlerden bir gün, karlı bir kış sabahına
açmış gözlerini. Koşarak çıkmış dışarı,
kar kapısının tepesine kadar dayanmış!
Zar zor karı eşe eşe çıkmış dışarı, gökyüzüne bakmış,
oysa kar fırtınasından, tipiden başka hiçbir şey göremiyormuş.
Her yer bembeyaz olmuş, kar, güneşi de şövalyenin
kasabasını da rehin almış.
Eskiden karı ne kadar sevdiğini düşünmüş şövalye,
çocukluk günlerinde geceleri kar yağması için yalvarırmış
Allah'ına, oysa ne garipmiş,
şimdi sevdiğini aldığı için kızgınmış kara.
"Aşk nelere kadir," demiş kendi kendine,
"Bir zamanların duasını şimdinin bedduasına çeviriyor...
Ne garip hisler yaşıyorum ey Allah'ım,
senin beni soktuğun bu aşk sınavı bedenimi aşıyor..."

21. Bölüm
Ege'nin İzmir'i

“ *Susuz yaşayamaz,*
ama çok suda da boğulur... 

Saatlerce oturduk, konuştuk. O bana hayallerini anlattı, ben ona. O bana umutlarını anlattı, ben ona. O bana baktı, ben ona... Ege öylesine bana benziyordu ki yıllar sonra ikizimi bulmuş gibi hissediyordum. Ruhlarımız birdi bizim. Bir gün ruhlarımız somut olarak karşımıza çıksa birebir aynı iki ruha bakacaktık onunla, o benim ruh ikizimdi. Saatler geçtikçe içimi bir hüzün kaplıyordu. Sanki yıllarca aradığım bir parçamı sonunda bulmuş da kaybedecekmişim gibi hissediyordum. *Meğer ben yıllarca onu aramışım, yıllardır onu bekliyormuşum.*

Şimdi yatağında oturuyoruz, yatak başlığına yaslanıyoruz, hep hayal ettiğimiz gibi yorganı üzerimizde, aynı yorganın altında ısınıyoruz. Dışarıdaki yağmur cam pervazına vururken yağmur sesine Deniz Tekin şarkıları eşlik ediyor. Konu konuyu açıyor, oradan oraya atlıyor sanki yıllardır biriktirdiğimiz her konudan bahsediyoruz birbirimize.

“Benimle ilgilenilmesinden hoşlanmam aslında...” diye mırıldandım sohbetimizin ortasında Ege'nin yıllar önceki kız arkadaşının ne kadar ilgi manyağı olduğundan bahsederken, “Ama çok garip. İlgilenilmemesinden de hoşlanmam. Bilmiyorum. Aslında bakarsan ben hiçbir şeyin çoğunu sevmem ama tamamen olmamasından da nefret ederim." Kafa karışıklığıma kıkırdadığım sırada Ege gözlerime derin derin baktı. Dudaklarını araladı ve hayatımda duyduğum en güzel cümlelerden birini kurdu.

"Biliyor musun... Bir çiçek gibisin. Onlar da böyle. *Susuz yaşayamaz, ama çok suda da boğulur...*"

Yüzüne hayranlıkla baktığım sırada derin bir nefes aldım.

"Biliyor musun," diyen ben oldum bu sefer, "hayatımda duyduğum güzel cümlelerin tamamını senden duydum. Her kurduğun cümle kalbimi yavaşlatıyor."

"Hızlandırması gerekmez mi?" diye sordu Ege etkileyici bir gülüşle.

"I ıh..." Kaşlarımı kaldırdım, "Cümlelerin bana huzur veriyor. Kalbim yavaşlıyor, nefes alışım yavaşlıyor. Bu daha güzel değil mi?" Sessizce güldü Ege.

"Bu zamana kadar kızlardan bir iltifat olarak hep 'Kalbimi hızlandırıyorsunu duydum, ama hiçbiri senin kalbini yavaşlattığımı bilmek kadar mutlu etmedi beni." O an bir yandan Ege'yi dinlerken bir yandan ne kadar zamanımızın kaldığını düşünüyordum. İstemeye istemeye uzandım, komodinin üzerinden telefonumu aldım. Telefon ekranından saatime baktım. Saat gecenin 3'ü olmuştu. Tam 5 saat sonra uçağım vardı. Havalimanında 1 saat önce bulunmam gerekiyordu ve buradan Paris'e gitmem de zamanımı alacağından bu evde geçireceğim son bir saatimdi.

"Son bir saat..." diye mırıldandığımda Ege'nin yüz ifadesinin değişimine şahit oldum. Gözlerini kaçırdı, derin bir nefes aldı sıkıntıyla.

"Bu kadar erken gitmek zorunda mıydın?"

"Hayatım bir ordu tarafından izleniyor," dedim gülerek,

"Babamın asker arkadaşları, anneannem, teyzem, yurt görevlileri... Her şey bu kadar karışıkken şu an kalamazdım Ege." Uzandım, ellerimi ellerinin üzerine koydum.

"Söz veriyorum. Geri geleceğim. Söz veriyorum, uzun uzun kalacağım. Ve söz veriyorum, bir gün gelecek o günden sonra hep yanında olacağım." Ege o kadar mutsuzlaşmıştı ki bir anda içim acıyordu.

"Ben..." dedim tereddütle konuyu değiştirmeye çalışarak, "Merak ediyorum... Kazada ölen o adamın ailesinden hiç kimse senin yaptığını... yani yanlışlıkla yaptığını bilmiyor mu..." Yutkundu, başını kaldırıp yatak başlığına yasladı. Sıkıntılı bir nefes aldı.

"Bilmiyorlar." Korka korka içimde tuttuğum o soruyu sordum.

"Yani... bilmiyorlarsa... Türkiye'ye dönsen de bir şey olmaz... öyle değil mi?"

"Araştırıyorlar. Adamın dört oğlu var. Dördü de mafyadan bozma çocuklar. Annem ve babam dönmeme katiyen izin vermiyor. Öğrendikleri an, beni bulabilirlerse öldüreceklerinden korkuyorlar. Haklılar da... Burada onlar tarafından bulunmam imkânsız, Türkiye'ye dönersem de şu an için hiçbir şey olmaz. Ama öğrendikleri an... öldürülürüm."

"Özür dilerim," diye mırıldandım, "canını sıkmak istemezdim. Sadece kafamı kurcalayıp duran bu soruları sormak istedim. Ne kadar büyük bir tehlikede olduğunu bilmek istedim."

Sessizlik. İçine hem gidişimin sıkıntısı düşmüştü hem bu konuyu açmış olmamın endişesi. Kendi korkusundan değil, ailesinin endişesinden burada kalıyordu, biliyordum. Annesini ne kadar sevdiği gözlerinden belli oluyordu. Hem vicdan azabı tarafından içten içe yeniyor hem annesinin tek isteğini yerine getiriyordu.

"Çok düşündüm..." diye mırıldandı beklemediğim bir anda, "Çekip gideyim, Türkiye'ye döneyim. Oğullarının önüne çıkayım, ben yaptım diyeyim... Çekip vursunlar beni. Ama yapamadım... Annem için hayatta kalmak zorundaydım."

"Sen yapmadın!" dedim telaşla, "Fren tutmadı, bunu bana sen anlattın Ege. Hiçbir suçun yok."

"Direksiyon ellerimin arasındaydı, fren ayaklarımın altında... O arabanın içinde ben vardım İzmir. Ne olursa olsun kendimi suçlamaktan asla vazgeçmeyeceğim."

"Vazgeçeceksin. Hayatında olduğum sürece kendini suçlamana izin vermeyeceğim."

"Lütfen...." diye fısıldadı olduğu yerden doğrulup başını göğsümün üzerine yaslarken, "Son birkaç saatimizi böyle geçirmeyelim... Bunları konuşmayalım..." Yutkundum, elimi saçlarının üzerine koydum.

"Son bir saatimiz... birkaç saatimiz bile kalmadı..."

"Hayır. Birkaç saatimiz var." dediğinde kaşlarımı çattım, "Seninle Paris'e geleceğim. Seni havalimanına ellerimle götüreceğim." Şoka girmiş bir şekilde başımı eğip göğsüme yaslı yüzüne baktım.

"Benimle Paris'e kadar gelecek misin! Beni bırakıp geri dönmek için!"

"Seni bir dakika daha fazla görebilmek için seninle her yere gelirim İzmir." Derin bir nefes aldım. Göğsüme yaslı başını kollarımla sıkı sıkı sardım ve şu an böylece kalabilmeyi diledim Allah'tan. Keşke, ah, keşke...

"Şu çocuk var ya... okuldaki..." diye mırıldandı kollarımın arasında.

"Hangi çocuk?"

"Şu orospu ço..." derken gülerek elimle ağzını kapattım.

"Çocuğa öyle hitap edip durma! Öyle biri değil!"

"Her neyse," dedi yüzünü elimden kurtarmaya çalışırken, "Bir daha telefonda sesini duymak istemiyorum. Bir daha senin de onun sesini duymanı istemiyorum."

"Sınıf arkadaşım o benim. Yani... ne yapabilirim? Yanıma gelse, aynı sıraya otursa..."

"Kalkar gidersin İzmir. Sınıfınızda bir sürü boş sıra olacağına eminim. Kalkar başka sıraya geçersin."

"Eh, bunu ona nasıl açıklayacağım. Neden yanından kalkıp durduğumu sorarsa?"

"Ege'nin canı öyle istiyor dersin. O anlar." Büyük bir kahkaha attım. Ege de gülmeye başladığı sırada kafamda Berk'e tam olarak bu cümleyi kurduğumu hayal ediyordum.

"Sen iyice mafya rollerine girmeye başladın!" dedim gülerek.

"Eh, babamdan bir şeyler öğrendim."

"Yoksa senin baban da mı o tarz zenginlerden! Dışarıya zengin ve elit görünüp alttan alta mafyacılık oynayanlardan."

"Aynen öyle. Yeraltı dünyasında gayet tanınan bir isim. Yanına oturmaya çalıştığında Berk'e de bunu böyle ilet. **Mafya geliniyim ben de.**"

Kıkırdadığım sırada üstümde yatan Ege'nin de en az benim kadar eğlendiğini görebiliyordum. Mafya gelini olmak, vay canına! Hayattan daha fazla ne isteyebilirdim(!)

"Artık üstümden kalkman lazım. Giyinmemiz ve yola çıkmamız lazım..." Başını kaldırdı. Yarısı üzerimde yatarken ve ağırlığıyla altında ezilmeme izin verirken derin derin gözlerime baktı. İçine girdiğim en derin denizden daha derin gözleri vardı. Yüzü yüzüme öyle yakındı ki nefesimi tuttum.

"Nefesini tutuyorsun." diye fısıldadı bir anda. Yutkundum, başımı salladım. Yüzlerimiz arasında sadece santimler vardı.

"Ve titriyorsun." diyerek fısıldamaya devam etti bana biraz daha yaklaşarak. Kalbim hızla atarken tek kolunu da üzerime attı ve hareketsiz kaldığım an dünyanın en etkileyici gülüşüyle konuşmaya devam etti.

"Ve seni yakaladım..." Derin bir nefes aldı. Dudakları neredeyse dudaklarıma değecekken olduğu yerde kaldı.

"Şimdi gözlerini kapat..." diye fısıldadı. Ne diyorsa yaptım. Gözlerimi kapattım, vücudum da yüzüm de ellerim de uyuşmuş gibi hissediyordum. Nefes almıyor, kıpırdamıyor ve gözlerimi açmıyordum. Ege'nin altında tir tir titrerken dudaklarıma küçük bir öpücük kondurdu. Dudakları dudaklarımın üzerinde beklerken tek eli hafifçe saçlarımı okşadı. Hafifçe çeneme bir öpücük kondurdu, yanağıma, burnuma... Sonra dudakları dudaklarıma çarparken son bir cümle fısıldadı.

"Öptüğüm her yer ve öpemediğim her yer benim artık. Kimsenin sana yaklaşmasına izin verme. Bunun ne kadar acı verici olduğunu tahmin edemezsin. Ben uzaktayken birilerinin sana yakın olmasının ne kadar acı verici olduğunu asla..." Cümlesine devam ederken bu sefer kendimden emin bir şekilde beklemediğim bir anda gözlerimi açtım ve cesaretle dudaklarımı dudaklarına bastırarak onu susturdum. Bunları duymak istemiyordum. Onu öpmek istiyordum. Ona sarılmak istiyordum. Acı verici şeylerden bahsetmek istemiyordum. Bunlarla zaman kaybetmek istemiyordum.

Dudakları dudaklarımdan ayrılırken gözlerimizi açtık, birbirimize birkaç saniye öylece baktıktan sonra Ege ağır ağır üzerimden kalktı. Alt dudağını ısırarak bana döndü.

"Bende hayatımı tehlikeye atıp peşinden gelme isteği uyandırıyorsun." Gülerek baktım yüzüne.

"Benim için mafyalar savaşına girmek istiyorsun yani." Tam o sırada telefonumun alarmı çalınca içimde büyük bir acı hissettim! Gitme vakti gelmişti. Kahretsin ki bu yataktan kalkacak, bu odadan çıkacak, bu evin kapısından geçip gidecektim.

Telefonun alarmına öyle sertçe bastım ki Ege tepki vermeden duramadı.

"Alarm bir canlı olsaydı şu an ölmüştü." Gülemeyecek kadar mutsuzdum şu an. Sıkıntıyla yataktan kalktım.

"Kıyafetlerim kurumuş mudur? Umarım kurumamışlardır da buradan gidemem!" diye söylendim.

"Ha, kıyafetlerin kurumadıysa gitmeyeceksin yani. Bekle o zaman, kıyafetlerini alıp banyoda ıslatacağım." Moral bozukluğuyla güldüğüm sırada banyoya girip çıkan Ege elinde kurumuş kıyafetlerimle geldi.

"Banyomda kurutucu var. Üzgünüm ama kıyafetlerin gayet kurumuş." Nefret dolu bir bakışla kıyafetlerimi elinden aldım.

"Odadan çıkar mısın?" diye mırıldandım.

"Gerek yok, giyinmenden rahatsız olmam merak etme, yanımda giyinebilirsin." Kıkırdayarak Ege'yi ite ite odadan çıkardım. Üzerine kapıyı kapattığım sırada hızla üzerimdeki tişörtünü çıkardım ve üstüme kendi lanet kıyafetlerimi geçirdim. Kapıyı açtım, Ege odaya girdi, dolabından kıyafetlerini çıkardı. O sırada öylece onu izliyordum. Tişörtünü değiştirdikten sonra bana döndü, hayran hayran bakışlarım onu görünce büyük bir hüzne dönüştü. Gözlerim dolarken yüzümü ellerinin arasına aldı.

"Yapma." dedi, "Kendini üzmeyeceksin. Eğer o gözlerden bir damla yaş aktığını görürsem beni burada tutamazsın. Seninle gelirim. Ve inan bana başıma ne geleceğini umursamam. Anladın mı İzmir? Üzülürsen beni burada kimse tutamaz. O yüzden üzülmeyeceksin." Burnumu çektim, gözyaşlarımı tavana bakarak yok etmeye çalıştığım sırada kendimi ondan uzaklaştırdım. Engel olamadığım bir damla gözyaşım akarken ona arkamı döndüm, gözyaşımı sildim ve kapıya yöneldim.

"Ben mutfakta su içeyim. Sen de giyin." Kapıyı kapatıp mutfağa yöneldim. Gözlerimden akan yaşları bir yandan silip bir yandan sakinleşmeye çalıştığım sırada titreyen ellerimle kendime bir bardak su doldurdum ve suyu bir dikişte içtim. Sakin olmalıydım, güçlü olmalıydım. Bardağı tezgâha bırakırken elimden kayıp düştü ve yerde paramparça oldu!

"İzmir!" Anında eğildim, kırıkları titreyen ellerimle toplamaya çalışırken avucumun içi boydan boya kesildi!

"Ah!" Odanın kapısı açıldı, Ege koşarak telaşla yanıma geldi ve yere diz çöktü.

"Hay sikeyim!" diye bir küfür savurdu elimin halini gördüğünde, içi acıyor gibi ellerinin arasına aldı elimi.

"Dur, kıpırdatma. Allah aşkına, nasıl yaptın bunu!" Ayağa kalktı, hızla banyoya gitti, birkaç saniye ardından elinde sargı bezi ve birkaç şeyle döndüğünde acıdan elimin titreyişi iki katına çıkmıştı.

"Tamam, tamam, dur... Sakin ol..." Sinirlerim öyle bozulmuştu ki gözümden birkaç damla yaş akıp elime damladı.

"Heh, bir de ağla. Aferin." Söylene söylene elimi sargı beziyle sararken onun da ellerinin titrediğini fark ettim. Başımı kaldırdım, burnumu çeke çeke, ağlaya ağlaya konuştum.

"Senin neden ellerin titriyor!"

"Ben de bilmiyorum. Kendi elimi kessem bu kadar kötü olmazdım." Titreyen elleriyle titreyen elimi sardıktan sonra endişeyle yüzüme baktı.

"Anlaşıldı. Seni asla mutfağa sokmayacağız sulu göz." Gözyaşlarımın arasında gülerek ona sarılmak için öne atıldım, tam o an ona sarılmak için dizimi yere dayadığımda lanet olası dizim lanet olası cam parçalarının üzerine geldi! Orada olduklarını tamamen unutmuştum, küçük bir çığlık koyverdim.

"Ah! Bacağım!"

"İzmir! Ne yapıyorsun sen!"

"AH!" Kendimi geriye atıp sandalyeye yaslandığımda acıdan ölmek üzereydim! Cam parçalarından biri pantolonumu kesip bacağıma yapışmıştı. Açılan delikten kan akarken Ege bana doğru eğildi.

"Kafayı yiyeceğim şimdi! Kendini öldürmeye mi çalışıyorsun!" Ege içi acıya acıya bacağıma bakarken birden pantolonumun kan akan yerini iyice yırttı. Dizim bildiğiniz kesilmişti. Hızla bacağımdaki camları temizleyip bacağımdaki kesiğe biraz tentürdiyot sürdükten sonra büyük bir yara bandıyla yapıştırdı.

"Sanırım vücudum buradan gitmemem için elinden geleni yapıyor."

"Ya da beni senle İstanbul'a getirmek için. Dur, kalkma... Yaslan arkana..."

"Kalkmam lazım. Geç kalacağız. Yürüyebilirim, başta çok acıdı ama basit bir kesik, sorun yok. Tamam." Ege'nin omzuna tutunarak ayağa kalktığımda mahvolmuş pantolonuma baktım.

"Diğer bacağımı da mı yırtsak, modeli öyleymiş gibi durur?" Ege tam dediğime gülüyordu ki gözleri bacağıma ve elime kaydı, içi acıyarak gözlerini kapattığında ayağa kalktı.

"Gel," diyerek elini uzattı bana, "bir daha kendine zarar vermeden şu mutfaktan çıkalım. Döndüğümde kırıkları toplayacağım."

"Döndüğünde toplarsın..." dedim hüzünle, "Eve tek başına döndüğünde..."

"Ya da bırakayım cam kırıklarını. Bir dahaki gelişinde sen toplarsın." Umutla yüzüme baktığında hüznüm yerini umuda bıraktı, başımı kaldırıp gülümseyerek baktım yüzüne.

"Evet bırak, o zaman da kolumu keseyim kırıklarla. Lütfen toplama!" Ege gülerek odasına girdiği sırada konuşmaya devam ettim.

"Zaten başına büyük bir bela aldın. Görüp görebileceğin en sakar insan duruyor karşında! Bu evdeki her şeyi birkaç aya kalmadan gele gide kırarım!" Yatağına oturduğum sırada bana doğru eğildi, alnını alnıma dayadı.

"Her şeyi kır." diye fısıldadı, "Sen beni toparladın. Beni topladın. Dağılmış parçalarımı birleştirdin. Komple bu binayı yıksan umurumda olmaz." Yüzünü yüzümden ayırdığında yere eğilip sırt çantasını sırtına geçirdi. İstemeye istemeye kalktım, koltuğuna bıraktığım çantamı alıp sırtıma geçirdim ve odasına son kez baktım.

"Hoşça kal Ege'nin odası." diye mırıldandım.

"Bizim odamız." diye düzeltti, başımı salladım.

"Bizim odamız... bizim evimiz... bizim dünyamız..." diye mırıldandım. Birlikte çıktık odadan, eşyalarına son kez dokundum. Zemini kırık camlarla dolu mutfağa son kez baktım Ege'nin eli elimde... Ağır ağır ilerledik, evin kapısına kadar geldik. Dolu gözlerle Ege'ye baktım.

"Şşş," dedi, "Ağlamayacaksın. Ağlamayacağım. Birbirimizi gördük, yan yana oturduk. Aynı yorganın altında ısındık. Bunlar oldu diye mutlu olacağız, üzülmeyeceğiz. Gel buraya." Başımı kolları arasına alıp beni göğsüne yaslayıp sıkıca sardı.

"Sen gördüğüm en güçlü kızsın. Neleri atlattın. Şimdi de güçlü olacaksın. Birbirimizi bir daha ne zaman göreceğimiz belli değil... ama en azından seni gördüm ben İzmir. Gördüm seni, dokundum sana, öptüm seni. Ben mutluyum." Sesi titriyordu ya. Sesi titriyordu. Nasıl anlatabilirim bunu size, Ege'nin sesi titriyordu...

"Ama sen burada tek başına kalacaksın..." dedim zar zor, ağlamamak için zor tutuyordum kendimi.

"Ben çok uzun zamandır burada tek başımaydım. Ama sana yemin ederim sen hayatıma girdiğinden beri bu evde tek başıma hissetmiyorum. Hayatımdan çıkma, bir mesaj uzaklığımda ol, yine yalnız hissetmeyeceğim. Söz veriyorum."

"Ege..." Gözlerimi gözlerine diktim.

"Bunu al," Saçımın topuzunu bir anda çözdüm. Saçıma takılı sarı lastik tokayı saçımdan çıkardım ve Ege'ye uzattım.

"Sende kalsın. Koluna tak. Bilmiyorum! Bir şey yap! Seni burada tek bıraktığım için kötü hissediyorum, keşke elimi bacağımı filan bırakabilsem seninle! Bu tokayı al, koluna tak ve hiç çıkarma, olur mu?" Gülerek başını salladı.

"Ömrümün sonuna kadar bileğimde kalacak. Söz." Tokamı bileğine taktı ve derin bir nefes alarak yüzüme baktı.

"Sen de orada tek başınasın. Çevrende insanlar olacak ama hâlâ tek başına olacaksın. Bu dünyada senin en yakının benim İzmir. Artık sen benim sorumluluğumdasın, bunu bil ve ona göre davran. Kendine zarar gelmesine izin verme, üzülme, yıpranma, hiçbir şeye karışma. Çünkü sana yemin ediyorum, biraz önce de söyledim ya hani, sana bir şey olursa beni kimse burada tutamaz. Lütfen... beni oraya getirtme..." Başımı salladım. Tam kapıdan çıkıyorduk ki beni tuttu, yüzümü elleri arasına aldı ve son bir cümle söyledi.

"Ege'nin İzmir'i gibi davran. Tamam mı?" Güldüm, yüzüme öyle güzel bakıyordu ki içim gidiyordu. Başımı sallayarak ona bu evde son kez sarıldım.

"Ve bir yerlerini kesme!"

Gülerek kapıyı açtı, birlikte konuşarak ve gülüşerek kapıdan çıkarken içimde bir parçayı burada bıraktım. Hem de çok mühim bir parçayı... Ben bu evde kalbimi bıraktım. Kalbimin bir parçasını da değil, komple bütün kalbimi burada bıraktım...

Şövalye günlerden bir gün ağacın tepesindeki olgunlaşmış kayısılarını toplarken âşık olduğu güneş aydınlatıp dururmuş onu. Bilirmiş ki bu meyveleri büyüten, ona veren de güneşmiş. Başını kaldırmış, yüzünü güneşe çevirmiş, güneşe baktığı sırada birden dengesini kaybetmiş ağaçtan kayan ayağıyla birlikte kendini yerde buluvermiş. Acı içinde bağırırken komşuları yetişmiş, şövalye acıdan ölüyormuş. Hemen bir şifacı çağırılmış, şövalye eve taşınmış. Yatağında yatan şövalyenin başına gelen şifacı iyice incelemiş, ayağı kırılmış zavallı şövalyenin. Üç ay evden çıkamazsın demiş şifacı, o an şövalye bacağının acısından değil güneşi göremeyeceği için acı içinde ağlamaya başlamış. "Hemen tedavi et beni," demiş şifacıya, "Güneşi görmeden yaşayamam." Kalkmış, perdeyi açmış şifacı. "Buradan görüverirsin paşam," demiş, "Ayağa kalkman yasak." Günlerce ağlanmış şövalye, kendini yerlere atmış. Sürüklene sürüklene gitmeye çalışmış. Ama olmuyormuş, günler sonra anlamış, aylarca bu yatağa bu eve mahkûmmuş. Artık sevdiğini bir pencereden görebilecekmiş. Dünyanın en acı şeyi buymuş...

22. Bölüm
Sana Âşığım

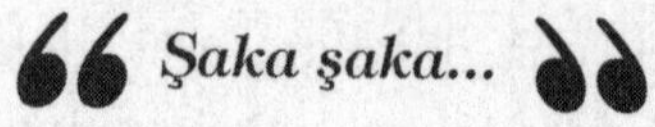

Şaka şaka...

Ne kadar kötü günler geçirdin, unuttun mu? Ne kadar çok ağladın, hatırlamıyor musun? Ne kadar üzüldü kalbin, ne kadar titredi ellerin, ne kadar çok gözyaşı tükettin, anımsamıyor musun? Sen ki o küçücük bedeninde dünyalar kadar büyük savaşlar verdin. Bazen yorganının altında kimse seni duymasın diye sessizce ağladın, ama bazen de zaten seni ağlarken duyacak kimsen bile yoktu. Sen buna rağmen yine de sessizce ağladın, uzaktan bir yerden geçen olur da bir ihtimal seni duyar diye. Sen hep sessizce ağladın, sessizce bağırdın, sessizce yakındın. Çünkü verdiğin tüm o savaşlara rağmen o kadar güzel bir kalbin var ki seni ağlarken kimse duymasın istedin... Ama emin ol, ne kadar sessizce ağlarsan ağla bir gün biri senin sesini duyacak. Gözyaşlarını silmek için kendini hapsettiğin karanlığa elini uzatacak, o el senin yüzünü bulacak, gözyaşlarını silecek. Çünkü senin öyle güzel bir ruhun var ki şunu unutma, güzel ruhlar asla yalnız kalmaz... Güzel ruhlar her daim birbirini bulur.

"Dur!" dedim Ege'ye tam kapıdan çıkarken, kaşlarını çatarak baktı bana. Tam kapıyı kapatırken elini tuttum, kapıyı yavaşça geri doğru ittim. Evin içine geri girdiğimde öylece bana bakakaldı.

"Burada kalmaya mı karar verdin?" Peşimden gelirken gülerek odasına girdim.

"Aynen! Sana kaçıyorum Ege, acilen nikâh kıymamız lazım." Güldüğünü duyduğum sırada kıyafet dolabının kapağını açtım. Kıyafetlerine bakarken Ege odasının kapısına yaslandı. Ne yapacağımı anlamış gibi konuşmaya başladı.

"Yeşil sana çok yakışır, askılıkta üçüncü sıradaki yeşil tişörtümü al." Gülerek ona döndüm, evet, dolabından kendime saklamak için bir tişört alacaktım. Ve bunu anlamıştı. O etkileyici yüzüne güldükten sonra dolaptan yeşil tişörtü aldım, burnuma götürdüm. Ama tişört yeni yıkanmıştı ve güzel bir deterjan kokusuyla kaplıydı. Oysa ben Ege'nin kokusunu güzel bir deterjan kokusuna da dünyanın en güzel parfüm kokusuna da tercih ederdim. Elimde yeşil tişörtle Ege'ye doğru döndüm. Ona doğru iki adım attım. Ve o an Ege'nin beklemediği bir şey yaptım. Yeşil tişörtü omzuma attım ve birden ellerimle Ege'nin üzerindeki mavi tişörtü alttan tuttum. Ege çatılı kaşlarla ne yaptığımı anlamaya çalışır gibi bakarken tişörtünü yukarı doğru kaldırdım, evet, tişörtünü üzerinden çıkarıyordum. Hiçbir şey sormadan, ama aynı zamanda hiçbir şey anlamadan bana teslim olmuş gibi kollarını kaldırdı Ege. Tişörtünü yavaş yavaş yukarı kaldırdım ve bedenini çıplak bırakırken tişörtünü üstünden çıkarıp aldım.

"Bana mavi daha çok yakışır." diye mırıldandım, "Sana da yeşil." O an birbirimize o kadar yakındık ve Ege'nin çıplak omuzları o kadar genişti ki kalbim pır pır atıyordu. Elimi kaldırdım, dayanamayıp çıplak bedeninin üzerinden kalbine dokundum. Elimin altındaki kalbi çıkacak kadar hızlı atıyordu. Gözlerim gözlerine kaydı.

"Kalbin..." dedim yavaş yavaş, "Çok hızlı atıyor." Yüzüme etkileyici ve haz alır bir ifadeyle ağır ağır baktı, elini kalbinin üzerindeki elime koydu, birden bana kalp krizi geçirtmek ister gibi alnını alnıma dayadı ve fısıldadı.

"Biraz daha hızlandırmak ister misin?" Dudakları dudaklarımı bulduğunda eliyle belimi sardı. Vücudum vücuduna değdiğinde dudaklarım dudaklarına değiyor, uzaklaşıyor ve tekrar değiyordu. Yüzüm alev almak üzereydi, dizlerim öyle çok titriyordu ki neredeyse yere yığılıp kalacaktım. Tam kendimi öpüşmeye kaptırmış ellerimi Ege'nin boynuna doluyordum ki birden dudaklarını çekti. Sık sık nefesler alarak alnını alnıma dayadı.

"Keşke seni sonsuza kadar öpebilsem." Başımı salladım.

"Keşke beni sonsuza kadar öpebilsen..." dedim. Birkaç saniye o şekilde durduk. Aramızda alev almak üzere olan bir enerji vardı. Ben hâlâ tir tir titriyorken Ege dimdik ayakta duruyordu. Sonra ellerini belimden çekti. Alnını alnımdan ayırdı.

"Hadi," diye mırıldandı, "seni benden ayıracak o orospu çocuğu uçağa bindirmemiz gerek." Hafifçe güldüm.

"Sen ne kadar küfürbaz çıktın ya!" dedim gülerek.

"Sinirlerim zirveye çıktığında kendimi tutamıyorum." Ege'ye giymesi için yeşil tişörtünü verdiğim sırada çapkın bir bakışla yeşil tişörtü bana uzattı.

"Giydirmek ister misin?" Gülerek omuz silktim.

"Hayır. Teşekkür ederim." Ege gülerek gözlerini devirirken az önce üstünden çıkardığı mavi tişörtü çantama attım. Ege ona verdiğim yeşil tişörtünü giydi, ben yeşilin ona ne kadar yakıştığını düşündüğüm sırada o kapıya yöneldi. Arkasından gidiyordum, bu evde bir gün kalmış bu eve bir günde âşık olmuş ve şimdi bu evi terk ediyordum. İçim o kadar çok acıyordu ki sanki tüm hayatımı bu güzel Fransız evinde geçirmiş gibi hissediyordum. Sanki yuvamdan ayrılıyormuşum gibi... Sanki bir parçamı burada bırakıyormuşum gibi hissediyordum. Ege bir parçam olmuştu benim. Koskoca bir parçam.

Kapıdan çıktık, Ege tam o an yüzüme hüzün dolu bir bakış attı.

"Gidiyorsun yani." diye mırıldandı oldu yerde kalarak. Başımı salladım.

"Gidiyorum." O saniyeden sonra ikimize de bir sessizlik çöktü. Sessizce indik merdivenlerden, sessizce çıktık binadan. İçimizden bir sürü şey dedik birbirimize, ama ağzımızdan tek kelime çıkmadı... Yavaş yavaş yürüdük Ege'min sokaklarında. Birden elini uzattı, elimi tuttu.

"Burası hep alışveriş yaptığım kırtasiye..." dedi, "Şurası hep tepesine çıkıp tüm şehri izlediğim belediye binası... Şu kilise her sabah beni çan sesleriyle uyutmayan kilise. Şu yol sana bahsettiğim hayvanat bahçesine gidiyor. Şurası hep gittiğim market. Şu mavili bina, kütüphanem... Keşke sana hepsini gezdirebilseydim. Ama gezdiremiyorum. Çünkü gidiyorsun." Ege gözlerimin önünde o kadar mutsuzlaşmıştı ki bir anda kalbime öküz oturdu demekten başka bir şekilde anlatamam o anki hissimi.

"Ama geri geleceğim!" dedim üstüne basa basa.

"Ne zaman geleceksin, kaç gün sonra, kaç hafta sonra? Ne kadar kalacaksın, kaç saat, kaç gün... Bunları düşünmek o kadar kötü ki İzmir. Böyle durup durup kafamda hesap yapıyorum sabahtan beri, kaç gün sonra gelir, kaç gün kalır diye. Aklım almıyor ya, dünyada milyarlarca insan var gittim kendimden kilometrelerce ötede birini buldum **âşık oldum.**" O an bir anda şok içinde durdum. Mavi kütüphanenin tam önünde durduğumuz sırada şok içinde yüzüne baktım. Ne demişti o?

"Sen..." dedim şaşkınlıkla, "Bana âşık mı oldun?" Tam karşımda durdu o an, yüzüme derin derin bakıyordu o etkileyici bakışlarıyla.

"Asıl sen," diye mırıldandı Ege ağzından kaçırmış da konuyu bana dönüştürmek ister gibi, "Asıl sen bana âşık mısın?" Olayı bana çevirmeye çalışmasına önce güldüm. Ege o kadar ciddi ve tüyleri diken diken edici bir bakış atıyordu ki bakışına içim gidiyordu. Sonra bir anda bir geri zekâlı gibi kendimi tutamayıp atladım.

"Evet, sana âşığım." Ege'nin gözleri aydınlanırken o an kendimi berbat hissettim! Bunu söylememeliydim! Daha çok erkendi, üstelik daha o bana bunu söylemeden benim söylemiş olmam o kadar rezildi ki bir anda kendimi bin kat daha rezil edecek bir şekilde aptalca ekledim.

"Şaka şaka! Değilim!" İzmir! Sen geri zekâlı mısın! Aman Allah'ım! O kadar rezil bir haldeyim ki şu anda koşarak kütüphaneye dalmak ve bir masanın altına saklanmak istiyorum. Üstelik Ege de yüzüme garip garip bakıyor! "Şaka şaka" da ne demek! Hayatımda söylediğim en rezilce şey resmen!

"Yani... şaka derken... ben... yani..." diyerek kekelediğim sırada Ege dalga geçer gibi güldü, elini uzattı, ağzımı kapattı.

"Şşş," diyerek susturdu beni, "Açıklamana gerek yok." Beni omzumdan tutup döndürdü ve otobüslerin geçtiği durağa doğru yöneltti. Eli omzumdayken utançtan konuşamıyordum. Yüzüm alev almak üzereydi. Başımı yere eğdim ve öylece sessizce yürüdüm. Ege halime bakıp gülerken beni utandırmamak için konuşmadığını biliyordum.

"Şuradaki tabelaya göre otobüsün iki dakika içinde gelmesi gerek." dedi Ege gözüne güneş gözlüğünü takarken. Utançla başımı salladım. Ege bir kez daha bana gülerken yüzüne bakmıyordum bile. Ayağımla yerdeki taşlarla oynuyordum. Başımı yerden kaldırmıyordum bile. Elimde olsa kafamı taşların altına gömerdim.

"Buraya gelirken otobüse direkt havalimanının önünden bindin, değil mi?" Yutkundum. Başımı yerden kaldırmadım.

"Hı hı..." diye mırıldandım utançla.

"Dil konusunda sorun yaşadın mı?"

"Hayır." Başım mıknatısla yere çekiliyor gibi hâlâ yerde. Yanaklarım kıpkırmızı.

"Beni şu markete sordun, değil mi?"

"Hı hı..."

"Juan mı yardımcı olmuştu sana?"

"Evet..."

"Seni Juan'a götüren teyzenin adını hatırlıyor musun?"

"Hayır..." Hâlâ yere baktığım sırada Ege büyük bir kahkaha attı. Bir anda eğildi, çenemi tutup başımı kaldırdı. Yüzüne utançla baktığım sırada yüzünde en son anne ve babamın yüzünde gördüğüm sevgi dolu bir gülümseme vardı.

"Var ya..." dedi dolu dolu, "Çok tatlısın." Yutkundum. Öyle güzel bakıyordu, öyle güzel gülüyordu ki içim gidiyordu. Utancım devam etse de ona minnet dolu bir ifadeyle gülümsedim. Başımı tekrar yere eğdim. Ege gülerek arkasını dönerken otobüs geldi.

"Sonunda."

Birlikte otobüse binerken Ege elini uzatarak otobüse çıkmama yardımcı oldu. Otobüse biner binmez hızla en arka koltuğun cam kenarına geçtim. Ege biletlerimizi aldıktan sonra yanıma gelip oturdu ve bana biletimi uzattı.

"Ya," dedim, "ben bilet alacağımızı unuttum, hemen oturdum. Sana ısmarlatmak istiyormuşum gibi oldu. Lütfen izin ver parasını vereyim." Ege gülerek baktı yüzüme.

"Tamam ver." dedi dalga geçer gibi. Ama hiçbir şey anlamayarak anında çantamı açtım, cüzdanımı aldım ve telaşla cüzdanın fermuarını açtım. Ege gülerek beni izliyordu.

"Kaç paraydı biletler?"

"150 Euro." Bir an donakaldım.

"Ama ben gelirken... 10 Euro ödedim..."

"Bilmiyorum. Bu otobüsün biletleri 150 Euro'ymuş." Yüzüne boş boş baktığım sırada büyük bir kahkaha daha attı.

"İzmir..." dedi, "Gördüğüm en saf kızsın. Gerçekten bana para mı verecektin? Ciddi ciddi yapacak mıydın bunu?" Gözlerimi devirerek cüzdanımı kapattım ve çantama attım. Çantamı kapatıp yere koydum ve arkama yaslandım.

"Benimle dalga geçiyordun yani."

"Diğer kızlardan o kadar farklısın ki senin saf hallerini izlemek hoşuma gidiyor." dedi gülerek, başımı kaldırdım, yüzüne baktım.

"Ege..." dedim, "Senin daha önce çok sevgilin oldu mu?" Burnunu çekerek başını geri yasladı.

"Sayılır."

"Ciddi misin? Sanki daha önce hiç sevgilin olmamış gibi geliyordu bana. Kızlarla işin olmazmış gibi."

"Aslında bakarsan, iki üç yıl öncesine kadar çok farklı bir hayatım vardı. O sıralar birçok kızla oldum... Sonra bir şey oldu bana. O kadar çok yapmacık insan vardı ki hayatımda onlardan uzaklaşıp değişmeye başladım. Onlarla olmaktan mutlu olmamaya başladım, evde tek başıma vakit geçirmekten zevk almaya başladım. Bir nevi kendimi buldum. Ama çok geç buldum kendimi... Sonra seni buldum, ama seni de çok geç buldum. Çok önceleri tanışacaktık seninle. Ben hiçbir hata yapmadan, buraya hapsedilmeden önce. İstediğim zaman seni görebileceğim zamanlarda tanışacaktık İzmir. Çok isterdim..."

"Belki bir gün yeniden aynı coğrafyada oluruz, olamaz mıyız?" Derin bir nefes aldı. Gözlerini kapattı.

"Olamayız."

Başımı yola çevirdim. Ege gözlerini kapatmıştı, ben de öylece açılan bu konudan kaçmak isterken düşünmeye başladım. Ne yapacaktık? Neler olacaktı, kavuşmamız bu kadar imkânsız görünürken tüm bunları nasıl atlatacaktık? *Tüm bu mesafelere rağmen birbirimizi sevmeye nasıl devam edecektik?* Buraya gelmiştim, onu görmüştüm, onu çok sevmiştim ve şimdi gidiyordum. Bu kadar mı, evrenin bana sunduğu hediye bu kadar mı? Onu yanımda götürmeyi o kadar çok istiyordum ki. Elimde olsa onu çantama atar yanımda götürür ve bir an olsun yanımdan ayırmazdım. Ama her şeye rağmen sabırlı olacaktım. Her şeye rağmen beklemesini bilecektim ve vaktimi en iyi şekilde değerlendirecektim. Elimi uzattım, elini tuttum. Ege gözlerini açtığı anda ona gülümsedim.

"Ege..." dedim, "Boyun kaç senin?" Ve evet, son vaktimi onu her şeyiyle tanıyarak geçirecektim. Ege bir an olsun şaşırmadan gülerek cevap verdi bana.

"185."

"Kilon?"

"80."

"Doğum tarihin neydi senin?"

"15 Şubat 1996."

"Peki en sevdiğin renk ne?"

"Siyah."

"En sevdiğin hayvan?"

"Köpek."

"Tuttuğun takım?"

"Fenerbahçe."

"Peki... Dünyada en sevdiğin şehir?"

"Prag."

"Okumak istediğin bölüm?"

"Hukuk okumak istiyorum sanırım."

"Fransızcadan başka yabancı dilin var mı?"

"Var. İngilizce ve Almanca biliyorum."

"Peki en büyük hobin ne?"

"Bilgisayar oyunu oynamak... Bunu sormadan da tahmin edebilirdin sanırım."

"Edebilirmişim. Peki en büyük fobin?"

"Ölüm... Ama sevdiklerimin ölümü." Yutkundum. Bir an annem ve babam aklıma geldi ve karnımda hafif bir sancı hissettim. Dudağımı ısırarak dolu gözlerle başımı cama çevirdiğim sırada Ege birden elimi sıktı.

"İzmir..." dedi, "Hatırlatmak istemezdim. Yemin ederim. Lütfen aklından çıkar."

"Tamam... tamam..." Sesim titriyordu, yutkundum ve derin bir nefes alarak sorular sormaya devam ettim. Yol boyunca sorular sordum ona. Yol boyunca tanıdım onu. En sevdiği şeyleri, en nefret ettiği şeyleri, sabah kaçta uyandığını, yatağa yattıktan kaç dakika sonra uyuduğunu bile sordum. Sonra o büyük an geldi. Havalimanının önünde durdu otobüs.

"Geldik..." dedi Ege. Hüzünle başımı salladım, çantamı sırtıma takıp ayağa kalktığım sırada Ege elimi bırakmıyordu. Birlikte el ele indik otobüsten. El ele girdik havalimanına. Ağır ağır adımlarla ayrılığımıza doğru yürüyorduk. Zaten dünyanın en güzel ve en acı verici yerleriydi havalimanları, otobüs terminalleri, tren garları. İnsanları ayıran ve insanları kavuşturan tüm o yerler...

Biletimi almak için bir danışmanın önünde durduğumuzda Ege beni rahatlatmak için anında Fransızca bir şeyler söyleyip bana döndü.

"Kimliğini istiyor..." diye mırıldandı. Başımı salladım. Çantamdan çıkardığım kimliğimi görevli kadına uzattım. Kadın gülümseyerek aldı. Birkaç saniye sonra biletim ve kimliğimi bana geri verirken gülerek yanından ayrıldık.

"Beş dakika içinde içeri girmem gerekiyor..." diye mırıldandım. Ege yüzüme öyle hüzün dolu gözlerle bakıyordu ki ağlayacaktım.

"Bu da varmış." dedi sessizce, "Seni bir havalimanında tek başına bırakıp tıpış tıpış evime geri dönmek de varmış." İçim acıyordu. İçim acıyordu. İçim çok acıyordu.

"Keşke seni cebime sokabilsem." Sesim titriyordu, "Çantama atabilsem. Yanımda götürebilsem. Ama uzak kalmak bizim kaderimiz sanırım Ege." Birkaç saniye birbirimize baktık acı içinde.

"Gidiyor musun yani şimdi ciddi ciddi?" Başımı salladım. O an gözlerimin önünde Ege'nin gözünden bir damla yaş aktı. Görmeyeyim diye gözyaşını anında silip burnunu çekerek başını başka yöne çevirdi. O an anladım ki kimse hiçbir zaman bir Ege olamayacaktı... İçim acıyordu.

"Bir dakika," dedim bir anda, telefonumu çıkardım. Dolu gözlerle kamerayı açtım.

"Madem ayrılıyoruz... Bir fotoğrafımız olsun." dedim. Ege çaresizce başını salladı. Yanağını yanağıma dayadı, beni koluyla sardı. Telefonun ön kamerasını açtım, titreyen elimle aceleyle basıp geçtim. Ve öyle bir fotoğrafımız oldu ki görmeniz lazım. Fotoğrafta ben ağlıyorum, Ege'nin dolu dolu gözleri bana bakıyor. Bir ilişkinin ilk fotoğrafının böyle olduğunun gördünüz mü hiç!

Tepemizde bir kadın bağıra bağıra Fransızca bir şeyler söylüyordu, Ege acı içinde gülümsedi. Parmağıyla yukarıyı anons etti.

"Senin uçağının anonsu bu." dedi, "*Orospu çocuğu havalimanı anonsları...*"

Derin bir nefes aldım, burnumu çektim, kendime gelmek zorundaydım. Başımı sallayarak toparlandım.

"Hadi bakalım. Kendimizi kaybetmek yok. Yine geleceğim, bunu sen de biliyorsun."

"Şu an hiçbir şeyi bilecek halde değilim."

O kadar perişan bir haldeydik ki bizi görseydiniz acırdınız. Ege kollarıyla sıkıca sardı beni. Saçlarımı, boynumu öptü, derin derin içine çekti kokumu. Sonra alnını alnıma dayadı. Titreyen sesiyle fısıldadı.

"Sana âşığım İzmir." Ben şok içinde gözlerimi açtığımda bir kez daha acı içinde gülerek ekledi.

"Şaka şaka."

Gülerek koluna vurduğum sırada gözlerimden birer damla yaş aktı.

"Gidiyorum hâlâ dalga geçiyor ya!" Gözleri dolu dolu gülerek baktı bana.

"Artık gitmen gerekiyor. Hoşça kal." dedi, "Seni hep burada bekliyor olacağım İzmir. Seni bana getiriyorlar diye otobüs terminallerini, tren garlarını, havalimanlarını seveceğim. Seni benden ayırıyorlar diye onlardan nefret de edeceğim. Ama her zaman içlerine girecek seni saatlerce bekleyeceğim..."

"Hoşça kal Ege... Beni beklemesen bile ben hep sana geleceğim..."

Ellerimiz ayrıldı önce. Sonra ayaklarımızın yönleri değişti, adım adım uzaklaştık birbirimizden. Ben adım attıkça ondan uzaklaştım, Ege ise ardımda bakakaldı öylece... Keşke iç seslerimiz dışarı vurabilseydi, durdursaydık birbirimizi. Ama olmadı, yapmadık, yapamadık. Dünyanın en acı şeyi ne biliyor musunuz? Sevdiğiniz insanı bir havalimanında ardınızda bırakıp dönüp gitmek. Biliyorum, siz de çok yaşadınız, yaşayacaksınız. Otogarlara lanet edecek, garlardan nefret edecek, havalimanlarına küseceksiniz... Çünkü ben sizden biriyim. Daha önce dedim ya hani, kardeşiz biz diye, acı kardeşi... Acılarımız ortak bizim.

(Yazardan)

Ne acılar yaşandı havalimanlarında, ne gözyaşları döküldü terminallerde, ne çok insan üzüldü garlarda. Sevdiklerimiz birer birer alındı bizden, biz birer birer alındık sevdiklerimizden. Kimileri otobüslere binip gitti, kimileri uçaklara, kimileri trenlere. Biz ya binip gidendik ya ardında kalan. İzmir Ege'yi ardında bırakıp öylece çekip giderken acıları yüzlerinden okunuyordu. Birbirlerine çok şey söylemek istediler, ama söyleyemediler.

"Lütfen gitme..." diye düşündü Ege...

"Lütfen gitmeme izin verme," diye düşündü İzmir.

Ama ikisi de sustu.

İzmir gitti.

Ege kaldı.

Günlerce eve tıkılı kalmış şövalye.
Her gün pencerenin aralığından güneşin
onu aydınlatışını izlemiş,
her gün ağlamış. Hayatında kendini hiç bu kadar
çaresiz hissettiğini hatırlamıyormuş.
Sevdiği orada bir yerlerde başka insanları aydınlatırken,
başka insanların gökyüzüne doğarken
kendisi eve hapismiş.
En büyük acı buymuş, bilirmiş şövalye.
Acıların en büyüğü ayrılmak bile değil,
ayrı kalmakmış...

23. Bölüm
Aşkım

> *Giden gitti ama ben kendimle kalacağım.*

Yollar, bizi alıp götüren... Yollar, bizi alıp getiren... Her şeyi yollara borçluyuz aslında, gidişlerimizi de gelişlerimizi de. Ben her şeye rağmen yolları seviyorum. Biliyorum, beni alıyorlar sevdiğimden. Ama yine biliyorum, beni verecekler sevdiğime.

Uçak havalandığından beri ağlıyorum, bir yandan düşünüyor bir yandan ağlıyorum. Kendimi annemsiz, babamsız, Ege'siz o kadar yalnız o kadar bir başıma hissediyorum ki bunu size anlatamam. Size gönül rahatlığıyla söyleyebilirim, sevdiklerinizin kıymetini bilin. Belki yan odada oturuyor anneniz, karşı koltukta oturuyor babanız. Belki en yakın arkadaşınız hemen yanınızda şu an. Belki sevgiliniz sizinle aynı odada. Kim kiminle nerededir bilmiyorum, tek bildiğim eğer onları görebiliyorsanız bunun kıymetini bilin, karşılarına geçin, doya doya bakın onlara. Görebiliyorsanız bakmasını da bilin. Çünkü emin olun sevdiğiniz insanı kaybettiğinizde en çok gözleriniz arıyor onu. Evin içinde arıyorsunuz, yanı başınızda arıyorsunuz. Sonra kulaklarınız arıyor sesini. Sonra kollarınız arıyor büyük küçük sarılmasını.

Biliyor musunuz... Aslında ben annem ve babamla da bir mesafe ilişkisi yaşıyorum artık. Yanımda değiller, asla olamayacaklar ama içim acıya acıya kabullendim ki beni uzaktan bir yerden hep izleyecekler. Konuşmadan, dokunmadan, bakmadan, koklamadan... Artık kimseye anne demeyeceğim, artık kimseye baba demeyeceğim, ama her şeye rağmen bir Ege'm var henüz kaybetmediğim. Her şeye rağmen şükretmesini bilin. Belki anneniz gitti sizin de, belki babanız. Sevdiğiniz bıraktı gitti sizi belki. Size yemin ederim, kalbinizin içini görebiliyorum. Keşke size de gösterebilsem. Öyle güzel bir dünya var ki içlerimizde gelin buna yazık etmeyelim. Kaybedenleriz biz, kaybettiklerimizi kaybettik, yapacağımızı yaptık elimizden gelen her şeyi kullandık ama yine de kaybettik. "Ne yaptıysan yaptın bana," diyor dinlediğim bir şarkı, "Hepsi tarih oldu şimdi." Ölen öldü, giden gitti, biz her gidenle ruhumuzdan kaybettik. Ama hâlâ bir gram ruhumuz varsa ona tutunma zamanı şimdi. Kaldır başını, yere bak. Ruhun yerde, görüyor musun? Görmüyorum deme, tam ayaklarının altında. Eğil şimdi, al ruhunu yerden, elini götür kalbine. Ruhunun düşmesine izin verme. Ruhunu ait olduğu yere götür, kapat gözlerini, "G*iden gitti ama ben kendimle kalacağım*" de... Bil ki, seni seven birileri var. Ya bu dünyada yahut başka dünyalarda...

"Sevgili yolcularımız, iniş için alçalmaya başlıyoruz. Şimdi, koltuğunuzu dik, masanızı kapılı, pencerenizi açık bir hale getirin. İyi inişler dileriz. Bizi tercih ettiğiniz için teşekkürler."

Uçak iniyor, oysa benim aklım havada kalıyor. Ben iniyorum, kalbim Fransa'da kalıyor. Yürüyorum, ayaklarım geride kalıyor. Ağır ağır yürüyor, ağır ağır metroya biniyorum. Yan yana olduğum yüzlerce tanımadığım insanın yüzlerine bakıyorum, "Neden!" diyorum, "Neden bu insanlarla yan yana olabiliyorum da sevdiğim insandan kilometrelerce uzak olmak zorundayım!" O sırada telefonuma bir mesaj geldi. Açıyorum, mesaj Ege'den.

"İndin mi? Bir daha iner inmez bana haber ver. Merak ettim." Gülümsedim, derin bir iç çektim. Ne garip değil mi? Yanımdaki insanlar umursamazken beni kilometrelerce ötemdeki insanın tüm hayatı benim...

"İndim, metrodayım şimdi. Yurda gidip direkt uyuyacağım!"

"Ben de çok uykusuzum. Senden haber bekliyordum uyumak için. İyisin, değil mi?"

"İyiyim. Yani... iyi olabildiğim kadar iyiyim. Sen?"

"İyiyim... Sensiz ne kadar olabilirsem o kadar iyiyim."

"Üzülmeyeceğiz Ege. Şükredeceğiz, en azından birbirimizi gördük. En azından birbirimizin yanındaydık, birbirimize dokunduk. Bazı insanlar bu kadar bile yaklaşamıyor sevdiği insana, en azından biz seninle koskoca bir gün geçirdik!"

"Koskoca bir gün... Ben seni her gün görmek istiyorum."

"O gün de gelecek Ege. Söz veriyorum sana."

Çevrimiçi... Çevrimiçi... Çevrimiçi...

"Ege?"

Çevrimiçi... Çevrimiçi... Çevrimiçi...

"Senin uykun var sanırım, hadi uyanık kalmaya zorlama kendini. Uyu, ben de on beş dakikaya yurtta olacağım, direkt uyuyacağım."

"İzmir..." Yazdı birden. Kaşlarımı çattım.

"Ege?"

"Ya... Senin gidişin bana çok koydu..." Yazdığı cümle öyle bir içime oturdu ki yutkundum. Yazmaya devam ettiği sırada titreyen ellerimle mesajlarını okuyordum.

"Evin içinde senin dolaştığını hayal ediyorum. Odamda, mutfakta, koridorda... Sensiz yapayalnızım ben ya. Senden önce yalnızlık bu kadar koymuyordu bana. Ama şimdi, eve dönüp içeri girince kapıyı kapattım, koridora oturdum kaldım. Kalkamıyorum." Gözlerimden bir damla yaş akarken ineceğim durağa gelmiştim. Metrodan indim ve mesaj yazmak yerine direkt Ege'yi aradım. Telefon ikinci çalışında açıldığında Ege'den ses çıkmadı.

"Ege," dedim telaşla, "Kalk o koridordan. Git, yatağına yat."

"Gel, kaldır beni..." Cümlesine hüzünle gülümsedim.

"Hadi ama, bu kadar mı güçsüzsün. Sana söz veriyorum tam bir hafta sonra yanındayım. Kalk şimdi, ben yurda girmek üzereyim sen de hemen yatağına yatıp uyuyorsun. Bir hafta sonra geldiğimde seni hasta görmek istemiyorum."

"Kalkıyorum." dedi isteksiz bir sesle. Sesi o kadar uykuluydu ki neredeyse telefonda uyuyakalacaktı.

"Ama eğer bir hafta sonra gelmezsen kendimi koridora zincirler tek başıma eylem yaparım." Hafifçe kıkırdadım.

"Tamam, yap! Anlaştık. Yattın mı yatağına." Tam o sırada telefona yatağın yaylarının sesi gelince gülümsedim.

"Evet..." dedi boğuk ve uykulu bir sesle, uyumak üzereydi.

"Hadi, kapatıyorum. Uyu sen de."

"Tamam..." Sonra durdu, uykuya dalmasına saniyeler kala sessizce devam etti. "Görüşürüz aşkım."

Olduğum yerde kaldım. Metro istasyonunun çıkışında kulağımda telefonum onca insanın arasında öylece duruyorum. Onlarca insan geçiyor yanımdan, ben donakalmış bir şekilde duruyorum... Bana aşkım dedi. Ege bana aşkım dedi. Ege... Benim Ege'm.

"İyi uykular aşkım..." diye mırıldandım donakalmış bir halde.

Telefon kapandı, ben ise hâlâ orada duruyorum. Hani bir şarkı sözü diyor ya, "Uykum yok, gece bitti, ben hâlâ aynı yerdeyim." diye. İşte aynı böyle kaldım yolun ortasında, tüylerim diken diken, kalbim pır pır atıyor. Hayatımda ilk defa birinin aşkı oldum ben. Hayatımda ilk defa biri tarafından sevildim. Bunu size nasıl anlatayım şimdi... Öyle güzel bir his ki.

Bağırmak istiyorum. İnsanları tutup yolun ortasında çevirmek, "EGE BANA AŞKIM DEDİ BİLİYOR MUSUNUZ!" diye bağırmak istiyorum. Tek tek hepsine sarılmak, öpmek, bunu kutlamak istiyorum. Kendime gelip yüzümde salak bir sırıtışla yurda doğru yürümeye başladım. Neredeyse bale yaparak ilerleyecektim yolda. Saat öğleni geçmişti, ama bugünkü dersime gitmeyecektim. Ya da gitse miydim, mutluluktan uykum bile kalmamıştı! Heyecanla okul sınırlarına adım attığım sırada o an şok edici bir şekilde çığlık attım.

"Ah!"

"Hanımefendi! Aman Allah'ım!" Ne olduğunu anlayamadığım bir şekilde ayağımdaki acıyla yere düştüğüm sırada her şeyi anladım. Ayağımı hafifçe ezen yanımdan geçmekte olan arabanın sahibi 1.80 boylarındaki sarışın çocuk arabadan telaşla inip yerdeki bana yaklaşırken acıdan ciddi anlamda kıvranıyordum. Ayağım kopmuş olabilir miydi!

"Ah!"

"İyi misiniz! İyiyim deyin, lütfen!"

"İ-i-iyiyim..." dedim acı içinde.

"Hiç inandırıcı olmadı." Sarışın çocuk telaşla ayak bileğimi tutarken bir çığlık daha attım.

"Tamam, tamam... Bir saniye... Çok özür dilerim. Bir geri zekâlı gibi sağıma bakmadan dönmeye çalıştım. Şimdi, izninizle sizi kucağıma alıp arabaya bindirmek zorundayım. Hastaneye götüreceğim."

"Hayır!" dedim acıyla, "Hastaneye gitmeme... gerek... yok... Ah!"

"Maalesef, sormayacağım bile. Hastaneye gidiyoruz." Sarışın çocuk beni kucağına alıp bir eliyle de çantamı taşıyarak beni arabasının arka koltuğuna yerleştirirken ağrıdan sızlanıyordum. Telaşla ön koltuğa geçip arabayı çalıştırdı, hızla yola çıktı.

"Allah kahretsin ya, aklım başka bir yerdeydi. Ama çok yakında bir hastane var. Hemen gideceğiz. Kırığınızın olduğunu da sanmıyorum, burkuldu büyük ihtimalle. Bu arada ben Burak."

"Ben de... Ben de... ben... ah!" Acı içinde cümlemi tamamlayamazken sarışın kendi çapında suçunu örtbas etmek için saçma sapan bir espri yaptı.

"Siz de mi Burak?"

"İzmir..." dedim kekeleyerek.

"Güzel isim, İzmirli misiniz?"

"Yok Manisalıyım!" dedim doğuma giden bir kadın gibi bas bas bağırarak, "Ah! Lütfen hızlanır mısınız ölüyorum şu an!"

Bu acı burkulma ya da kırıktan da öteydi, hayatımın en acı verici dakikalarını yaşıyordum. Sadece birkaç dakika sonra hastane kapısında durduğumuzda ismi Burak olan bu saf çocuk telaşla ön kapıyı açıp arabadan indi ve arka kapıya geldi. Kapıyı açıp beni kucağına alırken aklım telefonumdaydı, telefon ve çantamı arabada bırakırken söylenmeye başladım.

"Telefonum... çantam... onları da almamız lazım..." Ege'yi arabada bırakıyor ve bir yabancıyla hastaneye giriyormuşum gibi hissediyordum.

"Ben sonra gelip alacağım, şimdi dönemeyiz." Sarışın çocuk beni telaşla bir sedyeye yatırdığında bizi karşılayan hemşireye durumumu anlatıyordu.

"Tek tekerlek ayağının üstünden geçti. On dakika önce oldu olay, hemen getirdim."

"Tamam, siz dışarıda bekleyin."

"Hayır, ben de gelmek istiyorum!" Çocuğun bu ilgili tavrına bir anlam veremiyordum, ama sesimi de çıkarmadım. Onu da bizimle birlikte acile soktuklarında iki doktor başıma geldi.

"Ayak bileği ezilmiş." diye açıkladı hemşire, "Üstünden araba geçmiş." Şu cümleye bakın ya. Daha yarım saat önce mutluluktan dans etmek istiyordum, şimdi benim hakkımda "ÜSTÜNDEN ARABA GEÇMİŞ!" diyorlar.

"Böyle yapınca acıyor mu?" Doktor ayak bileğimi sağa doğru eğince acıyla bağırdım.

"Evet!"

"Böyle?"

"Evet! Ah!"

"Böyle?"

"Evet, evet! Lütfen öyle yapmayın! Ah!"

"Kırık olması imkânsız, acın var ama burkulma gibi duruyor. Kızımızı röntgen odasına yollayalım, sonucunu getirelim."

Acı içinde kıvrana kıvrana sedyeyle röntgene yollandım, Burak başımdan ayrılmazken yüzündeki suçluluk ifadesini görebiliyordum. Her şeye rağmen aklım arabada bıraktığımız telefonumda, yani Ege'deydi. Belki çok az uyumuş, uyanmış ve beni aramıştı. Ulaşamayıp merak etmişi.

Röntgen çekildikten sonra sedyeyle acile yollanırken başımdaki Burak'a acıdan nefes nefese bir şeyler anlatmaya başladım.

"Ya... doktor sonuçları incelerken lütfen arabadan telefonumu getirir misin? Beni merak etmiş olabilirler."

"Annen, baban filan mı?"

"Yani... arkadaşlarım..."

"Tamam. Ben hemen gidip getiriyorum." Ben acile girerken Burak koşarak yanımdan ayrıldı. Acile girdik, hemşire röntgen sonucunu başıma gelen kır saçlı doktora uzattı. Doktor inceler incelemez başını salladı.

"Kırık yok. Burkulmuş. İki hafta üstüne basmayacaksın. Sana bakabilecek birileri var, değil mi?" O sırada içim acıyla daralırken başımı salladım.

"Evet..." diye mırıldandım, "Var..." Yoktu. Kimsem yoktu.

"Tamam, ayağına bir bandaj takacağız. Bir de ağrı kesici vereceğim, ağrın kısa sürede azalacak. Dediğim gibi, iki hafta sağ ayağının üzerine basmayacaksın." Başımı salladığım sırada acilin kapısından Burak elimde telefonumla girerken kaşlarımı çattım. Neden çantamı getirmek yerine telefonumu çantamdan çıkarıp getirmişti. Doktor ayağımı bandajlarken sessizce sordum.

"Telefonumu neden çantamdan çıkardın?"

"Çalıyordu. Kapanmak üzereydi, seni merak eden birileri vardır diye açtım." Şok içinde yüzüne baktım.

"Açtın mı?"

"Açtım. Özür dilerim, sen telaşlanınca birileri seni merak ediyordur diye düşündüm... Yanlış mı yaptım?"

"Kim arıyordu?" Telefonu elime alırken Ege'den mesajlar geldiğini gördüm.

"Gelmemeye Giden Adam mı ne öyle bir şey yazıyordu." Sinirle alt dudağımı ısırdığım sırada Ege'nin mesajlarına girmeye korka korka Burak'a baktım.

"Ne konuştunuz?"

"Kim olduğumu sordu, senin nerede olduğunu sordu, hastanede olduğunu söyledim. Telefonu sana götürmemi söyledi, ama sanırım şarjı bitti, yarı yolda kapandı telefonu." Tam o sırada telefonum çalarken ekranda görünen Gelmemeye Giden Adam yazısıyla telaşla telefonu açtım.

"Ege!"

"İyi misin? Ne oldu, neyin var, kırık filan mı? Neyin var?"

"Dur... dur, sakin ol..."

"Birkaç saat oldu ya, ayrılalı birkaç saat oldu, seni yalnız bıraktığım her an bir yerine bir şey mi olacak, ne oldu!"

"Benim... suçum yok... Araba ayağımın üstünden geçti."

"Harika. Arabasını sikeyim onun." Korkuyla telefonun sesini kıstığım sırada belli etmemeye çalıştım.

"Ben... seni sonra arayacağım Ege..."

"Dur, kapatma, iyi misin?"

"İyiyim, merak etme. Sadece burkulmuş. İki hafta üzerine basamayacakmışım."

"İki hafta üzerine basamayacak mısın? Ama... nasıl? Yani... tek başına..." Yutkundum, Ege karşımda acı içinde lafı gevelerken dediği şey çok açıktı, "Annen baban olmadan nasıl yapacaksın?" diyordu.

"Boş ver. Hallederim. Şimdi kapatmam lazım." dedim gözyaşlarımı yutarak.

"Hangi hastanedesin?"

"Ne yapacaksın?"

"İzmir hangi hastanedesin?" Gözlerimi devirerek sıkıntılı bir nefes verdim.

"Nişantaşı Anadolu Hastanesi."

"Tamam, kapat şimdi, birazdan arayacağım."

"Neden? Ne oldu?" Telefon yüzüme kapanırken şok içinde ekrana baktım. Ne olmuştu şimdi, ne yapacaktı? Telefonun ekranını kapatıp Burak'a döndüğümde mahcup bir halde yanıma geldi.

"İstediğin zaman hastaneden çıkabilirsin, bandaj tamam." dedi kır saçlı doktor. Başımı sallayarak bir kez daha Burak'a döndüm.

"Seni evine bırakayım... Annenler evdedir, değil mi?" Yutkundum.

"Aslında ben yurtta kalıyorum." Kaşlarını çattı.

"Okulun yurdu mu?"

"Evet."

"Ama... annenler nerede?" Sıkıntıyla cevap verdim.

"Onlar İzmir'de." Bir yabancıya annemin babamın ölümünü anlatıp canımı sıkmak istemiyordum.

"Peki yurtta iki hafta tek başına nasıl idare edeceksin."

"Ederim, problem değil. Arkadaşlarım var."

"Emin misin? İstersen babam sana bir ambulans uçak ayarlayabilir, İzmir'e, evine gidersin." İçim acıyordu. İzmir, evim, annem, babam...

"Hayır, hayır... Sen beni yurda bırak lütfen."

"Madem öyle istiyorsun... Tamam." Birden ellerini uzattı, beni kucağına alıp acilin tekerlekli sandalyelerinden birine oturttu. Beni iterek dışarı çıkarırken telefonum çalmaya başladı. Ege arıyordu. Telefonu açtım ve kulağıma dayadım.

"Efendim?"

"Dışarı çık."

"Ne?"

"Hastanenin kapısına çık."

"Ne? Neden?"

"Soru sorma, dışarı çık." Ne olmuştu, on dakika içinde buraya ışınlanacak hali yoktu ya, telefon kulağımda Burak beni bahçeye doğru götürürken heyecanla beklemeye başladım. Kapıya çıktık ve o an garip bir görüntü çıktı önüme. Siyah lüks bir araba, önünde takım elbiseli genç bir adam. Adam bana bakarken telefondan Ege'nin sesi geldi.

"Takım elbiseli adamı gördün mü?"

"Ege... ne oluyor?"

"Gördün mü?"

"E... evet..."

"Kapatıyorum, o sana durumu açıklayacak."

"Ege!" Telefon yüzüme kapandığında takım elbiseli adam arabanın arka kapısını açıp tam önümde durdu, ben yüzüne şaşkınlıkla baktığım sırada konuşmaya başladı.

"İzmir Hanım, siz misiniz?" Başımı salladım.

"Benim..."

"Ben Ege Bey'in babasının şoförüyüm. Sizi bir süre evimizde misafir edecekmişiz... Buyurun..."

Şok içinde bir adama, bir arabaya, bir telefonuma baktığım sırada nutkum tutulmuştu. Ne diyeceğimi, ne yapacağımı bilemiyordum. Ne yani, Ege onun evinde kalmamı mı istiyordu, hem de onsuz? Hayatımın en büyük şoklarından birini yaşıyordum. Aynı zamanda çaresizdim. Çaresizliğin en dibindeydim, ama bu dibinde olduğum kuyuda da Ege el uzatmıştı bana. Her zaman olduğu gibi, her yerde olduğu gibi... O an biliyordum ki Ege her düştüğümde elini uzatacaktı bana. Her an uzağımda olsa da hep yanı başımda olacaktı... Çok şey kaybetmiştim, ama biliyordum ki çok şey kazanmıştım da.

24. Bölüm
Yalnız Kızın Öyküsü

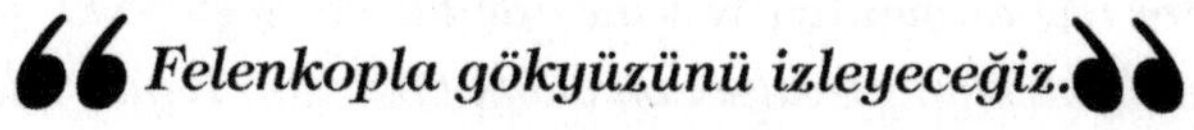

Dağlar ardında küçücük bir kız yaşarmış, bir çobanın kızı... Prenses diye severmiş bu çoban kızını, çünkü kızına göre en büyük kral çobanın ta kendisiymiş. Bir gün çoban hayvanlarını otlatırken bir boğanın saldırısına uğramış nereden geldiği bilinmez, savaşmış çoban, engel olmaya çalışmış. Olamamış, boğa ezmiş geçmiş çobanı, hayvanları başıboş kalmış ve en kötüsü de evde uyurken bıraktığı minicik kızı beklemiş durmuş da bir türlü babasına kavuşamamış. Artık bir babası yokmuş minik kızın, annesi de çok uzun zamandır, doğduğu günden beri yokmuş zaten, artık yapayalnızmış. Tek başına kalmış küçük kız, tek başınadan da öte, bir başına... Günlerce evde bir başına beklemiş, beklemiş de ne gelen varmış ne giden. Açlıktan ölmek üzere sokağa atmış kendini. Minik çiçekli elbisesinin içinde gezmiş durmuş köyünün sokaklarını, ilerlemiş, bir gölün etrafından dolaşmış, yepyeni bir kasabaya köyden hallice bir muhite ulaşmış. Sonra yağmur başlamış, hava soğumuş, koşmuş da ışığı yanan bir evin kapısını zorlamış küçük kız. "Kimsin?" demiş içeriden bir ses, "Benim..." Küçük kız sanki evin içindeki onu tanıyacakmış gibi cevap vermiş, zorladığı kapı mucizevi bir şekilde açılmış içeri düşmüş küçük kız. Karşısında yatağında yatan hasta şövalyeyi bulmuş, şövalye bir elini tüfeğine götürmüş kaşlarını çatıp bakmış bu küçük kıza.

"Sen de kimsin!" demiş, "Ben birisiyim." demiş küçük kız, "İsmim yok benim, çok üşüdüm." Şövalye kıza endişeyle bakmış, "Annen baban nerededir!" Kız mahcup bir şekilde ellerini kavuşturmuş, "Annem yoktur benim," demiş, "Babam da artık gelmiyor. Ben yalnız bir kızım. Bana yardım eder misin? Çok üşüyorum. Isınıp gideceğim." O an şövalyenin içine öyle bir his doğmuş ki, çocuğu olmadan baba olmuş şövalye tam orada tam o an. Başını sallamış, sertçe de olsa şömineyi işaret etmiş. "Geç, ısın." demiş. Güneşe âşık şövalye şimdi bir başkasının güneşi olmuş onu ısıtmayı kabul etmiş. Küçük kız minnettarmış bu şövalyeye onu evine aldığı için. Yüzüne bakmış gizli gizli, ne kadar da babama benziyor demiş, "Şey," demiş ağır ağır, "Babamı bulabilir misin sen?" Şövalye yutkunmuş. Başını sallamış, "Hele bir ayağa kalkalım... anneni de buluruz gerekirse." O an şövalye küçük kızın gözünde dünyanın en yüce insanlarından biriymiş. Babası küçük kıza annesinin gökyüzünde olduğunu anlatırmış hep, ne yani, bu kocaman adam gökyüzüne çıkıp annesini mi bulacakmış? Biliyormuş o an ikisi de... Kader onları birbirlerine baba kız olmak için yollamış. Küçük kız kral babasını kaybetmiş, ama kraldan sonra her zaman şövalye gelirmiş. Ve kader onları bir araya bir arada olmak için getirmiş. Çünkü hep denildiği gibi, "Güzel kalpler hiç yalnız kalmaz, güzel kalpler hep birbirini bulur."

Karşımda Ege'nin babasının şoförü, yanımda Burak denen bu çocuk, telefonda Ege'nin mesajları, şok olmuş bir şekilde bakıyorum saf saf. Ne yani? Ege'nin evine gidecek ve onun evinde mi kalacağım! Yutkundum, ne yapacağımın kararsızlığıyla telefonuma baktım. Ege'den iki yeni mesaj vardı, telaşla onlara göz attım.

"Sakın gitmeye çekinme. Annem harika bir kadındır. Gelmen için ısrar ediyor."

"Düşünmek yasak İzmir, bin arabaya!"

Derin ve titrek bir nefes aldım. Korka korka şoföre doğru gülümsedim.

"Tamam..." dedim korkuyla, "Gidelim." Hemen ardından Burak'a döndüm.

"Çok teşekkürler hastaneye getirdiğin için." Yüzüme mahcup bir halde baktı.

"Ayağını ben ezdim." dedi hüzünle, başımı salladım.

"Ama bırakıp gidebilirdin de."

"Bırakıp gidecek kadar şerefsiz değilim. Ama lütfen bana bunu telafi etmem için izin ver! Bu süreçte okuldan geri kalma, her gün seni evden alıp okula kadar götüreyim, sınıfına sokup sırana oturtayım, izin ver!" Omzumu silktim.

"Gerek yok. Ben bir şekilde halledeceğim."

"Olmaz öyle, aklım kalır. Lütfen!"

"Gerçekten gerek yok. Bir kaza oldu, sorun değil."

"O zaman okula her geldiğinde bana haber ver en azından seni sınıfına çıkarıp sırana oturtayım, yoksa sürekli arar rahatsız ederim seni, nasıl olduğunu sormak için günde on kez ararım! Aklım kalacak çünkü." Hafifçe güldüm.

"Tamam," dedim geçiştirmek için, "Okula geldiğimde haber vereceğim. Yardım edersin. Telefon numaran..." dediğim sırada telefonumu elimden kaptı, telefon numarasını kaydedip telefonu bana geri verdi. Telefonuma kendini Ayağımı Ezen Çocuk diye kaydetmişti! Kıkırdayarak başımı salladım.

"Güzel espri," diye mırıldandım, "Tamam o zaman, görüşürüz." Burak elimi sıkıp arabasına doğru ilerlerken telefonumun çaldığını gördüm. Ege arıyordu. Bu sırada şoför bir elimden tutmuş beni arabanın arka koltuğuna oturtuyordu. Arka koltuğa oturur oturmaz telefonu açtım.

"Ege?"

"Lütfen bana arabaya bindiğini söyle de uçak bileti alıp Türkiye'ye gelmeyeyim." Gülmeye başladım.

"Binmedim! Lütfen gel!"

"Bu bindiğin anlamına geliyor." Ufak bir kahkaha attım.

"Evet, bindim. Teşekkür ederim... Beni yalnız bırakmadığın için, bana bu dünyada yalnız olmadığımı gösterdiğin için... hayatımda olduğun için." Ege derin bir nefes aldı.

"Hep dediğim gibi, sen bana ailenin emanetisin İzmir. Seni asla bırakmam." Bunu hep söylüyordu ve öyleydi, biliyordum. Ama içimde bir korku vardı. Hiç bilmediğim bir eve hiç bilmediğim insanların yanına gidiyordum. Nasıl karşılanacaktım neler yaşayacaktım bilmiyordum. O evde neler görecektim bunu da bilmiyordum. Ama yine de Ege'min ailesine gidiyordum, Ege'min annesine, odasına...

"Anneme sana benim odamı vermesini söyledim." diye mırıldandı birden, "Yalnız ufak bir düşmanın olabilir o evde." Kaşlarımı çattım.

"Düşman mı? O neden? Kim?"

"Gittiğinde göreceksin. Sürpriz olsun. Biraz huysuz bir ufaklık var evimizde, kimseyi sevmez."

"Köpeğiniz mi var?" Birden Ege büyük bir kahkaha attı.

"Gittiğinde göreceksin. Şimdi telefonu kapatalım, bana gelişmeleri bir bir yaz."

"Tamam, ama korkuttun beni!"

"Korkmakta haklısın, dediğim gibi, ufak bir düşmanın olacak. Yaz bana. Görüşürüz."

"Görüşürüz." Korkuyla telefonu kapattığımda dediği şeylerden bir anlam çıkarmaya çalıştım. Köpekleri mi vardı, kedileri mi yoksa bu tarz bir şeyleri mi anlamaya çalışıyordum. O sırada şoför bir ara sokağa daldı ve arabanın direksiyonunu sol tarafımızda kalan kocaman bahçe içerisindeki müstakil eve çevirdi. Şaşkınlıkla kaşlarımı çattım, ciddi ciddi Ege bu kadar zengin miydi? Eh, babası tarafından Fransa'ya yollandığına göre öyle olmalıydı. Taşlı yollardan ağaçların arasından geçtik ve araba durdu, evin kapısının önünde birkaç hizmetli ve çok hoş giyimli kısa boylu kumral saçlı ellili yaşlarda bir kadın bekliyordu. Bu Ege'nin annesiydi, fotoğrafından tanımıştım! Kalbimin heyecandan çıkacak gibi attığını hissediyordum. Şoför arabadan indi, o sırada hizmetlilerden biri bir tekerlekli sandalyeyi kapımın önüne getirdi.

Ne yani, evlerinde bir tekerlekli sandalye mi vardı!

Şoför beni kucağına alıp arabadan indirdi ve tekerlekli sandalyeye oturttu. Arkama geçip tekerlekli sandalyeyi sürerken heyecandan ellerim titriyordu. Ege'nin annesinin ben yaklaştıkça neşeyle gülümsediğini gördüm ve tam olarak önüne geldiğimde bana elini uzattı gülerek. Gülümseyerek elini sıktım, kadından öyle güzel bir enerji geliyordu ki Ege'nin annesi olduğu belliydi!

"Merhaba," diye mırıldandım korkakça, "Ben İzmir."

"Hoş geldin kızım! Ben Füsun, Ege'nin annesiyim. Oğlum senden çok bahsetti." Çok mu bahsetti? Ege annesine benden ÇOK mu bahsediyordu!

"Bana da sizden." dedim kibarca, "Sizi çok seviyor." Kadının gözlerinin dolduğuna şahit oldum o an. Birden anlam veremediğim bir şekilde eğildi ve ben şoka girerken bana sarıldı sıkı sıkı.

"Daha dün berabermişsiniz, öyle dedi. Oğlumun kokusu var üzerinde." Cümlesi içime öyle çok dokundu ki kollarımı sarma ihtiyacı hissettim, sıkıca sardım Ege'nin annesini. Sanki o an ben Ege'ydim ve oğluna sarılıyordu benim aracılığımla. Sanki... sanki ben de anneme sarılıyor gibiydim. Duygulanarak yutkundum. Burnumu çektim. Kadın benden ayrılıp bana sevgi dolu bir ifadeyle baktıktan sonra eliyle içeriyi gösterdi.

"Hadi, girelim. Sen yol yorgunusun, ağrın da vardır şimdi. Bir ağrı kesici iç, hemen uyursun. Ege'nin odasını vereceğim sana." Başımı salladım gülümseyerek. Ve şok olmaya hazır olun, evlerinde asansör vardı!

Beni asansöre doğru götürürlerken salondan bir ses geldi.

"Babaanne geldi mi o!" Minik dört beş yaşlarında upuzun kumral saçlı tatlı bir kız çocuğu çıktı salondan sinirle. Merakla baktığım sırada Füsun Hanım küçük kıza elini uzattı.

"Geldi yavrum, gel, İzmir Abla'nla tanış." Kız çatık kaşlarla geldi ve babaannesine sarıldı. Bana öfkeliymiş gibi bakıyordu. Büyük bir kahkaha attı Füsun Hanım.

"Ege'nin yeğeni Lena. Amcasını çok kıskanıyor da." Ha! Bir dakika! Ege'nin evdeki düşmanın dediği şey yeğeni miydi! Ben de evinizde köpek mi var diye sormuştum! Aman Allah'ım rezilliğe bakın!

"Merhaba Lena," dedim mahcup bir tavırla, elimi uzattım ona. "Tanıştığıma çok memnun oldum." Soğuk bir tavırla minik elini uzatıp elimi sıktı. Gülümsedim ama karşılığında asık bir surat aldım. Yine de çok tatlı geliyordu o an bu minik kız. Ege'ye dair hiçbir şey kötü gelemezdi ki bana.

"Hadi, seni Ege'nin odasına çıkaralım. Lena, sen de gelecek misin?" O an şok içinde babaannesine baktı Lena.

"Ne? Amcamın odasında mı kalacak! Ama ben neden giremiyorum hiçbir zaman!" Birden ağlamaya başladı, kıkırdayarak Füsun Hanım'a baktığımda kahkahalar atıyordu.

"Yavrum onu amcana soracaksın. Kesin emri var, Lena'yı asla odama almayın dedi! Bilgisayarının ekranını düşürdüğün için olabilir mi?"

"Ama bilerek yapmadım babaanne onun da ekranı kocaman olmasaymış o zaman!" O kadar tatlı konuşuyordu ki o beni sevmese de sarılıp öpesim gelmişti tam şu an.

"Tamam, sana söz İzmir Abla'n o odada kalırken ara ara senin de içeri girmene izin vereceğim. Tamam mı?"

"Cidden mi babaanne!"

"Cidden!"

"Şimdi de gelebilir miyim! Bir kere bakmak istiyorum sadece..."

"Tamam, hadi."

Üçümüz birlikte asansöre bindiğimiz sırada Lena bana öfkeli bakışlar atıyordu. Bu sırada asansöre binerken kısaca evlerine göz attım. Salonlarının görünen bir duvarı komple bir kitaplıklar kaplanmıştı, evleri tamamen kahverengi ve altın sarısıyla döşenmişti. Çok zevkli bir mimar tarafından döşendiği belliydi. Tamamını göremeden asansörün kapısı kapandı.

"Babaanne, ne zaman gidecek?" diye sordu Lena fısıldadığını sanarak, Füsun Hanım'a bakarak anlayışlı olduğumu belirtmek için gülümsedim.

"Lena çok ayıp! Seni yollayacağım bu evden valla!"

"Ne? Beni mi yollayacaksın! Hayır, lütfen babaanne, lütfen beni yollama, ben sokakta yaşayamam!" Lena birden ağlamaya başlayınca elimle ağzımı kapatıp gülmeye başladım. İçimden bir ses bu huysuz çocuk beni sevecek diyordu. Hatta buna adım kadar emindim.

"Uslu durmazsan yollayacağım valla!" O sırada üst kata çıktık ve asansörün kapısı açıldı. Tekerlekli sandalyenin ilerleme tuşuna basarak indim asansörden. Bizi uzun bir koridor karşıladı.

"Koridorun en sonu Ege'min odası." diye mırıldandı Füsun Hanım iç çeke çeke. Başımı salladım. Birlikte koridorun en sonuna doğru ilerledik. Sonra Lena öne attı kendini.

"Kapıyı ben açacağım!"

"Dur, anahtarla açamazsın sen!"

"Babaanne, düşünsene... Ege amcam içerideymiş. Gelmiş ve bize sürpriz yapmış!" O an keşke diye düşündüm içimden. En az onlarınki kadar benim de ihtiyacım vardı Ege'ye. Oysa Füsun Hanım kapıyı açtı *ve içeriden Ege çıkmadı.*

"Ya..." diye mırıldandı Lena hayal kırıklığıyla, "Gelmemiş..." Başımı salladım.

"Gelmemiş..." diye mırıldandım farkında bile olmadan. O an Füsun Hanım'ın sevgi dolu bakışlarını hissettim üzerimde.

"Senin gibi güzel akıllı genç bir kızın oğlumun hayatında olması beni çok mutlu etti İzmir. Onu ne kadar sevdiğini gözlerinden okuyabiliyorum. Ege için bir şanssın sen." Utanarak gülümsedim.

"Asıl o benim için bir şans." dedim sessizce. Gözlerim hemen odasına kaydı. Kendimi tutamayıp gülümsedim gözlerim dolu dolu.

"Işıklar," diye mırıldandım, "Her yerde ışıklar. Fransa'da da burada da." Lena koştu ve duvardaki renkli ışıkları yaktı birden.

"Amcam ışık delisidir!" dedi birden bana düşmanıymışım gibi davrandığını unutup. Işıklar yanarken odanın Fransa'daki odasının aynısı oluşu beni neredeyse ağlatacaktı. Yutkunarak zar zor ağlamamı engellemeye çalıştım.

"Ege sosyal ama iç dünyasında yaşamayı tercih eden bir çocuktu hep. Arkadaşları partilerde, kulüplerde gezerken o odasında oturup müzik dinlemeyi, ışıklarını yakıp film izlemeyi tercih eden bir çocuktu. Onunla hep gurur duydum." Ben de. Ben de. Derin bir iç çektim.

"Ara ara yalnızlıktan sıkılıp öyle ortamlara girmeye çalışırdı. Birkaç partiye katılır arkadaşlarıyla birkaç kulüp gezerdi. Ama hep bu odaya yalnızlığına dönerdi." Duvarları mantar panolarla doluydu. Sevdiği şarkı sözlerini mantar panolara not almıştı. Yatağı tam camın kenarındaydı ama camın tüllerini bile renkli pirinç ışıklarla kaplamıştı.

"Babaanne! Amcamın felenkopu nerede?" Kaşlarımı çatarak Lena'ya baktım. Acaba ne demek istemişti?

"Ne?" dedi Füsun Hanım.

"Felenkop."

"O ne Lena?"

"Hani balkonuna koyup gökyüzünü izliyordu! Yıldızları izliyorduk birlikte."

"Haa, teleskop desene Allah aşkına kocaman kızsın artık. Teleskopu balkonda duruyor, hiç dokunmadım. İstersen akşam İzmir ablanın yanına gelirsin birlikte yıldızları izlersiniz." Ege'nin bir teleskopu mu vardı, bunu ilk defa duyuyordum. Ama onun hakkında bir şeyler öğrenmek beni o kadar mutlu ediyordu ki içimde çok garip bir mutluluk vardı.

"Ama... ben tek başıma izlemek istiyorum babaanne..." Lena benimle izleyeceğine bozulmuş gibi somurttu birden.

"Ya İzmir ablanla izlersin ya da bu odaya giremezsin Lena'cığım."

"Of," dedi içi sıkıla sıkıla, "Tamam o zaman. Şey..." dedi bana bakarak, "Akşam felenkopla yıldızları izleyebilir miyiz?" Gülümseyerek başımı salladım.

"İzleyebiliriz."

"Hadi Lena'cığım. Gel şimdi biz çıkalım da İzmir ablan dinlensin."

"Tamam babaanne."

"Kızım, sen rahatına bak, bir ihtiyacın olursa kapıdan seslen hepimiz duyarız." Başımı salladım minnet dolu bir ifadeyle.

"Çok teşekkür ederim her şey için."

"Ne demek, ben teşekkür ederim oğluma böyle bir şans verdiğin için."

Lena ve Füsun Hanım kapıdan çıkıp kapıyı kapatırlarken derin bir nefes aldım. O an gözümden bir damla yaş aktı. Kendimi garip hissediyordum. Buradaydım, Ege'min odasında, onun hayatının ortasında, ailesinin içinde. Ama o yoktu. Ona ait olan her şey benimleydi ama o yoktu işte. Kokusu bu odadaydı, ışıkları, şarkı sözleri, her şeyi. *Ama o yoktu.*

Gözlerimden akan damlalarla birlikte telefonuma baktım. Ege'den yeni mesajlar vardı. Mesajlara girip burnumu çeke çeke okumaya başladım.

"Ne yaptın?"

"İzmir?"

"Ooo, ailemi bulunca beni sattın bakıyorum da."

"Ya da Lena tarafından öldürüldün." Mesajı okurken kıkırdamaya başladım. Hem ağlıyor hem gülüyordum. Sonra son ve kalbime dokunan mesajını okudum.

"Şu an içim çok rahat biliyor musun İzmir. En sevdiğim insan ailemin yanında, odamın içinde, güvende..." Gözlerimden yaşlar akmaya devam ederken mesaj yazmaya başladım.

"Geldim, annenle tanıştım. Çok iyi birisi! Çok sevdim, o da beni çok sevdi. Odana da girdim. Ve Lena beni öldürmedi, üstelik akşam birlikte felenkopla gökyüzünü izleyeceğiz!"

Çevrimiçi... Yazıyor...

"Ahahahaha! Yahu hâlâ teleskop demeyi öğrenememiş mi Lena? Hâlâ mı felenkop diyor?"

"Hâlâ felenkop diyor! Ama çok tatlı, sanırım bana karşı ördüğü duvarları bir iki güne yıkar ve kanka oluruz."

Çevrimiçi... Çevrimiçi... Çevrimiçi... *Hâlâ yazmıyor...*

O an telaşla yazmaya başladım.

"Ne oldu? Neden yazmıyorsun Ege?"

"İzmir... Deli gibi yanında olmak istiyorum şu an."

"Ben de... Her şeyden çok istiyorum burada olmanı. Sen, ben, Lena birlikte **felenkopla** gökyüzünü izleyelim istiyorum." Ekrana uzun uzun baktım. O da ekrana uzun uzun baktı. Sonra ağır ağır yazmaya başladı.

"Sana söz veriyorum." yazdı.

"Bir gün o evde o balkonda oturacağız. Felenkopla gökyüzünü izleyeceğiz." Birden gülmeye başladım hüznümün arasında.

"Tam hisleneceğim Lena'nın felenkop deyişi aklıma geliyor gülmeye başlıyorum!"

"Ahaha, aynı haldeyim. Tam üzüleceğim, sonra Lena'yı ve seni birlikte o halde hayal ediyorum. Geçiyor. Bana bol bol fotoğraflarınızı at, olur mu?"

"Tamam..." yazdım, "Sen de bize at, olur mu?"

Çok acınası bir haldeydik. Çok...

O orada, ben burada, denizler öteden denizler öteye, imkânsızdan gerçeğe... Birbirimizi özleye özleye yaşamaya çalışıyorduk sanki bir efsaneyi.

Bir mucize gerçekleştirmiştik, birbirimizi her şeye ama her şeye rağmen sevmeyi başarmıştık daha ne olsun. Ama kavuşmayı başaramıyorduk be arkadaşlar. Asıl mesela sevmek değildi zaten hiçbir zaman, kavuşmaktı. Ve bizim hikâyemiz ne olursa olsun kavuşmaya gidemiyordu bir türlü. *Kavuşamıyorduk Ege'yle.*

Biliyorum, orada bir yerde siz de çok sevdiniz, çok seviyorsunuz. Biliyorum orada bir yerde sizin de çok içiniz acıdı, çok içiniz acıyor. Siz de kavuşmayı deli gibi bekliyor, kilometreleri sayıyorsunuz. Hep dedim ya, acı kardeşi olmak böyle bir şey işte. Hepimiz bir mucizeyi bekliyoruz sanki. Aramızdaki yolların, evlerin, denizlerin silinip gitmesini bekliyoruz. Kilometrelerin bir anda yok olmasını bekliyoruz, bir anda kendimizi onların yanı başında bulmayı bekliyoruz. Ama hiç düşündünüz mü, ya yok olmazsa bu kilometreler, evler, adalar, denizler? O zaman ne yapacağız be arkadaşlar? İşte o zaman mucizelere inanacağız. İnanacağız ve o mucizeler gelip bizi bulacak bir gün. Bizler, birer mucizenin elçisi olacağız ve o mucizeyi gökyüzünden alacağız.

Bu benim veya Ege'nin hikâyesi değil sadece.

Bu sizin de hikâyeniz, senin ve onun.

Bu bizim, sizin, onların hikâyesi. Bu bir mucizenin gerçekleşmesinin hikâyesi...

Bu kilometrelerin hikâyesi. *Aramızdaki ve ardımızdaki.*

Küçük kız şövalyenin şöminesinin başında uyuyakalmış saatlerce. Şövalye küçük kızı izlemiş, küçücük bir çocuğu uyurken izlemenin ne kadar huzur verici olduğunu o an fark etmiş. Bir baba gibi hissetmiş kendini. Küçücük bir kızın kalan son umudu olan bir baba gibi. Haftalardır sakat ayağıyla yatan şövalye bir cesarettir bir sıhhattir kalkıvermiş yatağından. Tepine tepine gitmiş, küçük kızı sakat ayağıyla kucağına almış da yattığı döşeğin bir köşesine yatırmış, üzerini örtmüş iyice. Sonra kendi geçmiş bir başka köşeye, yatmış. Dışarıda âşık olduğu güneş doğsa kalkamazmış ayağa, oysa küçücük bir kız huzurla uyusun diye doğrulmuş ayakta bulmuş kendini şövalye. Çünkü bilirmiş, muhtaç bir kalp onun kapısını çaldığı zaman açmamazlık olmazmış.

Bu küçük kız ona muhtaçmış şimdi.

Bırak ayağa kalkmayı, uç dese uçarmış şövalye..

25. Bölüm
Felenkop Efsanesi

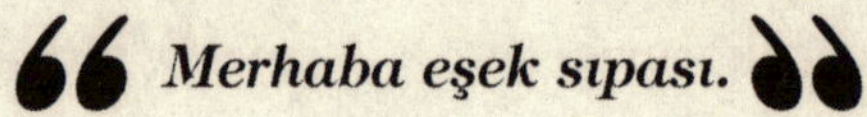

Gözlerimi derin bir rüyanın ardından araladığımda kendimi karanlık bir odada buldum. Ege'nin odasında. Ege'yle mesajlaşırken yorgunluktan ve huzurdan uyuyakalmıştım. Birkaç saniyeliğine karanlık beni tedirgin ederken doğrulduğumda yatağın hemen başucunda bir ışık anahtarı olduğunu gördüm. Uzanıp bastığımda ise Ege'nin rengarenk pirinç ışıkları bir bir yanmaya başladı. Odanın her bir duvarındaki renkli pirinç ışıklar bir bir yanarken kendimi büyülü bir dünyada hissettim. Ömer Ege Zorlu'nun büyülü dünyası...

Bir erkeğe göre çok farklı bir bağımlılığı vardı, ışıklar. Rengârenk, küçük küçük ışıklar. Oda tamamen aydınlanmasa da muhteşem bir loşluğa ulaşmıştı. Arkama doğru huzur içinde yaslandım ve telefonumu elime aldım. Anında odasının bir fotoğrafını çektim ve Ege'ye yolladım.

"Sonsuza kadar bu odada yaşamak istiyorum." diye ekledim. Anında çevrimiçi oldu.

"Tamam," yazdı ve yazmaya devam etti.

"Benimle evlenir misin İzmir?" Ekrana sırıtarak baktığım sırada yazmaya devam ediyordu.

"Ama sen orada benim odamda yaşayacaksın, ben burada. Mesafe evliliği. Kabul ediyor musun?" Gülerek başımı salladım sanki görecekmiş gibi.

"Evet, evet, evet!" Yazdım keyifle. Sonra Ege'den utandırıcı cıvık bir soru geldi.

"Peki nasıl çocuk yapacağız? :)" Utanarak birkaç saniye ekrana baktığım sırada Ege cevapsız kaldığımı görüp yazmaya devam etti.

"Ve İzmir'in yanakları kızarır... Ve Ege'nin içi gider."

"Ahahaha!" Yazdım anında, "Ege'nin içinin gitmediği bir şey var mı?"

"Var. İzmir dışındaki şeyler." Ben ekrana hayranlıkla bakarken öyle bir cümleyle devam etti ki yutkundum.

"Benim bir tek sana içim gidiyor İzmir." Öylece bakakaldım ekrana. Biliyordum ki o da aynı şekilde orada ekranı yani beni izliyordu. Biz ekrana her bakakaldığımızda birbirimizi izliyorduk zaten. Telefon ekranından o beni izliyordu sanki, ben onu. Birbirimizi izlememiz için yan yana olmamıza gerek yoktu.

"Şimdi şu sakat ayağımla ayağa kalkacak ve odanı inceleyeceğim!"

"Yahu sen kendine zarar vermeye ne kadar meraklısın, sakın ayağa kalkayım deme."

"Bir şey olmaz! Biraz tek ayağım üzerinde gezineceğim!"

"Bari tekerlekli sandalyeye otur. Lütfen İzmir, ayağa kalkmanı istemiyorum."

"Tamam, tamam! Pes! Kalkıp tekerlekli sandalyeye oturacağım." Yazdım. Yataktan doğruldum. Kalktım ve burkulmamış bileğimin üzerine basarak tekerlekli sandalyeye geçtim.

Sandalyeye oturur oturmaz telefonu elime aldım ve çekinerek yazmaya başladım.

"Ege... Bir şey soracağım. Belki biraz ayıp olacak ama içim içimi yiyor. Allah aşkına, sizin evinizde neden tekerlekli sandalye var? Bir de asansör."

Çevrimiçi... Yazıyor...

"Ahahahahahahahahahahahahahahahaahahahhahahahah!" Ege sayfalarca gülerken sırıtmaya başladım. Hemen açıklama yapmak için hızla yazdım.

"Yanlış anlama ama siz sanırım epey zenginsiniz!"

"O kadar zenginiz ki evde yorulmayalım diye bazen tekerlekli sandalyeye oturup onunla geziyoruz." Yazdı dalga geçmek için, kıkırdadım.

"Ben de zengin olsam yemin ederim aynısını yapardım."

"İzmir," yazdı birden, "Benim seni kaybetmemem lazım."

"Zengin olursam ben de evime tekerlekli sandalye alırım dedim diye mi?" Sırıtıyordum. Ege'nin ise orada kahkahalarla güldüğünü biliyordum.

"Yahu sen benim hayatımda gördüğüm en samimi insansın. Evime kimi getirsem evin ihtişamından etkilenir, senin sorduğun sorulara bak. O tekerlekli sandalye annemindi, bir ara bileğinden bir ameliyat olduğunda eve alınmıştı. Annem düzelince babam hem bir engelli vakfına yüz tane tekerlekli sandalye bağışladı hem de birine bir şey olursa diye o tekerlekli sandalyeyi evin deposuna koydurttu. Asansör de o zamanlardan kalma, annem için yapıldı..."

"Anladım. Çok özür dilerim. Eve girdiğim ilk andan beri bunlar aklımdan çıkmıyor. Gerçekten değişik bir kafam var, biliyorum."

"Ve ben o değişik kafayı seviyorum." Gülümsedim, derin bir nefes alıp iç çeke çeke ekrana baktığım sırada başımı kaldırdım. Telefonu kucağıma koyup tekerlekli sandalyeyle ilerledim. Ege'nin duvarındaki fotoğraflara bakmaya başladım. Bol bol Ege'nin bebeklik fotoğrafları vardı, sonra Lena'nın bebekliği olduğunu tahmin ettiğim fotoğraflar, Ege'nin anne babasının fotoğrafları.

"Hayatımda gördüğüm en güzel bebekliğe sahipsin!" yazdım.

"Ya... Bebeklik fotoğraflarıma mı bakıyorsun, orada bir tane çıplak bebeklik fotoğrafım var, lütfen onu gördüğün an gözlerini başka yere çevir." Bunu dediği an gözlerim o fotoğrafı aramaya başladı. Belki bunu demese görmeyecektim bile! Heh! Orada! Ege birkaç aylık ve çırılçıplak! Size yemin ederim küçücük bebeğin küçük küçük kasları var gibi, oha!

"Ege! Senin bebekken kasların mı vardı!"

"Ahahaha! İyi ki gözlerini başka yöne çevir dedim. Tabii, ne sandın, bizde genetik." Sonra gözlerimi kısarak iyice dikkatle baktım aynı fotoğrafa. Fotoğraf önceleri katlanıp sonra buraya asıldığı için kat izleri kalmıştı. Ve ben, nasıl bir mantıkla nasıl bir zekayla nasıl bir düşünceyle yaptıysam küçücük bebeğin kasları var sanmıştım! Rezilliğe bakın! Aynen İzmir, Ege fitnessa gidiyormuş iki aylıkken.

"Ya ben ciddi ciddi kas sandım kat izlerini! Lütfen sana bunu dediğimi unutabilir misin?"

"Asla unutmayacağım."

"O zaman konuyu değiştiriyorum, senin bir abin mi var!"

"Evet, Lena'nın babası. Abim Ali. Benden on yaş büyük. Muhteşem bir insandır, benim en büyük örneğim, hayattaki en büyük desteğim, Fransa'ya gitmemem için tüm suçu üstlenebileceğini söyleyen insan." Gururla başımı kaldırıp abisinin fotoğrafına bir kez daha baktım. Resmen Ege'nin on yıl sonraki haliydi, fotoğrafta Ege'nin omzuna kolunu atmış babacan bir tavırla durmuştu. Ali Abi'ye şimdiden saygı duyuyordum.

"Peki ya bir adam daha var... Böyle garip şapkalı... Fotoğrafı çok eski gibi duruyor, o kim?"

"Dayım. Sana dayımı hiç anlatmadım mı?"

"Hayır. Böyle dediğine göre anlatılması gereken bir insan... Öyle mi?"

"Dayım bir efsanedir benim için, bizim için, hatta onu tanıyan herkes için. Kenan Dayım..." O an merakla cevap yazdım.

"Çok merak ettim! Anlatsana!"

"Dayım benim küçüklüğümde ben daha beş altı yaşlarımdayken genç yaşta müteahhit olmuştu, ama nasıl bir müteahhit olmak... Genç yaşında şansı öyle bir yaver gitmişti ki Türkiye'nin en zengin müteahhitleri arasına girecekti neredeyse. Sürekli arsalar alıyor evler siteler şirketler yapıyor satıyordu. Sonra bir gün âşık oldu dayım. Suzan Yengeme... Aldı, elinden tuttu anneanneme getirdi, dedi ki 'Anne ben âşık oldum.' Kabul ettiler, herkes çok sevdi Suzan Yengemi. Büyük bir aşkla yıldırım nikâhıyla evlendiler. Dünyayı gezmeye başladılar. Aradan bir yıl geçti, rüya gibi bir yılın sonunda öğrendiler ki Suzan Yengem göğüs kanseriymiş. Çok garip, çok net hatırlıyorum, dayım çok üzülmedi biliyor musun İzmir? Aşkından ölüyordu ama üzülmedi. Çünkü parasına öyle çok güveniyordu ki 'Ben iyileştiririm Suzan'ı dedi.' Aldı Almanya'ya götürdü, aldı oradan Fransa'ya götürdü, oradan aldı Amerika'ya götürdü. Gezdi durdular bir yıl boyunca hastane hastane, ülke ülke. Sonra bir gün dayımın en yakın arkadaşı babamı aradı, 'Abi Suzan öldü' dedi. Şok olduk. Kahroldu bütün aile. Dayımın arkadaşı cenazeyi de dayımı da aldı Türkiye'ye getirdi. Dayım bir süre bizim evde yaşadı o dönem. Odasından çıkmadan, konuşmadan, kimseyi görmeden bizimle yaşadı aylarca. Herkes dayım için çok endişeleniyordu. Sonra bir gün çıktı odasından, bizim sokağın iki tane boş arsası vardı onlardan birini satın alacağını söyledi. Heyecanlandık, mutlu olduk, kendine geliyor sandık. En iyi çalışanlarını o arsaya aldı, oraya muhteşem on beş katlı bir bina yaptırdı. Kartonpiyerlerinden boyasına kadar, eşyalarından asansörlerine kadar, tüllerinden perdelerine kadar taktırdı. Düzeliyor sanıyorduk. Aylar geçti, bina tamamen bitti. Çalışanlar son halini göstermek için dayımı çağırdı. Dayım binaya baktı, 'Olmuş.' dedi. Sonra o binanın karşısındaki restoranın dışarıdaki masalarından birine oturdu, birden yıkım ekiplerini çağırdı. Bütün mahalleli merak ediyor, ne olacak ne bitecek. Dayım yaktı sigarasını. Yıkım ekipleri geldi, 'Yıkın şimdi bu binayı.' dedi. Herkes, hepimiz şok olduk. O binayı dayımın gözleri önünde yıktılar. O zamanlar anlamamıştım, sonraları anladım. Dayım Suzan Yengemi iyileştirmek için aylarca bir binayı yapar gibi uğraşmıştı. Sonra Suzan Yengem gitti, sanki o bina yıkılmış gibi hissetti içinde. İşte bu binayı yıktırışı acısını gösterme şekliydi dayımın. Ağlamadı dayım, bağırmadı, çağırmadı. Bina yaptırdı, gözlerinin önünde yıktırdı. O binayı en başından beri yıktırmak için yapıyordu. Dayım o günden beri ailemizin de o mahallede yaşayan komşularımızın da efsanesi..."

Tüylerim diken diken okudum mesajını. Gözlerimden bir damla yaş akarken şok içinde dayısının fotoğrafına bir kez daha baktım. Elinde sigarası, başında turuncu şapkası... Çok sevdim der gibi bakıyordu fotoğrafta, içinin bir parçası ölmüş gibi.

"Peki sonra ne oldu dayına? Şimdi nerede?"

"Bilmiyorum. Bilmiyoruz... O binanın yıkımından sonra yurtdışına gideceğini söyledi, gitti. Ve bir daha asla haber alamadık. On iki yıl geçti üzerinden. Dayımdan tek bir haber bile yok."

Tam cevap yazacağım sırada odanın kapısı açıldı. Kapıdan içeri önce bir çalışan elinde yemek tepsisiyle girdi. Bana gülümseyerek elindeki tepsiyi yatağın yanındaki masaya bıraktı.

"Afiyet olsun efendim." dedi.

"Çok teşekkür ederim, ellerinize sağlık."

"Ne demek efendim!" Kadın gülerek odadan çıkar çıkmaz içeri önce Lena girdi utanarak, ona gülümsediğim sırada Ege'nin annesi girdi, daha sonra abisi olduğunu tahmin ettiğim kişi ve yanında karısı olduğunu tahmin ettiğim kısa boylu sevimli bir kadın girdi.

"Anne, baba, bakın amcamın arkadaşı bu!" dedi Lena, gülümseyerek hepsine baktım.

"Kızım, iyi uyudun mu?" dedi Ege'nin annesi.

"Evet efendim çok teşekkür ederim. İyi uyudum."

"Oh, iyi bari! Sana yemek getirdik. Bir de sana diğer oğlumla kızımı getirdim. Ali'm ve karısı Nalan." Ali Abi ve eşine gülerek baktığımda bana heyecanla bakıyorlardı. Ali Abi gelip bana elini uzattığında anında elini sıktım.

"Ben Ali," dedi sevecen bir tavırla, "bizim eşek sıpasının abisiyim." Kıkırdadığım sırada bana o kadar güzel güldü ki içim ısındı.

"Ben de İzmir." dedim gülerek, "Sizin eşek sıpasının arkadaşıyım."

"Ooo, yok öyle arkadaşıyım demek. Biz biliriz öyle arkadaşlıkları." Utanarak güldüğüm sırada Ali Abi'nin eşi bana doğru eğildi ve beni yanaklarımdan öptü.

"Ben de Nalan," dedi, "bizim eşek sıpasının yengesiyim." Harika insanlardı! Harika! O kadar sıcaklardı ki kendimi hiç yabancı gibi hissetmiyordum.

"Çok memnun oldum, Ege sizden çok bahsetti."

"Bize de senden çok bahsetti." dedi Ali Abi, "İlk defa bir kızdan bahsettiğine şahit oldum Ege'nin. Her konuşmamızda tutturdu bir İzmir de İzmir. Ama dediği kadar varmışsın."

"Teşekkür ederim." dedim utanarak.

"Demek internetten tanıştınız." Ege'nin yengesi gülerek sorduğunda başımı salladım.

"Evet, Ege bana mesaj attı..."

"Bizim oğlanın ilk kez çapkınlık yapacağı tutmuş! Ama turnayı gözünden vurmuş." Yengesi gülerek konuşurken içim kıpır kıpırdı.

"Eee abisine çekmiş," dedi Ali Abi, "Kimseye bakmayız, ama en güzeline vururuz." Ali Abi eşine içi gider gibi baktığında derin bir iç çektim. Onlar gibi olmayı hayal ettim o an. İçimden öyle derin bir dua ettim ki, kabul olacaktı, biliyordum.

"Hadi bakalım, biz çıkalım. İzmir yemeğini yesin."

"Baba ben çıkmayayım ne olursun! İzmir'le felenkopla yıldızları izleyecektik!"

"Kızım rahatsız etme yengeni." O an Ali Abi benden yenge diye bahsedince kısa süreli bir kalp krizi geçirdim. Anında gülerek bana döndü.

"Şaka yapıyorum yenge derken, kalbin hızlanmasın." Çok geçti, kalp krizi geçirmeye başlamıştım bile. Ama yine de başımı sallayarak gülümsedim.

"Baba lütfen, birazcık bakarız hemen gelirim!"

"Kalsın," dedim sevecen bir tavırla, "Yıldızları izleyeceğiz. Söz vermiştim. Hiç sorun değil, seve seve."

"Tamam, ama yarım saat sonra odandasın Lena."

"Tamam anne söz!"

"Size iyi eğlenceler!"

"Teşekkürler!" Teşekkür ettikten sonra odadan çıkıp kapıyı kapatışlarını izlediğimde Lena anında bana döndü yüzünde utangaç bir gülümsemeyle.

"İstiyorsan yemeğini ye, ben seni beklerim." dedi utanarak.

"Şimdi aç değilim canımın içi. Gel, **felenkopla** yıldızları izleyelim önce."

"Tamam!" dedi ve heyecanla balkona doğru koştu.

"Dur, yavaş!" Peşinden tekerlekli sandalyeyle ilerledim ve balkona çıktım. Ege'min balkonuna. Balkon muhteşemdi. Kocamandı, bir köşesinde ikili bir salıncak, diğer köşesinde Ege'nin hamağı, demirliklerine doğru ise kocaman bir teleskop vardı. Lena koşarak teleskopun başına gidip beni beklemeye başladığında ben balkonun manzarasını inceliyordum. Evin bahçesine ve biraz ötedeki denize bakıyordu. Bu muhteşem balkona bakarken nutkum tutulduğu sırada Lena sabırsızlanıyordu. Hızla yanına ilerledim.

"Dur bakalım, hiç amcanla birlikte teleskopla yıldızları izledin mi?" diye sordum.

"Evet! Bir sürü kez. Ama onun adı teleskop değil ki. Felenkop. Amcam da hep öyle diyor!" Gülümsedim, başımı salladım.

"Aslında..." diye mırıldandım, Lena'nın o güzel ela gözlerinin parıltısına baktım, "Onun adı gerçekten de felenkop." dedim. "Büyükler yanlış biliyor.

"Evet İzmir, amcam da böyle dedi biliyor musun!"

"Amcanı çok seviyorsun sanırım."

"Ben amcamla evleneceğim." dedi birden. Şok içinde kıkırdadığım sırada Lena bana kumral upuzun saçlarının altından anlam veremeyerek bakıyordu.

"Amcan da seni çok seviyor." Sonra Lena uzanıp saçlarıma dokundu.

"Biliyor musun? Amcam seni de çok seviyor. Bana saçlarımın senin saçlarına benzediğini söyledi bugün sen uyurken." Ege'yle mi konuşmuşlardı!

"Öyle miymiş?"

"Evet. Hadi felenkopa bakalım!"

"Tamam, gel bakalım." Teleskopu, pardon felenkopu Lena'nın boyuna uygun bir şekilde indirip ona çevirdikten sonra eğilip bir kez gökyüzüne baktım. Yıldızları böyle yakından görmek o kadar güzeldi ki... Sonra felenkopu Lena'ya çevirdim.

"Bak bakalım! Şuradaki büyük yıldızı görüyor musun?"

"Evet, kocaman! O yıldızların lideri, değil mi? Savaşçı yıldız! Amcam bana öyle demişti telefonda!"

"Evet..." dedim, "Savaşçı yıldız. Amcan sana başka neler anlattı yıldızlar hakkında?" Lena felenkopla gökyüzünü izlemeye devam ederken bir yandan konuşuyordu.

"Mesela şu bebek yıldız. Savaşçı yıldızın bebeği. Şuradaki de üzgün yıldız. Üzgünmüş çünkü şuradaki uzak yıldıza âşıkmış. Kavuşamayacakları için o kadar üzgünmüş ki hiç parlamıyormuş."

Lena'nın anlattıklarıyla birlikte içime büyük bir acı yerleşirken telefonum titredi. Lena konuşmaya devam ettiği sırada Ege'nin mesajına girdim.

"Ne yapıyorsun?"

"Lena'yla balkondayız. Felenkopla yıldızları izliyoruz."

"Bensiz felenkopla yıldızları izliyorsunuz... Buna izin veremem." Mesajını okuduğum sırada birden telefon çalmaya başladı. Ekranda kocaman "GELMEMEYE GİDEN ADAM EGE GÖRÜNTÜLÜ ARIYOR" yazısını gördüğümde kalbim deli gibi atmaya başladı. Lena kafasını çekip bana baktığında merakla sordu.

"Kim arıyor?"

"Amcan arıyor. Hem de görüntülü."

"Aaa, onu görecek miyim!"

"Evet." Saçlarım nasıldı, kendim nasıldım bilmiyordum. Özgüvensiz bir şekilde aramayı açtım ve telefonun ön kamerasını kendimi ve bana yaslanan Lena'yı alacak şekilde tuttum. O an Ege göründü ekranda. Dağınık saçlarıyla özlem duygusu ona acı veriyor gibi bize bakıyordu.

"Selam eşek sıpası, beni bıraktın kız arkadaşımın başına mı bela oldun şimdi?" dedi Lena'ya ben Ege'ye hayranlıkla bakarken, Lena kıkırdayarak ekrana baktı.

"Amca! Sensin eşek sıpası! Babam ve annem de sana eşek sıpası diyor! Ayrıca biz İzmir'le arkadaş olduk. Felenkop Efsanesi'ni ona anlatıyordum!"

"Öyle mi?" dedi gözlerini bana çevirdiğinde, "Hikâyeyi sana mı anlattı?" Bana öyle bir bakıyordu ki öyle derin bakıyordu ki telefonu kalbime sokmak istiyordum. Gözlerim doldu o an.

"Merhaba eşek sıpası," diye mırıldandım gülmeye çalışarak, "evet, bütün gizli hikâyenizi dinledim!" Ege bana, ben ona içimiz gider gibi bakarken araya Lena girdi.

"Amca! Sana buradan dokunabilir miyim!" Ege gözlerini benden ayırmadan iç çekerek cevapladı soruyu.

"Keşke eşek sıpası... Keşke..."

Her saniyesi acı vermeye başlamıştı bu durumun. Ona dokunamamanın, onu öpememenin, onu özlemenin her saniyesi acı vermeye başlamıştı. Hayatımda bana onun kadar derin bakan kimseyi görmemiştim. O bana iç çeke çeke böyle derin bakarken yanı başımda değil de orada bir başka yerde olması hayatımın en büyük haksızlığıydı. Gözümden bir damla yaş akarken başımı başka yöne çevirdim. Lena ve Ege konuşmaya devam ederlerken acı içinde gökyüzüne baktım.

"Allah'ım," dedim kendi kendime, **"milyonlarca insanla aynı şehirdeyim. Neden onunla değil? Neden o yanı başımda değil?"** Sonra burnumu çektim, içimden dua etmeye devam ettim, "İçimi biliyorsun. Görüyorsun. Beni duyuyorsun, anlıyorsun. Ne kadar acı içinde olduğumu hissediyorsun, izin ver... İzin ver artık bir telefonun içinden duymayayım onu, yanı başında olmak için kilometrelerce yol gitmeyeyim... İzin ver, yanımda olsun. Yanı başımda. Bir arada."

Biliyordum, olacaktı. Çünkü olmak zorundaydı. İki kalp birbiri için kilometrelerce öteden bu kadar güzel atarken evren buna cevap vermek zorundaydı. Ege İzmir'in yanı başında olmak zorundaydı. İzmir Ege'de olmak zorundaydı... Uzak kalmamız coğrafyaya aykırıydı.

Biz yan yana olmak zorundaydık.

Zorundaydık.

Günler geçmiş, haftalar dinmiş,
aylar silinip süpürülmüş, ayaklanmış şövalye.
Küçük kız onun bir parçası olmuş sanki,
onu ayakta tutmaya iten tek şey olmuş günler boyunca.
Ayaklanır ayaklanmaz küçük kızın babasını aramaya çıkmışlar
birlikte. Şövalye arkada, küçük kız önde.
Günlerce, gecelerce gezmişler dağ bayır.
"Şövalye, babam bana şövalyelerin sihir yapabildiğini anlatırdı.
Sen sihir yapamaz mısın? Yapabiliyorsan sihir yapıp
bulsana babamı." demiş küçük kız. "Yaparım tabii," demiş
şövalye, "Ama sanma ki her giden sihirle döner,
sanma ki her dönen sihirle gider.
Sihir nedir bilir misin?" Başını kaldırmış küçük kız,
umutsuzca bakmış, "Bilirim tabii ya. Sihir bir tozdur.
Eline alıp üflersin, dediğin şey gerçek olur."
Keyifle gülmüş şövalye. "Bunlar yalan," demiş,
"Sihir senin kalbindir. Kalbinin içidir.
Kalbinin içinden öyle çok istersin ki istediğin g
erçek oluverir birden. İşte gerçek sihir budur."
Küçük kız şaşkınlıkla gözlerini açmış, "Nasıl yani,
o zaman hepimiz sihirbaz mıyız?"
Başını sallamış şövalye, "Evet," demiş,
"Hepimiz sihirbazız."

Keşke ben de şu an orada, odanda olsaydım. Ya da keşke sen burada olsaydın.

26. Bölüm
Sihirbaz

"Keşke odanda bir akvaryum olsaydı,
o akvaryumda bir balık olsaydım ben."

Lena'yla uyku vakti gelene kadar felenkopla yıldızları izledik. O anlattı, ben dinledim, Ege anlattı, biz dinledik. Sonra Lena esnemeye başlayınca birdenbire hiçbir şey demeden koşarak çıktı odadan.

"Hep böyle yapar." dedi Ege telefonun içinden gülerek, "Uykusu geldiği anda hiçbir şey demeden kaçar odasına gider. Eşek sıpası..." Ekrandaki görüntüsüne baktım, uykulu gözlerine odaklandım... Gülümsedim.

"Biliyor musun... Lena gözlerini senden almış. O baygın etkileyici bakışlar onda da var. İkiniz de her an uyuyabilecek gibi bakıyorsunuz. İnsan çok etkileniyor."

"Benim şu an uykum var, o yüzden öyle bakıyorum." Birden hafifçe kıkırdadım.

"Sürekli mi uykun var!"

"Aslında bakarsan evet." Karşımda sırıtırken ben de esnemeye başladım.

"Sanırım şu an uykusu olan tek insan ben değilim." dediği an başımı salladım.

"Doğru bildin! Uykusuzluktan ölüyorum. Halbuki uyanalı daha çok olmamıştı... Sanırım senin ve Lena'nın uykulu bakışları benim de uykumu getirdi."

"O zaman sanırım artık uyumalıyız. Ama uyumadan önce... bir şey isteyeceğim senden. Odaya geçer misin?" Kaşlarımı çattım.

"Tamam... Bir dakika..." Telefonu kucağıma koyup tekerlekli sandalyeyi ilerleterek odaya girdim. Balkonun kapısını kapattım ve telefonu tekrar elime aldım. Ege gülüyordu.

"Ne oldu?"

"Telefonu kucağına koyunca yüzün kameranın üstünden göründü, çok komik bir andı." Gözlerimi devirdim ama birden ben de gülmeye başladım! Kendi yüzüme öyle alttan hayal edince çok komik geldi! Karşılıklı salakça birkaç dakikalık bir gülüşmeden sonra Ege derin bir nefes aldı.

"Şimdi..." diye mırıldandı, "Ömer Ege Zorlu'nun gizli mabedini görmeye hazır mısın?" Merakla kaşlarımı çattım.

"Gizli... ne!?"

"Herkesin odasında gizli bir köşesi vardır İzmir. Mektuplarını sakladığı, eski kıyafetlerini sakladığı, fotoğraflarını sakladığı, belki biriktirdiği parasını sakladığı gizli bir köşesi mutlaka vardır. Sana kendi odamın sırlarını açacağım şimdi. Acaba yerini söylemesem de sen kendin mi bulsan, şöyle ben rahat rahat uyurken sen sabaha kadar odanın içinde dolanıp gizli köşe arasan. Bu fikir çok güzel geldi şu an."

"Berbat bir fikir! Lütfen, hemen söyle!"

"Şöyle yapalım. Sen odada ileri geri ilerle, ben sıcak ya da soğuk diyeyim." Ege'ye o an öyle bir bakış attım ki büyük bir kahkaha attı. Tek elini havaya kaldırdı.

"Tamam! Öyle bakma. Biraz daha bakarsan bakışlarınla öleceğim." Kendimi tutamayıp gülmeye başladım.

"Benim ciddi bakma sürem bu kadar işte. Üç saniye kadar. Sonra gülmeye başlıyorum." Ege karşımda keyifle gülerken telaşlı bir nefes aldım.

"Hadi Ege! Merak ettim!"

"Tamam, göstereceğim. Ama önce bir şey anlatacağım. Biliyor musun, ben ismimi hiç sevmezdim aslında. Ege ismi bana çok boş çok anlamsız gelirdi... Sonra senin blogunun adını gördüm, ilk defa o an ismim bana biraz olsun bir anlam ifade etti. Ege'nin İncisi... Sonra... İsmimi ilk kez senin ağzından duyduğum anı hatırlıyorum. Telefondaydık. Bana Ege demiştin ilk kez. O an şöyle bir durdum, kaşlarımı çattım. İsmim bana ilk kez senin dudaklarının arasından duyduğum an güzel geldi biliyor musun? Çok garip, ilk kez o an bir anlam ifade etti bana. O aralar daha yeni yeni tanışıyorduk tabi. Bir an durup şey diye düşünmüştüm, 'Abi benim ismim mi güzelmiş yoksa bu kız mı çok güzel söylüyor?' Sonra anladım ki sen her ismi güzel söylüyormuşsun. Mesele sendeymiş. Sihirbaz gibisin ya, her şey seninle güzelleşiyor." Yanaklarımın kızarmasını ekrandan görmüyor olmasını umarak alt dudağımı ısırdım. Hafifçe gülümsedim.

"Ege..." diye mırıldandım.

"Efendim?"

"Ege..." Kaşlarını çattı.

"Efendim?" Anlam veremeyen şaşkın haline bakıp kıkırdadım.

"Ege... Ege... Ege... Asıl senin ismini söylemek çok güzel." diyerek ismini sıraladım mest olmuş gibi, "Güzel olan benim söyleyişim değil. Güzel olan senin ismin Ege. Hayatımda duyduğum en güzel isme sahipsin." Hayranlıkla baktı telefonun içinden bana.

"Sanırım ismimi bu şekilde söylemeye devam edersen beni de buna inandıracaksın."

"Ege... Ege... Ege..." diyerek sıralamaya devam ettiğim sırada Ege büyük bir kahkaha attı.

"Yapma!"

"Ege... Ege... Ege... Ege..."

"Ahaha! Yapma!" Kendimi tutamayıp gülmeye başladığım an ismini söylemeyi kestim.

"Artık ismini seviyor musun?"

"Evet," dedi göz kırparak, "Dünyanın en güzel ismi benim ismim." Sırıtarak baktım ona.

"Tamam sen de fazla abartma, o kadar da değil." dediğim sırada Ege muhabbetten müthiş keyif alıyordu.

"Evet, şimdi sıra geldi bana gizli yerini açıklamaya!"

"Tamam. Şimdi kıyafet dolabımın yanındaki aynalı masaya git. O masanın çekmecesinin altına yapıştırılmış bir kutu var. Zorla o kutuyu çekip al oradan."

"Yapıştırılmış bir kutu?"

"Evet. Ben yapıştırdım, japon yapıştırıcısıyla. Bayağı iyi yapıştırıyor, tavsiye ederim." Gülerek ilerledim ve telefonu kucağıma koydum. Ege yine yüzümü alttan gördüğü için gülmeye başladı. Telefonu gülerek elime aldım. Masanın karşısına yerleştirip telefon kamerası beni tam açıdan çekerken eğildim ve çekmecenin altındaki kutuya dokundum. Çekmece büyüklüğünde karton bir kutu vardı burada. Kutuyu zorlayarak çekiştirdim. Biraz zor gelecek gibiydi.

"Gelip yardım edeyim mi?" Ege'nin cümlesine güldüğüm sırada başımı salladım.

"Tamam! Hadi, bekliyorum!" Karşımdaki Ege gülümsüyordu. Gülümsüyordu, ama yüzünde çaresiz bir gülümseme vardı.

Kendisiyle dalga geçiyor, durumuyla eğleniyordu. Ama her şeyin altında, her şeyin ötesinde bu Ege alttan alttan üzülüyordu. Kendi çaresizliğine gülüyordu ama geçemiyordu işte. Aklında kalıyordu, aklına takılıyordu. Eli kolu öyle bir bağlıydı ki yüzü gülerken içi ağlıyordu. Yutkundum. Sessizce eğildim ve kutuyu sertçe çekip çekmecenin altından çıkardım. Derin bir nefes alıp kutunun kapağını açtım. Ege sessizleşmişti. Sanırım motivasyonunu, heyecanını bir an için kaybetmişti.

Kutunun içinden kırılmış bir atlı karınca oyuncağı çıktı, birkaç emzik, birkaç bebek kıyafeti.

"Bunlar... senin mi?" diye sordum kıyafetlerini tek tek çıkarırken. Ege morali bozuk bir şekilde yüzündeki kamuflaj gülümsemesiyle başını salladı.

"Evet. Bebeklik kıyafetlerim." Mavi bir bebek tişörtünü alıp burnuma götürdüm.

"Bu şimdi senin bebeklik kokun mu! Harika kokuyorsun!"

"Ben harika bir bebektim, karşı panoda da bebeklik kaslarım olduğunu söylemiştin." Morali bozuktu ama hâlâ espri yapıyordu. Kıkırdadım.

"Sanırım bebekken tanışsaydık o zaman da senden bu kadar etkilenirdim." Sonra kutudan minik yeşil patikler çıkardım.

"Bunlar senin mi!"

"Evet... Anneannem örmüş onları."

"Harika! Şu an gözlerim doldu. Peki ya bu atlıkarınca... Bu neden kırık?" Yutkundu, başını kaldırıp derin bir nefes aldı.

"Onu babam kırdı." Anlamayarak yüzüne baktım.

"Baban mı? Neden..."

"O atlıkarıncayı abime sekiz yaşımdayken zorla aldırmıştım. Babam biraz sorunlu bir insandır... Nedenini bilmediğim bir şekilde bana karşı hep sertti. Çocuk olmadığımı söyledi, okulumla ilgilenmemi, böyle şeylerle uğraşmamamı söyledi. Atlıkarıncayı yere attı... Ben ağlayarak odama gittiğimi hatırlıyorum. Sonra abim atlıkarıncayı yerden almış, bana getirdi. Atlarından biri kırılmış ve kaybolmuş. At ortada yok... Ama sanırım ben o gün büyüdüm İzmir. O gün benim çocukluktan çıktığım gündü. Bu yüzden bu atlıkarıncayı hep sakladım."

"Baban... yani... neden..."

"Bir şey sormak zorunda değilsin, boş ver. Bak, o kutunun en altında bir bileklik var. Annemin bilekliği, onu çok önce annemden almıştım, bir yıl yatılı bir yaz okuluna yollamışlardı beni. Annemden bir hatıra olsun istemiştim yanımda. O bilekliği vermişti bana. Aldım, hep cebimde taşıdım. Üç ay boyunca. Sonra da bu kutuya koydum. Bu kutuyu sana açtırmak istememin en önemli sebebi buydu aslında. O bilekliği gördün mü?" Kaşlarımı çatıp kutuyu inceledim.

"Nerede... Heh, buldum." Elime aldığım bu bileklik renkli boncukları olan, boncukların geçtiği ipimsi düzeneğin altından yapıldığı, tam ortasında bir ay deseni taşıyan oldukça güzel narin bir bileklikti.

"Harika." diye mırıldandım mest olmuş bir şekilde.

"Beğendin mi?"

"Muhteşem bir bileklik."

"O muhteşem bileklik artık senin."

"Ne?" Şaşkınlıkla bir ona bir bilekliğe baktığım sırada hafifçe gülümsedi.

"Bileğine taksana, nasıl duracak merak ediyorum."

"Ege... ben... yani... Bence bunu saklamaya devam etmelisin."

"Saklamaya devam edeceğim zaten. Senin bileğinde saklayacağım. Sen benim yeni hatıra kutumsun." Yutkundum, birkaç saniyelik tereddütten sonra bilekliği bileğime baktım.

"Bakayım..." Bileğimi utanarak kaldırdım. Ege bana hayranlıkla baktı.

"Senin bileğinde olmayı bekliyormuş yıllardır... Garip bir şekilde içim rahatladı." Oysa hali mutsuzdu, hâlâ morali bozuktu. Uzakta olmak, ben bile onun odasında onun evinde onun ailesinin dibindeyken onun bir telefonun içinde olması, yanıma gelemiyor olması onu üzüyordu.

"Ben... çok teşekkür ederim Ege. Çok teşekkür ederim."

"Şimdi bana söz vermeni istiyorum. O bileklik ne olursa olsun senin bileğinde kalacak. Ne olursa olsun. Söz mü?" Başımı salladım tereddütsüzce.

"Söz."

"Şimdi konuşmayı kapatalım mı? Birkaç dakikadır kendimi biraz garip hissediyorum. Sen de uyu, ben de... Tamam mı?"

"Tamam." dedim hüznüne hüzünle bakarak.

"O kutuyu dolabımın içine, kalan kıyafetlerimin altına sakla, olur mu?"

"Tamam, olur. Merak etme."

"İyi geceler İzmir. Seni çok seviyorum. Bu halimi sakın yanlış anlama."

"Asla. Seni anlıyorum Ege. İyi geceler." Tam telefonu kapatırken anlamlı gözlerle baktı gözlerime.

"Peki ya sen?"

"Ben ne?"

"Sen de beni seviyor musun?" Utanarak gülümsedim.

"Çok..." dedim derin bir nefes alarak. Birkaç saniye gözlerimin içine baktı. Sonra eksik kalmış gibi elini salladı ve görüntülü konuşmayı kapattı.

Birkaç dakika öylece sıkıntıyla oturdum odasında. Böyle olmasından nefret ediyordum! Ege'nin eksik hissetmesinden nefret ediyordum! Ama başka bir çaremiz yoktu. Böyle olmak zorundaydı... Ege'nin eşyalarını kutuya geri koydum. Ama kutuyu öylece kapatıp dolaba koymak içime sinmedi. O kutuda benden de bir şeyler olsun istedim. Önce saçımdaki tokayı çıkarıp kutunun içine bıraktım. Sonra aklıma gelen bir fikirle kutuyu masaya bırakıp alttaki çekmecelerden birini açtım. Tam da istediğim gibi kağıtlar ve kalemler bu çekmecedeydi! Bir kâğıt, bir de kalem çıkarıp masaya bıraktım. Çekmeceyi kapattım ve yazmaya başladım. Evet, Ege'ye bir not, küçük bir mektup yazacaktım.

"Sevgili Ege, oradasın... Çok uzaklarda. Ama problem değil, sen oradayken de burada olursun ve oluyorsun. Sen aslında benim yanı başımdasın. Çünkü sen... sen Ege'sin işte... Benim süper kahramanımsın. Yanımda olmadan yanı başımda olabilen... Aslında bakarsan sihir bu ve sen bir ***sihirbazsın."***

Kâğıda umutsuzca baktım. Pek becerememiştim sanırım. Ama olsun! Çöpe atmayacaktım. Kâğıdı katlayıp kutunun en altına koydum. Ve bir kâğıt daha çıkardım, yazmaya devam ettim,

"Sevgili Ege... Keşke şu an *ben de orada, odanda olsaydım. Ya da keşke sen burada olsaydın. Ya da keşke ikimiz başka bir yerde birlikte olsaydık. Ya da nasıl desem, keşke odanda bir akvaryum olsaydı, o akvaryumda bir balık olsaydım ben. Yemle beslenseydim, konuşamasaydım, o akvaryumdan kaçamasaydım ama işte bir şekilde senin odanda olsaydım, bir köşeden bütün gün seni izleseydim."*

Kâğıda bir kez daha umutsuzca baktım. Ama bunu da çöpe atmadım. Katladım, kutunun altına koydum ve bir kâğıt daha çıkardım. Başladım yazmaya!

"Sevgili Ege, bana garip şeyler hissettiriyorsun, biliyor musun? Sanki beraber bakmadığımız bir gökyüzü yıldızlarla dolu olamazmış gibi hissediyorum. Beraber izlemediğimiz bir denizin

dalgaları olamazmış, içinde balıklar yaşayamazmış gibi hissediyorum. Sanki biz seninle beraber izlemezsek güneş artık doğmazmış, güneş artık batmazmış gibi hissediyorum. Sanki kapılar kapı olmaz sen o kapıları çalmadığın sürece, ziller zil olmaz sen onlara basmadığın sürece... Ateş yanmaz, yağmur yağmaz, rüzgâr esmez. Ama işte, sen yoksun ve bunların hepsi hâlâ oluyor. En acısı da bu değil mi? Sen yoksun, hayat devam ediyor. Ve ben bunun olmasını istemiyorum. Ben istiyorum ki kapı çalsın, sen gel. Hayat seninle devam etsin. Ben istiyorum ki, güneş batsın, birlikte izleyelim. Ve ben inanıyorum Ege. Bir gün seninle ayrı şehirlerde yaptığımız ne varsa hepsini tek tek yan yana yapacağız, el ele, diz dize. Ege... Sana yalvarıyorum, bir gün bana attığın tek mesaj 'Aşağı in, ben geldim' olsun. Sana yalvarıyorum bir gün aşağı gel, yanına ineyim. Seni çok seviyorum. Hem de her şeyden çok. Görüşürüz eşek sıpası."

Mektubu içim acıya acıya katladım. Kutuya koydum ve kutunun kapağını kapatıp dolaba koydum. Üzerine Ege'nin birkaç tişörtünü koyup dolabın kapağını kapattım. O an o kadar duygu yüklüydüm ki biraz hava almak zorundaydım. Tekerlekli sandalyemi hızla ilerleterek balkona çıktım. Balkona çıkar çıkmaz derin bir nefes aldım. O sırada gözüm bahçeye kaydı. Kaşlarımı çattım, Ege'nin babası olduğuna emin olduğum bir adam bahçede oturmuş dertli dertli havuzu izliyordu. Bu adamda bir şeyler vardı. Bu, onu ilk gördüğüm andı, evet. Ama Ege'nin anlattığı kadarıyla bu adamın içinde bir hüzün vardı. Bir derdi, bir sorunu vardı. Belki de Ege'nin burada olmayışına üzülüyordu. Aslında yüzüne bakılınca kötü bir insana benzemiyordu, belki de sadece problemleri olan iyi bir adamdı. Derin bir nefes aldım... Ege'nin az önceki halini düşündüm, annesinin halini, abisinin halini, yengesinin, Lena'nın, babasının halini... Bir de ben vardım artık. O an ne yaptığımı, neden yaptığımı bilmeden garip bir deli cesaretiyle aklıma gelmiş deli saçması bir fikirle balkondan odanın içine döndüm. Tekerlekli sandalyemle ilerleyerek odadan çıktım. Asansörün kapısını tuşuna basarak açtım, asansöre bindim. Ve sessizce aşağı indim.

Bir yanım "İzmir, ne yapıyorsun!" derken, bir yanım hiçbir şeyi umursamadan yoluna devam ediyordu. Asansörden indim, koridorda ilerledim. Bu ihtişamlı evin karanlığında ilerleyip evin kapısını açtım ve bahçeye çıktım. Bahçenin yolları şükürler olsun ki öylesine düzdü ki tekerlekli sandalyemle rahatça ilerleyebiliyordum, zaten birkaç saniye sonra babasını gördüm. Sesleri duyup başını kaldırıp bana baktığında kaşlarını çattı.

Tanrım.

Ege'nin yaşlanmış hali... Ege babasının tıpkısının aynısıydı. Aynı merhametli yüz, aynı keskin hatlar, aynı çekicilik. Anında ayağa kalktı.

"Bir şeye mi ihtiyacınız vardı?" diye mırıldandı, "Sizinle tanışamadık. Oğlumun arkadaşıymışsınız." Başımı sallarken hayranlıkla yüzünü izliyordum.

"Hayır... ben... bir şeye ihtiyacım yok... Sadece sizinle konuşmaya geldim Halit Bey. Evet, ben Ege'nin arkadaşıyım. İsmim İzmir." Elimi uzattığım sırada birkaç saniyelik tereddütten sonra elimi sıktı.

"Benimle mi konuşacaktınız?"

"Evet..."

"Gelin, sizi şöyle alayım..." Tekerlekli sandalyemi nazikçe arkama geçip iterek kendi oturacağı koltuğun karşısına çekti. Beni oraya bıraktıktan sonra karşı koltuğa oturdu ve dikkatle yüzüme baktı. Üzerindeki mavi gömleği, kumaş pantolonu adamı öylesine fit gösteriyordu ki bu adamın bir baba olduğuna inanmak zordu.

"Ben... ne diyeceğimi bilemiyorum..." diye mırıldandım ürkekçe. Ama buraya bir deli cesaretiyle gelmiştim ve aklımdan geçeni hiç uzatmadan bir bir söyleyecektim.

"Ege çok üzgün." deyiverdim birden.

"Efendim?"

"Ege... çok üzgün. Az önce konuştuk. Belki duymuyorsunuz, bilmiyorsunuz, görmüyorsunuz. Ama tüm bu yaşananlar onun için kolay şeyler değil. Ailesini özlüyor, sevdiklerini özlüyor, sizi özlüyor, beni özlüyor, evini özlüyor, odasını özlüyor, şehrini özlüyor..." Derin bir nefes aldı, karşımda şaşkınlığını gizleyemiyordu.

"Bunları biliyorum."

"Biliyorsunuz, ama sanırım durumun ne boyutta olduğunun farkında değilsiniz... Ege gerçekten çok üzgün. Sadece o değil, annesi de... Yani eşiniz. Abisi, yengesi, Lena... ve siz. Hepiniz çok üzgün görünüyorsunuz bana. Ege'nin başına ne geldi de buradan gitmek zorunda kaldı bilmiyorum..." derken anlamlı bir gülüşle sözümü kesti.

"Biliyorsunuz." diye mırıldandı. Gözlerimi kırptım.

"Tamam... Evet, biliyorum. Korkmayın, benden size zarar gelmez. Ege'nin sırrı benimle güvende. Ege'nin başına gelen şey korkunç bir kaza. Ama onu bu kadar uzun süre bir yere hapsetmeye değer mi? Sevdiklerinden ayırmaya... O sizin oğlunuz. Ortada onun suçunu bilip onu arayan biri bile yokken... ona biraz müsamaha göstermeniz gerekmez mi? Siz güçlü bir iş adamısınız. Her türlü imkânınız var. Ege'yi en azından kısa bir süreliğine oradan buraya getiremez misiniz? Ailesini görsün, evinde vakit geçirsin... Bunu yapabilirsiniz!"

"Bunlar... o kadar kolay şeyler değil küçük hanım." O an dünyanın en salak cümlesini kurmak için bilinçsizce ağzımı açtım.

"Kolay olduğunu biliyorum. Bir özel uçak yollamanıza bakar. Acun Ilıcalı ve Şeyma Subaşı her gün özel uçaklarıyla ülke değiştirip duruyor." NE? Ciddi anlamda, İzmir, ne saçmalıyorsun! Aman Allah'ım! Adama dediğim şeye bakın!

"Efendim?" Adam da şaşırdı! Şaşkınlıkla yüzüme bakıyor!

"Yani... şey... pardon... Biraz saçmaladım. Yani demek istediğim, onu bir özel uçakla buraya getirip en azından kısa bir süresini ailesiyle geçirmesini sağlayamaz mısınız?" Derin bir nefes aldı. Bir umutla ondan cevap beklerken yanaklarım kıpkırmızıydı.

"Annesi için, yani eşiniz için... Oğlunuz için, gelininiz için, torununuz için... Ve Ege için. Bu herkese, hepinize iyi gelecek. Bundan kimseye zarar gelmez. Buna eminim. Bunu... yapamaz mısınız?"

Umutla yüzüne bakıyordum. Ama umudum giderek azalıyordu. Ege'nin babası Halit Bey öyle derin bakıyordu ki bana sanki her an "Kızım sen çok uykusuz kalmışsın, git biraz uyu." diyecekmiş gibiydi. Oysa sanki bir an aynı umudu onun gözlerinde de gördüm, başını dikleştirdi, kaşlarını serbest bıraktı ve dudaklarını araladı.

"Yapabilirim."

O an birkaç saniyeliğine kalbimin durduğuna yemin edebilirim. Ne yani? Ege buraya mı gelecekti, birkaç saatliğine de olsa, ailesinin yanına mı getirilecekti! Odasına, yastıklarına, evine mi getirilecekti?

Az önce duran kalbim şimdi delirmiş gibi atıyordu. Ege, evinde olmayı hak ediyordu. Sürgüne ara vermeyi hak etmişti. Acı çekmeye bir ara vermesi, nefes alması gerekiyordu. Ve ben, bu nefesi ona aldıracaktım. *Ben... Ege'yi buraya getirtecektim.*

Şövalye ve küçük kız aylarca o dağ bayır demeden yürümüş durmuş. Bir gün, küçük kızın ayağı bir taşa takılmış. Şövalyenin ardında yürürken kızcağız yokuştan aşağı kayıvermiş. Göle düşmüş. Sesleri duyan şövalye korkuyla göle atlamış, küçük kız suyun içinde çırpınmıyormuş bile.
Şövalye öylesine korkmuş ki hayatında ilk defa bu gölün içinde gözlerini açmış, balıkların dünyasıyla tanışmış.
Öylece suyun altında çırpınan ama dışarıdan görünmeyen küçük kızı çekmiş çıkarmış şövalye.
Kız öksürmeye başlamış, ama şövalyenin durumu çok daha betermiş. Kız, öleceğini düşünmemiş.
Ama şövalye öleceğini düşünmüş. Kızın değil, kendisinin... Çünkü o an anlamış ki, aylardır hayatında olan bu küçük kızdan başka kimi kimsesi yokmuş bu şövalyenin, ne yıldız onunmuş ne ay.
Bu küçük kız, şövalyeyi hayatta tutan tek şeymiş...
O an kendine bir söz vermiş.
Hayatta kalmak için bu kızı hayatta tutabilmek için elinden gelenin kat ve kat fazlasını yapacakmış şövalye.

Seni görmem için yanımda olmana gerek yok. Ben seni gözlerim kapalıyken de görebiliyorum. Zaten ben seni sadece gözlerim kapalıyken görebiliyorum...

27. Bölüm
Gri Sıkıcı Bariyer

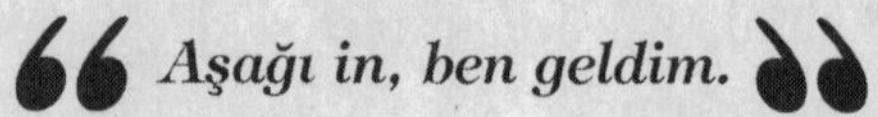

Aşağı in, ben geldim.

Hayatlarımız kolay olmadı. Büyük buhranlar atlattık. Çok engel atladık, çok koştuk, çok yorulduk, çok tükendik. Çok sevdik, çok sevilmedik. Yapayalnız kaldık, yapayalnız bırakıldık. Çok kez bitti dedik, çok kez yeniden başladık. Çoğu zaman normal olmadığımızı düşündük. Kimi zamanlar ise başkaları bizim normal olmadığımızı düşündü. Kendimize anormal sorular sorduk, sonra başkalarına da anlamsız sorular sorduk. Çünkü merak ettik, çünkü sormak istedik, çünkü içimizden geçen neyse dışımıza vurmak istedik. Oysa anlaşılmadık. Kimse bizi anlamadı, kimse bizi zaten hiçbir zaman anlamazdı. Ama her şeyin ötesinde bazen biz bile kendimizi anlamadık. Bazen aynaya baktık, "Sen neden böylesin!" dedik kendi kendimize, sonra aynadaki gözlerimiz bize hüzünle baktı sanki, içimizden bir ses geldi, "Sen bile sevmezsen beni... Kim sevecek?"

Tüm bu düşünceler kafamın içinde sıralanıp dururken Ege'min yatağında uyumak üzereydim. Aklım Ege'nin babasıyla yaptığım konuşmadaydı. Adama örnek olarak Şeyma Subaşı'nın adını vermiştim ve yatağa girdiğimden beri neden böyle olduğumu düşünüyordum!

İçimde bir korku, içimde bir umut... Babası Ege'yi buraya getirecek miydi, bunu başarabilmiş miydim bilmiyordum. Tek istediğim onu yanımda görmekti. Tek istediğim onun her an yanımda olmasıydı. Çünkü sevmediğimiz, umurumuzda olmayan, bize hiçbir iyiliği dokunmamış ve hatta tanımadığımız insanlarla bile aynı şehirde yaşıyorken, yan yana olabiliyorken, yolda yürürken birbirimize çarpıp geçebiliyorken onunla bu kadar uzak olmamız haksızlığın zirvesiydi. Ve ben bu zirveyi gökten yere indirecektim...

"Ben... yol boyunca uzanan gri, sıkıcı bariyer..."* diyordu kulaklığımdaki şarkı gözlerimi Ege'nin duvardaki lise mezuniyeti fotoğrafına çevirdiğim sırada.

"Sen, vadinin ardında ilk defa görülen deniz..." diye devam ediyordu...

Bu cümleler benim Ege'ye karşı nasıl hissettiğimin özetiydi. Sanki ben gri, sıkıcı bir bariyerdim. O da rengârenk bir deniz. Hayatıma girdiği anda rengime renk katmıştı. Bana sarılmıştı, beni renklendirmişti... Ege benim hayatıma girip beni denizine katmış, hayatımı küçük bir kıyıya çevirmişti...

Gözlerim şarkıyla birlikte ağır ağır kapanırken huzurlu bir nefes aldım. Olmaktan en korkmadığım yerdeydim, en güvenli yerimde. Kendimi uykunun kollarına teslim ettiğimde uzun zamandır uyuyacağım en huzurlu uyku olacağını biliyordum.

"Sanki ailemin yanındaymışım gibi..." diye fısıldadım kendi kendime. Sanki ailemin yanındaymışım gibiydi...

Sabah titreyen telefonumun sesiyle uyandığımda gün çoktan ağarmıştı. Hatta fazlasıyla ağarmıştı, yuh, neredeyse akşam olacaktı! Telaşla telefonumu alıp önce saate baktım. Saat ikiyi geçiyordu. Sonra sıradan bir hevesle Ege'den gelen mesaja baktım.

Şok...

O an kalbimin durduğunu hissettim.

"Günaydın." değildi mesajı.

"Uyandın mı?" değildi.

"Ben uyandım." değildi.

Mesajı benim hayallerimin mesajıydı. Benim aylardır beklediğim mesajdı gözlerimin önünde duran bu mesaj. Gözlerimi dolduran, beni havalanıp uçmaya iten bir mesajdı bu. Titreyen gözlerimi mesaja tekrar çevirdim ve hayal olmadığını anlamak için mesajı bir kez daha okudum.

"Aşağı in, ben geldim."

Şok içinde yorganı kaldırdım. Ege buradaydı! EGE BURADAYDI! Bağırmak üzereydim! Burkulmuş ayağımı elimle itti-rerek yere bıraktım, telaşla ayağa kalktığım sırada kendimi bir anda yere kapaklanmış halde buldum!

"Ah! Allah'ım!" Yere düşmüştüm, burkulan bileğim ölesiye acımaya başlamıştı! Ama bu benim umurumda değildi, o an utanç verici bir şekilde ayağa kalkamayacağımı anladığım için yatağın diğer tarafında duran tekerlekli sandalyeye doğru sürüklenmeye başladım. Bildiğiniz, yılan gibi sürünüyordum yerde. Tekerlekli sandalyeye doğru, Ege'me doğru.

O an, ben yerde sürünürken birden kapı açıldı. Ve Ege içeri girdi. Size yemin ederim, beni çıplak görse bu kadar utanmazdım. Beni yerde sürünürken gördü. Yerde sürünürken.

"Bana sürünerek mi gelecektin?" Ege keyifle gülerken o an utancım, halim umurumda değildi. Buradaydı, karşımdaydı, odasındaydı! Ona dolmuş gözlerle baktım. Ağlamak istemiyordum, ama muhtemelen ağlayacaktım.

"Ege..." dedim titreyen sesimle, "Geldin..." Ege bana etkileyici gözlerle baktı. Altına bir kot pantolon, üzerine siyah bir tişört, onun üzerine siyah beyaz bir gömlek giymişti. Kapıyı kapattı, bana doğru geldi, yerde diz çökerek az önce sürünen benim önümde durdu, bana doğru eğildi.

"Geldim..." diye fısıldadı, "Gökyüzünü aştım, sana geldim... Sonra odaya girdim ve seni yerde sürünürken buldum." Ege kısık bir kahkahayla gülerken öfkeyle baktım.

"Güzel şeyler söyleyeceksin sandım. Bu muydu, sakat bir insanla dalga geçmeye mi geldin?" Ege gülerek yüzümü ellerinin arasına aldı.

"Seninle hep dalga geçeceğim. Hayatına bu yüzden girdim."

"Neden!"

"Çünkü seninle çok güzel dalga geçiliyor İzmir. Seninle her şey çok güzel yapılıyor." Öfkem yerini yumuşamaya bırakırken her şeyi kafamdan attım. Kafama sadece Ege'nin burada olduğu gerçeğini soktum. O buradaydı, buradaydı! Benimle aynı şehirde, aynı sokakta, aynı evin içinde.

Ege dakikalarca bana baktı. Ben de ona. Sonra kendini tutamadı, sıkıca sarıldı bana. Ben de ona... Birbirimize sanki hiç ayrılmayacakmışız gibi dakikalarca sarıldık, birbirimizden ayrılamıyorduk, birbirimize doyamıyorduk...

"Ege..." dedim bir kez daha.

"Dur. Şimdi konuşma. Gel." Ege beni dikkatlice kucağına alırken kalbimin hızlandığını, yüzümün yandığını hissettim. Burnum boynuna değdiğinde dünyada onun kokusundan daha güzel bir koku olamayacağını biliyordum. Onu getirmiştim, getirtmiştim, buradaydı! Bu gerçeği yüz kez de olsa söylemek, bağırmak istiyordum.

Ege buradaydı! Burada! Bunu her yere yazmak istiyordum.

"Dikkatli ol, gel... Yat bakalım..." Ege beni dikkatlice yatağa yatırırken ona hayranlıkla ve anormal bir mutlulukla baktım. Bana döndüğünde yüzünde gülümseyen ama şaşkın bir ifade vardı.

"Çok mutlusun..." dedi gülerek, başımı salladım.

"Üç günde iki kez görüştük." dedim mutluluktan ağlayacak gibi. Ege etkileyici bir bakışla yüzüme baktı.

"3391 kilometre arayla, iki ülke arasında üç günde iki kez görüştük. Mesafeler şok."

Kahkahalarla güldüğüm sırada Ege yanıma uzandı, yorganın altına girip beni kolunun altına aldı. Başımı omzuna yasladım.

"Hep böyle olur mu dersin..." Ege başını salladı.

"Olduracağız."

İşte bu cümle, benim için kontrattan daha değerliydi. Ege'nin tek cümlesi benim için sözdü, senetti. O olduracağız diyorsa olduracaktık. Ona sığınmıştım, beni kollarının altına almıştı ve biliyordum ki bırakmayacaktı.

"Annenlerle görüştün mü?"

"Evet... Çok mutlular. Hemen senin yanına geldim gerçi. Birazdan annemin yanına gideceğim. Odasında beni bekliyor. Dertleşeceğiz..." Gülümsedim. Annesiyle konuşacak olması, ailesiyle bir arada olması bile beni o kadar mutlu ediyordu ki...

"Biliyor musun," diye mırıldandım gözlerim dolmuş bir şekilde. "Ailen çok iyi..." O an sesimin titrediğini hissettim. Hayır, duygulanmamalıydım! Bunu planlamamıştım.

"Şşş," dedi Ege, "Ne oldu şimdi?" Elleriyle yüzümü tuttu.

"Hiç... Bir an kendimi tutamadım. Kendimi burada şey gibi hissediyorum da..."

"Ney gibi?" diye sordu endişeyle.

"Ailemin yanındaymışım gibi. Şimdi sen geldin ve her şey o kadar tamamlandı ki..." Ege gözlerime gururla baktı.

"Ben senin ailenim İzmir, benim ailem de bundan sonra senin ailen. Burası senin evin, burası senin odan. Ve sen hiçbir zaman yalnız olmayacaksın."

"Biliyorum... Ama... Günlerdir burada bu şehirde o yurt odasında tek başıma kaldığım için sanırım yalnızlık bana çok koydu..." Gözlerimden bir damla yaş akarken kendime lanet ediyordum. Bu konuşma da nereden çıkmıştı şimdi!

"Biliyorum İzmir... Yalnızlığa alışmaya başlamıştın değil mi, bu en kötüsü..." Başımı salladım.

"Evet... Alışmaya başlamıştım... Ailesizliğe alışmaya başlamıştım... Bunu buraya geldiğimde fark ettim. İçim acıdı." Ege'nin gözlerindeki hüzün bana öyle bir güven veriyordu ki kimsenin şu saatten sonra beni üzemeyeceğini biliyordum.

"Sen ailesiz değilsin, yalnız değilsin, tek de değilsin. Sana söz veriyorum, her anında bir mesaj uzağında olacağım. Bu bizim yan yana olma şeklimiz, biliyorsun..." Gözyaşlarımın arasından gülümsedim.

"Biliyorum..."

"Ve sana bir söz daha veriyorum, bir gün seni buralardan alıp götüreceğim. O günden sonra benimle yan yana olmaktan bıkacaksın." Gülerek baktım yüzüne.

"Sence bu mümkün mü?" Ege tek gözünü kapattı, düşünür gibi yapıyordu.

"Sanırım mümkün değil." Aramızda gülüştüğümüz sırada telefonumdan bir bildirim geldi. Ege kaşlarını çatıp telefonuma doğru baktığında burnumu çektim.

"Ben yanındayım. Sana kimden mesaj geliyor?" diye sordu rahatsız olmuş gibi. Omuz silktim.

"Bilmem." Telefonu elime almadım bile, umurumda değildi. Ama Ege'nin aklı telefonda kalmıştı!

"Baksana, kimden gelmiş..." diye mırıldandı.

"Gerek yok. Seninle vakit geçirirken telefona bakmak istemiyorum." Ege bozulmuş gibi kaşlarını çattı.

"İzmir telefonuna bakar mısın, kimden mesaj gelmiş?" Kıskanıyor muydu?

"Tamam?" dedim şaşkınlıkla. Telefonu elime aldım. Instagram'dan bir mesaj bildirimi vardı.

"Tanımıyorum bile... Instagram'dan biri..."

"Kim?" dedi Ege rahatsız olmuş bir sesle. Kaşlarımı bir kez daha çattım ve ekrana baktım.

"CanerB1993 diye biri. Neden soruyorsun?" Ege sinirle gülümsedi.

"Ha..." dedi, "Senin her fotoğrafını beğenen şu çocuk." Şok içinde Ege'ye baktım!

"Benim fotoğraflarımı mı beğeniyor, ne? Sen bunu nereden biliyorsun!" Ege arkasına yaslanıp derin bir nefes aldı.

"Her gün fotoğraflarına bakıyorum. Beğenenlere de bakıyorum... Aklıma takılmış. Tabii Caner de beğenmekte haklı. Çünkü sen de onun her fotoğrafını beğeniyorsun." dedi imalı ve sinir olmuş bir sesle. Şokum giderek büyüyordu!

"Nasıl yani? Sen benim kimlerin fotoğrafını beğendiğimi bilmiyorsundur ki..." diye mırıldandım şok içinde. Ege yüzüme gülümseyerek baktı.

"Gerçekten beğendiğin fotoğraflara bakmadığımı mı sanıyorsun?"

"Bakıyor musun!"

"CanerB1993, ErkutKocaman1, AhmetFB, Cancat..." Ağzım açık kalmıştı. Size yemin ederim hayatımın şokunu yaşıyordum!

"Sen... bunları biliyorsun... Resmen profesyonel bir stalkersın. Yalnız böyle söyleyince hep erkek fotoğrafları beğeniyormuşum gibi oldu. Bir sürü kız arkadaşımın da fotoğrafını beğeniyorum." Ege omuz silkti.

"Onlara bakmıyorum. Dikkatimi sadece erkekler çekiyor." Yüzüne sırıtarak baktım. Kıskanılıyordum. Ve kıskanılırken sırıtan tek insandım.

"Peki sen neden hiç fotoğraf beğenmiyorsun?" diye sordum merakla.

"Senin dışında kimsenin fotoğrafları umurumda değil." Sırıtmaya devam ediyordum. Bunu yapmamalıydım. Rezil bir davranıştı.

"İzmir..." diye mırıldandı Ege tereddütle.

"Saydıklarımın fotoğraflarını beğenme. Tabii, sana karışamam. Ama beğenmezsen sevinirim." Gülme İzmir, gülmeyi kes! Neredeyse kahkaha atacağım kıskanılmaktan duyduğum keyiften!

"Bu konuyu kapatabilir miyiz?" dedim gülmemi durdurmaya çalışarak, Ege başını salladı.

"Tamam..." Sonra başını kaldırdı, gözlerimin en derinine baktı.

"Sana çok teşekkür ederim İzmir."

"Ne için?"

"Babamla konuşmuşsun. Buraya gelmem için... Babam seni çok sevmiş." Sonra durdu, gözlerini gözlerime çevirdi.

"Yalnız Şeyma Subaşı hakkında dediğin cümleyi anlamamış." Ege büyük bir kahkaha atarken o an donakaldım. Yüzüm yanıyordu. Yemin ederim yüzüm yanıyordu.

"Lütfen... Bu konuyu açma bile. O anı unutmak istiyorum."

"Demek Şeyma Subaşı ve Acun Ilıcalı her gün özel uçaklarıyla oradan oraya giderken Ömer Ege Zorlu Fransa'da hapis kalamaz, ha?" Ege gülmekten ölecekti. Sinirle gözlerimi devirdim.

"Keşke orada kalsaymış." Ege gülerek koluyla beni kendine doğru çekti. Yanağıma bir öpücük bıraktı.

"Kızdın mı?" diye mırıldandı gülerek.

"Lütfen, Şeyma Subaşı hakkında dediğim şeyi tamamen unut, baban da unutsun."

"Maalesef, artık bütün aile biliyor." O sırada ben şokumu yaşayamadan kapı açıldı, içeri Ege'nin abisi girdi. Onu görünce gülümseyerek yüzüne baktım. Abisi de minnetle gülümseyerek odaya girdi.

"Selam gençler..." dedi gülerek.

"İzmir ben sana teşekkür etmeye geldim. Senin sayende kardeşimi gördüm, annem oğlunu gördü, kızım amcasını gördü..." Gülerek başımı salladım.

"Asıl ben teşekkür ederim, böyle bir kardeş yetiştirdiğiniz için." Abisi gülerek Ege'ye döndü.

"Oğlum bu kızı kaybedersen var ya gözümde dünyanın en salak insanına dönersin. Ne yap ne et bu kızı elinde tut eşek sıpası." Ege gülümseyerek abisine baktı.

"Bırakmaya niyetim yok."

"Aferin. Adam ol. Ben şimdi çıkıyorum, annem seni bekliyor..." Abisi odadan çıkarken Ege ayağa kalktı. Ona döndüğüm sırada abisi kapıdan kafasını uzattı.

"Bu arada Şeyma Subaşı örneği harikaymış!" Utanç içinde şok olarak baktığımda Ege de abisi de kahkahalarla gülüyorlardı! Hepsi biliyordu. Hepsi!

"Ege..." dedim korkuyla, "Bütün ailen bir geri zekâlı olduğumu öğrenmiş!" Ege büyük bir kahkaha attı.

"Bütün ailem sana âşık olmuş İzmir..." Gözlerime hayranlıkla baktı.

"Peki ya sen?" diye mırıldandım umutla. Ege oyunbozan bir tavırla gülümsedi.

"Annemin yanına gitmem lazım. Sen kahvaltıya in, ben geliyorum." Ege doğruldu, kapıya doğru ilerleyip odadan çıktı. Gözlerimi devirip sinirle yataktan aşağı indim. Burkulmuş ayağıma basmamaya çalışarak yatağa tutunarak ilerledim ve tekerlekli sandalyeme oturdum. Saçlarımı aynanın karşısında toplayıp derin bir nefes aldım. Bugün güzel bir gün olacaktı... Biliyordum.

Odadan çıkıp tekerlekli sandalyeyle koridorda ilerlediğim sırada Ege'nin annesinin odasının önünden geçerken konuşmalarının bir kısmını duydum. Dinlemedim! Yanlışlıkla duydum. Tam odanın kapısından geçerken ismimi duyunca durmak zorunda kaldım. Yoksa asla başkalarının konuşmalarını dinlemem!

"Komşu çok iyi... Her gün yemek getiriyor, biraz konuşuyoruz... Onun dışında değişen hiçbir şey yok anne..."

"Peki ya İzmir, nereden çıktı bu kız oğlum?" diye sordu annesi.

"Hayat..." diye mırıldandı Ege. Sanki utanıyor gibiydi. Merakla kapıya doğru eğildim.

"Çok mutlu ediyor değil mi seni? Bakışların bile değişmiş." İşte o an benim kalbimi durduran, bana dünyaları veren o cümleyi duydum Ege'nin dudakları arasından.

"O beni hayatta tutan tek şey anne..."

Gözlerimin dolduğunu hissettim. O an o kadar şaşkındım ki... Ege bana hep güzel şeyler söylemişti, bunları hep anlatmıştı. Ama onu bunları başkalarına anlatırken duymak... Beni gururlandırmıştı...

Hayat çok garip değil mi? Biri giriyor hayatımıza, kilometrelerce ötemizde, ama ta oradan ta buraya en yakınımız oluyor. Sizi hayatta tutan tek şey oluyor, başınızı yasladığınız yastık oluyor... Ege benim için her şey oldu ve şimdi görüyorum ki ben de onun için her şey olmuşum...

Ve o an anladım. Ben gri sıkıcı bariyer değildim, ben Ege'nin deniziydim...

Şövalye boğulmak üzere olan küçük kızı sudan çıkarıp kurtardıktan sonra küçük kız yavaş yavaş kendine gelirken şövalyenin kucağında taşınıyormuş oradan oraya.
Şövalye hava kararmadan bir mağara bulmuş,
küçük kızı bir kayaya yatırmış, mağaranın içine ateş yakmış.
Küçük kız uyurken soğuktan titriyormuş,
ateş iyice harlanırken şövalye çıkarmış üzerindeki kaftanı
küçük kızın üzerine örtmüş.
Küçük kız sayıklamaya başlamış...
"Baba... baba... baba..." Şövalye içi acıya acıya
küçük kızın minicik elini tutmuş.
"Bundan sonra senin baban benim." demiş,
"Korkma yavrum. Ben yanındayım..."

28. Bölüm

Ben Senden Önce Görünmezdim...

"Ama sen beni gördün."

Ege'nin öylesine tatlı bir ailesi var ki akşama kadar sohbet ettik ve bir kez olsun sıkılmadım, bir kez olsun gücenmedim, bir kez olsun kendimi geri çekmedim. Tabii şunu da itiraf etmeliyim sanırım, saatlerdir saatleri sayıyorum... Akşam olsun da Ege'yle biraz yalnız vakit geçirebilelim diye saatlerdir bekliyorum. Şimdi akşam yemeğinin sonlarına yaklaşmış durumdayız. Ege'nin babası toplantıda olduğu için evde değil, Lena ise uyuyor. Ben, Ege, Ege'nin annesi, abisi ve yengesi akşam yemeklerimizi bitirmiş sohbet ediyoruz. Gözlerim sürekli yanımda oturan Ege'ye kayıyor ve onu böyle mutlu görmek her seferinde gözlerimi dolduruyor. Mutlu, neşeli, gözlerinin içi gülen bir Ege var yanımda. Fransa'da gördüğüm enkazına şahit olduğum o Ege yok. Bambaşka, dopdolu bir Ege bu...

"Ege okuldan nefret ederdi. Her sabah okula gitmeyeceğim diye ağlardı... Bir gün bu eşek sıpası küçükken evin çatısına çıkmış, kendini aşağı attı." Birden şok içinde Ege'nin annesine bakakaldım.

"Ölmeyeceğini biliyor, ev bir katlı çünkü. Sırf bir yeri kırılır da okula gidemez diye kendini on bir yaşında evin çatısından aşağı attı. İşte böyle bir çocuğu bulmuşsun İzmir'ciğim."

Şok içinde kahkahalarla gülerek Ege'ye döndüğüm sırada Ege gözlerini devirerek gülen bir yüz ifadesiyle annesine döndü.

"O zaman bir gerçeği öğrenmenin vakti geldi anne." derken Ege'nin abisi Ali konuşmaya atladı.

"Bence hiçbir şeye gerek yok, yemekleri yediysek sofrayı kaldırtalım." Kaşlarımı çattığım sırada Ege'nin gülüşü büyüdü.

"Gerek var bence abi."

"Oğlum, ne oluyor, ne gerçeği?" Annesi şaşkınlıkla bakınırken Ege konuşmaya devam etti.

"Bana çatıdan atlamamı abim tavsiye etti anne."

"Ne?" Kadın şok içinde iki oğluna bakarken ben ve Ege'nin abisinin karısı Nalan gülmekten ölecektik!

"Oğlum ne tavsiyesi ya! Minik bir fikir verdim sadece! Allah Allah... Bir yerin kırılırsa okula uzun süre gitmeyebilirsin dedim... Git çatıdan atla demedim." Gülmekten kıpkırmızı olmuştum!

"Tabii ki. Minik bir fikir verdi abim. Ben de ona 'Peki abi, bir yerimiz nasıl kırılır?' diye sordum. O da bana birkaç örnek verdi. Araba çarparsa, çatıdan düşersek, üzerimizden büyük bir hayvan geçerse... Bana bunları anlattı. Ben de onlardan birini uyguladım. Sağ ol abi, gül gibi üç aylık sağlık raporu almıştım." Ege'nin annesi kalp krizi geçirmek üzere gibi ağzı bir karış açık oğullarına şok içinde bakıyordu.

"Ben ne günah işledim de iki tane psikopat yetiştirdim! Yahu siz deli misiniz, biri gider kardeşine tezgâh hazırlatır biri gider onu uygular. Yahu Ali, araba çarparsa bir yerin kırılır demişsin, akıl işi mi bu oğlum! Ya çocuk arabanın önüne atlasaydı!" Dördümüz de gülmekten yıkılıyorduk! Gördüğüm en iyi kardeşlik ilişkisine Ege ve abisi sahipti. İçten içe tek çocuk olduğum için hafifçe imrenerek gülümsememi engellemeden yüzlerine baktım.

"Tabii ki arabanın önüne atlamayacaktı. O benim kardeşim, düşünüp kendisine en az zarar verecek olan yöntemi seçeceğini biliyordum." Sonra Ali abi elini kaldırdı kendisine çakması için Ege'ye uzattı. Ege gülerek abisinin eline bir beşlik çakarken annesi bayılmak üzereydi.

"Vallahi sinirim bozuldu. Sizinle uğraşılmaz. Ben salona geçiyorum. Hazal!" diyerek mutfağa doğru seslendi, "Tansiyon aletini getir!" O sırada Ege kulağıma doğru eğildi.

"Kirli geçmişimi öğreniyorsun." Gülerek yüzüne baktığım sırada Ali Abi ve Nalan Abla ayağa kalktı.

"Biz Lena'ya bakalım, siz de odaya geçin konuşacak şeyleriniz vardır. Baş başa kalın biraz." Nalan Abla'ya teşekkür edercesine gülümsedim.

"Çok teşekkürler." diye mırıldandım.

"Lena uyanırsa odama yollayın yenge."

"Tamam, zaten durduramam odada! İzmir'le çok iyi anlaştılar!" Ege hayranlıkla bana baktı.

"İzmir'le anlaşamayan yok zaten."

Utanarak başımı eğdiğim sırada Ege tekerlekli sandalyemin arkasına geçti. Abisi ve yengesi merdivenlere yönelirken yemek odasında baş başa kalmıştık. Arkamdan bana doğru eğildi. Saçlarımı toplayıp boynuma bir öpücük kondurdu. O an titrediğimi hissettim. Baştan aşağı titrediğimi, her yanımın yandığını hissettim. Ege saçlarımı düzeltirken derin bir nefes aldı. Bu sefer saçlarıma bir öpücük kondurdu. Ben ise mest olmuş bir şekilde kıpkırmızı olmuş yüzümle kendimi tamamen ona bırakmıştım... Tekerlekli sandalyemi asansöre doğru iterken konuşmaya başladı.

"Evet, bugün şoförünüz benim İzmir Hanım... Nereye gitmek istersiniz?" Gülümsedim.

"Odanıza, Ege Bey! Dünyadaki en güzel yere." Sonra kurduğum cümleyi içimden kendime biraz değiştirerek tekrarladım, *'Dünyanın en güzel yeri senin odan Ege... Çünkü içinde sen varsın...'* Tabii bunu ona söylemedim. Böyle şeyler yan yanayken insanı biraz utandırıyordu. Mesajla konuşmak çok daha kolayken, yanındayken konuşmak ipince bir ipin üzerinde bir binadan diğerine geçmeye çalışmak gibiydi.

Ege asansörün kapısı açılır açılmaz benimle birlikte asansöre bindi. Bir eli hep saçlarımdaydı. Oynuyor, kaldırıyor, omuzlarıma dağıtıyor öylesine saçlarımla ilgileniyordu. Ve bu beni çok mutlu ediyordu.

"Odaya çıkalım da ailem hakkında dedikodu yaparız." dedi. Sessiz olmaya çalışan bir kahkahayla şok içinde arkamı dönerek yüzüne baktım. Gülüyordu.

"İnanamıyorum sana! Ailen hakkında dedikodu yapmak mı!"

"Tabii ki kötü bir dedikodu değil. Ama içinde ailem hakkında düşündüğün şeyler var, onları merak ediyorum. Bu da bir nevi dedikodu oluyor. Ve senin benimle dedikodu yapmak için öldüğünü biliyorum İzmir!" Kıkırdadığım sırada yüzüm bir kez daha kızardı.

"Tamam, evet, biraz öyle!" Ege bana gülerken asansörden indik. Birlikte odasına doğru ilerledik, odasının kapısını açıp beni içeri alır almaz kapıyı kapattı.

"Dur..." diye mırıldandı, "Sana bu odanın Ömer Ege Zorlu dokunuşuyla geldiği hali göstereyim." Ben kaşlarımı çattığım sırada birden odanın ışıklarını kapattı. Oda kapkaranlık olduğunda önce önümde eğilip ben fark etmeden bir anda dudaklarımdan öptü. Sonra ben kalakaldığım sırada ayağa kalktı.

"Bu planım dahilinde değildi." dedi sessizce, "Bir an kendimi tutamadım. Bekle..."

Ben öylece saf gibi yine mest olmuş halde karanlığa bakarken Ege hareket etti. Önce pencereye dolanmış rengârenk led ışıkları yaktı, oda hafifçe aydınlandı. Sonra tavanı kaplayan kırmızı küçük pirinç ışıkları yaktı, daha sonra balkon kapısına sarılmış turuncu ışıkları, yatak başlığındaki yılbaşı ışıklarını ve en sonunda kıyafet dolabının üstünü saran lacivert ışıkları yaktı. Loş kalmış, rengârenk olmuş huzur verici odasına hayranlıkla baktığım sırada bana döndü.

"Burası benim krallığım." diye mırıldandı, gülümsedim, kurduğu cümle Son Feci Bisiklet'in Bikinisinde Astronomi şarkısının sözlerinden biriydi.

"Bu şarkı bizim şarkımız." dedim utanarak, başını salladı.

"Bizim şarkımız." Başımı kaldırıp odasına hayranlıkla baktım.

"Ben ışıkların hepsini keşfedememiştim. Burayı resmen apayrı bir dünyaya dönüştürmüşsün sen. Bu odayı özlüyorsun, değil mi?" Yutkundu. Tereddütle başını salladı.

"Kendime hiç itiraf etmedim, ama evet. Herkes evini özler. Herkes odasını özler..." O an içimde bir şeyler koptu. Bir saniyede oldu her şey. Kurduğu cümle içime oturdu sanki, gözlerimin bir kez daha dolduğunu hissederek başımı salladım. Konuşsam ağlayacaktım. Ege'yle ne zaman baş başa kalsak ağlayasım geliyordu. Bu sefer ona belli etmemek için konuşmamaya çalıştım. Ege kaşlarını çatarak yanıma geldi, önümde diz çöktü.

"Özür dilerim." dedi telaşla, "Ev dedim... Oda dedim... Ben bir geri zekâlıyım. Özür dilerim İzmir!" Başımı salladım, konuşmamaya çalışıyordum ama bir şeyler demem lazımdı.

"Önemli değil, hassasım sadece... Atlatmam gerek."

"Hayır," dedi, "Atlatmaman gerek. Güçlü olmak zorunda değilsin. Bağırabilirsin, ağlayabilirsin. Tek başına olduğun zamanlarda güçlü durmaya çalıştığını biliyorum ama benim yanımda olduğunda bırak kendini. Sal kendini... Bağır bana, ağla, rahatla. Acını yaşa, acını atlatmaya çalışma. İçindekileri dök bana." Titreyen dişlerimle alt dudağımı ısırdım.

"Ege... Seninle her yan yana geldiğimde ağlamak istemiyorum. Sabah da ağlayacaktım... Fransa'da da ağladım... Şimdi olmaz." Ege ellerimi tuttu. Ellerim buz gibi olmuştu bir anda.

"Evini özledin..." diye mırıldandı, "Odanı özledin... Yatağını... Yastığını..." Gözlerimden yaşlar akarken başımı eğdim. Ağlamamalıydım, ağlamamalıydım.

"Bırak kendini." dedi, "Fransa'ya geldiğinde de fark ettim. Gözlerin doluyor, ağlıyor, anlatıyorsun, ama içinde çok daha büyük fırtınalar kopuyor. Ben bunu görüyorum İzmir. Sen Fransa'dan döndüğünde bu içime dert oldu biliyor musun? Önce ağlamanı istemedim, ağlaman beni mahvetti. Sonra sen gittiğinde düşündüm. Ve kendi kendime dedim ki bu kızın ağlayacak bağıracak bir omuza ihtiyacı var. Babam beni özel bir jetle buraya getirteceğini söylediğinde belki sana garip gelecek ama ailemi göreceğimden çok seni tekrar göreceğim için mutlu oldum. Bana ne yaptın, nasıl bu hale geldim bilmiyorum... Ama bir şeyler oldu İzmir. İçimde çok büyük şeyler oldu."

Dolu gözlerimi kaldırıp ona baktım. Gözyaşlarım durmaksızın akarken konuşmaya çalıştım. Titriyordum.

"Ben bu hayatı istemiyorum Ege..." dedim titreyen sesimle, "Annemsiz, babamsız, sensiz, odamsız, evsiz bir hayatı istemiyorum. Burayı istemiyorum, bu şehri istemiyorum, tek başıma olmayı istemiyorum. Güçlü olmaya çalışıyorum ama değilim işte, değilmişim! Tek başıma yapamıyorum. Onlar olmadan, sen olmadan yapamıyorum! Hani... Bileğim burkuldu ya benim..." dediğim sırada Ege sözümü kesti.

"O an ne hissettiğini biliyorum." dedi, "İstirahat etmek zorundaydın. Birilerinin sana bakması lazımdı."

"Ama ben tek başımaydım..." dediğim an artık patladığım andı. Hüngür hüngür ağlamaya başladım. Ege alt dudağını ısırıp bana sıkıca sarıldığında onun da ellerinin titrediğini hissettim.

"Bileğinin burkulduğunu duyunca, böyle nasıl diyeyim sana... içim gitti ya... Dedim ki bu kıza kim bakacak, bu kıza nasıl bakılacak... Kalkıp gelecektim, sana yemin ederim. Abimi aradım. Bana bilet alın, bana uçak ayarlayın oraya geleceğim dedim. Abim beni sakinleştirdi, olayı anlattırdı... Tamam oğlum dedi, kızı alıp bizim eve getireceğiz dedi... O an içim biraz olsun rahatladı. Tabii, senin yanında olmayı deli gibi istiyordum. Ama bak, bir şekilde bir mucize oldu ve yanındayım işte. Bu mucizeyi sen gerçekleştirdin İzmir... Yalnız değilsin, yalnız olmayacaksın, ben senin evin olacağım. Sen Fransa'ya geldiğin gün ben kendi evimi hiç özlemedim biliyor musun?" Sonra durdu, yüzümü ellerinin arasına alıp salya sümük ağlayan bana baktı ve devam etti.

"Sen bana bir insanın da bir başka insanın evi olabileceğini gösterdin. Senin yanındayken evimi hiç özlemedim. Şimdi evini özlemen bana hakaret olur, senin evin senin ailen benim bunu sana hep söyledim. Annen baban seni bana emanet etti, acını çek, ağla, ama evini ve onları her özlediğinde hayatına ne amaçla girdiğimi hatırla. Tamam mı?" Başımı salladım. Burnumu çeke çeke derin bir nefes aldım.

"Teşekkür ederim Ege... Senden önce ben çok eksik hissediyordum biliyor musun... Tek varlığım ailemdi. Ama hep yarımdım, hep istenmiyor gibi hissediyordum." Ege kaşlarını çattı.

"Neden?"

"Çünkü seninle tanıştığımızda ben görünmezdim Ege, anlıyor musun? Görünmezdim... Okulda, sokakta, dershanelerde, kurslarda... Kimse beni görmezdi, kimse beni duymazdı, kimse beni istemezdi. Sonra sen geldin, beni gördün, beni duydun, sen beni istedin." Durakladım... Yutkundum ve konuşmaya devam ettim.

"Şimdi de tutmuş ailem olduğunu söylüyorsun. Sen benim bu dünyada gördüğüm en güzel kalpli insansın. Milyonlarca insanla aynı yerde yaşıyorum bir kez olsun seninki gibi güzel kalbi olan birine rastlamadım, sen de kilometrelerce uzağımdasın... Ama ben buna da şükrediyorum, biliyor musun? Uzağımdasın, ama bir şekilde hayatımdasın. Şükürler olsun. Ya hayatımda bile olmasaydın? O zaman ben şu an kendi enkazımın altında yatıyor olurdum."

"Şşş," dedi, "Bunu düşünme. İnan bana, sen hayatıma girmeseydin ben ne halde olurdum bunu tahmin bile edemiyorum. Biz seninle yalnızlığımızı paylaşıyoruz. İnsanlar insanlarla kalabalıklarını bile paylaşamazken biz seninle yalnızlığımızı paylaştık. Beni o ülkede, o evde, o odada haftalarca aylarca tek başıma bırakmadın. Bir de bu açıdan düşün. Şimdi rahatladın mı? Konuşmak iyi geldi mi?" Başımı salladım.

"Geldi... Ama... Aslında istediğim bir şey var benim..." Ege merakla yüzüme baktı.

"Ne, söyle. Hemen yapalım."

"Yapabilir miyiz bilmiyorum. Sanırım yapamayız..." Ege kaşlarını çattı.

"Fransa'dan kalkıp buraya geldim, daha ne yapamayacağız?" Tereddütle yüzüne baktım.

"Benim..." dedim korkuyla, "Eve gitmem lazım Ege."

"Ne?"

"Evime gitmem lazım." Gözlerim yeniden dolarken titreye titreye konuşuyordum.

"O eve o olaydan sonra bir daha hiç gidemedim. Eşyalarımı bile anneannem topladı. Ama benim o eve gitmem lazım. Annemlerin odasına girmem lazım, kıyafetlerini koklamam lazım, yastıklarına sarılmam lazım, fotoğraflarımızı almam lazım, odama girmem lazım, salonda oturmam lazım, mutfakta yemek yemem lazım. Onlara veda etmem... lazım..." dedim zar zor. Ege dolmuş gözleriyle başını salladı.

"Tamam." dedi, "Tamam yapacağız. Seni evine götüreceğiz." Elleri tekrar yüzümü sararken ona hayatımda kimseye olmadığım kadar minnettardım. Onun gözleri doluydu, benim gözlerim doluydu, öyle garip bir an yaşıyorduk ki görseniz bize acırdınız. Sonra beni güldürmeye çalıştı, "Şeyma Subaşı ve Acun Ilıcalı oradan oraya jetle gidip geliyorken bunu mu yapamayacağız?" Ağlayarak ona sarıldım. Hıçkırıklarımın arasından konuşmaya çalıştım.

"Ama sen... senin... gizlenmen gerek."

"Ama senin evine gitmen gerek." Ege'ye daha sıkı sarıldım. O an Ege'nin gerçek bir insan mı olduğunu yoksa benim kafamda ürettiğim bir hayal ürünüm mü olduğunu sorguladım. Sonra başka bir şeye karar verdim. Ege bir hediyeydi. O bana gönderilmiş bir hediyeydi.

Ayrıldıktan sonra ellerimle yüzüme hava vermeye çalıştım. Kendime gelmeye çalışıyordum. Ege ise burnunu çeke çeke hayranlıkla beni izliyordu. Başımı kaldırdım.

"Tamam," dedim, "Rahatladım. Mutlu musun?" Başını salladı.

"Mutluyum."

"Şimdi ailen hakkında dedikodu yapmaya başlayabiliriz."

Ege bana güldüğü sırada birden kapı açıldı. İçeri Ege'nin yengesi Nalan ve Lena girdi.

"Amcaaaa! Ben uyandım!" Ege ayağa kalkıp kendisine doğru koşan Lena'yı sarılarak kucakladığında onları hayranlıkla izliyordum.

"Valla uyutmaya çalıştım. Ama tutturdu amcama gideceğim diye. Bir de bunu istedi. Artık bir çaresine bakarsınız." Nalan Abla odaya büyük bir kutu bıraktığında kaşlarımı çattım.

"Bu ne yenge?" diye sordu Ege.

"Çadır. Zilli balkona çadır kurmak istiyor. Bu gece orada uyuyacakmış sizinle. Eh, hava da güzel. Ben olur dedim ama... siz ne dersiniz?"

"Harika fikir!" dedim birden kendimden beklemediğim bir şekilde. Ege ve Nalan Abla gülüşürlerken Lena konuşmaya başladı.

"Evet İzmir harika fikir! Kuruyoruz değil mi amca!"

"Tamam, tamam eşek sıpası. Kurarız şimdi."

"Ama amca eşek sıpası sensin!"

"Hayır sensin cadı."

"Bir karar ver amca, cadı mıyım, eşek sıpası mı, neyim ben?"

"İkisi de sensin."

"Ben çıkıyorum, size iyi geceler, bol bol iyi eğlenceler. O zaten hemen uyuyakalır. Çadırı ne zaman kursak içine girince iki dakikaya uyuyor." Oh, bunu bildiğim iyi oldu.

"İyi geceler..." diye mırıldandım Nalan Abla odadan çıkarken. Odada Ege, ben ve Lena baş başa kaldığımızda Ege'nin ileride harika bir baba olacağına emindim. Lena'yı yanaklarından başlayıp kollarına kadar öpüyordu ve bu görüntü benim için dünyanın en güzel görüntüsüydü. Sonra Lena'yı kucağından indirdi ve çadır kutusunu aldı.

"Hadi, gelin balkonda çadır kuralım..." Lena koşarak balkonun kapısını açtı.

"Dur!" dedim, "Koşma, düşeceksin!" O sırada Ege gülerek bana döndü.

"Harika bir anne olacaksın." Utanarak başımı salladığım sırada Ege balkona çıktı. Lena'yla birlikte kutuyu açarlarken ben de tekerlekli sandalyeyle peşlerinden gittim.

"Siz kurmaya başlayın. Ben biriyle telefonda konuşup geliyorum." Ege birden kaşlarını çatarak başını çadırdan kaldırdı ve bana baktı.

"Kimle konuşacaksın?"

"Okuldan bir arkadaşımla." Ege'nin bakışları bir anda soğuk rüzgârlarla kaplandı. Sanırım ikinci bir kıskançlık sorgulaması yaşıyorduk.

"Kim? Berk mi?"

"Hayır tabii ki. Merve. Hani şu Tumblr'dan tanıştığımız kız." Birden yüzünün rahatladığına şahit oldum. Tüm mimikleri düzeldi. Başını salladı.

"Tamam, konuş. Biz çadırı kuruyoruz." Başımı sallayarak odaya geçtim. Telefonu çıkarıp Merve'yi aradım. Ona söylemem gereken bir şey vardı. Telefonla konuşmaktan nefret etsem de istemeye istemeye stresle telefonun açılmasını bekledim.

Siz hiç, birini telefonla ararken içinizden "İnşallah açmaz." dediniz mi? Ben dedim.

"Alo! İzmir... Nerelerdesin sen? Kapını defalarca çaldım, yoksun!"

"Özür dilerim, haber vermeliydim... Ya benim bileğim burkuldu... Orada tek başıma sorun yaşarım diye bir arkadaşımın evine geldim. Bir süre burada kalacağım... Ama yurda haber vermem lazım."

"Ciddi misin sen? İyi misin? Nasıl oldu?"

"Basit bir kaza. İyiyim. Ama bir süre ayağımın üzerine basamayacağım."

"Ya çok ama çok geçmiş olsun... Ben haber vereyim yurda. Ama anneannen velin olarak görünüyordu, değil mi? Onu arayabilirler. Haberi var mı?"

"Yok." dedim telaşla, "Öğrenirse buraya gelir. Öğrenmemesi gerekiyor. O yüzden senden bir şey isteyeceğim işte..."

"Anladım." dedi bir anda, "Tamam, hiçbir şey söyleme. Anneanne adına bir dilekçe yazıp onlara vereceğim. O iş bende. İçin rahat olsun." Şaşkınlıkla kaşlarımı çattım.

"Yuh!" dedim, "Bunu isteyeceğimi nasıl anladın!"

"Ben hayatım boyunca usulsüz evrak işleri yaptım İzmir. Okulda devamsızlık raporu doldururdum arkadaşlarıma, aileleri adına dilekçeler yazardım..." Büyük bir kahkaha attım.

"Ya sen harikasın!" dedim gülerek, "Çok teşekkür ederim. Dilekçeyi yazınca bana da at. Okuyup bayağı güleceğim."

"Tamamdır tatlım, geçmiş olsun. Görüşürüz!"

"Görüşürüz!"

Telefonu kapatıp gülerek bir süre ekrana baktıktan sonra balkona çıktım. Ege ve Lena çadırı kurmuşlardı.

"Kurduk İzmir, bak! Amca hemen yastık ve yorgan getir!" Gülerek çadıra baktığım sırada Ege de bana bakıyordu.

"Nasıl olmuş?"

"Harika! Üçümüz sığacak mıyız?"

"Aslında iki kişi sayılırız." dedi Ege, "Ben bir kişi, sen yüzde yetmiş beş kişi, Lena da yüzde yirmi beş kişi. Tam iki kişiyiz yani, sığarız." Keyifle güldüğüm sırada Ege odaya daldı. Lena da peşinden koşarken tekerlekli sandalyemle ilerleyip çadırın içine baktım. Onlar yastık ve yorganları getirirken ben de balkonun ışığını yakıyordum. Ege yorganı çadırın serdi, üstüne de yastıkları attılar ve en üste bir yorgan daha koydular. Lena direkt çadıra daldı.

"Hadi, gelin! Çadır partisi!" Kıkırdadığım sırada Ege gülerek ter içinde yüzüme baktı.

"Çocuk yapmaktan vazgeçtim." Karşılıklı gülüştüğümüz sırada Ege gelip beni kucağına aldı, Lena'ya çaktırmadan dudağıma bir öpücük kondurup beni çadırın içine yatırdı. Lena heyecanla Ege'nin de girmesini beklerken Ege çadıra girdi ve çadırın fermuarının yarısını kapattı. İçerisi balkonun ışığından hafif loştu ama çoğunlukla karanlıktı. Muhteşem bir atmosferin içindeydik şu an. Çok huzur vericiydi. Lena birden başını Ege'nin kucağına koydu.

"Amca..." dedi, Ege Lena'nın saçlarını severken çok güzel görünüyorlardı.

"Ben çadıra girince neden hemen uyuyorum?" Ege gülümsedi.

"Sen bebekliğinde de böyleydin. Karanlıkta hemen uyurdun."

"Peki sen beni bebekken seviyor muydun?"

"Sevmiyordum." Gülerek baktığım sırada Lena kaşlarını çattı.

"Neden!"

"Çok çirkindin." Lena birden ağlamaya başladı!

"Ahaha Ege yapma şunu çocuğa!" Ege ve ben kahkahalarla gülerken Lena ağlıyordu!

"Çok mu çirkindim?" dedi gözyaşlarının arasından!

"Şaka yaptım şaka yaptım! Ağlama dur. Çok güzeldin!" Sonra Lena anında sakinleşti.

"Gerçekten mi? Prenses gibi miydim?" Ege başını salladı.

"Evet, prenses gibiydin." Lena derin bir nefes alıp gözlerini kapattı. Yavaş yavaş uykuya dalarken Ege başını kaldırıp bana baktı...

"Ege," dedim, "Sen beni bebekken seviyor muydun? Sence güzel miydim?" Ege keyifle sırıtmaya başladı.

"Çok çirkindin İzmir. Sevmiyordum."

"Ağlamaya başlarım ama!" Kendi aramızda gülüştüğümüz sırada bu geceyi hayatımın en güzel gecesi ilan ettim. 25 Eylül 2017, hayatımın en güzel gecesi... Yazın bunu bir kenara...

"Ege..." dedim bir kez daha, "Yalnızlığımı benimle paylaştığın için teşekkür ederim." Ege derin derin gözlerimin içine baktı.

"Bu geceyi hayatımın en güzel gecesi yaptığın için ben de sana teşekkür ederim." Bunu duymak tüm yarım kalmışlıklarımı tamamladı sanki. Bu gece hem onun hem benim hayatlarımızın en güzel gecesiydi. Ve eminim ki, o hayatımda olduğu sürece hiç eksik kalmayacaktım, onunla olan her günüm hayatımın en güzel günü, her gecem hayatımın en güzel gecesi olacaktı...

Derin bir iç çekerek Ege'ye baktım son kez. Bu çadırın içinde, bu loş ışıkların altında, bu huzurlu gecede hayatımın ne kadar harabe bir halden bu hale taşındığını düşündüm. Her şeyi düzeltiyordum, her şeyi düzeltiyorduk, her şeyi düzeltecektik. Şimdi siz de derin bir nefes alın, başınızı kaldırın, dik durun ve kendi kendinize tekrar edin bu cümleleri, "Her şeyi düzelteceğim, her şeyi düzelteceğim, her şeyi düzelteceğim, her şeyi düzelteceğim..."

Evet.

Her şeyi düzelteceksiniz.

Küçük kız, yaşadığı kazanın sonucunda günlerce yataktan çıkamamış. Şövalye günlerce küçük kızın başında beklemiş, ateşi düşsün diye ona ninniler söylemiş, masallar anlatmış. En büyük aşk bir babanın kızına duyabileceği aşkmış. Ve şimdi şövalye aylar önce tanımadığı bu küçük kızın babasıymış, onun en büyük aşkı ne güneş ne yıldızmış... Bu küçük kız ona annesinin babasının emanetiymiş. Küçük kız günler sonra gözlerini açtığında şövalyeyi başında görememiş, sendeleyerek ayağa kalkmış. Evde göremediği şövalyenin de onu terk ettiğini düşünmüş, içi korkuyla acırken telaşla evin kapısını açmış. Dışarıdaki rüzgâra rağmen dışarı çıkmış. Şövalyeyi bahçede odun keserken görünce gözlerinden birer damla yaş akmış. Şövalye onu terk etmemiş... Şövalyeye doğru koşmuş küçük kız, "Şövalye!" diye bağırmış. Bu güçlü adam ise duyduğu sesin heyecanıyla arkasına dönerken küçük kız bir taşa takılıp düşmüş. Şövalye telaşla küçük kıza doğru koşmuş, onu düştüğü yerden kaldırmış, kucağına almış. "Çok dikkatli koştum..." demiş küçük kız gözyaşları içinde, "Ama yine de düştüm... Neden hep düşüyorum şövalye? Ben akılsız mıyım?" Küçük kızın böyle söylenmesi şövalyeyi güldürmüş. Günlerdir gözlerini görmediği kızına mutlulukla bakmış ve konuşmaya başlamış, "Bir yere giderken başımıza bir sürü şey gelebilir, yollar bizi yorabilir, hava bizi üşütebilir ve hatta terletebilir, ayağımıza taşlar takılabilir, böcekler bizi ısırabilir, rüzgâr bizi savurabilir. Karşımıza insanlar çıkabilir, âşık olabiliriz ve hatta terk edilebiliriz. İnsanlar bizi güldürebilir, ağlatabilir. Birileri bizi mutlu edebilir ve hatta üzebilir. Bazen yürür bazen koşar ama bazen de dizlerimizin üstüne yığılıp kalabiliriz. Bir yere gitmeye karar veririz, yola çıkarız, ama o yolun sonuna bazen ulaşamayabiliriz. Ama bunun bir önemi var mı? Çünkü yol bizim onun sonuna ulaşabilmek için yaptığımız her şeye şahit, yollar bizim üstlerinden geçerken çektiğimiz acılara, döktüğümüz gözyaşlarına şahit. Varsın ulaşamasın ayaklarımız o yolun sonuna. O yollarda düşmek bile güzel."

29. Bölüm
No 34, Kat 3

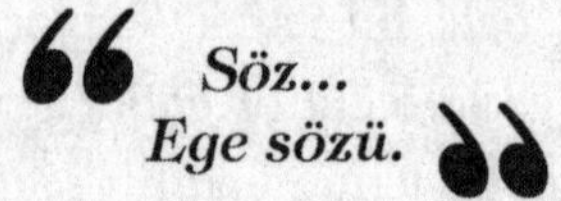

"Ege... Oğlum bunun ne kadar tehlikeli olduğunu biliyorsun değil mi? Saatlerdir dil döküyoruz sana."

"Biliyorum baba, ama şu an başıma gelebilecek hiçbir şey umurumda değil. Aylarımı o evde tek başıma geçirdim. Hiçbiriniz yoktunuz ve sizden başka kimsem de yoktu bu dünyada. O evde, o odada tek başıma kafayı yemek üzereyken İzmir girdi hayatıma. O olmasaydı kafayı yemiştim ben..."

Ege'nin gözleri bana kayarken sıkıntıyla alt dudağımı ısırdım, bana öyle derin bakıyordu ki bakışları bana büyük bir teşekkürdü sanki.

"Baban haklı." diye mırıldandım bir anda, "Dün akşam bir anda kendimi çok kötü hissedip o eve gitmek istediğimi söyledim. Ama bekleyebilirim, bileğim iyileştiğinde tek başıma gidebilirim! Senin benimle gelmen çok tehlikeli." Ege inatla başını salladı.

"Seni o eve götüreceğim İzmir."

İnadından vazgeçmeyeceğini adım gibi biliyordum. Ve şu an kendimi delicesine suçlu hissediyordum. Ona bu dileğimi hiç ama hiç söylememeliydim. Bu evden adım atmasına sebep olacak bir şeyi ondan nasıl isterdim?

"Oğlum bırak biz götürelim ya, vallahi ben götüreceğim kapısına kadar, söz veriyorum." Ege'nin abisi Ali Abi söze girdiğinde kendimi çok daha kötü hissettim. Bu kadar ısrarcı olduklarına göre Ege'nin başı gerçekten büyük bir beladaydı.

"Abi... Ben bu kızı evine götüreceğim." dediğinde yüzüne hayranlıkla baktım, beni bu kadar seviyor olabilir miydi gerçekten? "Sonra geri getireceğim. Kendi ellerimle götürüp kendi ellerimle getireceğim. Ve içim rahat bir şekilde Fransa'ya döneceğim. Başıma hiçbir şey gelmeyecek, hakkımda yakalama kararı yok, kimse benden şüphelenmiyor bile. Sizden aylar sonra ilk kez bir şey istiyorum."

"Tamam, biz de gelelim. Arabayı sen kullanma, ben kullanayım. Nasıl plan?" Ege gözlerini devirdi.

"Bu konuda daha fazla konuşmak istemiyorum. Başımıza hiçbir şey gelmeyecek. Bana bir araba ayarlayın, bir an önce yola çıkıp akşam İzmir'de olalım. Sabah da yola çıkıp buraya geri döneceğiz. Bu kadar basit. Hiçbir şey olmayacak, korkmayın."

Babası ve abisi sıkıntıyla birbirlerine baktıklarında ne dersem diyeyim Ege'nin artık kararından dönmeyeceğini biliyordum. Sabahtan beri evdeki herkes Ege'yi bu kararından vazgeçirmeye çalışıyordu ve bu olayın tek suçlusu bendim. Dün akşam o kadar güzel bir aile ortamındaydım ki bir anda kendimi tutamayıp evimi özlediğimi, oraya gitmek istediğimi söyleyivermiştim. Ege'nin bunu hemen kabullenip gerçekleştirmek için adım atacağını bile düşünmemiştim. Ama o öyle bir insandı ki canım üzüm çekti desem beni alıp Bozcaada'ya götürür üzüm bağlarının ortasında bırakırdı. Üstelik ben ona göre çok önemli bir cümle kurmuştum. Aylardır annesinden babasından evinden bahsetmekten kaçabildiği kadar kaçan ben sadece ona içimi dökmüştüm ve evime gitmek istediğimi sadece ona söylemiştim... Öyle bir ruhu vardı ki, ben o cümleyi kurduğumdan beri evsiz kalmış beni evime kavuşturmak için içten içe deliriyordu, biliyordum.

Sadece yarım saat sonra kendimi tüm ev ahalisiyle birlikte Ege'ye ayarladıkları arabanın önünde buldum. Ciddi ciddi gidiyorduk, yola çıkıyorduk. İçim korku ve endişeyle kaplıydı.

"Oğlum, çok dikkat edin. Bir şey olursa hemen abini ara!" Annesi korkudan ağlamak üzereydi. Tekerlekli sandalyemde oturmuş bir annesine bir Ege'ye bakıyordum. Ege asla ve asla kararından vazgeçmeyecek bir inatla başı dik bir şekilde tüm ailesiyle vedalaştı.

"Kızım, bu deli oğlana dikkat et tamam mı?" Annesi gözleri yaşlar içinde bana sarılırken çok korkuyordum. Benim yüzümden aylardır kendini hapsettiği o gizli hayattan dışarı adım atıyordu. Çelik yeleğini çıkarmış da kurşunların önüne doğru koşuyormuş gibi hissediyordum. Üstelik benim için, sadece ve sadece benim için.

"Amma abarttınız ya, savaşa gitmiyoruz!" Ege ortamdaki gerginliği azaltmaya çalışırken gülerek Lena'ya eğildi.

"Amca, siz sadece İzmir'e gitmiyor musunuz, herkes neden ağlıyor?" Lena'nın cümlesiyle birlikte Ege doğruldu.

"Heh!" dedi, "Koskoca ailede mantıklı konuşan tek kişi şu çocuk! Aferin benim akıllı sevgilim." Ege Lena'yı alnından öptükten sonra bana yaklaştı, bir saniyeliğine bana göz kırptığında yüzüne korkuyla bakıyordum. Bana doğru eğildi, tekerlekli sandalyede oturan beni dikkatlice kucağına aldı.

"Gel bakalım..." diye fısıldadı. Beni arabaya bindirip dikkatlice kapımı kapattı.

"Söz veriyorum yarın öğlen saatlerinde buraya dönmüş olacağız. Merak etmeyin."

"Dikkat et eşek sıpası."

Ege yanıma, şoför koltuğuna oturduğunda ve kapılarımızı kapattığında endişeyle yüzüne baktım. Bana bakıp gülümsedi. Hayatımda başıma gelmiş en güzel şey onun bana bakıp gülümsemesiydi...

"Korkuyorsun, değil mi?" diye mırıldandı arabayı çalıştırdığı sırada. Annesi arkamızdan su döküyordu!

"Ege," diye mırıldandım, "senin başın gerçekten büyük bir belada... değil mi?" Alt dudağımı ısırdım. Ege gözlerini yoldan ayırmadan kaşlarını çattı.

"Şimdi neden böyle dedin?" Sıkıntılı bir nefes verdim.

"Bir günlüğüne bir yere gidiyoruz ve annen arkamızdan su döküyor Ege." Birden gülmeye başladı.

"Cidden su mu döktü!" dedi gülerek! Bir anda benim de sinirlerim bozuldu ve ben de gülmeye başladım!

"Ya, dalga geçme... Gülme. Ben ciddiyim. Annen ağlayarak arkamızdan su döktü, daha ne olsun!"

"Tamam o zaman, garanti sağ salim geri döneceğiz bu eve. Annem sağ olsun arkamızdan ağlayarak su dökerek bizi kurtardı." Kendimi tutamayıp büyük bir kahkaha attım.

"Anlaşıldı. Bana durumunla alakalı ayrıntılar vermeyeceksin."

"O konunun benim canımı sıktığını biliyorsun İzmir." Başımı salladım.

"Biliyorum, özür dilerim... Kaç gibi İzmir'de oluruz?"

"Yolculuk tahminen beş saat sürecek. Yani akşam altı gibi orada oluruz." Sonra umutla yüzüme baktı.

"İzmir'i İzmir'e götürüyoruz... Peki sen evini görmeye hazır mısın?" Yutkundum... Hazır mıydım değil miydim bilmiyordum. Ellerimin titrediğini hissediyordum, derin ve titrek bir iç çekerek başımı yola çevirdim.

"Kendimi binlerce insanın önünde konuşma yapacakmışım gibi hissediyorum... Sanki o seyircilerin içinde annem ve babam da olacak. O kadar heyecanlıyım ki, hayatımda ilk defa bu kadar üzücü bir heyecan yaşıyorum." Bir an Ege'nin eli uzanıp ellerimi tuttu.

"Her şey güzel olacak İzmir." diye mırıldandı. Dolan gözlerimle ona baktım.

"Söz mü?" Gözlerini yoldan ayırıp bana döndü, gözlerimin içine birkaç saniye baktıktan sonra başını salladı.

"Söz. **Ege sözü.**"

Ege sözü... Bu benim için yasalardan daha kesin, daha kalıcı, daha güvenilir bir hukuk maddesiydi sanki. Ege bir kez söz verdiyse yapmadığı, oldurmadığı, olduramadığı şey olamazdı bu dünyada. Küçüklüğümden beri hep ruh ikizimin karşıma çıkacağı günü bekledim. İsmimi İzmir koymuşlar, karşıma öyle bir Ege çıktı ki ruh ikizi bile diyemiyorum ona. Sanki biz yaratılırken onun ruhunun sadece yarısı bedenine sığmış, kalan ruhunu benim bedenime sığdırmışlar gibi... Sanki aynı ruhu ikiye bölüp bize paylaştırmışlar gibi hissediyorum.

"Koray mesaj atmış." diye mırıldandı Ege bir yola bir elindeki telefonuna bakarken.

"Bizim Koray mı?"

"Evet bizim Koray!" Ege keyifle gülerken telefonunu bana uzattı, "Telefonumu al, cevap yaz. Uzun zamandır araba kullanmıyorum, yoldan gözümü ayıramıyorum. Bir de o olaydan sonra araba kullanmak benim için biraz zor... Sanki her an öyle bir şey daha yaşayacakmışım gibi geliyor..." Ege'nin telefonunu elime aldığımda kendimi çok garip hissediyordum!

İnsan sevgilisinin ya da hoşlandığı insanın telefonunu eline ilk kez aldığında içinde bir şeyler patlamaya başlıyor. İnsanın sevgilisinin telefonu dünyadaki en büyük stalk kaynağı resmen, bu ellerimde tuttuğum telefon resmen patlamaya hazır bir stalk bombası. Galerisine girebilirim, fotoğraflarına bakabilirim. Mesajlaşmalarını okuyabilirim. Twitter'ına girip beğendiği tweetlere bile bakabilirim!

Ama bunların hiçbirini yapmayacağım. Çünkü ona güveniyorum.

Ya da yapacağım.

Tamam, ona güveniyorum ama en azından şöyle uzaktan mesajlaşmalarına kısacık göz atabilirim.

Ama atmayacağım...

Ama en azından galerisine girip fotoğraflarına bakmak benim en doğal hakkım.

Ama bakmayacağım.

Ya da...

İzmir kendine gel, manyak mısın! Hiçbir şeyine bakmayacaksın, sen aklı başında ve Ege'ye güvenen bir insansın. Bu düşüncelerinin mantığı ne, nereden çıktılar birden? Tamam, bakmayacağım.

"Ne yazayım?" diye sordum Ege'ye. Sorumu sorar sormaz Koray'ın mesajını okudum, "Oyuna gelecek misin kanka?" yazmıştı. Bu erkeklerin bir anda birbirleriyle kanka olmasına ne demeli peki?

"Gelemeyeceğimi söyle. Seninle olduğumu söyle."

"Nasıl yani, kendi ağzımdan mı yazayım?"

"Evet." Heyecanla tuşlara basmaya başladım.

"Koray ben İzmir. Ege oyuna gelemeyecek. Benim yanımda." Bu mesaj, benim hayatımda yazdığım en ama en güzel mesajdı. Not alın, 26 Eylül 2017, hayatımın en güzel mesajını attım. Koray'dan anında cevap geldi.

"Ooo yenge! Kavuşmuşsunuz :) Size iyi eğlenceler." Yenge mi? Bir an kıkırdamaya başladım.

"Ne oldu?" diye sordu Ege.

"Bir şey yok..." Kaşlarını çattı.

"Neden güldün?"

"Ya... Koray bana şey yazmış... Yenge." Ege sırıtarak yüzüme baktı. Yüzüm utançtan kıpkırmızıydı!

"Demek artık birilerinin yengesi oldun."

"Hayır, kimsenin yengesi değilim."

"Öylesin." Ege bana göz kırparak yola döndüğü sırada parmağım YANLIŞLIKLA galeriye bastı. Tüh. Bile isteye girmiş olmamama rağmen şöyle kısaca galeriye göz atıp çıkmalıydım. Yavaş yavaş aşağı doğru inerken üst kısımların benim fotoğraflarımla dolu olduğunu gördüm. Hepsinin ekran görüntülerini almıştı... Sonra birkaç yemek fotoğrafı çekmiş, odasının fotoğrafını çekmiş... Bir anda içimdeki meraka yenildim ve fotoğraflarda oldukça aşağı indim. Yaklaşık bir yıl öncesine. Ege'nin eski zamanlarına... Deri ceketiyle motosiklet sürdüğü bir fotoğraf gördüm. Arkadaşlarıyla bisiklet sürdüğü, ailesiyle yemekler yediği, okul sırasında oturduğu, kucağında bir köpekle poz verdiği, Lena'nın küçücük haliyle kahkahalar attığı fotoğraflarına baktım... Bir anda yaptığım şeyin yanlış olduğunu düşünerek galerisinden çıktım ve telefonu ikimizin ortasındaki telefonluğa bıraktım. İçimde büyük bir kötü his bulutu oluştu bir an.

Normal bir hayatı varmış.

İçimden bas bas bunu bağırıyorum. *Normal bir hayatı, okulu, arkadaşları varmış...* Şimdi bir evde tek başına kalıyor ama yıllar önce her şey güzelmiş. O an o kadar büyük bir üzüntüyle yüzüne baktım ki içim acıyordu. Onu hapsolduğu o odadan o evden kurtarmak istiyordum. O da aynı şekilde, beni kurtarmak istiyordu...

Hangimiz hangimizi kurtaracaktı, birbirimizi kurtarabilecek miydik yoksa birlikte yok olup gidecek miydik acılarımızın içinde? Belki de bizi birbirimize çeken şey onun yaşadığı benim ise yaşayacağım acılardı. Hani herkesin bir koruyucu meleği olur ya, sanki bize melek kalmamıştı da birbirimizi vermişlerdi... Derin bir nefes aldım, arkama yaslanıp başımı cama çevirdim. Yolu izlediğim sırada gözlerim yavaş yavaş kapanıyordu. Sanki sistemim evimi gördüğümde yaşayacağım acılardan dolayı kendini kapatıyordu, kaçmaya çalışıyordum.

"Uyuyacak mısın?" Ege'nin sorusuyla birlikte başımı salladım.

"Sanırım..."

"Evinizin numarası ne? Seni bunu sormak için uyandırmayayım. Sokağı biliyorum ama numaranızı bilmiyorum." Hepimiz evlerimizin adresini söylemeye alışığızdır. Sokağını, numarasını, katını... Öyle ki, evimizin adresini söylerken hepimizin içinde ister istemez bir huzur oluşur. Gözlerimi kapattım, huzur içinde fısıldadım.

"No 34, kat 3..."

Uyumak en iyi kaçış yöntemiydi bu dünyanın gerçeklerinden. Öyle yaptım, kendimi ister istemez uykunun kollarına bıraktım... Saatler sonra yüzüme çarpan soğuk hava dalgasıyla birlikte gözlerimi açtığımda kendimi Ege'nin kollarında dışarıda buldum. Gözlerim binanın üzerindeki NO 34 yazısına kaydı. Telaşla başımı kaldırdım.

"Gelmişiz!" dedim. Sanki evde beni bekleyen birileri varmış gibi titreyen ellerimle saçlarımı düzelttim.

"Geldik... Evini görmeye hazır mısın?" Korkuyla titrek bir nefes aldım.

"Ege, beni yere indirir misin?" Ege kaşlarını çattı.

"Neden?"

"Yani..." dedim söylemeye çekinir gibi, "Komşular..." Ege bir anda olayı anladı ve gülerek başını salladı.

"Komşuların diline düşersin yani. Düş... İndirmeyeceğim."

"Ege lütfen! Binadaki herkes beni tanıyor."

"Herkes seni tanıyorsa bileğin burkulduğunda birinin seni kucağında taşımasına kötü bir gözle bakmayacaklardır." Gözlerimi devirdim. Bu sırada Ege'yle birlikte asansöre biniyorduk. Yani ben onun kucağında o ise ayakta!

"Aylardır gelmediğim evime birinin kucağında geliyorum... Emin ol kötü gözle bakacaklardır."

"Bu onların problemi." Sıkıntıyla nefesimi verdiğim sırada asansör üçüncü katta durdu. Bir anda eve girmeye dair duyduğum korkular, karnıma giren ağrılar, gözümde canlanan anılar, bir yanda ise karşı komşumuz Belma Teyze'nin beni görmemesi için ettiğim dualar.

"A ah, İzmir!" Ve dünyanın en çabuk reddedilen duası oldu duam. Belma Teyze bizi gördü.

Kadın şok içinde Ege'nin kucağındaki bana bakıyor.

"Merhaba Belma Teyze." Biliyorum birinin kucağındayım Belma Teyze, ama inan olay bildiğin gibi değil.

"Hoş geldin kızım! Nasılsın, iyi oldun mu?" Bulunduğum pozisyona bakın, ağlayacağım. Ege de sessizce gülüyor.

"İyi olmaya çalışıyorum..."

"Buraya geri mi döndün yavrum?"

"Hayır Belma Teyze. Birkaç eşyamı almak için geldim." Şimdi kadın sormaz mı peki neden bu çocuğun kucağındasın, insene aşağı diye. Umarım bileğimin burkulduğu belli oluyordur.

"Bileğini nasıl burktun yavrum, bu delikanlı kim? Merhaba, siz de hoş geldiniz..." Belma Teyze Ege'ye gülümserken içim biraz olsun rahatladı. Bileğimin burkulduğunu anlamıştı ve Ege'ye gülümsemişti.

"Ben nişanlısıyım." Ege'nin kurduğu cümleyle Ege'ye şok içinde baktığım sırada gülümseyerek Belma Teyze'ye bakıyordu.

"Ah ah gerçekten mi! Çok mutlu oldum bak şimdi! Çok üzüldüm ardından İzmir'im, çok ağladım yavrum. Ama nişanlanmışsın, iyisin, çok mutlu oldum şimdi! Evladım senden Allah razı olsun, düğününüze beni de çağırın yoksa darılırım. Düğün ne zaman?"

"Bu yaz..." Ege'nin cevabıyla birlikte bir kez daha şok içinde yüzüne baktım.

"Tabii çağırırız sizi, İzmir de hep sizden bahsediyor zaten." Allah'ım Ege ne diyorsun sen!

"Ah yavrum!" Belma Teyze mutluluktan ağlamak üzere, "Ben de seni hiç unutamadım. O güzel annen baban seni nasıl güzel yetiştirdiyse gördüğüm en güzel genç kız oldun sen! Allah sizi hiç ayırmasın, düğününüze koşa koşa geleceğim." Kekeleyerek ne diyeceğimi bile bilemeden öylece konuşmaya çalıştım.

"Teşekkür ederim Belma Teyze. Biz şimdi eve girelim, sonra görüşürüz."

"Görüşürüz yavrum." Ege kucağında benimle birlikte bizim evin kapısına doğru döndüğü sırada sırıtıyordu. Ona öfkeyle bakarken cebimden evin anahtarını çıkardım. Öyle şeyler demişti ki bu evin kapısından ağlayarak gireceğime eminken şimdi şok ve öfke içinde giriyordum. Evin kapısını açtım, yine de içimde bir sızıyla birlikte kapıyı geri doğru ittim. Ege kucağında benimle birlikte eve girip kapıyı kapattığında ona baktım.

"Dur..." dedim. Kapının olduğu yerde durduk. Eve bakmaya hazır değildim.

"Demek yazın evleniyoruz." Başını salladı.

"Aynen öyle."

"Bu Belma Teyze çok bela bir kadındır, ona senin telefonunu vereceğim, yaza kadar seni sürekli arayacak ve sen o düğünü yapmak zorunda kalacaksın ben sana söyleyeyim. Bunu sen istedin." Ege keyifle gülümsedi.

"Söz veriyorum, o düğünü Belma Teyze için olsa bile yapacağım."

"Hâlâ söz veriyor ya!" Öfkeyle başımı çevirdiğim sırada Ege elini uzatıp koridorun ışıklarını yaktı. Hiç beklemediğim bir anda bu koridoru gördüm ve o an her şeyi unuttum. Ege'yi unuttum, Belma Teyze'yi unuttum, öfkemi unuttum...

Çünkü artık evimdeydim...

"Beni... bu sefer indirir misin... lütfen..." dedim hipnoz olmuş gibi.

"Ama yürüyemiyorsun."

"Beni indir Ege..." Ege beni kucağından indirip ellerimi tuttuğu sırada koridora baktım.

"Her gün bu kapıdan girerdim, bu koridorda yürürdüm..." diye mırıldandım.

"Kendini üzecek şeyler söyleme İzmir..."

"Bu koridordan geçerdim..." Ege'nin ellerini tuta tuta zar zor ilerledim, mutfağın ışığını yaktım.

"Annem burada yemek yapıyor olurdu. Ona bakardım... Baksana, masada tabaklar duruyor... O gün evden çıkarken akşam yemeği öncesi masayı hazırlamıştı... Şu üstteki dolabın kulpunu ben kırdım biliyor musun? Babam bana çok gülmüştü o akşam..."

"Sen hep dolapların kulplarını kırıyorsun, fark ettin mi?" Acı içinde gülümsedim.

"Artık değil..."

"Mutfağınız güzelmiş..." Ege'ye dolu gözlerle baktım.

"Güzeldi." diye düzelttim onu, "Artık değil... Bir yeri, içindeki insanlar güzelleştirir. Ve bu ev artık güzel değil. Çünkü içinde güzel olan hiçbir şey kalmadı..." Burnumu çeke çeke koridora doğru döndüm.

"Peki bir yeri içindeki anılar da güzelleştirmez mi? Sizin bu evde çok güzel anılarınız olmuş, burası dünyadaki cennetin senin."

"Burası bir mezarlık Ege..." dedim hıçkırıklarımın arasında.

"Şşş... Böyle şeyler deme İzmir! Burası senin evin, burası senin en güzel anılarının olduğu yer. Biz bile bu evde tanıştık seninle!" Onu dinlemedim, delirmiş gibiydim. Koridora doğru yönelip zar zor oturma odasına girdim. Sertçe ışığı açtım. İşte o an her şey koptu benim için... Hıçkıra hıçkıra ağladığım sırada dizlerimin üzerine çöktüm. Ege anında korkuyla bana doğru eğildi.

"İzmir! Yapma... Seni buraya getirmemeliydim. Gel, gidiyoruz buradan..."

"Hayır, hayır..." Sayıklamaya başladım, "Anne... baba... neredesiniz?"

"Hadi güzelim, gel gidiyoruz buradan."

"Hayır!" Ege beni acı içinde kaldırmaya çalışırken ona izin vermedim. "Dur, tamam, dur. İzin ver bu gece burada kalayım. Acımı burada atmam lazım..." Ege mahvolmuş bir şekilde yanıma oturduğunda yutkunmaya çalıştım.

"Hep burada otururlardı. Babam televizyondan maç izlerdi, annem de telefonunun o küçük ekranından Kiralık Aşk izlerdi..." Acı içinde gülümsedim.

"Sonra ben onlara kahve yapardım... Babam dalgınlığıma laf edip dururdu, annem de beni korurdu... Yanlarına oturup saçma sapan şeyler anlatırdım... Ölmeden dört ay önce evlilik yıldönümleriydi, tam burada, şu an oturduğumuz yerde dans etmişlerdi benim zorumla... Tam burada..." dedim yerlere dokunurken. Birden Ege elimi tuttu, beni olduğum yerden kaldırdı.

"N-ne yapıyorsun?" dedim gözyaşlarım akmaya devam ederken.

"Burada mı dans ettiler?"

"Evet..." Tek elimi alıp havada tutarken tek elimi omzuna yerleştirdi, ben şaşkınlıkla gözyaşlarımın içinde ona bakarken elini belime koydu.

"Böyle mi dans ettiler?" Sinir bozukluğuyla güldüm.

"Ege yapma..."

"Acılarının üzerine güzel anılar eklemek zorundasın İzmir." dedi benimle ağır ağır dans ederken, "Seni ağlatan her şeyin üzerine güzel şeyler eklemek zorundasın. Kırıklarının üzerine basacaksın. Burası, tam bu nokta sana acı çektiriyor. Ve biz de bu noktadaki kırıklarının üzerine basıyoruz şimdi, dans ederek..."

"Ama ben bunu istemiyorum..." Acı içinde konuşmama rağmen Ege durmadı, ağır ağır dans ediyordu benimle alnını alnıma dayamış bir halde.

"İstiyorsun..." Gözyaşlarımın arasında gözlerimi kapatıp kendimi ona bıraktım.

"O mutfak masası var ya, hani annen tabakları çatalları hazırlamış... Birazdan yemek yapıp o hazır masada yemek yiyeceğiz. Annen o masada yemek yemeni istemiş ve sen o masada yemek yiyeceksin. Benimle birlikte..."

"Ege..." Gözyaşlarım durmuyordu, tir tir titriyordum.

"Onlar aklımdan çıkmıyor Ege. Bu evin her yerinde bir adımları var, her kapıda parmak izleri var, her yastığa bir kez olsun yaslanmışlar, kokuları var bu evde... Onlar benim hayatımdı, ben hayatımı kaybettim..."

"Onları kaybetmedin, sadece onları artık fiziksel olarak göremeyeceksin. Ama onlar hep yanında, hep içinde. Bu kaybetmek değil ki."

"Bu kaybetmek..." Kendimi zorla ondan çektim.

"Lütfen..." dedim, "Dans edemem, mutlu olamam... Onların odasına gitmek istiyorum, yastıklarını koklamak istiyorum." Ege acı içinde yüzüme baktı, başını salladı.

"Tamam, sana çok kısa bir süre daha vereceğim. Odalarına da gidelim, istediğini yap. Ama sonra toparlanacaksın." Ellerini tuttum, ağır ağır ilerledik birlikte. Odalarına girdiğimiz zaman gözyaşlarım katbekat arttı. Yatakları, yastıkları, babamın koltuklarında kalan gömleği...

"En sevdiği gömleğiydi bu... Giyememiş..." Ağır ağır ilerledim, yataktaki iki yastığı alıp onlara sarılarak yatağa oturdum. Gözlerimi kapattım. Anneme ve babama sarılıyormuşum gibi sarıldım o yastıklara. Dakikalarca durdum öyle, kendimi öylesine güvende hissediyordum ki o yastıklardan ayrılınca korkudan ölecekmişim gibi hissediyordum. Bir şekilde yastıkları yatağa bıraktım, ağlayarak ayağa kalktım. Annemin aynasının önündeki makyaj malzemelerine dokundum, parfümlerine dokundum... Parfümünü aldım ve üzerime bir fıs sıktım, derin bir nefes alıp o kokuyu içime çektim. Sonra takı kutusunu açtım, kolyelerine baktım. O sırada gözüme bir şey çarptı. Masanın üzerindeki her şeyin altında duran dantelin altında beyaz bir şey... Kaşlarımı çatarak o şeyi dantelin altından aldım. Bu bir zarftı.

"Kızımıza..." yazıyordu üzerinde. Kaşlarım çatılı bir şekilde zarfla birlikte yatağa oturdum.

"O ne?" diye sordu Ege.

"Bilmiyorum." Titreyen ellerimle zarfı açtım. Bu bir mektuptu. Okumaya başladım.

"Sevgili kızım, ben baban... Sen bir asker kızısın. Küçüklüğünden beri güçlü yetiştirmeye çalıştım seni. Bunun sebebini biliyorsun, asker kızları acı haberlere dayanıklı büyümelidir, işte ondan... Bu mektubu bulduğunda bu demek oluyor ki ya yaramaz bir çocuk olup annenin ve babanın odasını karıştırıyorsun, ya da bizi kaybettin, o odada bizim kokumuzu arıyorsun... Umarım bu mektubu okuma sebebin yaramaz bir çocuk olmandır, umarım bizi hiçbir zaman kaybetmezsin... Ama eğer hayatında ben yoksam artık ve hatta annen de yoksa... Bizi bir şekilde kaybettiysen şunu bil ki, sen dünyanın en güzel evladısın. Biz seni çok sevdik, hep seveceğiz. Bir baba öldüğü zaman bile çocuklarını korumaya devam eder, sana asker sözü veriyorum, seni hep koruyacağım kızım. Sen güçlü olmaya devam etmek zorundasın. Ben bu zamana kadar bir sürü çatışma gördüm, bir sürü ülkede askerlik yaptım, savaşlar gördüm. Ama benim gördüğüm en çetin savaş hayat. Ve sen eğer bizi kaybettiysen şimdi o savaşın bir askerisin kızım. Babana yakışır bir asker ol, o savaşı sakın kaybetme. Seni hep izliyor olacağım, olacağız. Gözümüz hep üzerinde, elimiz hep sırtında, biz hep yanındayız. Unutma, sen de bir gün güçlü bir anne olacaksın. Öyle bir yaşa ki, çocukların sana baktığında gurur duysun. Öyle bir yaşa ki, biz seni yukarıdan her izlediğimizde gurur duyalım. Üzerini sıkı giyin, sen çabuk üşütürsün. Ve polenlerden uzak dur, alerjin var biliyorsun. Camını sıkıca kapat, yorganını üstüne ört. Seni çok seviyoruz. Kendini hiçbir şey için üzme. Hiçbir yolda düştün diye üzülme. Bir yere giderken başımıza bir sürü şey gelebilir, yollar bizi yorabilir, hava bizi üşütebilir ve hatta terletebilir, ayağımıza taşlar takılabilir, böcekler bizi ısırabilir, rüzgâr bizi savurabilir. Karşımıza insanlar çıkabilir, âşık olabiliriz ve hatta terk edilebiliriz. İnsanlar bizi güldürebilir, ağlatabilir. Birileri bizi mutlu edebilir ve hatta üzebilir. Bazen yürür bazen koşar ama bazen de dizlerimizin üstüne yığılıp kalabiliriz. Bir yere gitmeye karar veririz, yola çıkarız, ama o yolun sonuna bazen ulaşamayabiliriz. Ama bunun bir önemi var mı? Çünkü yol bizim onun sonuna ulaşabilmek için yaptığımız her şeye şahit, yollar bizim üstlerinden geçerken çektiğimiz acılara, döktüğümüz gözyaşlarına şahit. Varsın ulaşamasın ayaklarımız o yolun sonuna. O yollarda düşmek bile güzel."

Titreyen ellerimle bu mektubu okuduğumda bir şeylerin değiştiğini hissettim. Sanki o eksik parça bir anda tamamlandı içimde. Tamam dedim o an, tamam... Şimdi bir şeyler yerine oturdu... Ben acıdan yürüyemediğim o günleri tam şimdi atlattım. Sanki babamla konuşmuş gibi hissediyordum kendimi. Sanki onlara sarılmış, özlem gidermiş gibi hissediyordum...

"Odama gidelim..." diye mırıldandım, "Babam camımı kapatmamı istiyor."

Ege başını kaldırdığı mektubumdan o kadar etkilenmişti ki yüzü kızarmış bir şekilde yüzüme baktı. Elini bana uzattı.

"Hadi." Elini tuttum. Ağır ağır ilerledik. Birlikte odama girdik. Ege loş ve turuncu ışıkları açtığında gözüm direkt aralık kalan cama kaydı. Ağır ağır ilerledim, camı sıkıca kapattım. Babamın yukarıdan bir yerden güldüğünü hissedebiliyordum... Yatağıma oturdum, bacaklarımı yorganımla kapladım.

"Yanıma gelsene..." diye mırıldandım. Ege başını sallayarak yanıma uzandı, yorganla üzerini örttü.

"Bir şeyler tamamlandı, değil mi?" diye sorduğunda içimi çektim.

"Tamamlandı Ege..." Başımı omzuna yasladım. Tam o anda elektrikler kesildi.

"Sizin bu evde sürekli elektrik mi kesiliyor, görüntülü konuşmamızda da kesilmişti." Gülümsemeye çalıştım.

"Hatırlıyor musun o anı?"

"Hatırlıyorum, ağzın açık bir şekilde ekranda donakalmıştın! Ve hatta telefonumda fotoğrafın var!" Ege telefonunu çıkarıp galerisine girdi. Bana o anın fotoğrafını açıp gösterdi. Ekranda ağzım açık bir şekilde donakalmışım, üzerinde de İNTERNET BAĞLANTISI YOK yazıyor. Gülmeye çalıştım. Oysa o kadar halsizdim ki. Sanki aylarca koca koca taşlar taşımışım da o mektubu okuduğum anda birisi o taşları sırtımdan nihayet almış gibi hissediyordum...

"Biliyor musun Ege, eskiden elektrik kesintisini çok severdim..."

"Karanlığı mı severdin?" Başımı salladım.

"Karanlığı değil, karanlığa mahkûm olmayı severdim... Karanlığı sevseydim eğer her akşam kalkıp ışığımı kapatırdım. Oysa ben kapatmadan ışık elimden alınsın istiyordum. Karanlıkta kalmak değil, ona mahkûm olmak istiyordum. Ve sanırım sonsuz karanlığa mahkûm edildim..." Başımı kaldırıp ona baktım.

"Sonra sen bana ışık oldun. Yorganıma bile ışıklar taktın, hayatımı aydınlattın..." Ege dudaklarını dudaklarıma değdirdi bir anda ve bu karanlık odayı benim için aydınlatan son bir cümle kurdu.

"Ben hayatında olduğum sürece karanlıkta kalmayacaksın İzmir..."

"Söz mü?"

"Söz... Ege sözü."

Günlerden bir gün, küçük kız ve şövalye evlerinin şöminesinin önünde otururken küçük kız yere düşen tahtalardan birini eline almış. Elindeki tahtayı ateşe doğru uzatıp ucunu yakarken şövalye onu durdurmuş, "Elin yanar." demiş, oysa küçük kızın bir hüznü varmış gözlerinde. Sanki bu ateş ona bir şeyleri hatırlatmış... "Neyin var?" Şövalye küçük kızın çenesine elini koymuş, başını kaldırmış. Kız usulca konuşmaya başlamış, "Bir kere, annem bir tatlı yapmıştı bize..." demiş küçük kız, "Üzerine mumlar yakmıştı. Birlikte dilek dilemiştik, sonra üflemiştik... Ben bir bisiklet dilemiştim. Sonra dileğim gerçek oldu biliyor musun şövalye? Babam bana tahtadan bir bisiklet yapmış! Kocaman! Şimdi, belki bu tahtayı ateşle yakıp üflersem başka bir dileğim de gerçek olur..." Şövalye hüzünlü kızın gözlerine bakmış, derin bir iç çekmiş. Eline daha uzun bir tahta alıp şöminede yakmış ve kıza uzatmış, "Dileğini dile, üfle." demiş. Kız heyecanla ayağa kalkmış, gözlerini kapatmış. Dileğini dileyip üflemiş tahtaya, ateş söner sönmez gülerek şövalyenin boynuna sarılmış. "Ne diledin?" demiş şövalye merakla. "Sana söylerim ama kimseye söyleme, tamam mı şövalye?" Şövalye başını sallamış, kimseleri yokmuş zaten. "Annemi..." demiş küçük kız, "Onu çok özledim..." Ne acıymış bu, küçücük bir kızın küçücük yaşında yapayalnız kalması. Ne acıymış böylesine küçük bir bedenin özlemi tatması...

Bizim şanssızlığımız
birbirimizden
kilometrelerce uzakta
oluşumuzdu.

30. Bölüm
İyi Ki Doğdun

> *Ege İzmir'siz bir hiçti...*
> *Beni hiç olmaktan kurtardın.*

İnsan, acısının içinde bir gece geçirir mi? Bu ev benim içimdeki acının büyüyüp dışıma sarılmış hali. Ege ise benim bu acının üstüme yıktığı karanlığın içinde hayatta kalabilmem için yanımda taşıdığım bir ışık... Ve ben sanırım acımın içinde bir gece değil bir ömür geçireceğim bundan sonra. Ege yanımda olduğu sürece karanlıkta kalmayacağım, peki ya bir gün o da giderse? Bir gün ben yapayalnız kalırsam ve o karanlık beni komple ele geçirirse? O zaman içimle tanışacağım... İnsan sadece karanlıkta kaldığında kendini görebiliyor. İnsan sadece karanlıkta kaldığı zaman kendisiyle tanışıyor.

Yorganların altında, ışığı kapalı odaların içinde, göz kapaklarımızın ardındaki karanlıkta... Kendimizle hep karanlıkta tanışıyoruz. Çünkü içimiz yalnızca sesler sustuğunda bizimle konuşuyor. Yalnızca ışıklar kapandığında bize elini uzatıyor... Şimdi gözlerinizi kapatın, içinizden 10'a kadar sayın... Ve kendinizi hissedin, içinizdekini hissedin, ruhunuzu hissedin, kendinizi selamlayın, kendinize merhaba deyin...

Bir...

İki...

Üç...

Dört...

Beş...

Altı...

Yedi...

Sekiz...

Dokuz...

On...

Merhaba, kendim... Ben, senim. Tanıdın mı? Seninle neler neler yaşadık, hatırlıyor musun? Neler gördük, neler atlattık, kaç yüke direndik. Ne acılar çektik seninle, kaç gece ağladık, kaç kez kendi avuçlarımızı sıka sıka canımızı acıttık, kaç kez dudağımızı kanattık, kaç kez bağırmak istedik ama sustuk, kaç kez o yorganı başımıza çektik, kaç kez sevdik kaç kez söyleyemedik, kaç kez korktuk, kaç kez kaçtık... Yahu biz seninle ne sözler işittik? Ne bakışlar gördük. Ne çok acır gibi baktılar bize, hatırlıyor musun o bakışları? Yere düştük, dizimiz acıdı diyemedik. Âşık olduk, seviyorum diyemedik. Elimizi uzattık, tutunacak yer bulamadık. Kaç kez ruhum, kaç kez... Biz seninle kaç kez dibi gördük?

Belki hâlâ dipteyiz, öyle değil mi?

Onları kaybettiğimden beri yatağıma her yattığımda elimi başıma doğru uzatıyorum, kendi saçlarımı okşuyorum. Sanki ruhum birinin onu sevmesine, saçlarını okşamasına ihtiyaç duyuyor gibi... Kendime sarılmak istiyorum, kendi yanağıma dokunmak istiyorum, kendi gözyaşlarımı silip kendime geçecek demek istiyorum... İnsanın en büyük çaresizliği kendi kendini teselli etmek zorunda kaldığı andır. Ama insanın güçlendiği an da odur. Büyüdüğü andır o. Ruhunun tamamlandığı andır...

Oysa Allah beni seviyormuş ki elimi boş bırakmadı. Bana binlerce kilometre öteden bir melek gönderdi sanki. Ve size yemin ederim, sizi de seviyor... Elleriniz boş kalmayacak. Elinizi uzattığınız sürece bu dünyada hiçbir el boş kalmaz... Şimdi buradayım, dizlerinde yatıyorum. Saçlarımı okşuyor, gözümden bir damla yaş aktı az önce, parmağını uzatıp sildi. Bu ne büyük bir lütuf... Bu hangi dileğimin kabul oluşu?

"Niye biz?" diye mırıldandım bir anda.

"Sana bu kadar ihtiyacım varken arasında binlerce kilometre olması gereken iki insan neden biziz?" Ege yutkundu.

"Çünkü biz bunun üstesinden gelebiliriz İzmir." Burnumu çektim, gözlerimi gözlerine diktim, bana öyle güçlü bakıyordu ki gözlerimi kırptım.

"Gelebiliriz," diye mırıldandım, "Biliyorum..."

O gece odamda birlikte uyuduk. Pek konuşmadık biliyor musunuz? Ruhları birbirine bu kadar benzeyen iki insan birbirlerini bulduğu zaman susuyormuş, bunu da öğrendim bugün. İnsan susarak da konuşabiliyormuş ve bunu öğrendim. Ege'yi İstanbul'a getirirken bir şeyleri biraz daha farklı hayal etmiştim. Gülerek hatırlayacağımız anılar hayal etmiştim. Oysa şimdi halimize bakın, ben ruh gibiyim. Ve bir süre daha toparlanacak halde değilim. Ailemin gözümde canlanan anıları beni öylesine dağıttı ki Ege'ye tek kelime edemiyorum. Ege ise dünyanın en anlayışlı insanı gibi hiçbir şey söylemeden sessizliğime gözlerini kırpıyor...

Sabah olduğunda durum farksızdı. Evime son kez baktım, Ege'ye hiçbir şey demedim. Gözümde canlanan annem ve babamın bu evde dolaşan siluetleri beni mahvederken ruhumun bir kez daha dibe düşmemesi için derin bir nefes aldım, evin kapısını kapattım ve o düşünceleri oraya hapsettim. Birlikte binadan çıktık, bileğimdeki sakatlıktan dolayı Ege'ye tutunarak zar zor yürüyordum. Benim için kibarca kapıyı açtı ve ön koltuğa oturdum. Ege koltuğuna geçerken sabahın bu saatinde bomboş sokağımıza baktım... Sonra bir anda şok içinde arabanın kapısını açtım.

"İzmir?" Kapıyı açıp şaşkınlıkla karışık mutlulukla kaldırıma baktım.

"İzmir ne oldu!" Ege telaşla kapısından ayrılıp yanıma gelirken bir bana bir yerde duran bembeyaz kediye baktı. Bu benim sokak kedimdi!

"Bu kim?" diye sordu Ege. Sinir bozukluğuyla güldüm. Kedinin kim olduğunu soruyordu.

"Bu benim kedim... yani... annem evde beslememe izin vermiyor diye her gün sokakta beslediğim kedimdi... Bu minicikti Ege! Kocaman olmuş!" Ege gülümseyerek yere eğilip kediyi sevdiği sırada arabadan zar zor eğilip başını okşadım. Kedi Ege'ye mırlarken başını benim elimin altına getirdi...

"Beni pek sevmedi." Ege hayal kırıklığıyla gülerken gözümden tek damla yaş aktı.

"Bir isim koymuş muydun?" diye sordu Ege. Başımı salladım.

"Hayır... Bağlanmamaya çalışıyordum... Dışarı çıkıp 'Kedi!' diye bağırdığımda geliyordu..." Halim berbattı. Ağlayarak kedi seviyordum? Ege bir anda kediyi elleriyle tutup havaya kaldırınca kaşlarımı çattım. Bir anda kediyi kucağıma koydu! Arabanın kapısını kapatınca şok içinde ben kediye kedi de bana baktı!

"Ege ne yapıyorsun?" Ege arabanın etrafından dolaşıp kendi koltuğuna oturdu ve kapısını kapatıp arabayı çalıştırdı.

"Ege?"

"Sessiz ol, kediyi kaçırıyoruz."

"Ne!" Ege hızla sokaktan çıkarken şoktan ne diyeceğimi bilemiyordum, size yemin ederim kedi de şok içindeydi.

"Madem bu kediyi sahiplenmiştin, biz de onu kaçırıyoruz."

"İzmir'den sokak kedisi kaçırıp İstanbul'a mı götüreceğiz? Delirdin mi sen?"

"Evet. Hızlı olmamız lazım, yarım saat sonra yokluğunu fark edip bizi aramaya başlayacaklardır. Polis, jandarma, özel kuvvetler, hepsi peşimize düşecek..." Ege keyifle gülerken gözlerimi devirdim. Bir de espri yapıyordu.

"Ya şaka yapma, bir dakika dur, ben buna hazır değilim!" dedim telaşla. Ege ufak bir kahkaha atıp şaşkınlıkla bana baktı.

"İzmir sakin ol, neye hazır değilsin! Anne olmuyorsun alt tarafı kedi bakacaksın!" Korkuyla kediye dönüp baktım, o da bana bakarken ne kadar tatlı olduğunu düşünüyordum. Bembeyaz tüyleri, kahverengi gözleri vardı...

"Biliyor musun... İlk kez babamla birlikte görmüştük bu kediyi... Birlikte süt ve salam vermiştik..." Elimi uzattım, kedinin tüylerini okşadım.

"Tamam," dedim, "Onu götürmeyi kabul ediyorum. Ama yurt onu kabul etmeyecek, biliyorsun, değil mi?"

"Hallederiz. Babama söylerim, bir şekilde kabul ettirecektir... Sen şimdi bir isim düşün. Sonsuza kadar kedi diye hitap edemezsin." Yutkundum, başımı kaldırıp derin bir nefes aldım. İsminin ne olacağını çok ama çok iyi biliyordum.

"Uçak." diye mırıldandım. Ege şok içinde yüzüme baktı.

"Ne?" Tepkisi o kadar komikti ki tüm bu duygusallığın ortasında güldüm.

"Uçak... Seni bana beni sana getirebilen tek şey. Belki bu kedi de bize şans getirir." Ege gülerek yüzüme baktı.

"Kedi ismini bir ulaşım aracı ismi koyduğun için senden nefret edecek. Ama madem öyle, artık bir kedimiz var. İsmi Uçak..." Gülümseyerek kediye baktım.

"Merhaba Uçak..." diye mırıldandım.

"Mrrrr!" gibi sinirli bir ses çıkardı! Ege'yle birbirimize bakıp şok içinde gülmeye başladık!

"Sana nefret edecek demiştim!"

Kucağımda kedimiz, yanımda Ege, radyoda Cem Adrian... İzmir gerimizde, İstanbul önümüzde öylece huzurlu bir yolculuk geçirdik. Yolculuğun sonlarına doğru saatlerdir içimde tutmaya çalıştığım bir şeyi Ege'ye anlatmaya başladım.

"Ege..." dedim, "Ben artık yurda gideyim." Ege kaşlarını çatarak yüzüme baktı.

"Yurda mı?"

"Ailen bana yapabileceği en güzel misafirperverliği yaptı. Biliyorum, daha iyileşmedim de... Ama sen Fransa'ya dönüyorsun... Ve dün gece evime gidip o evi bomboş gördüm, annemsiz, babamsız bir ev gördüm. Ve eğer sizde kalmaya devam edersem o evin boş görüntüsü aklıma geldikçe içim acıyacak."

"Hayır İzmir. Böyle bir şeye izin vermiyorum. İyileşene kadar bizde kalacaksın." Sıkıntıyla derin bir nefes aldım.

"Orada acı çekeceğim."

"Kendin söyledin, ailemin yanında olmak seni mutlu etmişti!"

"Etti, evet! Tabii ki etti! Ama şu an o modda değilim... Yalnız kalmalıyım, bir ailenin canlılığını enerjisini mutluluğunu görmemem lazım. Bu beni üzecek."

"Tek başına bu burkulmuş bilekle bir odada kalmana izin vereceğime ciddi ciddi inanmıyorsun değil mi? İnanıyorsan beni aylardır tanıyamamışsın demektir."

"Yurtta hiçbir sorun yaşamayacağım, söz veriyorum sana. Merve benim yan odamda kalıyor. O bana her türlü yardım eder, buna eminim..." Ege sessizce ciddi bir ifadeyle yolu izlerken elimi uzatıp kolunu tuttum.

"Lütfen..." diye mırıldandım, "Bana acı çektirme..."

"Tek başına olduğunu bilmek bana da acı çektirecek. Ama madem tek başına daha mutlu olacaksın, acı çeken ben olayım. Tamam..." Başımı salladım, sessizce teşekkür ettikten sonra kucağımda uyuyan Uçak'a baktım. Bu kedinin kucağımda olması bana bir anda güçlü hissettirmişti sanki... Anne olmuş bir kadın gibi, toparlanmam gerektiğini hissetmiştim. Toparlanmak zorundaydım...

"Sen... hemen gidecek misin... Fransa'ya..." Ege başını salladığında içimden kendime tekrarlayıp duruyordum, *toparlanmak zorundasın, toparlanmak zorundasın, toparlanmak zorundasın...*

"Babam hemen dönmemi istiyor. Seni yurduna bıraktıktan sonra eve döneceğim, oradan Fransa'ya..." Bir anda korkuyla başımı kaldırdım.

"Beni yurda sen mi bırakacaksın?"

"Evet."

"Ama... yani... olmaz Ege. Sen beni sizin eve götür, ben taksiyle yurda giderim." Ege yüzüme bile bakmadan hayır der gibi başını salladı.

"Seni yurda ben bırakacağım." dedi ağır ağır.

"Olmaz! Dışarıda görünmemen gerektiğini biliyorsun, neden kendini tehlikeye atıyorsun?"

"Kendimi tehlikeye atıyorsam da atıyorum. Seni yurda ben bırakacağım, insanların beni görmesini istiyorum. Eğer sana yaklaşmaya niyet eden varsa, bir sevgilin olduğunu bilmeli..." Yüzüne şaşkınlıkla baktığımda hâlâ yüzüme bakıyor değildi, öylece yola bakıyordu!

"Ege... Kimse bana yaklaşamaz. Lütfen, kendini saçma sapan bir şey için tehlikeye atma."

"Özellikle şu seninle telefonda konuşurken arkadan bağıran orospu çocuğunu görürsem çok mutlu olurum."

"Allah aşkına, çocuk hakkında şöyle konuşma lütfen. Yaptığı hiçbir şey yok!"

"Her neyse, Koray bana onun senin peşinden ayrılmadığını söyledi."

"Ne? Koray sana böyle mi dedi!"

"Aynen öyle dedi. Gidip bakalım, yanında beni görünce bir daha peşinde dolaşabilecek mi?"

"Delirdiniz mi siz ya! Sadece arkadaş olmaya çalışıyordu benimle." Ege sessizce gülümsedi.

"Eminim sadece arkadaş olmaya çalışıyordur..." Sinirle önüme döndüğüm sırada Ege telefonunun navigasyonundan okulun yerini bulmaya çalışıyordu. Ona hayatımda ilk kez öfkelenmiştim. Bana güvenmiyordu. Resmen, bana güvenmiyordu.

"Bu sokakların hangisinden girmem gerekiyor?" diye sordu bana telefonunu gözlerimin önüne tutup. Cevap vermedim. Telefonuna bakmadım bile. Gözlerimi camdan dışarıya çevirip sessizce dışarıyı izledim. Ege keyifle güldü.

"Bana trip atıyorsun." dedi bundan zevk alır gibi.

"Hep bunu hayal etmiştim... Senin bana trip atmanı..." Yüzüme hayranlıkla bakıyordu, şok içinde ona döndüm.

"Bunu mu hayal ettin?" dedim sinirle tribime devam ederken. Ege keyifle güldü.

"Şu yüze bak ya, ciddi olmaya çalışıyor bir de!" Birden tüm ciddiyetimi kaybedip kendi halime gülmeye başladım! O kadar komik bir ciddiyetim vardı ki!

"Asla normal bir çift olamayacağız." diye mırıldandım, "Lütfen yapma şunu, sana öfkeliyim ve beni güldürüyorsun."

"Senin şu halin bana bir haber manşetini hatırlattı... Öfkeli civciv dehşet saçtı!" Ege'nin cümlesiyle büyük bir kahkaha attım. O haberi hatırlıyordum!

"Ya Ege, lütfen... İzin ver sinirleneyim." Ege gülüşünü bastırmaya çalıştıktan sonra yurdun yakınlarındaki bir ara sokağa arabayı park etti ve bana döndü.

"İzmir..." diye mırıldandı.

"Ben senden uzaktayken senin çevrende birilerinin olması, insanlarla konuşuyor olman, onlarla yan yana oturuyor olman, yanlarından geçiyor olman, bunlar bana ne kadar berbat hissettiriyor tahmin edebiliyor musun? Sürekli yanında olmak istiyorum, okulunun ortasına stant kurup standın üstüne elimde megafonla çıkıp seni de yanıma alıp 'Bu kızın sevgilisi var, uzak durun!' diye bağırmak istiyorum. Tüm dünyaya senin hayatında benim olduğumu anlatmak istiyorum. Bilsinler istiyorum. Çünkü ben senin yanında olamıyorum, hiçbir zaman da olamayacağım... Bunun bir erkek için ne kadar zor, ne kadar acı verici olacağını tahmin edemezsin... İçimde seni her şeyden herkesten korumak için deliren bir içgüdü var ve ben o içgüdüye senden kilometrelerce uzakta olduğumu anlatamıyorum. Şimdi beni anlıyor musun?"

O an ona karşı öfke hissettiğim için pişman oldum. Haklıydı... Nasıl hissettiğini çok iyi anlıyordum. Kötü bir şey yapmak istemiyordu, sadece yanımda gelmek kendini göstermek istiyordu... Ve buna izin vermek benim ona borcumdu. Başımı salladım...

"Tamam, çalıştır arabayı, yan sokağın karşısına geçeceksin, kampüs orada. Okulun önünden beş kez geçtin ve okulu görmedin Ege!" Ege arabayı çalıştırıp kaşlarını çattı.

"Ben orayı askeriye sandım." Güldüğüm sırada Ege sokaktan çıkıp caddenin karşısına geçti. Okulun büyük, ağaçlık kampüsüne güvenlik kontrolünden geçip girdik. Bu sırada Ege'ye fakülteleri geçip yurda nasıl gideceğini anlatıyordum.

"Şurası Tıp Fakültesi... Şurası Hukuk... Bak şu karşısı, ormana bakan iki bina. Onlar kız ve erkek yurdu. Ortadaki bina da yemekhane. Ege," dedim ona dönerek, istemeye istemeye konuşmaya devam ettim.

"Bana söz ver. Çok kalmayacaksın. Beni kapıya bırakacaksın vedalaşacağız. Ve gideceksin." Derin bir nefes alıp başını salladı.

"Tamam, gideceğim..."

"Bu dünyada yanımda olmasını en çok istediğim insanı yanımdan kovduğum günler de gelecekmiş meğer." Acı içinde gülümsedik... Ege kız yurdu ve erkek yurdu arasında arabasını durdurduğunda etrafta pek kimse yoktu. Bu beni sevindirirken Ege'yi üzmüş gibiydi. Ege arabadan inip etrafına bakınarak yanıma geldiği sırada Uçak kucağımda uyanmış etrafına bakınıyordu. Ege kapımı açtı ve ilk olarak Uçak'ı kucağına aldı. Sonra kulağıma doğru fısıldadı.

"Onu buraya, bahçeye bırakacağız... Yurda alacaklarını sanmıyorum. Ama sana söz veriyorum babamla konuşacağım. Birileriyle konuşup Uçak'ı odana almanı sağlayacağız. Tamam mı?" Başımı salladım. Uçak bahçede yavaş yavaş dolaşıp etrafına bakarken Ege beni indirdi. Ona tutuna tutuna ağır ağır indim arabadan. Ege arabanın kapısını kapattı ve beni kolumdan tutup kendi yurduma doğru ağır ağır götürdü... O sırada arkamızdan bir ses duyduk.

"İzmir!" Ege'yle birlikte arkamızı döndüğümüzde sesin sahibini tanıyordum. Koray! Önce bana baktı, yanımdakine dikkat etmedi...

"İyi misin, bileğin burkul..." O an durdu, Ege'yi gördüğünde şok içinde kaşlarını çattı.

"Ege!" Ege kaşları çatışı bir şekilde Koray'a bakarken zar zor mırıldandı.

"Koray?"

"Ahaha ciddi misin sen ya! Ciddi ciddi gizemli çocuk Ege burada mı!" Gülerek birbirlerine baktıkları sırada Koray bize doğru ilerledi ve elini Ege'ye uzattı, el sıkıştıktan sonra erkekçe bir selamlaşmayla alınlarını birbirlerine değdirdiler. Ege'yi bir arkadaş yaparken görmek beni çok mutlu ediyordu.

"Ciddi ciddi burada." dedi Ege.

"Abi sen hani gelmemeye gitmiştin!" Üçümüz birlikte gülmeye başladığımız sırada Ege gülerek konuştu.

"İzmir planlarımı bozdu." Koray gülerek ikimize baktı.

"İyi ki bozmuş... Dur, Doruk'u ve Merve'yi çağırıyorum." Koray telefonunu çıkarıp hızla mesaj yazarken Ege mutluymuş gibi gülerek bana baktı. Onun gülmesi kalbimde öyle bir his ortaya çıkardı ki... **Bu çocuk benim canımın içiydi...**

"Geliyorlar. Ne kadar buradasın?"

"Birkaç dakika." dedi Ege gülerek.

"Ciddi misin, tüh, odama çıkarırdım seni. Bir Counter Strike oynardık. Seni bir de yanımda yenerdim!"

"Beni uzaktayken bile yenemiyorsun yanında mı yeneceksin!"

"Abi benim bilgisayar kasıyor ya, sen silahını çıkarırken seni vuruyorum bir bakıyorum sen benden önce beni vurmuşsun! Oyun iki dakika geç ilerliyor bende."

"İzmir! İnanamıyorum bu Ege mi!" Arkadan gelen Merve'nin şok içindeki sesiyle birlikte gülerek yurdun kapısına döndüm. Merve'ye gülümseyerek başımı salladım.

"Heh, geldi manyak..." diye mırıldandı Koray.

"Merhabaa!" diyerek girdi aramıza Merve, "Ben Merve." Ege Merve'nin elini sıktığı sırada Merve çok heyecanlı görünüyordu, bana bakarak göz kırptığında ona karşı büyük bir yakınlık hissettim.

"Vay be, mesafeleri aştınız!"

"Öyle oldu." dedim gülümseyerek.

"Bu kız senin yüzünden odasından çıkmıyor Ege. Yanımıza çağırıyoruz ama seninle mesajlaşmak için gelmiyor!" Merve Ege'ye beni şikâyet ederken Ege'nin yüzündeki tatminkâr gülümseme harikaydı.

"Bundan sonra onu çağıracağınız zaman bana haber verin, mesajlarına cevap vermeyeceğim. Yanınıza gelmek zorunda kalacaktır." Ege'nin cevabına güldüğümüz sırada arkadan gördüğüm Doruk yüzünde heyecanlı bir gülümseme ve çatık kaşlarla bize doğru ilerliyordu.

"Merhaba!" diyerek girdi aramıza, "Ege kardeşim, Counter'daki son maçımızın intikamı için buraya kadar gelmişsin duyduğuma göre!" Koray, Ege ve Doruk kahkahalarla gülerken size yemin ederim ağlayacaktım. Ege aylar sonra birileriyle konuşuyordu, aylar sonra arkadaşlarıyla vakit geçiriyordu. Dizlerimin üstüne çöküp SEVGİLİMİN ARKADAŞLARI VAR diye ağlamak istiyordum.

"Onun intikamını bir dahaki maçta alacağım."

"Tabii alırsın biz yurt internetiyle oynayalım sen Fransa internetiyle!"

Koray, Ege ve Doruk kendi aralarında bir oyun konuşmasına giriştikleri sırada Merve benim halimi fark etmiş gibi yüzüme bakıyordu. Koluma dokunup kulağıma doğru eğildiği sırada sessizce onu dinlemeye başladım...

"O da sana âşık." diye mırıldandı. Dolmuş gözlerle Merve'nin yüzüne baktığım sırada bana gülerek göz kırptı. Gülümsedim...

Gerçek aşkın tanımı kafamda giderek netleşiyordu... Onun mutluluğuyla mutlu oldukça âşık olduğumu anlıyordum...

"Artık gitme vaktim geldi." dedi Ege.

"Ya nereye kardeşim gel bir yemek filan yiyelim hep birlikte!"

"Onun... uçağı var... Bir saate kalkacak..." diye mırıldandım istemeye istemeye. Uçağı filan yoktu, ama gitmesi lazımdı işte. Gitmek zorundaydı...

"Öyle mi?" dedi Doruk sıkıntıyla, "En kısa zamanda uzun süreli geliyorsun, itiraz istemiyorum. Ya da şey yapalım, biz Fransa'ya gidelim! Yemin ederim harika fikir!"

"Ciddi ciddi gitsek mi?" Üçü kendi aralarında konuşurlarken gözlerim Ege'nin gözleriyle buluştu. ***Beni bir sen anlıyorsun***, der gibi bakıyordu gözlerime... Halsizce gülümsedim, bana göz kırptı.

"Tabii," diye mırıldandım, "Bir ara hep birlikte Ege'yi ziyaret edelim."

"Bu bana sözünüz olsun ama. İzmir'i alıp bana getiriyorsunuz."

"Âşıkları bir kere de biz kavuşturuyoruz, tamam, sözümüz olsun!"

"Ben şimdi gidiyorum... İzmir bileğini burktu, zaten biliyorsunuz. Ve burada kalmakta ısrarcı... Onu buraya size güvenerek bırakıyorum."

"Ya sen hiç merak etme! İzmir benim gözetimim altında olacak. İçin rahat olsun." Merve kolumu sıvazlarken Ege Merve'ye minnettarca gülümsedi. Hepsiyle vedalaştı, kısa kısa konuştu, sonra en son bana sarıldı sıkıca. Bu sarılışı unutmamak için ezberler gibi sıkıca sardı bedenimi.

"Berk'i göremedim, tüh..." diye fısıldadı kulağıma.

"Ege!" Sessizce gülmeye başladığında beni hâlâ bırakmıyordu. Sonra durdu, durgunlaştı... Yüzümü ellerinin arasına aldı.

"İzmir, seni çok seviyorum. Sana söz veriyorum, hayatının her anını birlikte yaşayacağız. Binlerce kilometreye rağmen..." Başımı salladım dolu gözlerimle.

"Binlerce kilometreye rağmen..." Beni yanaklarımdan öptü, yalnız olmadığımız için dudaklarımı es geçti, gözleri arkada kala kala beni burada bir başıma bırakıp arabaya doğru ilerledi. Acı çekiyordum, acı çekiyordu...

O arabaya bindi, ben burada kaldım. Yanımda arkadaşlarım, karşımda beni bırakıp giden Ege... Derin bir nefes aldım. İçimden tekrarlamaya devam ettim... *Toparlanmalıyım, toparlanmalıyım, toparlanmalıyım...*

2 Ay Sonra
25 Kasım

2 ay... Koskoca 8 hafta, 60 gün, yüzlerce saat, binlerce dakika... Tam 50 tane videolu arama, tam 135 tane telefon konuşması, tam tamına 13.750 tane mesaj...

Ege'yle mesafe ilişkisinin her türlü zorluğunu bir rutine oturtup aşmaya çalıştık. Her sabah telefonda konuştuk, her öğlen bir kez daha telefonda konuştuk, neredeyse her gün videolu arama yaptık, her dakika mesajlaştık. Sanki yan yanaymışız gibi, mesafeler yokmuş gibi.

Bu aralar okulum o kadar yoğundu ki hiçbir şekilde Ege'nin yanına gidemedim. Art arda bir sürü sınavımın olduğu bir dönemden geçtim, yavaş yavaş düze çıkmak üzereyim. Özgür olduğum ilk an koşarak ona gideceğim günü bekliyorum.

Uçak iki aydır benimle. Ege'nin babası yurtla konuşup odadaki eşyalara bir sigorta yaptırdı. Ya da onun gibi bir şey... Odada kedi yüzünden zarar gören her eşyanın telafisini yapacağına dair bir şeyler imzaladı. Ve kediyi odama almama izin verdiler.

Her gece olduğu gibi bu gece de odamda karanlıkta masamda oturuyorum, Uçak kucağımda. Birazdan yapacağımız bir videolu görüşme için Ege'yi bekliyorum.

"Hadi ama!" Yazdım Ege'ye.

Çevrimiçi... Yazıyor...

"Bir dakika bekle... Geliyorum..."

"Yarım saattir bekliyorum. Ve neden beklediğimi de söylemiyorsun. Tamam hadi itiraf et, aldatılıyor muyum?"

Çevrimiçi... *Çevrimiçi... Yazıyor...*

"Tüh, yakalandım. Nasıl anladın?"

Gülerek ekrana baktığım sırada Ege'den bir mesaj daha geldi.

"Tamam, bilgisayar başındayım. Arıyorum seni..."

Telefonumun ekranını kapatıp gözlerimi bilgisayarıma çevirdim. Ege'nin beni videolu aradığını gördüğüm anda saçlarımı düzeltip her gün aynı heyecanla yaptığım gibi bilgisayarın faresiyle görüntülü aramaya cevap verdim. Ve bir anda şok içinde ekrana bakakaldım...

Ege...

Elinde siyah bir pasta. Üstünde tek bir mum, üstüne yazılmış 3391 sayıları... Diğer elinde iplerinden tuttuğu üç tane balon... Ne oluyor?

"Ege?" dedim şok içinde, "Ne oluyor?" Yüzüme gülümseyerek baktı.

"Sana sürpriz doğum günü partisi hazırladım. Sen, ben, bilgisayarlarımız... İyi ki doğdun İzmir." Kaşlarımı çattım, şok içinde masamda duran takvime baktım. **25 Kasım...**

"Bugün... benim doğum günüm!" dedim şok içinde. Ege gülerek kaşlarını çattı.

"Unutmuş muydun!" O an yaşadığım ani farkındalıkla gözlerimin tekinden akan bir damla yaşla baktım ekrana.

Durum şuydu, hayatım boyunca her doğum günümü annem ve babamla kutladım. Yanımda olan insanlar onlardı, her doğum günümde. Bir asker kızı olduğum için hep şehir şehir gezdim. Arkadaş yapamadım, akrabalık ilişkilerimiz ilerlemedi hiçbir zaman. Bu yüzden biz hep üç kişiydik.

Ama hayatımda ilk defa doğum günümü unutmuştum. Çünkü tek başımaydım. Ama şu an öyle bir farkındalık yaşadım ki... Ege binlerce kilometre öteden doğum günümü unutmamıştı ve bana bir doğum günü partisi hazırlamıştı! Bilgisayar başında, görüntülü konuşarak doğum günümü kutlamak istemişti. Bu o kadar değerliydi ki tahmin edemezdiniz. Pasta almış ya, pasta almış. Mum yakmış... Balon almış...

"Bana... parti mi..." dedim titreyen sesimle ağlamaya başladığımda. Ege bir anda pastayı bırakıp çatık kaşlarla kameraya doğru eğildi.

"Güzelim..." diye mırıldandı şok içinde, "Sen ağlıyor musun?" Ağlayarak gülerek kafayı yemiş gibi ne yaptığımı bilmeyerek başımı hem evet der gibi hem hayır der gibi salladım. Ellerimle yüzümü kapattım.

"Ege..." dedim sakinleşmeye çalışarak, "Asıl sen iyi ki doğdun!" Ege kafası karışmış gibi kameranın dibinde bana bakıyordu.

"Sen şu an mutlu mu oldun üzüldün mü, beynim yandı."

"Özür dilerim... Özür dilerim... Mutlu oldum tabii ki aptal... Şu yaptığın bana hayatım boyunca yapabileceğin en güzel şeydi." Kameradan gözlerimin içine baktı. Öyle derin baktı ki, sanki yanımdaydı...

"Ellerini kaldır..." dedi, "Gözyaşlarını sil. Şimdi bu pastayı üfleyeceksin." Başımı salladım burnumu çekerek. Ellerimle gözyaşlarımı sildim. Burnumu çeke çeke duruşumu dikleştirdim, gülüyordum. Ege pastayı kameranın önüne doğru tuttu.

"Şimdi dilek dile..." dedi. Gözlerimi kapattım, içimden sadece tek bir kelime söyledim.

"Ege..."

Başka hiçbir şey demedim. Hiçbir şey... Sadece onu diledim. Tek bir kelimeydi dileğim. Gözlerimi açtım.

"Şimdi ekrana doğru üfle. Aynı anda, tamam mı?" Ağlamamak için kendimi zor tutarak başımı salladım.

"Bir..." dedi Ege, "İki, üç..." Ekrana doğru üfledim. Ege de aynı anda üfledi, pastanın mumu söndü. İçim acımamalı, içim acımamalı, lütfen Allah'ım, içim acımasın... Ege pastayı masaya bırakıp ışığını açmaya gittiği sırada ayağa kalktım. Uçak kucağımdan kaçarken kameradan uzaklaştım ve başımı dolabıma yaslayıp elimle ağzımı kapatıp hüngür hüngür ağlamaya başladım. Sesimi çıkaramıyordum. Neden, neden! Neden yanımda olamıyor!

"İzmir... nereye gittin? Hediyeni görmedin daha?" Hemen ağlamayı kesmeliydim. Ege beni mutlu etmek istemişti, mutlu görünmek zorundaydım. Dolabımın kapağını açtım. İçinden mavi uzun hırkamı çıkarıp üzerime giydim. Sakinleşmeye çalıştım ve kamera önüne oturdum.

"Hırkamı giyiyordum." dedim gülümseyerek, "Hediyem ne!"

"Hediyeni... birazdan göreceksin..." Sonra derin bir nefes aldı, yediremediği bir şeyler varmış gibi ciddi bir şekilde yüzüme baktı.

"Bunu kendime yediremiyorum aslında." dedi kameraya bakmadan. "Aciz hissediyorum... Doğum gününde yanında değilim... Çok düşündüm, ne yapabilirim, nasıl gelebilirim, nasıl yanında olabilirim... O adamın... arabayla çarptığım adamın oğulları soruşturmayı geçen hafta yeniden başlatmış. Bu yüzden babam katiyen oraya gelmem için yardımcı olmadı.

Gelmemi yasakladı, bir nevi... Çok üzgünüm... Yediremiyorum... Yanında olamadım..." dedi zar zor titreyen sesiyle. Sonra kameraya baktı.

"Ama sana yemin ederim bu tek başına olduğun son doğum günün olacak. Yemin ederim. Söz veriyorum." Titreyen başımı salladım.

"Ben tek başıma değilim. Ben yalnız değilim... Sen varsın... Sana çok teşekkür ederim Ege, sen bir insanın başına gelebilecek en iyi şeysin. Sen bu yılın bana getirdiği tek iyi şeysin. Senden tek istediğim hep hayatımda olman..." Gözlerimin içine baktı.

"Hep hayatında olacağım. Beni kovsan bile..." O sırada bir anda yurdun bahçesinden gelen tanıdık sesler duydum. Kaşlarımı çattım.

"İyi ki doğdun İzmiiiir! İyi ki doğdun İzmiiiiir! İyi ki doğdun, iyi ki doğdun, iyi ki doğduun İzmiiir!"

"Sonunda geldiler mi?" dedi Ege heyecanla.

"Anlamadım... Onlar doğum günüm olduğunu nereden biliyor!" Gizlice camdan dışarı baktığımda bahçede Merve, Koray, Doruk ve sınıfımdan altı kişiyi daha gördüm.

"Ben söyledim." dedi Ege gururla.

"Neden?"

"Doğum gününü tek başına kutlamanı istemedim." Ege'nin yüzüne anlam veremeyerek baktım.

"Tek başıma kutlamıyordum ki Ege! Sen varsın, ikimiz kutluyorduk! Ben seni istiyorum sadece!"

"Biliyorum... Ben de bu geceyi benimle geçirmeni her şeyden çok istiyordum... Ama her ne olursa olsun ben bilgisayarındaki bir görüntüyüm sadece. Lütfen, benim için onların yanına git. Hem hediyem de Koray'da... Kalk hadi, lütfen..." Birkaç saniye kızgınlıkla ekrana baktıktan sonra derin bir nefes aldım. Başımı salladım.

"Tamam..." dedim, "Ama çok kısa kalacağım. Ve buraya geleceğim, seninle konuşacağız. Tamam mı? Beni bekle." Ege gülümsedi.

"Sen yeter ki iste..."

"Birazdan geleceğim..." Ege başını salladı. Masanın başından kalktım. İçimde buruk bir heyecanla camın önüne geçip onlara gülerek el salladım. Bana coşkuyla el salladılar. Hızla odanın kapısına yöneldim. Merdivenlerden koşarak aşağı indim. Kapıdan çıktım, ellerinde pasta, ellerinde hediyeler... beni bekliyorlardı. Ege'm tek başına odasında otururken ben burada doğum günümü kutluyordum.

"İyi ki doğdun dünyanın en tatlı arkadaşı!" Merve beni öperken hepsi tek tek doğum günümü kutladı.

"Hadi dilek dile!" Pastanın başına geçtim. Ve yine, bir kez daha, içimden tek bir şey söyledim...

"Ege..."

Mumu üfledim. Doruk ve Merve bahçeye çıkardıkları masanın üstünde pastayı kesip tabaklara koyarlarken Koray yanıma yaklaştı.

"Bu Ege'nin..." dedi sessizce, "Gelmeyi çok istedi. Gelebilmesi için çok yol düşündük. Ama olmadı..." Koray artık Ege'nin Türkiye'ye gelememesinin sebebini biliyordu. Ona benden sonra en çok destek veren oydu. Başımı salladım minnettarca. Koray'ın elindeki büyük paketi aldım. Onlar masanın başında müzik açarken, pastayı keserken ben bir ağacın altına doğru ilerledim. Sessizce hediyemin paketini açtım...

Paketin içinden saydam bir şemsiye çıktı. Şaşkınlıkla şemsiyeye baktım, önce anlamadım. Sonra şemsiyeyi açtım ve şemsiye açıldığında şok içinde bakakaldım...

Şemsiyenin etrafı ve içi renkli ışıklarla döşenmişti... Şemsiyenin içinden yere düşen bir not gördüm bir anda şokumu atlatamamışken. Yere eğildim, arkası çamur olmuş notu elime aldım.

"Ben bu notu yazarken şu an tarih 12 Kasım. Saat 02.35. Bana az önce dedin ki, '*Dışarıda yağmur yağıyor ama karanlıktan korktuğum için bahçeye çıkamıyorum Ege...*' Sana karanlıkta kalmayacağına dair söz vermiştim. Seni aydınlatmak beni görevim... Artık her yağmur yağdığında dışarı çıkabileceksin. İyi ki doğdun İzmir. Ege İzmir'siz bir hiçti, beni hiç olmaktan kurtardın..."

Başımı kaldırdım, ağır ağır atıştırmaya başlayan yağmurun altında ıslanan şemsiyemin ışıklarına baktım. Ellerimin titrediğini hissettim... Şu an nasıl hissediyordum biliyor musunuz? Sanki bu şemsiyenin altında dört kişiymişiz gibi...

Annem, babam, Ege ve ben...

Ve öyleyiz... Biliyorum. Bu şemsiyenin altında da dört kişiyiz biz...

Biz bir aileyiz... Her ferdi bir yere dağılmış, yıkılmış, ama bu şemsiyenin altında beraber duran bir aile...

Şövalye sabah erkenden uyanmış, şömineye odunlarını atmış. Küçük kızın yattığı yatağın başına gidip üzerini iyice örtmüş. Sonra ona güzel bir kahvaltı hazırlamış. Bu küçük kız annesiz babasız yapayalnız hissetmesin istiyormuş... Sofranın en ortasına bir de küçük papatyalar koymuş... Küçük kız daha uyanmadan kapı çalmış. Şövalye kimi kimsesi olmadığı için kapının çalmasına şaşırmış, komşularından biri olduğunu düşünerek kapıya doğru ilerlemiş. Kapıyı açtığında ise hiç tanımadığı iki kadın yüzü görmüş... "Kimsiniz?" demiş şövalye. " Biz yan köyden geliyoruz," demiş kadınlardan biri, "Abimin kızını almaya geldik..." Şövalyenin içine bir ateş düşmüş o an. Bunlar küçük kızın akrabalarıymış... Onu alıp götürecekler miymiş ondan? Acı içinde yutkunmuş şövalye. "Kızın size ait olduğunu nasıl bileceğim?" demiş son bir umut. Kadınlardan biri başını kaldırmış, "O bizi tanır..." Uykusundan uyanıp seslerle kapıya koşan kız gördükleri karşısında sevinse mi üzülse mi bilememiş. "Hala ..." demiş şaşkınlıkla, "Canım!" demiş halası özlemle, birbirlerine sarılmışlar. Oysa kız hüzün doluymuş... Gitmek istemiyormuş. "Seni kurtarmaya geldik!" demiş hadsiz kadın, "Ama neden?" demiş kız, "Ben bir canavarın yanında değilim ki, beni kimden kurtaracaksınız? Ben şövalyemle kalmak istiyorum!" Kadın öfkeyle şövalyeye bakmış, "Ona baktığın için sağ ol var ol şövalye. Ama biz haftalardır onu arıyoruz!" Küçük kızı kolundan tuttuğu gibi peşinden sürükleyen kadının arkasından bakakalmış şövalye... Kız ağlamaya başladığında öne doğru bir adım atmış, ama peşinden gidememiş. Buna hakkı yokmuş... Küçük kızın dünyası, şövalyeninkinden apayrıymış... Şövalye o an gerçeklikle sarsılmış.

31. Bölüm
Sinemaya Gidiyoruz!

"O an anladım ki onun dünyası apayrıydı benimkisi apayrı..."

Gözlerimi titreyen telefonumla birlikte araladığım sırada güneş her zamanki gibi odama perdemin arasından sızmaya çalışıyor fakat başarılı olamıyordu. Dün gece perdeyi öylesine sıkı kapatmıştım ki yıldızların en büyüğü güneş bile giremiyordu odama... Sıkıntıyla hafifçe kıpırdandım ve yanımdaki masada duran telefonumu elime aldım. Gözlerimi zar zor sabitleştirip telefonumun ekranına baktım.

Gelmemeye Giden Adam Ege'den bir yeni mesaj...

"Günaydın... Hadi uyan, sinemaya geç kalacağız!"

Kaşlarım çatılı bir şekilde ekrana baktım önce. Sonra durum kafama dank etince "Ah!" diyerek doğruldum, bugün Ege'yle sinemaya gidecektik! Yani o Fransa'da ben burada aynı anda aynı filmi izlemek için sinemaya gidecektik. Tabii ya, böyle söyleyince sanki Ege beni almaya gelecek de birlikte film izlemeye gideceğiz sandınız, değil mi? O iş biraz yaş... Ama bu bile bizi o kadar mutlu ediyordu ki bugün benim için harika bir gün olacaktı... Doğum günümün üzerinden tam bir hafta geçmişti ve biz Ege'yle birbirimize giderek bağlanıyorduk...

"Bu saatte uyandığıma inanamıyorum, saat 12 olacak neredeyse! Sen hazırlan, ben de hazırlanıp çıkacağım. Sinemada buluşuruz :)" yazdım ve yolladım, hem de yüzümde aptal bir sırıtışla. Yataktan kalktığım sırada telefonum tekrar titredi.

"Kırmızı giy :) Sana çok yakışıyor." Ekrana gülerek baktığım sırada içimdeki acınacak bir halde olduğumuzu fısıldayan sesi susturdum. En başından beri bunu söylüyordu bana içimdeki o ses. *Acınacak bir haldesiniz, acınacak bir haldesiniz, acınacak bir haldesiniz...* Ne var biliyor musun iç sesim? Acınacak bir halde olan sensin.

Şuna bakın ya, iç sesimle kavga ediyorum. Hem de delice! Delirmeye başladım.

Telefonumu bir kenara bıraktım ve dolabımı açtım. Kıyafetlerimi özenle seçtim, kırmızı boğazlı kazağımı, yırtık dar pantolonumu, battaniyeden hallice siyah şalımı... Yüzümü yıkar yıkamaz aynanın karşısına geri döndüm, saçlarımı tel tel özenle taradım. İki yanından bir oyayı işler gibi ördüm, hafif bir ruj sürdüm, sonra olabilecek her yerime parfüm sıktım. Ege'nin yanına gidiyordum sanki gerçekten... Keşke... Keşke.

"İki farklı ülkede aynı filmi aynı seansa bulabilmemiz dünyanın en büyük şansı değil mi ya?" yazdım ve devam ettim, "İyi ki popüler filmler var!"

Star Wars'un yeni filmine gidiyorduk. Aslında ben Star Wars serisini sevenlerden değildim, ama Ege bayılıyordu. Ve benim de bayıldığımı sanıyor. Zorla gidiyorum sanmasın diye ona bana bu sinema teklifiyle geldiğinde şöyle demiştim, **"NE? STAR WARS'UN YENİ FİLMİ Mİ ÇIKIYOR! BAYILIYORUM O SERİYE!"**

Halbuki serinin diğer filmlerini izlemedim bile. Neyse, Ege bunu bilmek zorunda değil ve şu an bu durumdan oldukça mutlu.

"Ve bu filmin ikimizin de sevdiği serinin yeni filmi olması nasıl bir tesadüf? Resmen evren bizim için çalışıyor bu aralar," yazdı bana birden. Başımı salladım, ah bir bilse Star Wars hakkında hiçbir fikrimin olmadığını...

"Aynen! Çok güzel bir tesadüf." Yazdığım mesaj yalan söylüyor olduğumu her açıdan belli etmiyor mu ya? Resmen EGE BEN YALAN SÖYLÜYORUM STAR WARS HAKKINDA HİÇBİR FİKRİM YOK diye bağırıyor mesajım.

"Luke'un ses tonunu duymayı özledim. Bir an önce filme girmek için sabırsızlıktan öleceğim." Ege'nin mesajına çaresizce baktım. Luke kim Allah aşkına? Korkuyla mesaj yazmaya başladım.

"Evet! Harika bir ses tonu var ya. Ben de sabırsızlıkla bekliyorum." Kasıntılıktan öleceğim. Ya Luke dilsiz bir karakterse ve Ege şaka yapmak için öyle söylediyse ve şu an ben rezil olduysam?

Ege'yle tanıştığımızdan beri ilk kez böyle bir şey yaşıyorum, ona ilk defa yalan söyledim. Ve bunun tek bir sebebi var, az önce de dediğim gibi, iki farklı ülkede aynı filmin aynı seansına bilet bulmak mucizevi bir şey. Bunu bulmuşken eğer ona "Ben Star Wars hakkında hiçbir fikre sahip değilim." deseydim birlikte sinemaya gitme şansımızı kaybedecektik. Yalan söylemek zorundaydım, hem baksanıza nasıl mutlu!

Tüm bu konuşmalar esnasında ben çoktan okuldan çıkmış kampüsün karşısındaki alışveriş merkezine doğru ilerliyordum. Ege de aynı şekilde yoldaydı.

"Filme on dakika kaldı, yetişebilecek misin? Ben gelmek üzereyim."

"Evet, kampüsten çıktım. İki dakikaya sinemadayım. Yani senin yanında :)"

"Sen hep benim yanımdasın İzmir. Her an..." Telefon ekranına huzurla baktıktan sonra telefonu kapatıp montumun cebine koydum. Hızla alışveriş merkezine girip sinemaya katına çıktım. Gişeler bomboştu. Gişelerden birine geçip bilet almak için konuşmaya başladım.

"Merhaba, ben Star Wars The Last Jedi'ye bir bilet alacaktım."

"Tabii, öğrenci kartınız var mı?" Başımı sallayıp öğrenci kartımı cebimden telaşla çıkardım ve orta yaşlı tatlı görevliye doğru uzattım.

"Tamam, peki hangi koltuğu istersiniz?" Kadın ekranı bana döndürüp koltuk sıralamasını gösterince biraz şaşırdım. Salon bomboştu, benim dışımda üç kişi bilet almıştı. Onlardan oldukça uzak bir yerde bir koltuk seçtim ve kadına gösterdim.

"Tamamdır, ücretiniz 13 TL." Biletin ödemesini yaptıktan sonra hızla salonların olduğu koridora girdim. Hızlı adımlarla ilerleyip Salon 9 yazısını görür görmez kapıdan içeri girdim. Salon cidden bomboştu! Arka koltukta oturan bir çift, onların iki ön sırasında yüzünü göremediğim telefonda konuşan bir çocuk ve onun dört ön sırasında oturan ben. Eh, tabii, bir de yanımda oturduğunu hayal ettiğim Ege... Koltuğa oturdum ve sinema ekranında reklamlar dönerken telefonumu elime aldım.

"Geldim ben neredesin?" yazmıştı Ege, gülerek cevabını yazmaya başladım.

"Ben de geldim sen yoksun!"

"Nasıl yokum ya? Sinema salonunda oturuyorum. Sen yoksun."

"Doğru sinemaya gittiğine emin misin?" Halimize gülüyordum.

"Evet, Jurques'te tek sinema var İzmir."

"Ne Jurques'i, İstanbul'da buluşmayacak mıydık?"

"Öyle miydi? Ben yanlışlıkla Jurques'teki sinemaya geldim, inanamıyorum!" Ege'nin mesajına kıkırdadığım sırada gerçekten çok eğleniyordum.

"Tüh buluşma yerlerini karıştırdık, kavuşmamız imkânsız olduğundan filan değil yani. Neyse bu seferlik böyle olsun, bir dahakine buluşuyoruz ama değil mi?"

"Buluşuyoruz sevgilim..." Derin bir nefes aldım. Ege'nin mesajına yazdığı son kelimeyi zihnime kazımak ister gibi bir kez daha okudum ve bir kez daha. O sırada kolumda bir el hissettim... Başımı kaldırmadım, bir an sanki donakaldım.

Bir el, koluma dokunuyordu. Beynimde tek bir ihtimal oluştu, Ege...

Beynim durmadan düşünmeye başladı başımı kaldırmak yerine. Ege mi gelmişti? Burada mıydı? Bana sürpriz mi yapmıştı? Bu sinema olayı tezgâh mıydı, bu bir sürpriz miydi? Kalbim deli gibi atarken telefonum kucağıma düştü, yüzümde umut dolu bir gülümsemeyle birlikte başımı kaldırdığım sırada aptal umudum yerini büyük bir korkuya, hüzne, hayal kırıklığına bıraktı. Bu Ege değildi... Ama çok tanıdık bir yüzdü. Bu... bu... Ha?

"Merhaba, beni hatırladın mı? Ben senin ayağını ezen o aptal çocuk." Kaşlarım çatılı bir şekilde yüzüne baktım. Yutkundum.

"Merhaba, hatırladım. Burak'tı, değil mi?" Kumral saçlı, uzun boylu, toplu yüzlü çocuk bana gülümseyerek başını salladı.

"Evet İzmir. Ben Burak... Sen de mi tek başına geldin bu filme?"

"Hayır." dedim bir anda, ne hayır'ı ya, Ege'yle sinemaya gitme fikrine kendimi o kadar çok kaptırmıştım ki bir anda filme tek gelmediğimi iddia etmeye başlamıştım. Birazdan çocuğa şey diyeceğim, "Yoo bak sevgilimle geldik yanımda oturuyor görmüyor musun?

"Arkadaşlarınla filan mı geldin? Neredeler?" Bu onu ilgilendirmiyordu, ama kötü bir amaçla soruyor gibi de değildi.

"Hayır... Yani... Tek geldim, tek başımayım."

"Öyle mi? Yanına oturabilir miyim? Bu filmi çok merak ediyordum ama gelecek kimseyi bulamadım, salon da bomboş... Sen de teksin, birlikte izleyelim mi?"

Ya... Nereden çıktı bu şimdi? Böyle emrivakilerden o kadar nefret ediyorum ki. Şimdi hayır desem ayıp olacak, evet desem Ege var... Ne şekilde hayır diyebilirim ki? Bulaşıcı bir hastalığım filan olması lazım yanıma oturmamasını söylemem için. Ve maalesef bulaşıcı hastalığım yok! Evet maalesef.

"Yani... tabii... oturabilirsin..." Çocuk yanıma oturduğunda telefonumun kucağımda titrediğini hissettim.

"Star Wars hayranısın sanırım sen de?" diye sordu bir anda Burak.

"Hayır, hiç izlemedim." Kaşlarını çattı.

"O zaman neden geldin?" Benim durumlar karışık Burak, girme oralara...

"Aslında bakarsan canım sıkılıyordu. Sırf sıkıntım geçsin diye geldim. Hem belki bu filmi seversem serinin tüm filmlerini izlerim."

"Tavsiye ederim. Mutlaka izlemelisin." Burak sustuğu an telefonumu elime aldım. Hızlıca Ege'nin mesajına girdim.

"Bizim Türk filmi Ayla'nın fragmanını gösterdiler burada, Jurques'e gelecekmiş. Türkçe konuşan insanlar duyunca kendimi garip hissettim... Türkiye'deymişim gibi..."

Tam cevap yazacaktım ki Burak araya girdi.

"Bileğinin burkulma süreci boyunca okula gitmedin, değil mi? Seni hiç görmedim." Burak sen nereden çıktın ya? Her şey mahvoldu şu an!

"Gitmedim. Bir süre bir arkadaşımda kaldım. Sonra yurda geçtim."

"Çok özür dilerim senden... resmen içime dert oldun. O gün çok stresliydim, babamın ölümüyle ilgili birkaç şey öğrendim... Arabayı nasıl kullandığımın farkında değildim..." Kurduğu cümleyle birlikte şok içinde yutkundum. Telefonumun ekranını kapatıp ona döndüm.

"Baban... vefat mı etti?" Başını salladı ciddi bir ifadeyle.

"Evet... Maalesef."

"Ya... başın sağ olsun. Hasta filan mıydı?" Ortak bir acımız olması garip bir şekilde beni onunla ilgilenmeye itmişti.

"Hayır. Kaza olmuş. Yani öyle söylüyorlar. Öyle değil ama." Kaşlarımı çattım.

"Öyle değil derken?"

"Bu bir kaza olamayacak kadar karışık bir durum. Kazanın olduğu yolun kamera kayıtları yok filan... Karışık meseleler, anlatsam da anlamazsın." O an şok içinde yüzüne baktım. Kaza, kazanın olduğu yolun kayıtlarının olmaması, ölümü araştıran bir oğul. Ne kadar da Ege'nin hikâyesine benziyordu. Peki bu çocuğun bir anda karşıma çıkması? Hem de ikinci kez?

Tamam, paranoyak olabilirim. Ama içimden bir ses bu çocuğun Ege'nin karıştığı kazada ölen adamın oğlu olduğunu söylüyor ve hatta bana yaklaşmasının tek sebebinin Ege olduğunu...

Telefonum çalarken korkuyla yerimden sıçradım. Ege arıyordu. Şimdi ne yapacaktım, ne diyecektim? Telefonumu açtım ve kulağıma koydum.

"Alo?"

"İzmir? İyisin değil mi? Mesajlarıma cevap vermiyorsun."

"İzmir film başlıyor, telefonu kapat istersen." AMAN ALLAH'IM! Ege'yle telefondayız ve Burak arkadan "İzmir film başlıyor," dedi, şu anki durumumu düşünebiliyor musunuz?

"İzmir?" dedi Ege tereddütlü bir sesle, "O konuşan kim?" Harika soru.

"Merak etme, iyiyim ben." dedim, yanımda Burak olduğu için rahat rahat konuşamıyordum!

"Yanındaki kim İzmir?" dedi Ege öfkeden delirmek üzere bir sesle. Yutkundum.

"Bir arkadaşımla karşılaştım da sinemada. Onunlayım şimdi." Ege sinirli bir iç çekti.

"Sinemada bir arkadaşınla karşılaştın." diye tekrar etti cümlemi.

Şu an kendimi o kadar kötü hissediyordum ki... O orada yapayalnızdı, sahip olduğu tek şey benim uzaklarda onunla oluşumdu. Ve ben şimdi tutmuş da ona bir arkadaşımlayım diyordum.

"Sinemada karşılaştığına emin misin?" diye sordu öfkeli ama sakin bir sesle.

"Evet. Tabii ki öyle. Bunu gerçekten soruyor musun?"

"Tamam..." dedi sessizce, "Size iyi seyirler." Ne? Kapatacak mıydı? Telefon yüzüme kapanırken korkuyla mesaj sayfasına girdim. Burak çoktan filme odaklanmıştı. Telaşla mesaj yazmaya başladım.

"Sana yemin ederim," yazdım, "Sinemada karşılaştık! Beni görünce yanıma oturmak istedi, hiçbir şey diyemedim!"

Çevrimi... Çevrimiçi... Çevrimiçi... Hadi Ege... *Yazıyor...*

"Çık sinemadan." yazdı bir anda.

Kaşlarımı çattım. Ege bunu isteyecek bir insan değildi.

"Ege... sadece arkadaş..."

"İzmir... Benimle tanışmadan iki hafta önce bloguna bir yazı yazmıştın. Star Wars'u hiç izlemediğin ve buna rağmen berbat bir seri olduğunu düşünmenle alakalı. Seriyi izlemediğini ve hatta sevmediğini biliyorum. Sabahtan beri her mesajına gülüyorum. Luke'un kim olduğu hakkında bir fikrin bile yok. Film esnasında sana sorular sorup daha çok eğlenecektim, ama madem istenmeyen bir misafirin var zaten konuşamayacağız. Boşuna istemediğin bir filmi izleyip bir de gidip o çocuğun yanında oturma. Çık oradan. Bekliyorum."

Şok içinde telefona baktım. Ne yani, biliyor muydu? En başından beri Star Wars hakkında bir fikrim olmadığını ciddi ciddi biliyor muydu? Hayatımda yaşadığım en büyük rezillikti bu. Öfkeyle ekrana baktım.

"Benimle dalga geçtin. Öyleyse istediğini yapmıyorum. Sinemada kalıp Burak'la filmi izleyeceğim."

"Beni delirteceksin değil mi?"

"Benimle dalga geçmenin cezası olarak evet..."

"Sadece eğleniyordum. Ben burada tek başıma otururken orada biriyle film izlemek içine siniyorsa kal tabii." İşte bu cümleyi kurmayacaktı. Ekrana birkaç saniye baktım, içim acıya acıya Burak'a döndüm.

"Benim acil bir işim çıktı. Okulda görüşürüz, tamam mı?" Burak bana anlayışla gülümsedi.

"Görüşürüz İzmir." Montumu alıp sinemadan sessizce çıktığım sırada Ege'ye yazdım.

"Tamam, istediğin oldu, çıktım."

"Aferin :)" yazdı. Mesajına şok içinde baktım.

"Benimle hâlâ eğleniyorsun!" Yazdım şok içinde, "Geri girerim sinemaya!"

"Ahaha, tamam, şu andan itibaren seninle dalga geçmeyeceğim. Tabii ki burada filmi tek başıma izliyor olmam beni üzmüyordu. Derdim yanındaki çocuklaydı. Seni sinemadan çıkardım ve şimdi gönül rahatlığıyla filmi izleyebilirim. Luke'un ses tonunu sevdin mi bu arada?"

"Dinlemedim bile. Bugün sana sinirliyim Ege."

"Aklıma yine o haber geldi," yazdı anında.

"Hangi haber?"

"Öfkeli civciv dehşet saçtı..." Gözlerimi devirdiğim sırada kendimi tutamayıp gülmeye başladım.

"Şu haberi her sinirlendiğimde söyleyeceksin, değil mi?"

"Sen her sinirlendiğinde bu beni güldürüyor. Ufacık bir şey nasıl bu kadar sinirlenebilir?" Gülerek başımı kaldırdım. Telefonun ekranını kapatıp montumun cebine attım ve yürümeye başladım.

Nasıl yapabiliyordu bunu, hem sinirlendirip hem güldürmeyi? Kıskançlığını bile başka yönlere çekip istediği şeyi bana fark ettirmeden yaptırmayı? Ege tanıdığım, bildiğim, okuduğum, izlediğim her erkekten farklıydı...

O sinemada filmini izlerken ben çoktan okula dönmüştüm. Odama çıkmadan önce yemekhaneye uğradım. Merve'nin yanına oturup öğle yemeğimi yedim.

"Haftalardır balık yemiyordum!" diyordu Merve heyecanla.

"En son annem yapmıştı..." sonra durdu, "Pardon," dedi, "Senin yanında annemden bahsedince kendimi çok kötü hissediyorum. Ama lütfen üzülme, benim annem senin de annen." dedi koluma dokunarak. Başımı salladım.

"İstediğin gibi konuş, merak etme, o kadar üzülmüyorum artık. En kötüsü de bu zaten..."

"Tamam, konuyu kapatalım! Eee, yanımdasın ve mesaj yazmıyorsun! Ege öldü mü? Yanımda olduğun her an Ege'yle mesajlaşırdın!" Gülmeye başladım.

"Ege film izliyor... Birazdan odama çıkacağım, görüntülü konuşma saatimiz geliyor."

"Vay be, siz ciddi ciddi o kadar kilometreye rağmen birliktesiniz. Sizi görene kadar buna inanmazdım, yani arkadaşlığa inanırdım, mesafe aşkını da destekler ve isterdim ama içimde bir yerde hep yürümez gibi geliyordu ama siz benim efsane çiftimsiniz! Ciddi ciddi yürütüyorsunuz!"

"Bir şekilde yürüyor... Sabrediyoruz... Senin şu çocuk ne oldu?"

"Hangisi?" diye sordu Merve, o kadar çok kişiden hoşlanıyordu ki!

"El sanatları dersindeki..."

"Ha, o mu! Nedenini bilmediğim bir şekilde beni Instagram'dan engellemiş. Sevgilisi mi var diye bakmak için fake hesap açtım... Ayakkabı ve kıyafet satan bir sayfaymışım gibi düzenledim hesabı. Çocuğa istek yolladım, kabul etmesini bekliyorum." Büyük bir kahkaha attığım sırada şok içindeydim!

"Ayakkabı ve kıyafet sayfası mı açtın!"

"Ev-vet! Hem de inandırıcı olsun diye öyle bir sayfaya dönüştürdüm ki dün ayakkabı siparişi geldi bir tane!" Gülmekten ölecektim!

"Ya sen ciddi misin!" Gülmekten konuşamıyorduk!

"Bizde aşka giden yolda her şey mubahtır İzmir... Eğer Ege'yle ayrılırsanız filan haber ver butik sayfamdan Ege'yi takip edelim, Instagram'da ne yapıyormuş izleriz."

"Merve sen inanılmazsın ya, yemin ederim yüz elli yıl düşünsem aklıma böyle bir şey gelmezdi."

Merve'yle bir saat boyunca sohbet ettik. Sonra karnımda hissettiğim bir ağrıyla birlikte Merve'ye odaya çıkıp ağrı kesici içeceğimi söyledim ve yanından ayrıldım. Odama çıktığımda karnımda feci bir ağrı vardı. Bir ağrı kesici içip yatağıma oturdum. O sırada telefonum titredi.

"Yurtta mısın? Yolda da bir erkek arkadaşınla karşılaşmamışsındır umarım." Mesajına güldüm.

"Evet yurttayım, odama çıktım bir baktım odamda Burak bekliyor! Konuşuyoruz şimdi."

"Şakası bile kötü. Evdeyim, görüntülü konuşmayı beş dakika sonra açsak olur, değil mi? Üzerimi değiştireceğim." Ah, doğru ya... Görüntülü konuşacaktık. Şimdi karnım ağrıyor desem Ege endişelenecekti. Midem de bulanmaya başlamıştı.

"Tamam, beş on dakika sonra açalım..." Yazdım. O sırada Merve'den mesaj geldi.

"İzmir, senin de miden bulanıyor mu? Ben çok kötüyüm. Biz bir şeyden zehirlenmiş olabilir miyiz? Karnım ağrıyor demiştin." Heh, harika.

"Benim de midem bulanıyor!" Yazdım korkuyla, "Ya belki balığın yağı filan dokunmuştur. İlaç içtim, geçer şimdi. Sen de iç."

"İçtim, yatıyorum, çok kötü bir bulantı var midemde!"

O sırada o kadar terliyordum ki bu soğukta kalkıp odamın camını açtım. Bir anda kendimi tutamayıp kusacağımı anladım, odamın kapısını açıp koşarak tuvalete girdim. Klozetin sifonunu çekip anında kusmaya başladım... Ne oluyordu! Dakikalarca tuvalette kendime gelmeye çalıştım, yüzümü yıkayıp durdum. İyi olmak zorundaydım, Ege'yi telaşlandırmak da hastaneye düşmek de istemiyordum! Dakikalar sonra tuvaletten çıktığımda biraz daha iyi gibiydim. Belki de bu kadardı, midem rahatsız olmuştu ve temizlendiği için daha iyi hissediyordum? Derin bir nefes alıp hafifleyen bulantımla odama döndüm. Odamın camını kapattım, üzerime hırkamı giyip bilgisayarın karşısına oturdum. Ege'den bir mesaj gelmişti...

"Hazır mısın?"

"Evet... Açıyorum :)"

Kamerayı açtığımız sırada Ege her zamanki etkileyici gülüşüyle karşımdaydı, ben de halsizce gülümsüyordum. Ege kaşlarını çatıp bana baktı.

"Sen solgun görünüyorsun," dedi, "İyi misin?"

"İyiyim iyiyim..." Ölüyorum Ege.

"Üşüttün mü yoksa?"

"Hayır, iyiyim merak etme. Eee, film nasıldı? Luke'la özlem giderdiniz mi?" dedim konuyu değiştirmeye çalışarak.

"Film harikaydı! Yani tabii ki eski filmlerine göre biraz sönüktü. Ama özellikle bir sahne vardı..." Ege filmi anlatırken mide bulantım geri dönmüştü, o an başımın dönmeye başladığını hissediyordum.

İzmir, kendine gel. Ege'nin gözleri önünde kötü olursam asıl kötü olan o olacaktı. Yutkundum, uzanıp masamda duran şişeden bir yudum su aldım. İyi görünmeye çalışıyordum.

"Merak ettim, izin verseydin ben de izleyecektim." dedim gülmeye çalışarak.

"Maalesef, misafirin vardı. Sahi kim bu çocuk? Burak. Adını ilk kez duydum. Her yerden erkek arkadaş çıkıyor." Bilgisayar gözlerimin önünde gidip gelirken yumruk yaptığım elimle kolumu sıkıca tuttum.

"Burak..." dedim sarhoş gibi, "Ee... Bizim okuldan..." O an kendimi daha fazla tutamadım, kusacaktım! *Lütfen kameraya kusmayayım lütfen!*

Bilgisayarın önünden kalktım, telaşla odanın kapısına doğru ilerledim, kapıyı açtım ama daha odadan çıkamadan bedenim odanın duvarına yaslandı, yavaş yavaş ayaklarımın bağı çözülürken yere yığılıp kaldığımı hatırlıyorum.

O an bilgisayardan Ege'nin korku dolu sesini duymak beni mahvediyordu.

"İzmir?" dedi acı içinde, "İzmir, ne oldu?" Ellerimin, ayaklarımın titrediğini hissediyordum. Gözlerimi açtığım an her yerin döndüğünü görüyordum.

"İzmir!" Yurttaki kızlardan birinin sesini duydum.

"Zehra Abla İzmir hastalanmış, yardım edin!"

O an kendim, durumum, sağlığım umurumda değildi. O an umurumda olan Ege'ydi. Oturduğum bu yerden kalkamıyordum. Az önce onunla konuşurken gözleri önünde yere yığılıp kalmıştım ve eminim ki bilgisayarın ekranının içinden girip buraya çıkmak istiyordu, hem de bunu deli gibi istiyordu. Acı içinde olduğunu biliyordum. Gözlerim ağır ağır kapanırken son hatırladığım onun acısının nasıl hissettiriyor olduğunu düşünüşümdü... Umurumda olan tek şey oydu. Ölsem umursamazdım, umursadığım tek şey onun bunu görüşü olurdu.

İşte o an, benim mesafe aşkı yaşamaya başladığımdan beri buna pişman olduğum ilk andı. Bu zamana kadar bir kez bile pişman olmamıştım, ama işte şimdi pişmandım. Kameranın karşısında bayılan Ege olsaydı ben acıdan korkudan ölürdüm. Ve şimdi kameranın karşısında çaresizce kalakaldığını biliyordum.

Sevdiğiniz insanın sizin için çaresiz kaldığını bilmek kadar acı bir şey yoktu.

Yoktu...

Kameralar kırılamıyor, insanlar ekranların içinden geçemiyordu. Teknoloji buraya kadardı. Arada kilometreler varsa, bir noktada aşılamıyordu. Bu evre, benim ve Ege'nin bunu fark ettiği ilk evreydi. Hem de en acı şekilde. O an anladım ki, onun dünyası apayrıydı benimkisi apayrı... Ama ben bu iki dünyanın bir arada kalması için elimden gelen her şeyi yapacaktım.

Şövalye günlerce yememiş, içmemiş, uyumamış.
Aklı fikri, kalbi zikri küçük kızdaymış. Neredeymiş, nasılmış, kimleymiş, kimlerleymiş küçük kız? Geceleri dışarı çıkar gökyüzüne bakarmış, "Ah küçük kız..." dermiş her gece, "Sen de bakar mısın gökyüzüne? Şimdi, tam şu an?" Babasını kaybetmiş küçük bir kıza baba olmak onu bütünüyle sarmış, kalbine işlemiş. Şimdi kızını kaybetmiş bir baba gibi acı içinde bir başına kalakalmış. Ne yıldızlar umurundaymış ne güneş ne gece... Atlamış atına, az gitmiş uz gitmiş, sormuş soruşturmuş. "Bilirim..." demiş köylülerden biri, "Aldılar götürdüler onu, Kaf dağının ardına..." Şövalye köylüye korkuyla bakmış. Kaf dağı da neresiymiş, dağları bayırları gezip duymadığı bir dağmış bu... "Onlarca dağ ötede kalır orası be şövalye... Boşuna yola çıkma, bulamazsın." Şövalye köylüyü kenara itmiş, tek kelime etmeden atına atlamış. Yola koyulmuş.
Bir yıldız için, bir güneş için aylarca gitmiş de
küçücük kızı için mi geçemeyecekmiş o dağları...
Şimdi tek bir amacı varmış şövalyenin:
Kaf dağının ardını görmek...
Bunun için nefes alacak, bunun için yaşayacakmış...

32. Bölüm
Kaf Dağının Ardı

> ***Belki masal diyarlarda, Kaf dağının ardındasın...***

"Ateşi düşüyor... Durumu gayet iyi..."

"Peki diğerleri, onlar nasıl?"

"Hepsi gayet iyi. Ufak bir zehirlenme yaşamışlar. Yemekhanelerde sık sık yaşanan bir durum bu... Ama okulunuza bir ekip gönderildi. İnceleme yapacaklar."

Gözlerimi aralamaya çalıştığım saniyelerde duyduğum konuşmalar en az bir görüş bulanıklığı kadar bulanıktı kafamın içerisinde. Dudaklarımın susuzlukla aralandığını hatırlıyorum, sağ gözümden akan tek damla yaşın ne kadar terli birkaç saat geçirdiğimi bana ispat ettiğini hatırlıyorum...

"Anne... baba... Ege..." Sayıkladığım üç kelime bunlardı. Art arda, uyum içerisinde. Anne, baba, Ege. Bildiğim, tanıdığım, yanımda istediğim üç insan.

"İzmir! Sonunda!" Koray'ı başımda bulduğum sırada gözlerim yorgunlukla açıldı. O an tüm olayın farkındalığıyla telaşa kapıldığımı hissettim. Her şey gözlerimin önünden geçti, görüntülü konuşuyorduk, midem bulandı, ayağa kalktım, bayıldım ve Ege bunların hepsini gördü.

"Telefonum..." diye sayıkladım, "Telefonum nerede?"

"Kızım ne telefonu, iyi misin sen? Defalarca kustun ve aklına gelen ilk şey telefonun mu?" Doğrulmaya çalıştığım sırada mide bulantımla birlikte kendimi tekrar yatakta buldum.

"Koray..." dedim halsizce, "Telefonum nerede? Ege deliye dönmüştür."

"Döndü," dedi sinirle.

"Döndü ve her saniye her şeyden haberdar ettim onu. Beni sürekli aradı, ama merak etme, durumunun iyi olduğunu ve uyuduğunu biliyor." Telaşla başımı salladım.

"Çok korkmuştur, telefonum burada mı! Lütfen, sesimi duysun." Koray yüzüme birkaç saniye şaşkınlıkla baktıktan sonra söylenerek kendi telefonunu cebinden çıkardı.

"Hayatımda ilk defa gerçek aşka şahit oluyorum. Ne yapalım, âşıkları üzmeyeceğiz. Heh, Ege de mesaj atmış."

"Ne diyor?"

"Uyandı mı diyor... Bekle, bak şimdi ne yapacağım?" Şaşkınlıkla ona baktığım sırada telefonunun ön kamerasını açtı. Ekranda "Ege kişisi görüntülü aranıyor." yazıyordu. Korkuyla yüzümü kapattım.

"Hayır!" dedim, "Arama! Berbat bir haldeyim!"

"Kızım saçmalama, gayet iyisin! Ayrıca hastasın sen, ne olmasını bekliyordun. Aha, açıyor, gülümse!" Ege kamerasını açtığı sırada öyle bir haldeydim ki... Yüzüm bembeyaz, saçlarım darmadağın... Ege'nin ise yüzünde endişeden öte belki de sadece benim görebileceğim adlandıramadığım garip bir ifade vardı.

"Ege kardeşim, İzmir İzmir dedin aha da İzmir burada! Bak, ölmedi!" Ege korkuyla yüzüme baktı. Tek bir cümle çıktı ağzından.

"İyi misin?" Başımı salladım.

"İyiyim," dedim, "Beni merak etmek zorunda kaldığın için özür dilerim. Sadece ufak bir zehirlenme..." Ege birkaç saniye hiçbir şey söylemeden öylece ekrana baktı. Yüzünde enkaz altından çıkarılmış gibi bir ifade vardı. Binalar yıkılmış, yıkıklarının altında kalmış, o enkazdan çıkarılmış ama unutulmayacak bir hasar almış gibi...

"Sen iyi ol, korkmamın bir önemi yok..." Kaşlarımı çattım. Bir dakika... Bir gariplik vardı. Konuşmasında, yüz ifadesinde, kurduğu cümlelerde, şu halinde bir gariplik vardı.

"İyiyim..." dedim bir kez daha anlam vermeye çalışır gibi. Derin gözlerle sadece gözlerime baktı. Hiçbir şey demedi. Hem de hiçbir şey. Koray ortamdaki garip gerginliği fark etmiş olacak ki kendince bir şeyler söylemeye başladı.

"Abi okulun yarısı burada! Ben Allah'tan hiçbir şey yememiştim, Merve yan odada İzmir burada bizim diğer çocuklar acilde! Ortamı görmen lazım." Ege'nin yüzünde hiçbir ifade oluşmadı.

"Keşke görebilseydim." diye mırıldandı. Kaşlarımı daha çok çattım, o kadar çattım ki kaşlarım birbirine girecekti. Neydi bu hali? Yüzüne soran gözlerle bakıyordum. Anlamaya çalışıyordum.

"İzmir," dedi endişeli ama bir yandan da soğuk gelen bir sesle, umutla kaşlarımı kaldırdım.

"Efendim?"

"Sen gerçekten iyisin, değil mi?" Korkmuştu, bu her halinden belliydi.

"İyiyim." dedim tekrar, "Gerçekten iyiyim ben, korkma." Yutkundu. Derin bir nefes aldı ve gözlerini kaçırdı.

"Yurda ne zaman gideceksiniz?"

"İzmir'in serumu bittiğinde çıkabilecekmişiz, Merve'yi de alır okula gideriz. Onun başında da yurttan kızlar bekliyor." Ege bir kez daha soğuk bir şekilde başını salladı.

"Yurda gittiğinizde bana haber verin. Tamam mı?"

"Tabii tabii, kapatıyor musun şimdi?" diye sordu Koray. Ben o an beynim yanmış gibi bakıyordum Ege'ye. Başını salladı...

"Evet, haber verin."

"Tamam, görüşürüz kardeşim. Konuşuruz birazdan." Ege ekrandan birkaç saniye bana baktı, ona tekrar soru sorar gibi bir kafa hareketi yaptım ve Ege konuşmadan çıktı.

Ege... konuşmadan çıktı.

İyi olduğumu öğrendi, hiçbir şey demedi ve çıktı. Ne oluyordu, bunun anlamı neydi, neden böyle davranmıştı şimdi. Bu nasıl bir saçmalıktı? Kızacağı bir şey mi yapmıştım, bu davranışını hak edecek bir şey mi yapmıştım?

"Korktu..." diye mırıldandı Koray bir anda sanki bütün sorularımı duymuş gibi.

"Ne?"

"Çok korktu İzmir... Sana ciddi bir şey olduğunu sanıyordu. Ona da hak ver. Orada kalakaldı çocuk... Bir şey yapamadı filan. Bir erkek için dünyanın en zor durumu." Yutkundum, haklıydı.

"Doğru... Kameranın karşısında bayıldım biliyor musun?" Koray başını salladı.

"Anlattı bana. Onun bana olayı anlatışını duysaydın şu an alındığın gibi alınmazdın. Ona biraz zaman ver. Korkudan, şoktan bu halde şu an..." Başımı sallayarak minnettarca gülümsemeye çalıştım.

"Çok sağ ol Koray..."

Ege biz hastaneden çıkıp yurda dönene kadar Koray'a ne yazdı ne aradı. Aklımdan çıkmıyordu. O hali, o yüzü... Bana ilk defa bu kadar soğuk davranmıştı. Hastaneden çıkıp yurda gelene hatta yurt görevlisi beni yatağıma yatırana kadar aklımdaydı. Odanın içine girer girmez karnımda bir ağrı hissettim. Bilgisayarım şarjı bittiği için kapanmıştı, telefonum masada öylece kalmıştı... Yatağıma yatırılmadan önce telefonumu aldım ama bakmak için yurt görevlisinin çıkmasını bekledim.

"Teşekkürler Rüya abla."

"Ne demek kuzum, bir ihtiyacın olursa güvenliği ara haber etsinler bana, olur mu?" Başımı sallayarak halsizce gülümsedim. Rüya abla odadan çıkar çıkmaz derin bir nefes alıp telefonumu açtım. Ege'den sadece 4 tane mesaj, 5 cevapsız arama vardı. Korkuyla mesajları açtım.

"İyi misin, Allah aşkına bir şey yaz bir haber ver ne oldu birdenbire!"

"Koray'dan haberini aldım, lütfen uyanınca bana yaz."

"Uyandın mı, iyi misin?"

"İzmir, biliyorum şaşıracaksın, bunu istemeyeceksin de... Ama benim biraz kafamı dağıtmaya ihtiyacım var. Paris'te kendime bir kurs buldum, yarın oraya gideceğim. Lütfen beni anla. Bir süreliğine buralarda olmayacağım. Biraz ara vermek en iyisi. İkimiz için de."

Şok. Mesajı bir kez daha okudum ve bir kez daha. Sonra bir kez daha, bir kez daha, on kez daha... Belki yanlış anladığım bir yer vardır, belki mesajın bir yerine şaka yaptığını filan yazmıştır diye mesajı en az elli kez okudum! Ama hayır, mesaj direkt düpedüz ilişkiye ara verme mesajıydı.

Şimdi, düşünmeliyiz. Ama düşünemeyiz! Öfkeden delirmek üzereyim!

Dur, sakin ol. Nefes al, ver, nefes al, ver... Amacı ne? AMACI NE? Sakin ol İzmir... SEBEBİ NE? Sebebi ne? Tamam, korkmuş, anladım. Ben de korkardım. Ama ondan uzaklaşmazdım,

uzaklaşmazdım! Aramalı mıyım? Tabii ki arayacağım! Ege'yi arayıp telefonu kulağıma dayadım. Korkuyla telefonun çalmasını beklerken apayrı bir şey çıktı karşıma.

"Aradığınız aboneye şu an ulaşılamıyor... Lütfen daha sonra tekrar deneyiniz..."

Telefonu öfkeyle yatağıma bıraktım ve sakinleşmeye çalıştım. Ne yani, böyle birdenbire bırakıp bir iki hafta konuşmayabilecek miydi benimle? Bu kadar kolay mı? Ne yapmalıyım, Allah aşkına ne yapmalıyım? Karnımın ağrıdığını hissettiğim anda sinir bozukluğuyla yorganı kafama çektim. Öfkeyle yumruk yaptığım elimi ısırdım. Sakinleşmeye başladım...

Tamam, korktu... Böyle bir karar verdi, ona da tamam... Ona mesaj atmamalıyım. Biliyorum ki Ege aklı başına geldiğinde bana yazacaktır... Sakin olmalı ve birkaç gün beklemeliyim. Planım bu. Sakinleşmeliyim, sakinleşmeliyim...

Derin bir nefes al, derin bir nefes ver, derin bir nefes al, derin bir nefes ver... İşte böyle, sakinleşmeliyim...

Deliriyorum!

Üç gün geçti! Üç gün! Üç gündür bana yazmadı. Ne yaptığından nerede olduğundan haberim yok, kafayı yemiş gibi üç gündür bekliyorum. Kafamı duvarlara vuracak kadar sinirliyim. Ama Ege bana bir kez bile yazmadı.

"Hâlâ mı yazmadı?" Yemekhanede karşımda oturan Merve'nin endişeli sorusuyla birlikte telaşla başımı salladım.

"Yazmadı."

"Hayatım bir süre kendi haline bırak. Düşünme bile. Biraz ara verin, sana da iyi gelecek."

"Tamam..." diye mırıldandım, "Çok düşünmüyorum zaten ya. İyiyim..." Yemeğimi yemeye devam ederken daha bu cümleyi kurar kurmaz düşünmeye başladım. Acaba şu an ne yapıyordu? Gerçekten Paris'te miydi, ne kursuna gidiyordu ki? Friends'i izlemeye devam ediyor muydu? Paris'te nerede kalıyordu? Ne kadar kalacaktı? Çatalımı tabağıma bıraktım ve telefonumu çıkardım. Üç gündür kendimi tutuyordum ama artık vakti gelmişti...

Birinci stalk dönemine başlıyordum.

Önce mesajlaşmamıza girdim. "Son görülme 11.35." Tam iki saat önce uygulamaya girmişti. Ama bana yazmamıştı, kime yazmıştı? İki saat önce burada ne yapıyordu? Mesaj uygulamasından çıktım. Facebook'a girdim. Ege'nin adına tıkladım, "3 saat önce çevrimiçiydi." yazıyordu, üç saat önce burada ne yapmıştı? Profiline girdim, hiçbir paylaşım yapmamıştı. Oradan da çıktım. Twitter hesabına baktım, hiçbir şey yazmamıştı. Oradan da çıkıp en tehlikeli bölgeye adımımı attım, Instagram. Etkileşim kısmında Ege'nin herhangi bir fotoğraf beğenip beğenmediğine baktım. Hiçbir fotoğraf beğenmemişti. İçim rahatlayarak profiline girdim, hiçbir fotoğraf atmamıştı. Oysa bir farklılık vardı... Ege'nin takipçi sayısı daha geçen hafta 474'tü. Şimdi ise 477 olmuştu. Bunu hatırlıyorum çünkü ona uğurlu sayılarımın 4 ve 7 olduğunu söylemem üzerine bana takipçi sayısının 474 olduğunu söylemişti. Şimdi ise takipçi sayısı 477 olmuştu. Kimdi bu üç kişi?

"İzmir iyi misin? Yemeğini neden yemiyorsun? Yüzün kızarmış, bir sorun yok değil mi?"

Merve'nin dediklerini tam olarak duymuyordum bile. Telaşla takipçilerinden çıktım ve son fotoğrafına tıkladım. Ege son fotoğrafını bir ay önce atmıştı. Jurques'teki evinde çekilmiş tek başına bir fotoğraftı... Tabii konumunda nerede olduğu yazmıyordu. Hatta kullanıcı adı bile Ege'nin adı değildi... Garip bir şey daha vardı. Ege'nin fotoğrafı tam 99 beğeni almıştı. Bununla çok dalga geçmiştik, bir kişi daha beğense 100 olacaktı ama bir ay boyunca kimse beğenmemişti. Ege her gün açıp kontrol ediyordu! Tabii espri olarak. Epey gülüyorduk... Oysa şimdi bu fotoğraf 100 beğeni olmuştu. Bir ay önce atılan bir fotoğrafı beğenmek için mutlaka Ege'nin profiline girilmesi gerekiyordu. Kim girmişti? Kim Ege'nin bir ay önceki fotoğrafını beğenmişti?

Deliriyor muydum?

Kendime gelmeliyim... Saçmalıyorum...

Saçmalık derecesine ulaşan şüpheciliğimle birlikte Ege'nin fotoğrafını beğenenlerin listesini açtım. Tek tek bakmaya başladım. Ege'nin hayatındaki çoğu insanı tanıyordum. Tanımadıklarımın tek tek profillerine tıklayıp baktım...

"Bu erkek, bu tehlikeli değil, bu abisi, bu kuzeni, bu tehlikeli birine benzemiyor, bu erkek, bu da erkek..." diye diye 100 kişinin tamamını inceledim. Ve inanmayacaksınız ama Ege'nin fotoğrafını yeni beğenen kişiyi buldum. Maria. İsmi Maria olan, son fotoğrafı Paris'ten atılmış Fransız bir kız... Sakin olmalıyım, sakin olmalıyım...

"Maria mı? Fransız mı?" Saatler sonra Merve'nin odasında buldum kendimi. Etrafımda beş tane kız, ben ortalarında, yüzüm alev alev olan biteni anlatıyorum hepsine.

"Evet," dedim gözlerim dolu dolu, "Kız en son fotoğrafını Paris'ten atmış. Ege de bana en son Paris'e gideceğini söylemişti..."

"Ege'nin Paris'te olduğuna emin miyiz?" diye atladı kızlardan biri.

"Bilmiyorum... onu bile bilmiyorum..." dedim çaresizce.

"Bak, tamam, butik sayfası açalım. Ciddiyim. Şu Maria'yı o sayfadan takip edelim. Kızın hesap hareketlerini inceleyelim. Hatta kıza mesaj atalım, sohbet edelim filan... Belki herhangi bir kursa gidip gitmediğini öğreniriz!" Merve'nin tavsiyesine gözlerimi devirdiğim sırada Merve'nin oda arkadaşı Yeliz söze atladı.

"Aynen Merve. Senin Şeftali Butik sayfandan Maria'yı takip edelim, kıza mesaj atalım."

"Tamam o zaman Fransız bir butik sayfası açalım! Adı da şey olsun... Boutique de pêche! Fransızca Şeftali Butik demek!" Sıkıntılı bir nefes verdiğim sırada Yeliz karşıma oturdu.

"Ya İzmir, birkaç aydır az çok tanıdık seni de Ege'yi de. Ara ara anlattığına göre bu çocuk seni aldatacak birine benzemiyor ama sen onun seni aldatacağını düşünüyor musun?"

"Hayır tabii ki." dedim bir anda, "Ya ben onu suçlamıyorum da... Tamam, o gün korktu, uzaklaşmak istedi... Ama benim ne halde olacağımı düşünmüyor mu? Hiç mi yazmaz insan. Her şeyden geçtim ben günler önce hastaneye kaldırıldım sağlığımı bile hiç mi merak etmedi? Maria konusunda da evet kıskandım. Ama Ege'nin yanlış bir şey yapmayacağını biliyorum. Ama kız-da tam şey tipi var... oynak..."

"Evet!" diye atladı Merve, "Gözler fıldır fıldır!" Hep birlikte gülüştükleri sırada ben ağlamak üzereydim. Aklımdan binlerce şey geçiyordu...

"Eh," diye mırıldandı Karşı odamızda tek başına kalan Hilal, "Bugün Cuma... Hafta sonu boşsun, senin yeşil pasaportun da var. Paris'e ucuz bilet bulalım sana. Gitsene iki günlüğüne. Kaç aydır görüşmüyorsunuz..." O an sanki hayatımda ilk defa böyle bir fikir duymuşum gibi şaşkınlıkla dolu bir aydınlanma yaşadım. Doğru ya! Neden gitmiyordum!

"Cidden ya!" Merve söze atladığında kafamda her şeyi netleştirmeye başlamıştım bile, "Hadi, Yeliz bilgisayarı aç. Bilet bakalım. Sen git çantanı hazırla İzmir. Uçak'ı odama getir, iki gün bende kalsın. Hadi, çabuk!" Merve beni kaldırıp kapıya doğru iterken korku içindeydim. Bir an durdum, yüzüme şaşkınlıkla bakarlarken korkuyla konuşmaya başladım.

"Ya beni istemezse?"

"Saçmalama! Ege mi seni istemeyecek!"

"Bilmiyorum... Ya istemezse?"

"Tabii ki isteyecek İzmir!" dedi Yeliz şaşkınlıkla.

"Ya onu ararsam ve açmazsa... Mesaj atarsam ve cevap vermezse... Ya oraya gidersem ama onu bulamazsam..."

"İzmir," Merve sabrının sınırına gelmiş gibi konuşmaya başladı, "Oraya gideceksin. Ona bir mesaj atacaksın, havalimanında olduğunu söyleyeceksin ve adım gibi eminim buraya da yazıyorum Ege koşa koşa seni almaya gelecek. Hadi bakalım, git çantanı hazırla. Biz sana bilet bulalım!"

Korka korka çıktım odalarından. Ellerim titreye titreye hazırladım çantamı... Onun sevdiği gibi kırmızılarla doldurdum tamamını. Kırmızı kazağımı, kırmızı ceketimi, kırmızı şapkamı aldım... Üzerimi değiştirdim, makyajımı yaptım... Her şey çok hızlı oldu aslında. Bana bir bilet buldular, hemen internetten satın aldık. Şimdi çıkıp havalimanına gidecek ve beş saat sonra uçağa binecektim. Yurttan çıkmam biraz zor oldu, anneannemi aramam yurt görevlisiyle konuşturmam gerekti ama kızlar her anımda yanımdaydı. Beni kapıya kadar bıraktılar, vedalaştık ve ben yola çıktım.

Titreyen bacaklarımın üzerinde zor dura dura gittim o havalimanına, oturdum saatlerce müzik dinledim, bekledim. Dışarıda kar yağıyordu, içimde bir kamp ateşi... Kulaklarımda o meşhur şarkının sözleri, "Şimdi buradan çok uzakta, *rüzgârların tahtındasın. Belki masal diyarlarda, Kaf Dağının ardındasın...*"*

Kaf Dağının ardı... Ege'nin olduğu yer tam olarak orasıydı işte. Küçükken çok masal dinledim, çok masal okudum. Hep bir Kaf dağı vardı, bilirsiniz. Birileri hep o Kaf dağının ötesine geçmeye çalışırdı. O masallarda birilerinin sevdikleri o Kaf dağının ardındaydı, birilerinin aileleri, birilerinin mücevherleri, birilerinin suyuna muhtaç olduğu ırmakları... Ege benim sevdiğimdi, benim ailemdi, mücevherimdi, suyuna muhtaç olduğum ırmağımdı. Ege benim için o meşhur Kaf dağının ötesiydi. Ve ben, atına binmiş bir şövalye gibi Kaf dağının ardına ulaşmaya çalışıyordum.

Beklediğim saatlerin sonunda çantamı sırtıma aldım ve uçağımın bulunduğu kapıyı bulmak için ayağa kalktım. Titreyen bacaklarıma rağmen yürüyerek uçuş panosunun önüne ulaştım. Kendi uçuşumu aradığım sırada gözlerim şok içinde ekrana bakakaldı.

Rötar.

Rötar.

Rötar.

Onlarca rötar... Bu neydi? Benim uçuşumun yanında da rötar olduğu, uçuşun ertelendiği yazıyordu! Şok içinde korkuyla bir görevli bulmak için koştururcasına yürümeye başladım. Gördüğüm ilk havalimanı görevlisini çevirdiğimde nefes nefeseydim.

"Pardon! Benim bir saat sonraya bir uçuşum vardı... Paris'e! Ama rötar olduğu yazıyor!"

"Evet hanımefendi, bu geceki bütün uçuşlar iptal. Dışarıda feci bir kar fırtınası var." Şok içinde adamın yüzüne bakakaldım. Ölüm haberi almış gibiydim. Kıpırdamadan öylece şok içinde bakıyordum...

"Ama... benim... gitmem lazım..." diyebildim sadece.

"Sizi mağdur etmeyeceğiz, merak etmeyin. Havayolu şirketinize şuradan danışırsanız bu gece uçuşu iptal olan herkes için bir otel ayarlanacak. Otelinizi ayarlatabilirsiniz."

"Ne oteli!" dedim şok içinde, "Uçuş ne zamana kadar ertelendi?" Adam halime acımış olacak ki derin bir nefes alıp bana gözlerini kırptı.

"Gelin bir bakalım..." diye mırıldanarak ilerlemeye başladı, peşinden giderken ona durumu anlatıyordum.

"Benim uçuşum tam 23.15'teydi! Ne kadar ertelenebilir ki? Kaç saat?"

"Hava durumu raporları çok kötü. Son on yılın en yoğun yağışı var dışarıda... Ama bir bakalım rötarınızın süresine..." Adamın peşinden giderken ağlayacak gibiydim. Gözlerim dolu dolu, burnum sızlıyordu... Görevli kendi standında boş bir bilgisayarın başına geçti. T.C. Kimlik numaramı alıp bilgisayarına biraz baktıktan sonra üzgün bir ifadeyle bana döndü.

"Uçuş yarın akşama doğru olacak..." Yutkundum.

"Yarın akşama doğru..." diye tekrarladım yediremememişim gibi.

"Eğer yarın akşam da hava böyle olmazsa tabii." Titreyen sesimle bu dediğini de tekrarladım.

"Eğer yarın akşam da böyle olmazsa?"

"Evet. Üzgünüm, gerçekten elimden bir şey gelmez." Başımı salladım. Yutkunmaya çalışarak burnumu çektim.

"Tamam... Teşekkürler..."

"Otel bilgilerinizi öğrenmek için havayolu şirketinizin standına gidebilirsiniz, ben havalimanı görevlisiyim sadece."

"Te... teşekkürler..."

Görevlinin yanından bir harabe gibi ayrıldım. Kulağıma kulaklığımı taktım ve yine aynı şarkının o kısmına denk geldim. "Şimdi buradan çok uzakta, *rüzgârların tahtındasın. Belki masal diyarlarda, Kaf Dağının ardındasın...*"

Masallarda her şey mümkündü, dağlar aşılır, sevenler kavuşurdu. Oysa biz bir masalda değildik. Ben o Kaf dağını aşamıyordum. Bir yağmur, biraz kar, biraz rüzgâr ve bizim kavuşabilme ihtimalimiz buraya kadar... İşte, mesafeleri aşabilme ihtimalimiz bu kadardı. Bu havalimanında öylece kalakalmıştım. Binlerce insan onun yanından geçerken, ben burada kala-

Şövalye haftalardır imkânsızı ararmış. Kaf dağının ardı, masallardan ibaretmiş aslında. Ama aklı almazmış, "Gerçek olan bir şey nasıl hapsolur bir masalın içine?" der dururmuş. Pes etmezmiş, yorulmazmış, dinlenmezmiş. Gider dururmuş gece gündüz... Sanki yok olmuş küçük kız, dünyadan silinmiş. Küçük kızla birlikte şövalye de kaybolmuş. Dünyanın nüfusu iki kişi azalmış. Ve iki kişi bazen dünyanın en kalabalık topluluğuymuş... Bir gün bir köyde eski dostuyla karşılaşmış şövalye. Durumu anlatmış, oturmuş, şerbetini içmiş. "Ah be dostum," demiş, "her şeyimi aldı bu hayat benden. Anamı, babamı, kardaşlarımı, güneşimi, yıldızımı... Sonra da onu. Babasıydım ben onun. O benden alınırken 'Bari onu almayın!' dedim içimden, onlar da bana içlerinden dediler ki, "Asıl onu alıyoruz ey şövalye..."

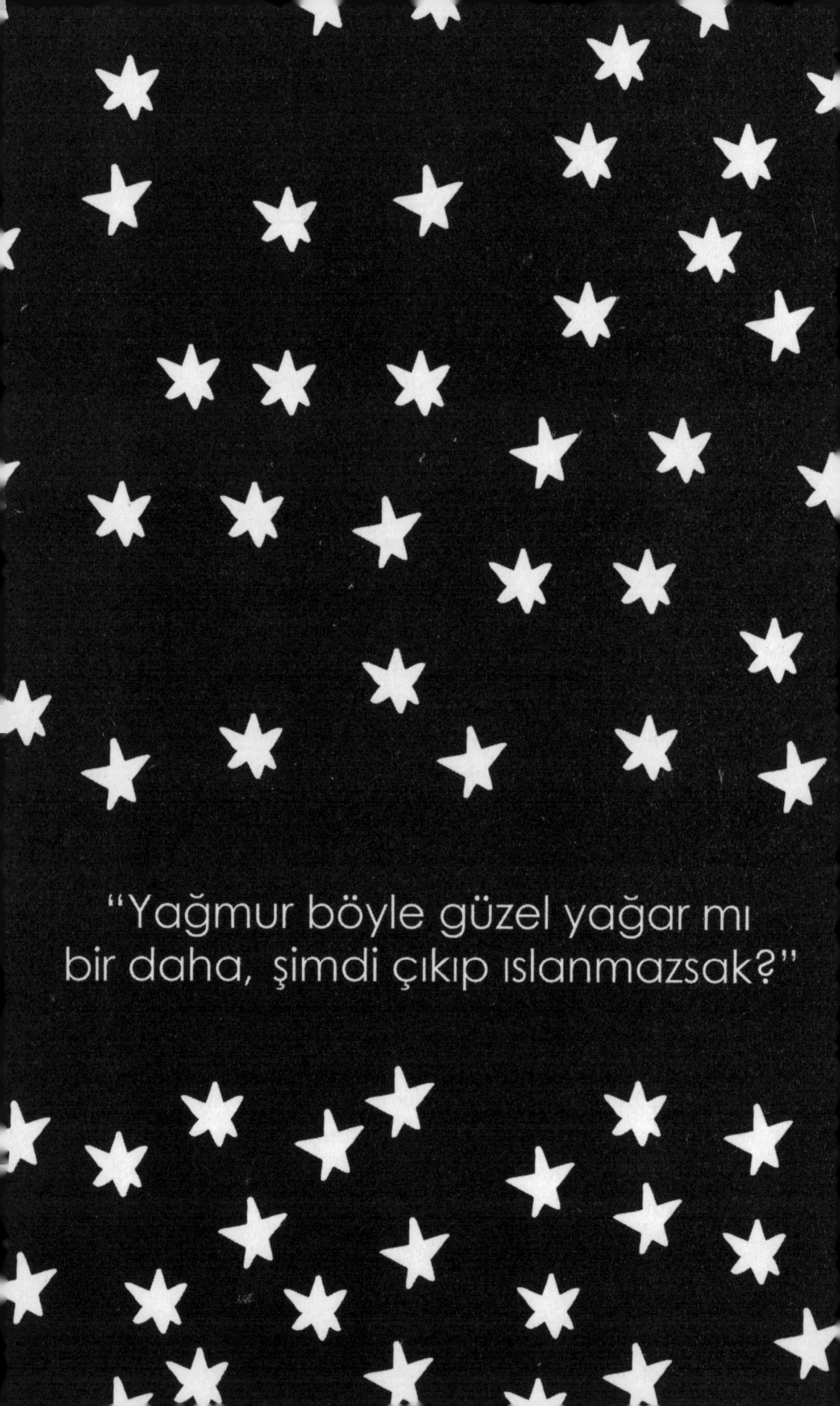
"Yağmur böyle güzel yağar mı
bir daha, şimdi çıkıp ıslanmazsak?"

33. Bölüm

Sen Kayboldun

> *Yağmur böyle güzel yağar mı bir daha, şimdi çıkıp ıslanmazsak?*

Bilmem lazım... Bilmem lazım... Bilmem lazım... Anlıyor musunuz? Öğrenmem lazım. Kafamın içinde dönüp duran tek cümle bu. Bize ne olduğunu, Ege'ye ne olduğunu, tam olarak ne yapmaya çalıştığını bilmem lazım anlamam lazım öğrenmem lazım. Tam beş saattir havayolu şirketimin beni yönlendirdiği otel odamda oturmuş kafayı yiyorum. Anlamaya çalışıyorum, düşünmekten başka hiçbir yol bulamıyorum. Evet, ona mesaj atabilirim, bu bir seçenek. Haklısınız. Ama ona kızgın hissediyorum. Başta ona karşı hissettiğim tüm empati yavaş yavaş uzaklaştı benden... Artık ona kızgın olduğuma eminim.

"Ne oldu Ege?" demek istiyorum, "Bu kadar mıydı ya, buraya kadar mıydı? Hasta olduğum an kaçmak için mi aylardır imkânsızı başarmaya çalışıyoruz?" demek istiyorum... Ama demeyeceğim. Diyemem. Günler oldu ya, insan hiç mi merak etmez. Koray bile defalarca sordu nasıl olduğumu, gecenin bir vakti odamın camının önüne gelip cama taş atıp nasıl olduğumu sordu. Oysa Ege kaçmayı seçti.

Üstelik özlüyorum da... Onunla konuşmayı, ona anlatmayı, bana anlatmasını... Her şeyi özlüyorum. Sürekli Instagram'ına bakıyorum, sürekli Tumblr'ına bakıyorum, Twitter hesabına bakıyorum... Ama yoruldum. Ona dair her şeyi kendi çabamla öğrenmeye çalışmaktan yoruldum. Yine konuşalım istiyorum, yine her şeyi bana anlatsın istiyorum. Bunu kendisi yapsın istiyorum... Yatağımın içinde dönüp dururken titreyen telefonumla birlikte hızla doğruldum. Telaşla telefonumu elime aldığımda yaşadığım hayal kırıklığı milyarlarca yıl uzunluğundaydı. Mesaj Koray'dandı.

"İzmir? Havalimanına gitmişsin, indiğinde bana yaz." Derin bir nefes alıp yazmaya başladım.

"İnmedim, çünkü uçağa binemedim. Hava şartlarından dolayı uçak yarın akşama ertelendi..."

"Ciddi misin sen ya? E kızım neredesin şu an, alalım mı seni?"

"Yok, havayolu şirketi bizi bir otele yerleştirdi... Yarına kadar bekleyeceğim."

"Peki sen iyi misin, karnın filan ağrımıyor değil mi?"

"Hayır hayır, gayet iyiyim."

"Tamamdır kuzu, bir şey olursa mutlaka yaz bana."

"Tamam, görüşürüz!"

Mesaj sayfasından çıkıp iç sıkıntımla aniden ayağa kalktım. Beynim en istemediğim şeyi yapıyordu. Ege'yi Koray'la kıyaslıyordu... Yoksa ben Ege'yi gözümde fazla mı büyütmüştüm? Yoksa Ege de sıradan bir erkek miydi? Allah aşkına, onu düşünmeyi acilen bırakmalıydım! Ani bir kararla saatin gecenin 4'ü olmasını umursamadan pantolonumu ve montumu üzerime geçirdim. Şapkamı, eldivenlerimi ve kulaklığımı da takıp telefonumdan bir şarkı açtım... Odamın kapısından hızla çıktım. Otelden ayrılırken müziğin sesi öyle yüksekti ki hiçbir şey duymuyordum. Aylar önceye dönmüştüm sanki... Kulaklarımda Cem Adrian ve ben yine Ege'sizim.

"Gidemem, gidemem bırakıp..." diyor Cem Adrian, yağan karın altında kalan ellerim tir tir titrer halde. Derin bir iç çektim, bir kabulleniş iç çekişi. Belki saçma belki aptalca ama sanki Ege'yi bir daha ne görebilecekmişim gibi ne konuşabilecekmişim gibi hissediyordum... Geldiğimiz bu hal bana çok garip hissettirmişti. Sanki gerçekten de kavuşmamızın imkânsız olduğunu hissetmiştim. Gerçekten de birlikte ayakta kalamayacağımızı hissetmiştim... Günlerdir konuşmuyoruz ve ne yapıyor nerede kimle kimlerle bilmiyorum, kafayı yiyorum. Aynı şehirde değiliz, aynı ülkede değiliz, hava durumlarımız bile farklı ben size daha ne diyeyim? Aramıza Berlin Duvarı girdi sanki, Çin Seddi girdi, aramıza sınır kapıları girdi, kimlik kontrolleri girdi, pasaportlar girdi, aramıza yağan kar bile girdi. Tutunabileceğim tek insan oydu. Ve bir şekilde belki kısa bir süreliğine ama her ne olursa olsun o da gitti. Ne garip, değil mi? Sanki Ege'yle konuşmamız bittiği anda Fransa bir ülke olmaktan çıktı benim için. Dünya haritasından silindi onun olduğu ülke, onun olduğu şehir. Karlı kaldırımların üzerine basa basa ilerlediğim sırada titreyen ellerimle Tumblr hesabımı açtım, yavaş yavaş içimdeki hisleri kelimelere dökmeye başladım, sanki akıp gittiler parmaklarımdan.

"Sen benden alınırken "onu almayın bari" dediğimi hatırlıyorum. Bana "asıl onu alıyoruz." dediler. Kimse benim kaşlarımı çatışıma bakmadı. Çünkü bilirsin, üzülünce kaşlarımı çatarım, bu benim gözlerimin doluş şeklidir, yaşsız." Sonra derin bir nefes aldım, dudaklarıma konan kar tanelerini ağzımın içine kabul edip çatık kaşlarımla yazmaya devam ettim.

"Sen kayboldun..." yazdım.

"Ben kayboldum... bir süreliğine iki farklı şehir de kayboldu benim için. Dünyada ne sen kaldın ne ben ne de yaşadığımız şehirler. Nüfus milyonlarca azaldı, şehirlerle birlikte içindeki

insanları da yok etti bilinç altım, inanabiliyor musun? İyi olmadığımı kimseye kabul ettiremedim. Kötü hissettiğime kimseyi inandıramadım. Kolumu çarptım kapıya, acıdığını kimseye kanıtlayamadım. Keşke hislerin rengi olsaydı, rengimin değişimini görür inanırlardı bana, ama en çok sen inanırdın. Ve şimdi sen de yoksun. Artık kimse inanamaz..."

Yazdığım yazıyı paylaştım, sonra bir saat boyunca sokakta yağan karın altında yürüdüm, düşündüm. Belki de abartıyordum. Belki de gerçekten biraz ara vermeye ihtiyacımız vardı. Daha doğrusu onun ihtiyacı vardı... Bir saat boyunca düşüne düşüne varabildiğim en olumlu nokta bu oldu, ona yarına kadar zaman vermeliydim. Yarın havalimanına gittiğimde ona yazacaktım, Paris'te olduğumu söyleyecektim. Ve sonra ne olursa olacaktı, tek seçeneğim buydu.

Otel odama döner dönmez üzerimi değiştirip ısınabilmek için hem klimayı açtım hem yorganımın altına girdim. Televizyonda öylesine açık bıraktığım bir çizgi film vardı... Onu izlediğim sırada yavaş yavaş gözlerimin kapandığını hissettim. Saat sabahın 7'sine geliyordu. Muhtemelen yarın öğleden sonraya kadar uyanmazdım. O an tek bir dilek vardı kafamın içinde, "Bari rüyamda onu göreyim..." Kendi kendime çaresizce bunu tekrarladığım sırada gözlerim kapandı... Uyuyakaldım.

16.35. Gözlerimi açtığımda saat tam olarak 16.35'ti. Ve şimdi bir şey söyleyeceğim, dileğim kabul oldu! Rüyamda Ege'yi gördüm. Ama nasıl gördüm hazır mısınız? Rüyamda Ege'yle görüntülü aramadan konuşuyorduk! Bu ne şimdi? Allah aşkına, bari rüyamda yan yana olsaydık, rüyamda bile mesafe aşkı yaşıyorduk. Şaka mı bu?

Öfkeyle yataktan kalktığım sırada söylene söylene üzerimi değiştirdim. Çantamı sinirle doldurdum. Uçak tam 1.30 saat sonra kalkacaktı. Hızlıca hazırlandım, otel çıkışında bir büfeden soğuk bir sandviç aldım ve yiye yiye telaşla havalimanına ulaştım. Sonra her şey hızla gerçekleşti... Uçağa alındım ve Ege'ye gökyüzünün bir noktasından diğer noktasına uçarak yavaş yavaş yaklaştım... İçimden sayıyordum. 3391 kilometre, 3390 kilometre, 3389 kilometre, 3388 kilometre, 3387 kilometre... Ve sonunda, sıfır kilometre.

"Evet sayın yolcularımız, ben kaptanınız Emir. Paris'e inmiş bulunmaktayız. Bu yolculukta bizi tercih ettiğiniz için teşekkürler. Çıkışlarımız ön kapıdan yapılacaktır. Tekrar görüşmek dileğiyle."

Uçaktan indiğimiz sırada karnımda büyük bir ağrı hissediyordum. Stres, heyecan, öfke... Hepsinin karışımı bir ağrı. Dış hatlar kapısının içinde yarım saat boyunca pasaport kontrolünde bekledikten sonra gelen yolcu kapısından çıktım, havalimanının içine ulaştım. Etrafıma bile bakmadan birkaç adım atıp çantamı yere bıraktım, sonra telefonumu elime aldım. Titreyen ellerimle, dindiremediğim öfkem ve bastıramadığım gururumla her şeye rağmen Ege'ye mesaj yazmaya başladım.

~~"Ege, neredesin?"~~ Tabii ki sildim mesajı! Saçma sapan bir mesajdı. Ege neredesin ne demek ya? Sanki buluşmaya karar verdik de çocuğa olduğu yeri soruyorum.

~~"Ege, ben Paris'teyim."~~ A ah ciddi misin İzmir ya? Demek Paris'tesin! 4 gün sonra konuşmaya girişe bak. Sil sil...

~~"Ege nasılsın?"~~ Ogo nosolson? Saçmalığa bak. İlişkiye ara verdiniz, Allah aşkına ufacık da olsa bir tavır koy ya. Ama işte insan sevdiği insana tavır koyamıyor, içi elvermiyor, içi...

"Ege, sana beni yalnız bıraktığın için kızgınım. Ama her şeye rağmen bize bir şans vermek istiyorum. Seninle konuşmak için Paris'e geldim. Buluşabilirsek sevinirim." Tamam, mesajı gönderdim. Öfkeyle mesaj ekranına bakmaya devam ettim. Mesajım gitmiyordu. Mesajım gitmiyordu! Telefonumu kontrol ettiğim sırada kafayı yiyecektim çünkü o an anladım ki telefonum çekmiyordu. Koskoca Fransa'da telefonum çekmiyor... Bir dakika ya... Fransa! Tabii ya. Tabii ki çekmez. Başka ülkedesin kızım, tabii ki çekmez! Hattım Türk hattıydı, Fransa'da hiçbir işlevi olmayan bir hat. Sinirle gülmeye başladım. Alt dudağımı ısırdığım sırada yere bıraktığım çantaya tekme atmak istiyordum, havalimanında dehşet saçmak istiyordum! Her şeyi ne kadar da kolay olacak sanmıştım o geri zekâlı pamuk prenses aklımla! Sanki fantastik film çekiyoruz. Güzel prenses bir gün uyanır ve sevgilisinin yanına Fransa'ya uçar, sonra hemen sevgilisini arar ve buluşurlar! Mutlu son. Prensesin uçağı kar yağıyor diye bir gün rötar yaptı rötar! Prensesin telefonu Fransa'da çekmiyor! Al hadi, çıkar şimdi bu hikâyeden bir masal! Öfkeyle elimi alnıma koydum. Sakinleşmek zorundaydım.

Sinirden gözümden bir damla yaş aktığı sırada derin derin nefesler alarak ağlamamaya çalışıyordum. O sırada titriyor olan ellerimden biriyle tuttuğum telefonum elimden kayıp yere düştü. Heh! Düş, sen de düş! Sen de kırıl hatta cüzdanım da çalınsın ben de burada sokaklarda mülteci gibi yaşayayım.

"Allah'ım sen yardım et Yarabbim amin..." Öfkeden imana gelmiş bir halde telefonumu almak için eğildiğim sırada bir el daha telefonuma uzandı. Heh, telefonumu da alın götürün...

"10 dakikadır izliyorum, ne zaman sakarlık yapacaksın diye bekliyordum..." Şok içinde başımı kaldırdığım sırada onunla göz göze geldim. Yüzüne baktığım sırada benim için her şey durdu. Etrafımdaki sesler, koşuşturan insanlar, anons sesleri, yerdeki çantamın gerimde kalmış olması... Ege, buradaydı.

"Sen..." dedim titreyen sesimle, "Neden, nasıl..." Ege yüzüme özlemle baktı.

"Biliyorsun. Okulda ajanlarım var." Merve... Koray... Ah. Tahmin etmeliydim. Birkaç saniye yüzüne baktıktan sonra elindeki telefonumu aldım ve Ege'ye ilk kez sert ama üzgün bir bakış attım. Sonra çok üzücü, kırıcı bir cümle kurdum.

"Keşke gelmeseydin." Ege yutkundu. Acı içinde yüzüme baktı.

"Yapma..." diye mırıldandı, "Beni dinleyeceksin, biliyorum." Gözlerimi gözlerinden kaçırıp burnumu çektim. Az önce onu havalimanına çağıran bir mesaj yazıyordum ama şimdi onu görünce onu ne kadar çok sevdiğimi anladım ve öfkem arttı.

"Günlerdir beni merak etmedin. Keşke şimdi de etmeseydin. Hastaydım, bir kez olsun nasıl olduğumu sordun mu? Bir kez olsun merak ettin mi? Koray bile sürekli nasıl olduğumu sordu, gecenin bir vakti camıma taş atıp beni uyandırıp nasıl olduğumu soruyordu... Her saat mesaj atıyordu. Sen... sen bana tam 4 gündür yazmıyorsun Ege." Ellerini kollarıma koydu, beni kendine yakınlaştırıp gözlerime baktı.

"Acaba neden?" diye sordu, "Acaba neden Koray sana her saat nasıl olduğunu sordu? Acaba neden gecenin bir vakti odasından çıkıp bahçeye inip camına taş atıp seni görüp nasıl olduğunu sormak istedi? Neden..." Kaşlarımı çattım, anlam veremeyerek yüzüne baktığım sırada aslında anlamıştım.

"Sen..." dedim şaşkınlıkla, "Sen mi sordurtuyordun?" Başını salladığı sırada ondan uzaklaşmaya çalışıyordum, o ise beni kendine çekiyordu. Üzerinde çok güzel bir kot ceket, kahverengi bir boyunluk vardı.

"Seni bırakabileceğimi mi sandın?" dedi titreyen sesiyle, "Seni merak etmeme ihtimalimin olduğuna inandın mı gerçekten? Dün geceden beri bu havalimanında bekliyorum. Sen yurttan çıktığın an buraya geldim, uçağının rötar yaptığını öğrendim ve tam 22 saattir burada bekliyorum İzmir." Dediği şeyler öfkemi azaltsa da gözlerimi gözlerine diktim. Saçları dağılmıştı, yüzü yorgunluktan ölüyordu... Ama öylesine etkileyici görünüyordu ki.

"Bunlara hiç gerek olmayabilirdi Ege... Bir anda benimle konuşmayı kestin! Ben hastalandım ve ara vermek istediğini söyledin. Bu kadar mıydı?" Ege burnunu çekerek alnını alnıma koydu. Gözlerini kapatıp o anları hatırlamak istemiyormuş gibi konuşmaya başladı.

"Aklım gitti... Sana yemin ederim, seni kameranın önünde bayılırken gördüğümde benim aklım gitti. Kafayı yedim ya. Bir şey oldu sandım. Delirdim." Sonra alnını alnımdan ayırıp gözlerini açtı ve tane tane anlatmaya başladı.

"Bana araba filan çarpsa bu kadar etkilenmezdim bu kadar korkmazdım. Senin orada bayılman beni mahvetti. Kendime gelmem gerekiyordu. Bu korkuyu atlatmam gerekiyordu. Bu şekilde devam etseydim seni kaybetmekten deliren, her adımını takip eden bir manyağa dönüşecektim. Uzaklaşmaya çalıştım ama yine de o manyağa dönüştüm! Yaptığım şeyleri tahmin edemezsin." Kaşlarımı çattım.

"Ne... ne yaptın?"

"Koray'a mesajlar attım. Her adımını ondan öğrendim. Merve'ye seni buraya göndermesini söyledim, her dakika sosyal medya hesaplarına baktım, okulunuzun bahçesinde mobese kamerası var... İnternet sitenizde mobesenin görüntüleri yirmi dört saat yayınlanıyor. Ve benim son günlerde yaptığım tek şey okulunuzun bahçesini izlemekti. Kısacası saplantılı bir manyak gibi davrandım..." Duyduğum şeyler karşısında şaşkınlıktan bayılacaktım. Ege beni umursamıyor sandığım sırada Ege bunları mı yapıyordu?

"Şimdi de sen bana soğuk bakıyorsun." dedi hüzünle, "Kafam mesafeler seni de beni de mahveder mi düşünceleriyle doluydu. Senin hayatını imkânsız olan bir aşk için harcamak istemiyordum."

"Bırak da buna ben karar vereyim Ege."

"Haklısın... Ama artık sana söz veriyorum, böyle bir şey olmayacak. İzmir..." dedi dolu dolu, "Seni çok özledim. Çok." Öfkemi, gururumu bir köşeye bıraktım. Gözlerine baktım. Başımı salladım.

"Ben de seni..." Bana sıkı sıkı sarıldığı sırada bir yandan boynumu öpüyordu.

"Şimdi elinden tutacağım, hiçbir şey olmamış gibi çıkacağız ve Paris'i gezeceğiz tamam mı?" Başımı salladım.

"Tamam..." Ege bir eliyle elimi tuttu, diğer eline çantamı aldı ve birlikte havalimanından çıktık. Metroya binip havalimanından uzaklaşıp merkeze doğru yola çıktık. İkimiz de yaşadığımız şu birkaç günün harabeliğini üstümüzden atamamıştık. Konuşmuyor sadece düşünüyorduk.

Metrodaki Fransızların gözleri üzerimizdeydi sanki, ya da ben öyle hissediyordum. Ege bir ara telefonunu çıkarıp kulaklığını taktı, sonra kulaklığının tekini gülerek bana uzattı.

"Hiç birlikte müzik dinlemedik, biliyor musun?" diye mırıldandı. Gülümsedim. Kulaklığı alıp kulağıma taktım.

"Sıradaki şarkı birlikte yürüyemediğimiz yollara gelsin." dedi gülerek. Hâlâ onunla konuşabilecek halde değildim. Sadece güldüm. Sonra Ege'nin kulaklığından kulağıma Deniz Tekin'in sesi gelmeye başladı. Derin bir nefes aldım... İşte bu yüzden. Bu yüzden Ege'yleydim...

"Balıklar uçar, kuşlar yüzer. Gökyüzü yemyeşil. Ben de seni düşünmeyi bıraktım, bu yoldan dönen utansın." * diyordu Deniz Tekin. Sonra devam ediyordu.

"Korktum gözlerimi açmaktan. Kaçtım gerçekten, ama seni her gördüğümde ***baş üstü düşüyorum dünyaya...***"

Bir şarkı bu kadar mı beni anlatırdı? Yalan mıydı, inkâr mı edecektim, onu her gördüğümde baş üstü düşüyordum dünyaya... Ege korkakça elini uzattı, dizimin üstündeki elimi tuttu. Öylece dakikalarca bu şarkıyı dinledik...

Metrodan inip istasyondan çıktığımız sırada başımı kaldırıp karşımda akşamın karanlığında parlayan Eiffel kulesini gördüğüm sırada oldukça etkilenerek heyecanla Ege'ye döndüm.

"Eiffel..." dedim heyecanla.

"Eiffel..." diye tekrarladı. Ben Eiffel'e bakıyordum. O bana bakıyordu.

Birlikte el ele Eiffel'e doğru yürümeye başladığımız sırada içimi kemirip duran o soruyu bir anda sordum.

"Ege, Maria kim?"

"Maria mı?"

"Evet Maria."

"Maria kim?" diye sordu Ege bana kaşlarını çatarak.

"Ben de sana soruyorum Ege. Maria kim?"

"Şu an beynim yandı. Bu nereden çıktı şimdi?" Yaptığım şey her ne kadar mantıksız da olsa umursamayıp söyledim.

"99 beğenide kalan fotoğrafını haftalar sonra beğenip 100 yapan Fransız kız. İsmi Maria." Ege bir anda büyük bir kahkaha attı.

"Haa, Maria!" dedi, "Şu seni aldattığım kız!" Dalga geçiyordu, harika.

"Haa!" dedim, "Beni aldattığın kız mı, oh, rahatladım. Ben de bu kız kim diye düşünüyordum. Bildiğim iyi oldu." Bir anda karşılıklı olarak gülmeye başladık. Bunu özlemiştim...

Başkalarının kavga edebileceği konularda gülmeyi... Sonra Ege bir anda dudaklarını dudaklarıma yaklaştırdı. Ben gülerken dudaklarıma bir öpücük kondurdu. Ben tam anın romantikliğiyle kendimden geçtiğim sırada iç çekti ve, "Ah Maria..." diye mırıldandı. Öfkeyle ondan uzaklaşıp yüzüne onu öldürmek ister gibi baktığımda o kadar eğleniyordu ki!

"Harika, artık beni öpemezsin. Yasaklıyorum." dedim ve sinirle Eiffel'e doğru yürümeye başladım. Lükse bakar mısınız sinirle EİFFEL'E DOĞRU yürüyorum...

"Öpemez miyim?" Ege beni kolumdan tutup kendine doğru çevirdiği sırada tam konuşacaktım ki beni öptü.

"Öpemez miyim yani?" dedi ve tekrar öptü.

"Öpemez miyim şimdi?" ve tekrar öptü... Hipnoz olmuş gibiydim. Kıpırdamıyordum, konuşmuyordum. Alnını alnıma koydu.

"Yani seni artık öpemez miyim?" dediğinde gerçekten hipnoz olmuştum.

"Öpebilirsin..." dedim emrine amade bir halde. Ege halime gülmeye başladığında kendime geldim.

"Bana ne yaptın?" diye sordum, "Az önce bilincimi kaybettim!" Bana oldukça etkileyici bir gülüşle baktıktan sonra derin bir nefes aldı.

"Bunları o kadar çok özlemişim ki... Seni öpmeyi. Seni kızdırmayı."

"Bir insan bir insanı kızdırmayı neden özler?"

"Kendini sinirli olduğunda görsen neden özlediğimi anlarsın. Hadi, gel Eiffel'e çıkalım. Ama çıkmadan önce bilmen gereken bir şey var..." Birlikte Eiffel'e doğru yürüdüğümüz sırada bana bir efsaneyi anlatmaya başladı.

"Efsaneye göre, Eiffel'e kiminle çıkarsan onunla evlenirmişsin..." Gözlerimi devirdim.

"O Galata Kulesi olmasın? Yalan söylüyorsun."

"Tüh, bu sefer yemedi." diye mırıldandığında gülmeye başladım.

"Hayatın benimle uğraşmak üzere kurgulanmış biliyorsun değil mi Ege? Başka bir şey yaptığın yok."

Birlikte konuşa konuşa Eiffel'in tepesine çıkıyorduk. Ege bana Eiffel'in tarihini anlatıyordu. Benim ise aklımda hâlâ tek bir soru vardı. Ege konuşmaya devam ederken düşünebildiğim tek bir şey vardı...

"Kulenin yapımı toplamda 2 yılı aşmış hatta 26 ayda tamamlanmış. Yapımında 3000 tane işçi çalışmış, on binlerce demir parça kullanılmış. 1889 yılında bitirmişler kuleyi. Ve garip bir şekilde o dönem bu kulenin yapımında hiçbir işçi ölmemiş biliyor musun?" Dalgınlıkla ona doğru döndüm ve tek bir şey söyledim.

"Ege, Maria kim?" Ege inanamıyor gibi gözlerime bakıp gülmeye başladı.

"Sen ciddi ciddi soruyorsun bu soruyu?"

"Evet. Instagram'ında gördüm. Kim olduğunu merak ediyorum. Paris'te yaşıyormuş... Tanıdığın biri mi?"

"Evet. Yani hayır... Hiç konuşmadığım ama aynı kursa gittiğim biri. Bu kadar. Fransız bir kız."

"Hiç konuşmadınız ama seni buldu, ekledi ve haftalar önce paylaştığın fotoğrafını beğendi. Öyle mi?"

"Evet, aynen öyle." Başımı salladım.

"Her neyse. Yani bu kulenin yapımında kimse ölmemiş mi?" Ege gülümseyerek önüne döndü.

"Kimse ölmemiş. Bu kulenin şehre yakışmadığını düşünenler var. Demir yığını deniyor... Bence harika bir eser. Ama bu kulenin kaldırılması için imza kampanyaları bile yapılmış inanabiliyor musun?" Orospu Maria. Sen kim olduğunu sanıyorsun ya?

"Aynısından Londra'ya da yapmaya çalışmışlardı sanırım. Bir nedenden dolayı iptal edilmişti yanlış hatırlamıyorsam. Ama zaten bir şehirde olan bir eseri başka şehre yapmak saçma değil mi?" Tabii, boş buldu Ege'yi, yakışıklı da gördü... Hemen bir adım attı.

"Kulenin masrafları çok fazla tutmuş. Başta pişman olmuşlar. Ama daha kule resmi olarak açılmadan o kadar büyük bir ziyaretçi akını olmuş ki o masrafları birkaç gün içinde çıkarmışlar." Ben anlamıyorum ya, bir insan birine adım atarken hiç mi düşünmez karşısındakinin hayatında birinin olup olmadığını!

"İzmir?" O kursa gidip, o sınıfa girip Ege'yi ellerimle sırasına bırakmak istiyorum şu an.

"İzmir?"

"Ah... Ya dalmışım da." Bir an kendime geldiğimde yaklaşık on beş dakikadır Ege'yi dinlemediğimi fark ettim.

"İyisin, değil mi?" diye sorduğunda başımı salladım.

"İyiyim... sadece dalmışım..."

"O kadar daldın ki Eiffel'in tepesine ulaştık." Şaşkınlıkla başımı salladığımda tepeye bir adım kaldığını gördüm. O adımı da attık ve artık en tepedeydik. Ege elimi tuttu. Birlikte tüm bu insanların içinde ilerleyip aşağı baktık. Tepe sevgililerle doluydu! Herkes romantik anlar yaşıyordu. Ve Paris ayaklarımızın altında o kadar güzel o kadar ışıl ışıl görünüyordu ki gözlerimin dolduğunu hissettim. Başımı Ege'ye çevirdim. Gözlerinin içine baktım. Gözleri ışıl ışıldı, mutluydu...

"Mutlusun." dedim, "Benimle olduğun için mutlusun." Ege beni kollarıyla sardı.

"Sen benim hayatta kalma sebebimsin." Uzandım ve yanağına bir öpücük koydum.

"Günlerdir beni umursamadığını düşünüyordum. Ve hatta az önce sorduğum gibi, başka biriyle olduğun bile aklıma geldi... Özür dilerim Ege. Senden uzakta kalınca, sanki bir anlığına ne kadar güzel bir ruhun olduğunu unuttum..."

"Bunu sana unutturmam benim hatamdı... Kimse yok İzmir. Senden başka ne yanımda ne kalbimde hiç kimse yok. Olmayacak da." Başımı salladım.

"A ah!" dedim o an heyecanla, "Baksana adam Eiffel'in tepesine dövme standı açmış dövme yapıyor! Küçük Eiffel Kulesi dövmeleri!" Ege şaşkınlıkla arkasına dönerken çok heyecanlanmıştım.

"Bunu ilk kez görüyorum. Yaptıralım mı?"

"Evet!" dedim, "İkimizde de aynı dövmeden olsun!" Ege elimi tuttu, beni dövme standına doğru götürürken içimde yeni bir yıldız meydana gelmişti. Yeni bir ışık, umut... Standa gittiğimizde dövmecilerden ikisi ve Ege aralarında Fransızca konuşmaya başladılar. Ege bir beni gösteriyordu bir kendini. Uzun uzun bir şeyler anlattı.

"Ne anlatıyorsun bu kadar ya?" diye sorduğum sırada bana güldü ve dövmecilerle konuşmaya devam etti. Sonra ikimizi yan yana oturttular.

"Hazır mısın?" diye sordu Ege, korkuyla başımı salladım.

"Acıyacağından biraz korkuyorum aslında. Ama küçük Eiffel dövmeme hazırım. Ege gülümseyerek önüne döndüğü sırada ikimizin de sol bileğine aynı anda dövmelerimizi yapmaya başladılar. Acıdan koluma bakamıyordum bile. Yaklaşık on dakika sonra işlem bittiğinde gözlerim hâlâ kapalıydı.

"Güzelim," dedi Ege eğlenerek, "Artık gözlerini açabilirsin." Gözlerimi korkuyla açtığım sırada anında kıpkırmızı olmuş bileğime baktım. Şok içinde bakakaldıktan sonra Ege'nin bileğine de baktım. Bunlar Eiffel kulesinin dövmesi değildi. Benim sol bileğimde sağa doğru giden küçük bir uçak vardı, Ege'nin sol kolunda ise sola doğru giden küçük bir uçak...

"Ege..." dedim şaşkınlıkla, "Bunlar..."

"Onlara yaşadığımız ilişkiyi anlattım. Aramızdaki mesafeleri... Bana bunu önerdiler. Bir uçak dövmesi. Senin de dediğin gibi. Bizi birbirimize getiren, bizi birbirimizden götüren... Bir uçak dövmesi." Gözlerim dolu dolu baktım ona. Sonra başımı eğip bileklerimizdeki dövmelerimize baktık. Sonsuza kadar bileklerimizde kalacak bu dövmelere.

Hangi diyarlarda doğduk, hangi diyarlarda öleceğiz bilmem. Son kelimelerimiz ne olur, ilk kelimelerimiz neydi bilemem. Ellerimiz kimin ellerinde şimdi, en son kimin ellerini tutacak tahmin edemem. Güneş bir daha böyle ne zaman doğar, rüzgâr bir daha böyle güzel iter mi bizi artık yürüyelim diye ve hatta yağmur... böyle güzel yağar mı bir daha şimdi çıkıp ıslanmazsak?

Ege'yle yaşadığımız imkânsızın da ötesiydi. Dünyanın en sağanak yağmurunun altında yürümeye çıkmak gibiydi. Şimdi kollarımızda iki tane uçak dövmesi, o gitse de ben gitsem de sonsuza kadar vücudumuzda kalacak bize bu anı hatırlatacak, bize bugünleri hatırlatacaktı. Sonumuz ne olurdu, ne olacaktı bilmiyordum. Ama işte dünyanın en sağanak yağmuru çok da güzel yağıyordu ve çıkıp ıslanmaktan başka çaremiz yoktu. Hem dediğim gibi, *"Yağmur* böyle güzel yağar mı bir daha şimdi çıkıp ıslanmazsak?"

Şövalye, yollarda geçen ayların ardından ötede bir dağ görmüş. Hiç görmediği, hiç bilmediği, hiç yamacına gelmediği bir dağ. Karşılaştığı bir köylüye "Bu ne dağıdır?" demiş. "Bu Kaf dağıdır şövalye, geçeyim deme önündeki nehre düşer boğulursun... Önünde unutuş nehri var, bir girdi mi her şeyi unutursun..." demiş köylü. Şövalye o an köylünün dediğinin yarısını duymamış bile. Bu önündeki dağın Kaf dağı olduğunu bilmek bile yetmiş ona. Küçük kızı bu dağın ötesindeymiş. Bir yıldız için gece gündüz gitmiş de iki dağ öteye gidememiş şövalye, şimdi kızı için dünyanın bütün dağlarını aşmış Kaf dağına ulaşmış. "Olmayan Dağ" dermiş insanlar buraya, oysa bu dağ var olmuş. Şövalye acısıyla olmayan bir dağı yarattırmış.

Dünyanın farklı yerlerinde de olsak aynı gökyüzüne bakıyoruz.

34. Bölüm

İletilemedi!

> **"*Hiçbir zaman yaşadığın güzel şeyleri seninle birlikte yaşayamayacağım için...*"**

"Sonra... sonra... Merve, ben, Uçak, bir de yurttan iki kız daha oturuyoruz. Uçak bir anda camda kuş görünce kucağımdan atladı tamam mı? Merve şey diyor, 'İZMİR KOŞ, UÇAK UÇUYOR!' Ahahaha!"

Ege de ben de kahkahalarla gülerken önümde duran votka bardağımdan bir yudum daha aldım.

"Şşş, tamam. Güldük eğlendik, ama çok içtin güzelim. Bu kadar yetmez mi?"

"Hayır ya!" Ege bardağı elimden almaya çalışırken sarhoş ellerimle bardağı öyle bir çektim ki yarım bardak votka üzerime döküldü.

"Oh!" dedim bir anda sarhoş kafamla durumu zar zor algılayıp, "Üzerime bir şey döküldü!" Ege tekrar gülmeye başladı.

"Ciddi misin, ben hiçbir şey fark etmedim!"

"Baksana, ıslağım!"

"Cidden mi, neden acaba? Islanmaman lazımdı oysa ki." Ege karşımda o kadar eğleniyordu ki görmeniz lazımdı...

"Ha," dedim başımı sallayarak, "Anladım! Dalga geçiyorsun. Güzel. Olsun, üzerime dökülmesi de güzel. Daha çok sarhoş olurum. Ya, şunlara söyler misin şu saçma sapan şarkıyı değiştirip şey açsınlar... Mesela Müslüm Gürses." Ege kaşlarını çattı.

"Müslüm Gürses?" diye tekrar etti.

"Evet, evet... Pardon!" diye bağırdım garsona doğru elimi kaldırarak. Ege şaşkınlıkla beni izliyordu. Garson kız şaşkın gözlerle bana döndü.

"Şarkıyı değiştirip Mü... Müslüm Gürses açabilir misiniz?" Kız yüzüme şaşkınlıkla bakmaya devam ederken sinirle ağzıma dolan bütün nefesi boşalttım. Tahammülsüzce Ege'ye döndüm, ağzımı yamulta yamulta konuşmaya başladım.

"Yani ben Türkçe konuşmuyor muyum, neden böyle bakıyor bana Ege! Neden sen de bana böyle bakıyorsun?" Ege'nin gülüşü büyüdü.

"Türkçe konuşuyorsun. Sorun o." Sonra kıza döndü.

"Ça va. Tu peux y aller." Böyle bir şey dedi! Şok içinde ona döndüm.

"Ege! Ne diyorsun sen! Kafam çok karıştı, ne oluyor, biz... neredeyiz?" Ege kahkahalarla gülmeye başladı.

"Ooo," dedi, "Senin kafa gitti... Günaydın İzmir, burası Fransa, anadili Fransızca olan bir ülke!"

"Ne?" Ege gülmekten ölecekti.

"Evet, seni buraya bir kapsül içinde ışınladılar. Bir deneyin kobayı olarak buraya yollandın." Sinirle yüzüne baktım.

"Ya tamam..." dedim, "Dalga geçme. Bir an kafam karıştı. Tamam, Fransa'dayız... Bir an unuttum... Ama bu Müslüm Gürses dinlememize engel değil!" Uzanıp Ege'nin masada duran telefonunu kaptım.

"İzmir, ne yapıyorsun?" Ege gülerek bana uzanırken telefonu ondan kaçırıp ayağa kalktım.

"Müslüm Gürses açıyorum!"

"Bak bizi buradan attıracaksın, biliyorsun değil mi?" Ege telefonunu almak için gülerek uzanırken bir anda masanın üzerine çıktım.

"Şunlara biraz güzel müzik dinletelim!" Ortam karanlıktı, herkes gülüyor eğleniyordu, herkes kafayı bulmuştu. Ben masanın üzerinde Youtube'a girerken Ege şok içinde gülerek beni izliyordu.

"Bunu gerçekten yapacaksın, değil mi?" dedi gülerek.

"Ev-vet!" dedim gülerek. Hayatımda ilk defa kim ne der, ne olur diye düşünmeden bir şey yapıyordum. Oynatma tuşuna bastım. O an, Paris'te Fransa'nın en ünlü barlarından birinde masanın üstünde duruyordum. Elimdeki telefondan bir anda Müslüm Gürses'in sesi duyuldu. Gözlerimi kapattım, gülmeye başladım.

"Eğer seni kırdıysam..." dedi Müslüm Gürses.

"Darıl bana. Ama bir gün, beni ararsan... Bak ruhuna." Gözlerimi açıp Ege'ye baktığımda gülerek ve hayranlıkla beni izlemeye devam ediyordu.

"Affet beni akşam üstü... Gölgem uzarken... Öğleden sonra affet, ne zaman istersen!" diye şarkıya eşlik etmeye başladım kahkahalar içinde, bir anda Ege de şarkıya bir yerinden katıldı.

"Çünkü sen çölüme yağmur oldun! Sen geceme gündüz oldun!" Gözlerimden bir iki damla yaş akarken hüzünden mi mutluluktan mı yoksa anın büyüsünden mi ağlıyordum bilmiyordum. Ege karşımda, ben masanın üzerinde, birbirimize bakarak bir Fransız barında Müslüm Gürses söylüyorduk! Şaka gibi!

"Abi siz de mi Türksünüz! Müslüm Gürses açmışlar çıldırıyorum!" Yan masaların birinden gelen bir sesle Ege'yle gözlerimiz sesin sahibiyle buluştuk. Çocuk gülmekten ölecekti!

"Evet," dedim, "Biz de Türküz!" Bütün masa kahkahalarla gülmeye başladı.

"Sabaha kalmadan affeeet, tam ayrıldık derken!" diyerek devam etti şarkıya o masadan bir çocuk daha. Sonra tüm masa birlikte söylemeye başladılar.

"Sen çölüme yağmur oldun, sen geceme gündüz oldun!" Gülmekten ölecektim. Bu an hayatımın en unutamayacağım anı olacaktı, biliyordum. O an Ege gülerek bana uzandı.

"Hadi," dedi keyifle, "Biz atılmadan in masadan." Gelip giden aklımla Ege'ye doğru eğildim, kollarımı boynuna sardım, alnımı alnına koydum...

"Sen... çölüme yağmur oldun..." diye mırıldandım sessizce, Ege gülmeye başladı.

"Sen... geceme gündüz oldun..." Devam ettiğim sırada Ege başını oynatıp dudaklarını dudaklarıma bastırdı.

"Sen... benim her şeyim oldun." dedi bir anda, "Bu anı senden başka kimseyle yaşayamazdım."

"Hangi anı, bir Fransız barında Müslüm Gürses söyleme anını mı!" Kahkahalarla güldüğümüz sırada Ege kollarıyla belimi sarıp beni kucaklayarak masadan indirdi. Sonra elimden tuttu.

"Hadi, garsonlar kötü bakıyor!"

"Affetsinler bizi akşam üstü, gölgemiz uzarken, sabaha kalmadan affetsinler, tam ayrıldık derkeen!"

O kadar sarhoştum ki ne dediğimin ne yaptığımın farkında değildim. Bardan gülüşerek çıktık, dışarı adımımızı attığımız anda dışarıda yağan sağanak yağmurdan sırılsıklam olmamız bir oldu. Ege elimi daha sıkı tuttu.

"Koş!" dedi, "Otele kadar koşacağız, tamam mı!"

"Tamam!"

Bugün Paris'teki ikinci ve son gecemdi. Geldiğim andan beri Paris'i karış karış gezmiş ve bir veda gecesi için bu bara gelmiştik... Bu gece dün yerleştiğimiz otelde kalacaktık ve ben sabah bir kez daha bu toprakları bırakıp gidecektim... Ege'mi bırakıp gidecektim...

"Gözümde canlanır koskoca mazi, sevgilim nerede ben neredeyim!" diye bağıra bağıra şarkı söylemeye başladım bir anda yağmurun altında koştuğumuz esnada. Ne yapıyordum ben ya, ne yapıyordum! İzmir kendine gel! Ege bir an durdu, kahkahalarla bana baktı.

"Kandırıldım!" dedi kahkahalarının arasından, baygın gözlerle ona baktım.

"Ne?" Sırılsıklam ıslanıyorduk, yağmur öyle bir yağıyordu ki yağmur yağarken boğulan ilk insanlar olacaktık!

"İlk tanıştığımızda Son Feci Bisiklet'ler, Yüzyüzeyken Konuşuruz'lar, Band Of Horses'lar dinleyen İzmir'e bakın! İş ilerleyince bir de sarhoş olunca Müslüm Gürses açmaya, yağmurun altında Efkarım Birikti Sığmaz İçime söylemeye başladı, kandırıldım!" Ege'nin yüzüne uzun uzun baktım, o an mantıklı cümle kuracak halim yoktu ve sadece şöyle dedim.

"Gözümde canlanır koskoca mazi... Sevgilim nerede ben neredeyiim! Efkarım birikti, sığmaz içimeee..." Ege gülmekten ölecekti!

O an kendime ben de anlam veremiyordum! Ne olmuştu bana! İnsanlar sarhoş olunca bir şeyler itiraf eder, dans eder ya da ağlar filandı. Bir de bana bakın, sarhoş olunca arabesk şarkı söylemeye başlıyormuşum. Hem de durdurulamaz bir şekilde! Ege bir anda ellerini yanaklarımın iki yanına koydu ve bana öyle bir baktı ki tarif edemeyeceğim bir şeyler geçiyordu aklından...

"Ah, ah..." dedi, "Sana karşı hissettiklerimi bir söyleyebilsem, bir kelimelere dökebilsem... İçim gidiyor, içim..."

Gözlerim alkolden kaymaya başlarken parmağımla gökyüzünü işaret ettim.

"Yağmurdan boğulacağız ve ben yüzme bilmiyorum." Ege gülerek yanaklarımı serbest bıraktı ve tekrar elimden tuttu.

"Hadi, bu sefer gerçekten koşuyoruz. İstediğin arabesk şarkıyı söylemekte serbestsin."

Artık halim kalmamıştı, uyuma evresine geçmek üzereydim. Koşarken uyuyan ilk insan olacaktım neredeyse. En sonunda otelimize ulaştığımızda halimize gülerek hızla odamıza çıktık. Odaya girdiğimiz anda Ege bana banyodan iki tane havlu getirdi. Oysa ben çoktan yatağa yatmıştım.

"Uyumak yok! Bu şekilde uyursan sabaha çıkamazsın!" Oysa cevap verebilecek halde değildim. Başımı kaldıramıyordum.

"İzmir, güzelim... Kalkman lazım..."

"Başım dönüyor..." diye sızlandığım sırada Ege bir anda yanıma geldi.

"Tamam, üzerindekileri ben çıkaracağım, seni kurutup yatağa yatıracağım. Olur mu?"

"Hmm..." O kadar midem bulanıyor, o kadar başım dönüyordu ki ağzımdan sadece bir mırıldanma sesi çıkmıştı. Sonrasını hatırlamıyorum bile. Ege ne yaptı, üzerimdekileri nasıl çıkardı, yatağa nasıl girdim hiçbir şey hatırlamıyorum. Tek hatırladığım uykunun ve baş dönmemin beni nasıl bir karanlığa soktuğuydu... Uykuya dalarken dudaklarımdan yepyeni bir şarkı dökülmeye başladı.

"Rüyama gir... hasret giderelim..." diye mırıldandım bir anda, "Sen orada, ben burada, aramızda... Kapat gözünü, buluşalım..."

Sabaha kadar karmakarışık rüyalar gördüm. Kafamın içi şarkılarla doluydu. Sanki aldığım alkol bende sadece şarkı söyleme etkisi yaratmıştı. Belki de sabaha kadar uykumda şarkılar söylemiştim. Acaba Ege duymuş muydu! Sabah gözlerimi açtığım sırada yorganın karşı tarafında bana doğru dönmüş, tek kolunu üzerime doğru uzatmış karmakarışık saçlarıyla Ege'yi gördüm. Bir süre yüzünü izledim, sakallarını, dudaklarını, kaşlarını... Sonra uzandım ve onu yanağından öpülebilecek en derin şekilde öptüm... Burnumu yanağının üzerinde dolaştırdım, derin derin nefesler aldım. Varlığını içime çekmek istiyor gibiydim. Sonra doğruldum, komodinin kenarında durak telefonumu alıp saate baktım. Saat 12.35'ti. Uçuşuma iki saat kalmıştı. Kalkıp, hazırlanıp havalimanına gitmek zorundaydık... Bir havalimanı vedasını daha kaldıramazdım. Bunu istemiyordum...

Yataktan kalktım, Ege her nasıl yaptıysa üzerime eşofman takımımı giydirmişti. Belki de ben kalkıp giyinmiştim, hiçbir şey hatırlamıyordum... Yatağın yorganın üstüne örttüğümüz pikesini aldım ve üzerime geçirdim. Balkona çıkıp Paris'in sokaklarına şöylece bir baktım... Sokağın sonundan görünen Eiffel manzarasıyla iç çektim.

Dün nasıl bir gece geçirmiştik öyle, içimden kocaman bir arabesk topu çıkmış ve dışarı salınmıştı! Bunu düşününce bir an kendi kendime gülümsedim.

"Hoşça kalın güzel günler..." diye mırıldandım, "Hoşça kal Paris... Hoşça kal Ege." Derin bir iç çektim, istemeye istemeye içeri girdim. İçeri girdiğimde Ege'nin uyanmış olduğunu ve yataktan beni izlediğini gördüm.

"Günaydın..." dedim hüzünle.

"Günaydın... Bu sabah hangi şarkıyı söyleyeceksin?" Ege gülerken hüzünle gülmeye çalıştım.

"Uyurken gece boyunca şarkı söyledim, değil mi?" Başını salladı.

"Çok güzeldi, senin sesinle uyudum. Yalnız bir ara Sezen Aksu söylemeye başladın, yarısında onu bırakıp The Smiths şarkısı söyleyerek devam ettin. Sabaha kadar bu ikisini nasıl eşleştirdiğini düşünüp durdum." Sinir bozukluğuyla güldüm.

"Garip olan şu, ben Sezen Aksu dinlemem! Şarkısını nereden biliyorum acaba!" Gülüşerek birbirimize baktığımız sırada iç çektim.

"Kötü bir haberim var... Türkiye'ye dönme vaktim geldi. Hazırlanıp çıkmamız gerekiyor."

"Saat o kadar geç oldu mu ya?"

"Maalesef... Çok uyumuşuz..." Ege sıkıntılı bir nefes verip elini bana uzattı.

"Yanıma gel." diye mırıldandı.

"Gitmemi zorlaştırma..."

"Gel..." Dolu gözlerle Ege'nin kaldırdığı yorganın altına girdim, yanına uzandım. Kollarıyla beni sıkıca sardı.

"İzmir..." diye mırıldandı, "Ara vermek istediğim zaman kendimden nefret ettim, biliyor musun? Seni kendimden uzaklaştırdığım için kendimden nefret ettim. Ama senden bu kadar uzakta olup senin için hiçbir şey yapamıyor olmak bana o kadar kötü hissettirdi ki... Bana bir söz vermeni istiyorum..."

"Söz." diye mırıldandım bir anda daha cümlesini kurmadan. Gülmeye başladık.

"Tamam, teşekkür ederim, şimdi gidebiliriz!"

"Ya, ahaha! Tamam, söyle hadi."

"Tamam... Bana söz ver. Kendine iyi bakacaksın, hasta olmayacaksın, zarar görmeyeceksin, aklım sende her türlü kalacak ama en azından senden hep haberim olacak, iyi olduğunu bileceğim. Tamam mı? Söz mü?"

"Söz... Ama sen de bana bir söz ver. Bir daha ne olursa olsun beni asla bırakmayacaksın, asla."

"Söz... Asla."

Sonrası yine aynı acı verici evreyle devam etti. O acı verici evrenin ayrıntılarını düşünmek bile istemiyordum, hatta anlatmak hiç istemiyordum. Giyindik, havalimanına gittik, ben ağladım, o acı içinde beni izledi... *Ve yine, ben gittim, o kaldı...*

(2 Hafta Sonra)

"Şimdi arabaya biniyoruz, biliyorum ki sen uyuyorsun. Saat sabahın 6'sı, orada ise sabahın 4'ü. Ama merak etme, seni her şeyden haberdar edeceğim! Sanki bu kampa birlikte gidiyormuşuz gibi olacak!"

Günlerdir okulda bir kış kampının duyurusu yapılıyor. Merve, Koray ve Doruk da tutturdu biz de gidelim diye. Başlarda istemedim. Açıkçası odamda tek başıma kalıp iki günümü Ege'yle konuşarak geçirmek daha cazip geldi. Ama ısrarlara Ege de katılınca hiçbir şey diyemedim... Gidip eğlenmemi istiyordu. Ama her adımımı da ona haber vermemi istiyordu. Aksaray'da Hasan Dağı diye bir yere gidiyoruz... Kamp yapacağız, bir gece kalıp ertesi gün döneceğiz... Nedenini bilmediğim bir şekilde içimde büyük bir korku var. Sanki bana bir zarar gelecek de Ege yine bunun acısıyla benden uzaklaşacak gibi... Ama bunu anlatmak zorundayım. Bunu düşünmek mesafelerin kazanmasına izin vermektir.

"Şuna bak arabaya biner binmez uyudu şaka gibi." Koray Merve'ye bakıp söylenirken gülümsedim.

"O sırf arabada uyuyabilmek için bütün gece uyumadı. Yol midesini bulandırıyormuş..."

"Cidden mi, bana hiç bahsetmedi bundan? Ah ya, şimdi Ege de olacaktı bu serviste. O da gelecekti bizimle..." Hüzünle başımı salladım.

"Keşke... Ama ben ona her detayı anlatacağım. Belki görüntülü konuşma açarız topluca!"

"Yalnız harika fikirmiş, gider gitmez Ege'yi arayalım. Ya var ya dün Ege, Doruk, ben bir maç yapmışız bilgisayarda... Ege'yi ağlattım ağlattım!" Gülmeye başladım.

"Valla Ege bana öyle söylemedi, maçın sonucunun resmini atmış. Sizin takımı 4-2 yenmişler." Koray bir anda gözlerini devirdi.

"Bu çocuk tam bir hanım köylü ya... Sana maçın sonucunu mu attı! Al işte, kime yalan söyleyerek hava atacağım ben şimdi!"

"Arkadaşlar... Herkes yerinde değil mi? Beş servis gidiyoruz, hiçbir sıkıntı istemiyorum. Gördüğüm kadarıyla bu servis tam dolu." Öğrenci işleri görevlisi Zehra Abla elindeki dosyaya birkaç not alırken arabayı çalıştırdılar.

"Tamamdır, iyi yolculuklar. Arabalar durduğu anda sakın hiçbir yere ayrılmayın."

Kulaklığımı kulağıma taktım, müziklerimi açtım... Sonra Ege'nin mesajlarına girdim, anlatmaya devam ettim.

"Hasan Dağı diye bir yere gidiyoruz..." yazdım, "Yolculuk sekiz saat kadar sürecek. Merve direkt uyudu biliyor musun! Şimdi ben de uyumayı deneyeceğim."

"Bu arada Koray dün yaptığınız maçı kendisinin kazandığını söyledi bana! Ahaha, direkt senin bana attığın skor resminden bahsettim! Çocuk galibiyetle kafayı bozmuş ya!"

"Şimdi uyuyorum, uyandığımda yine yazarım... Seni seviyorum."

Gözlerimi kapatıp açtığım şarkıları dinlemeye devam ederken uyumaya çalıştım. Gece 3'e kadar Ege'yle mesajlaşmıştım.

Benim de pek uykumu aldığım söylenemezdi. O yüzden uyumam kolay olacaktı. Öyle de oldu...

Uyandığımızda saat 12'ye geliyordu. Yolculuğun bitmesine 2 saat kalmıştı... Fransa'da ise saat daha 10 bile olmamıştı. Direkt telefonuma sarıldım. Ege'den hâlâ mesaj yoktu. Uyanmamış olması normaldi...

Koray, Doruk, Merve, arabadaki herkes hâlâ uyuyordu! Tekrar Ege'yle mesajlaşmamıza girdim ve mesaj yazmaya başladım.

"Günaydın! Artık günaydın diyebilirim, orada saat 10'a geliyor. Of, o kadar yorgun hissediyorum ki bu yolculuğa çıktığıma pişman olacak gibiyim. Keşke odamda kalsaydım."

Mesajı gönderdim. Sonra garip bir şey oldu. Mesajın yanında gönderildiğine dair bir tik çıkması gerekiyordu, oysa ufak bir saat işareti çıktı. Bu işaret "Mesaj gönderilemedi" anlamına geliyordu. Ve hatta mesajın altında şöyle yazıyordu, "İLETİLEMEDİ." İnternetimi mi kapatmıştım? Hayır. Kapalı değildi. Bu neydi şimdi? Mesajım neden gitmiyordu? Tamam İzmir, sakin ol. Bir sürü köy yolundan geçiyorduk, telefonum ara ara çekmeyebilirdi... Sıkıntıyla telefonumun ekranını kapatıp başımı koltuğa yasladım ve biraz daha uyumaya çalıştım.

Ama uyku filan tutmadı! Tekrar telefonumu açıp mesajın gidip gitmediğine baktım. Gitmemişti. Hâlâ gitmemişti! Allah'ım, 2018'deyiz ve telefon çekmiyor. Şaka mı bu? Sakin, sakin, sakin... İzmir sakin ol... Telefonu bir kez daha kapatıp gözlerimi kapattım. Şu an ters giden bir şey yoktu, Ege de hâlâ uyuyordu. O uyandığında mesaj zaten çoktan gitmiş olurdu.

Tam bir saat sonra mesajım geçtiğimiz yolların birinde Ege'ye gitti! Oh, derin bir nefes aldım. Kamp yapacağımız yere de az kalmıştı. Yalnız yaşadığım korkuyu tahmin edemezdiniz... Titremeye devam eden ellerimle art arda mesajlar yazmaya başladım.

"Az önce çok korkunç bir şey oldu," İletildi.

"Telefonum çekmemeye başladı!" İletilemedi.

"Mesajlarım sana gitmedi! O kadar korktum ki!" İletilemedi.

Bu ne şimdi? İlk mesajımda iletildi yazıyor, ama son iki mesajım hâlâ gitmedi. Hem de ilk mesajıma bakın, "AZ ÖNCE ÇOK KORKUNÇ BİR ŞEY OLDU!" Yahu şaka filan mı bu? Ege şu an uyansa ve sadece o mesajı görse, başka mesaj gelmediğini görse korkudan kafayı yer kafayı!

Lütfen, lütfen telefonum lütfen! Gönder mesajlarımı!

Kırk dakika... Kırk dakikadır hiçbir şey olmuyor... O iki mesajım öylece kaldı. Ege'ye giden tek mesajım az önce çok korkunç bir şey olduğundan bahsediyor... O mesajı gördüyse şu an kafayı yediğine eminim. Eminim.

"Koray!" diyerek yan koltuğumda oturan Koray'ın koluna dokundum. Koray korkuyla uyanırken telaşla konuşmaya başladım.

"T-telefonundan Ege'ye mesaj yazar mısın? Gayet iyi olduğumuzu, telefonumun çekmediğini söyler misin ona?"

"Neden, ne oldu?"

"Ya... Ona mesaj atıyordum... ama telefonum çekmemeye başladı."

"Eh, geçtiğimiz yerlere bak kuzu, normal." Sonra telefonunu çıkardı ve Ege'ye mesaj yazmaya başladı.

"Heh, benimki de çekmiyor! Harika."

"Ne?"

"Çekmiyor valla." Dehşet içinde olduğum yerde yüzüne baktım.

"Yapma ya... bir şey yapalım, yapamaz mıyız?"

"Dur kızım bir sakin ol, kamp yerine ulaştığımızda çekecektir. Etrafına bak, köyden geçiyoruz."

"Yahu köyde çekmiyor dağda mı çekecek!"

"Hay ben bu telefon altyapısına!" diye söylenerek Doruk'u uyandırdı Koray. Durumu anlattığı sırada ben de Merve'yi uyandırıyordum. Ama durum bir kıyamet senaryosundan daha da kötüydü. Hiçbirimizin telefonu çekmiyordu.

"Nasıl yani, çocuğa giden son mesajın 'Çok kötü bir şey oldu!' mu? Şaka mı bu?" Merve dehşet içinde sorarken başımı salladım.

"Hassiktir!" dedi Doruk bir anda, "Ya sen neden öyle bir mesaj attın ki, bravo valla filmlerde olsa senaryoyu gerçekçi bulmazdım, ama buyur işte gerçek hayatta oluyor!"

"Ege şimdi internetten araştırmaya başlamıştır buralarda kaza filan oldu mu diye..." Koray'ın yüzüne acı içinde baktım.

"Allah'ım... Ya buradan otobüse filan binip direkt İstanbul'a geri mi dönsem ben?"

"Ya tamam, bir sakin olalım. Belki telefonlar çekmeye başlayacaktır... Çekmezse bile alt tarafı bir gecelik bir şey... Yarın öğleden sonra okula geri dönmüş olacağız zaten."

"İyi de Ege yarına kadar meraktan kafayı yer."

"Of... Tamam, bakacağız bir çaresine..."

Servisler kamp alanına ulaştığında dördümüz de yeni cenaze kaldırmışız gibi bozuk suratlarla çadır yapıyorduk. Çadıra tekme tokat dalmak istiyordum.

O kadar sinirliydim ki burada dehşet saçmak istiyordum... Şaka filan olmalı bu. Telefonlarımız çekmiyor! Üstelik ne öğrenci işlerinin ne diğer öğrencilerin, kimsenin telefonları çekmiyordu... Çadırı yapma işi bittikten sonra Koray'ların zoruyla okulun sucuk ekmek ikramına katıldım. Sucuk ekmek masasına vurmak istiyordum! İleride otlanan ineklere bile sinirliydim.

"Saatler ilerliyor ve ben kafayı yiyorum... Ege'yle konuşmam lazım... Saat 3 oldu, 3!" diye söylendiğim sırada ateşin etrafında oturmuş sinirle bir çözüm düşünüyorduk. O sırada bir kız yanımıza gelip şöyle dedi: "İp atlayacağız siz de gelmek ister misiniz!"

Dediği şeye bakın ya. Dediği şeye bakın. Ben burada ne derdindeyim ip atlayacağız diyor!

"Yok sağ ol," dedi Koray, "Biz iyiyiz."

"Aaa neden, oturmaya mı geldiniz!" Kızın saçlarına yapışmak istiyorum. Bu ben değilim, bu düşünceler bana ait değil, ama ben şu an uçan kuşa bile sinirliyim neden öyle uçuyor diye!

"Evet oturmaya geldik." dedim bir anda sertçe. Kız anlam veremez bakışlarla bizden uzaklaşırken Merve gülmeye başladı.

"Otormoyo mo goldonoz?" dedim sinirle. Üçü de gülerken ben kafayı yemekle meşguldüm.

"Kalkın, hadi, gidelim şöyle yürüyelim bakalım telefonun çekeceği bir yer mutlaka vardır!" Koray ayaklanıp bize sunduğu fikirle yüzümüze bakınca direkt ayağa kalktım.

"Ya..." dedim, "Siz kalın. Ben gezip telefonun çektiği bir yer bulurum."

"Saçmalama kızım," dedi Doruk, "Hep beraber gidiyoruz."

"Aynen, Ege bizim de arkadaşımız." Derin bir iç çektiğim sırada montumun fermuarını kapattım. Ellerimizde telefonlarımız, öylece dolanıyorduk telefon belki bir umut çeker diye...

Saatler oldu... Saatler... Artık hava kararıyor, kamp alanından olabildiğince uzaklaştık ve telefonun çektiği tek bir nokta bulamadık.

"Saat 7'ye geliyor ya. Ege çoktan kafayı yemiştir." dedim öfkeyle karışık üzüntümün içinde delirdiğim sırada.

"Ya bir düşünsenize... Sevdiğiniz insan sizden kilometrelerce uzakta, bir yolculuğa çıkıyor. Size attığı en son mesaj şu, 'Çok kötü bir şey oldu.' Üzerinden 6-7 saat geçiyor ve ondan hiçbir şekilde haber alamıyorsunuz. Ben olsam şu an delirmiştim."

"Ben de."

"Ben de..."

"Şey yapalım, zaten çok uzaklaştık, aşağı kadar indik baksanıza... Şu köylerden birine girelim. Burada insanlar yaşıyor, sokaklarında mutlaka telefon çeker."

Koray'ın dediği gibi söylene söylene ilerlemeye devam ettik. Nasıl geri döneceğimizi bile bilmiyorduk... Telefonlarımızın şarjı da azalmaya başlamıştı. Hatta fazlasıyla azalmıştı. Bir an önce telefonun çektiği bir yer bulmaktan başka çaremiz yoktu...

Bir köye ulaştığımızda Doruk ve Merve bir şeyler almak için bir büfeye girdiler. Biz de Koray'la köyün sokaklarında yavaş yavaş yürüyorduk.

"Heh!" dedim bir anda, "Çekiyor!" Kalbim duracaktı. Telefonum çekiyordu. O an telefonuma gelecek olan mesajlardan dolayı o kadar gerilmiştim ki... titriyordum. Ve mesajlar ardı ardına gelmeye başladı. Hem bana hem Koray'a, hem ardımızdan gelen Doruk'a, hem de Merve'ye... Aynı anda, bir sürü bildirim, defalarca...

"İzmir?"

"En son çok kötü bir şey oldu yazmışsın, ne oldu?"

"Telefonun mu çekmiyor? Çektiği an mesaj at."

"İzmir? Bir saat oldu, Koray'a yazıyorum ona da mesajlarım gitmiyor."

"Allah aşkına ne oldu, çok kötü bir şey oldu ne demek, ne oldu?"

"Kafayı yemeyeceğime dair kendime söz vermiştim, al şimdi nasıl yemeyeyim ya? Nasıl yemeyeyim?"

"Beş saat oldu, saatlerdir internette geziniyorum ve bir kaza haberi arıyorum. Allah kahretmesin."

"Abimi aradım, babamı aradım, herkesi aradım bir haber bulmaya bir şey öğrenmeye çalışıyorum bu ne boktan bir durum ya."

"Yedi saat oldu, yedi saat, siktiğimin yedi saati oldu."

Kalbim yerinden çıkacaktı, korku içinde mesaj yazmaya başladım.

"Ege!" Yazdım.

"Mesajlarım şimdi geldi, değil mi? Ya internetim saatlerdir çekmiyor! Özür dilerim, özür dilerim!"

Ege anında mesajlaşmaya girdi ve hemen beni aramaya başladı. Koray, Doruk ve Merve Ege için üzülürlerken onların dediklerini duymuyordum bile.

"Gelmemeye Giden Adam Ege Arıyor" Telefonu açtım. Titreyen sesimle konuşmaya başladım.

"Ege? Ben iyiyim, iyiyim, çok özür dilerim." Ses gelmiyordu.

"Ege?"

"Koray baksana, Ege beni aradı ama ses gelmiyor kafayı yiyeceğim şimdi." Koray telefonumu incelerken bir anda arama kapandı.

"Ya sanırım mesajlar gidecek kadar internet çekiyor da arama yapılacak kadar çekmiyor şebeke..."

"Ya yeter ya!" Öfkeyle onlardan biraz uzaklaştım ve mesajlaşmamıza geri döndüm.

"Mesajlar geliyor ama telefon çekmiyor..." Yazdım harap olmuş bir şekilde.

"İyi misin?" Yazdı Ege.

"İyiyim, iyiyim aşkım... Özür dilerim..."

"İzmir..."

"Ege... Sakın pişman olacağın bir şey söyleme. Biliyorum çok korktun ama..."

"İzmir. Kafayı yedim. Sekiz saat. Sekiz. Aklıma gelmeyen senaryo kalmadı siktiğimin mesajından sonra!"

"Biliyorum ama lütfen yanlış bir şey söyleme!"

"Ben buna devam edemem." Yazdı bir anda, ben telefonun karşısında korku içinde kaldığım sırada gözlerimden bir damla yaş akıp ekrana düştü.

"Ben buna devam edemem." yazdı bir kez daha.

"Hayır... Bana bunu yine yapma!" yazdı titreyen ellerim. Korkudan ölüyordum.

Çevrimiçi... Yazıyor... Yazıyor... Yazıyor...

"Hiçbir zaman yaşadığın güzel şeyleri seninle birlikte yaşayamayacağım için."

"Senin her zaman en fazla bir mesaj yakınlığında olacağım için."

"Sesini sadece telefon ahizesinden duyacağım için."

"Bana söylemek istediğin her şeyden önce eline telefonunu alman gerektiği için."

"Buna devam edemem."

Yutkunamıyordum. Yutkunamıyordum. Bu sefer gerçekti, bu sefer gerçekten buna devam edemeyeceğini söylüyordu. O an ekranda son bir kez *"Yazıyor..."* yazısı belirdi. Ben korkuyla ekrana bakarken son bir mesaj geldi.

"Bu yüzden buraya gelmeni istiyorum. Artık burada, benimle yaşamanı istiyorum."

Kaşlarımın çatıldığı an, ekranda yazan mesajı sanki Türkçe değilmiş gibi anlamaya çalıştığım ama bir türlü anlayamadığım o an beynim durmuştu sanki.

"Ne oldu?" dedi Merve korkuyla. Şok içinde başımı kaldırdım. Tek bir cümle çıktı dudaklarımdan.

"Ege..." dedim, "Onun... yanına gitmemi... onunla yaşamamı istiyor..."

Şövalye kalan gücünün son damlasıyla Kaf dağının ardına ulaşmış. Darmadağınık, yangınlar içinde, her çatısından bir duman çıkan, her yeri yağmalanmış bir köyden başka bir şey yokmuş bu dağın ardında. Şövalye korkuyla tek tek evlere dalmış. Evlerin içi hep ölülerle doluymuş.

"Ne oldu burada?" diye düşünmüş kara kara. "Küçük kız!" diye bağırmış evlerin arasında koştura koştura. Deli gibi bir o eve dalarmış bir bu eve... Oysa bu zavallı köyün içinde yaşayan tek canlı bulamamış. Sonra o korkunç manzarayı görmüş. Evlerin birinde küçük kızı ondan alan kadını bulmuş... Yerde yatan ölü bedenini görünce gözlerinden damla damla yaşlar akmış. Kızını kaybetme korkusu şövalyeyi deliye çevirmiş. Sinirle evin kapısını söküp yere fırlatmış. Tam o an bir çığlık duymuş. Tam arkasından... Ufak bir çığlık, bir ağlama sesi... Şövalye şok içinde arkasını döndüğünde küçük kızı yerde oturup ağlarken bulmuş. Nasıl nefes alacağını, küçük kıza doğru nasıl koşacağını bilememiş... "Herkesi öldürdüler." demiş küçük kız titreyen sesiyle, "Ben şömineye saklandım şövalye..."

Şövalye is içinde kalmış bu küçücük kıza acıyarak bakmış, onu alnından öpmüş. "Sen yine mi kimsesiz kaldın be küçük kız... Kaderin buymuş senin. Allah seni benim kızım olasın diye kimsesiz yapıp duruyormuş. Bilirdim. Bunu hep bilirdim..."

Şövalye, küçük kızına kavuşmuş. Kimsesiz kalmaya mahkûm edilmiş bu kızın her şeyi oymuş artık.

Kızı ararken kararan dünyası artık karanlık değilmiş... Dünya zaten hep aydınlıkmış. Bunu da yeni öğrenmiş.

Sanki kapkaranlık bir odadaydım,
gelip ışığı açtın.
Beni karanlığımdan alıp götürdün,
aydınlığa çıkardın.

35. Bölüm
Ege Sözü

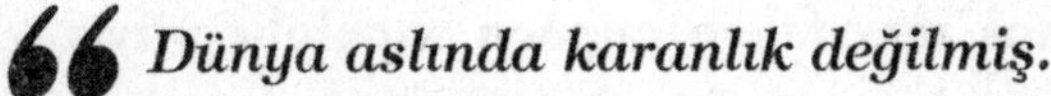 *Dünya aslında karanlık değilmiş.* 

İnziva. Son günlerimin tek özeti bu. İnziva... Kimseyle konuşmadığım, kimseyle görüşmediğim, odamdan adımımı atmadığım, sadece bir kez anneannemi aradığım günlerdeyim. Sadece düşünüyorum. Ne oldu, ne bitti, nasıl bu noktaya geldim ve bir sonraki sonsuz adımım nereye doğru atılacak? Sadece düşünüyorum...

Dört gün önce Ege bana kampa bittiğim günün akşamında bir teklif sundu. Onun yanına gitmemi, onunla yaşamamı istediğini söyledi. Çünkü artık her şey dayanılamaz bir hal almaya başlamıştı. Mesafelere rağmen sevilir miydi, evet sevilirdi. Sevdik çünkü. Mesafelere rağmen âşık olunur muydu, olunurdu. Olduk çünkü. Mesafelere rağmen bir arada kalınır mıydı, kalınırdı. Kaldık da. Mesafelere rağmen mutlu olunur muydu? Olunurdu. Gördünüz. Ama mesafelerin yapmayı başardığı tek bir kötülük vardı insan hayatında. Tek bir duygu, tek bir his, tek bir engel... O da korkuydu. Korku hissi. İnsan arasında kilometreler varken korkuyordu. Bir şey oldu mu, bir şey olacak mı, o iyi mi, hasta mı, kaza mı yaptı, yoksa yanında biri mi var, biri onu benden alacak mı, yoksa ben uzağındayım diye yakınındaki birini sevmeye başlar mı?

Ben de korktum. O da korktu.

Ve sonuç bizi bir felakete sürükledi mi? Hayır. Bunu yapamadı. Ege'den bana zaman vermesini istedim. Düşünmek istedi. Her şeyi ölçüp tartmak istedim... Bana dün akşam saatlerinde bir mesaj attı. Aynen şöyle yazmış:

"Eğer bana mesafelere rağmen yapabilir miyiz, devam edebilir miyiz dersen... Eğer uzağımda kalmaya devam etmek istersen ben varım İzmir. Ben hâlâ varım. Peki ya sen bir kez olsun aramızda kilometreler olmadan denemeye var mısın İzmir?"

Hiçbir şey yazamadım. Tek kelime çıkmadı parmaklarımdan. Benden bir mesaj almayarak beklemenin onu delirttiğini biliyordum ama iç sesim "VARIM EGE!" diye bağırsa da sağlam temeller üzerine kuramayacağım bir karar verip sonradan onu üzmenin acısıyla başa çıkamazdım. Ona değil, kendime güvenmeliydim. Onu üzmeyeceğime inanmalıydım...

Aslında bakarsanız... Burası bizim boğulacağımızı adımız gibi bildiğimiz bir nehir ve biz yüzmeye devam ediyoruz...

Peki ya ben bir kulaç daha atıp karşı kıyıya ulaşmaya hazır mıyım? Yüzmeyi bırakmaya hazır mıyım? Ya çok yüzdüm diye bir balığa dönüştüysem ve çıktığım an boğulursam? Ya nefessiz kala kala ciğerlerim buna alıştıysa ve havaya çıktığım an ölürsem? Ya bir arada olmayı başaramazsak?

Annem gitti, babam gitti. Ki siz zaten bunu gayet iyi biliyorsunuz. O dönemlerde çevremdeki herkes bana neler dedi biliyor musunuz? "Eğitiminde yanındayız, hayatında yanındayız, sana maddi her türlü desteği sunacağız, biz senin yanındayız İzmir, yanındayız. Aç kalmayacaksın, açıkta kalmayacaksın. Yanındayız."

Ne de yanımdasın... Değil mi? Oysa umurumda olan midemin açlığı değil, yapayalnız kalan ruhumdu. Ve bana ruhumu doyuracağını tek bir insan söyleyip duruyordu... Ruhum bir çıkmazdaydı, bir yardım istiyordum çaresizce. Biri gelip karnımı doyursun değil elimi tutsun istiyordum. Kısacası... **Bir kuyuya düştüm, herkesten yardım bekledim. Kimse gelmedi, bir tek o geldi... hem de düştüğümü bile bilmeden.**

Şimdi ben bunu nasıl göz ardı edebilirim? Ruhum deliye döndü onsuz kaldığım her saniye, o benim hem hastalığım oldu hem ilacım oldu. Ve işin garip yanı ne biliyor musunuz... Yahu biz çok salaktık ya. İki geri zekâlıydık biz. Birimiz Fransa'da, birimiz Türkiye'de, gittik birbirimizi bulduk! Sonra çok daha büyük bir salaklık yaptık... Biz âşık olduk. Âşık. Sonra halimize güldük, "Aptal İzmir ve Aptal Ege'nin büyük aşkı!" dedik buna. Hep güleceğiz sandık... Ama hayat hep güldüren bir sahne değil, hayat öyle bir ağlatıyor ki "Benim gözümde bu kadar gözyaşı var mıymış ya?" diyorsunuz...

Ege... Bana aylar önce o "Artık uyu." mesajını atan gizemli çocuk. Gelmemeye giden adam Ege... Önce "Artık uyu." dedi bana bir mesajla, sonra beni kucağında uyuttu. Siz bundan büyük mucize gördünüz mü? Parmaklarım mesajlaşmalarımızda geziyor şimdi. Kendi kendime gülüyorum. Bakın mesela, birkaç gün önce şöyle bir mesajlaşmamız olmuş. Tam olarak şöyle!

"Ege, ne oldu inanamayacaksın! Az önce yemekhanede masalar arasında yürürken Gökhan diye bir arkadaşımla karşılaştım. Bana öyle bir şey anlattı ki! Bizim hocalardan biri de bir mesafe aşkı yaşamış. Hem de bizim gibi, karısı Fransa'da yaşıyorken tanışmışlar. Evet, karısı diyorum. Çünkü iki yıl önce evlenmişler. Kadın da Türk, ama Fransa'da yaşıyormuş. Geçen sene buraya taşınmış. Ve hatta bir tane de kız çocukları olmuş. Geçen gün bebeği okula getirdiklerinde görmüştüm. Çocuğun adını Paris koymuşlar ve bu şaka değil!"

Böyle upuzun bir mesaj yazmışım ona, bana sadece şöyle bir cevap vermiş.

"Gökhan kim?"

Şu an gülmekten öleceğim. Yazdığım koskoca mesaja vereceğin tek cevap bu mu gerçekten Ege! İnsanlar sokaklarda anılar biriktirir, parklarda, bahçelerde... Oysa biz onunla mesajların arasında anılar biriktirmişiz, şaka gibi. Hem de çok güzel anılar... Her bir mesajımız bir anı. Hepsi birer hatıra...

Tam onunla mesajlaşmamı okurken birden telefonum titredi ve Ege'den yeni bir mesaj geldi. Ve sanırım, bu artık sabrının son damlalarına ulaştığının mesajıydı. Derin bir nefes aldım, titreyen gözlerimle mesajını okudum.

"Sana Çarşamba gününe bir bilet aldım. İstanbul'dan Paris'e... Uçak saat 14.30'da buraya inecek... Babam sana bir kurs ayarladı, birlikte gideceğiz. Yeşil pasaportun olduğu için vize almak zorunda kalmayacaksın. Eğer gelirsen seni orada o saatte bekliyor olacağım. Elimde **bir buket** çiçek olacak, beni çiçekten tanırsın. Eğer gelmezsen seni **anlarım. Ama gelirsen, seni daha iyi anlarım İzmir... O güne kadar düşün. Bekliyorum."**

Çarşamba iki gün sonrasıydı. Gözümde acı içinde Ege'nin havalimanında tek başına beklediği görüntüsü canlandı... Kafamda ise bir plan oluştu. Sanki o an gözümde canlanan o görüntüyle kararım netleşti. Kaderimin beni nereye götürdüğünü biliyordum... Ya da nerede tuttuğunu.

***

"Sonunda bulduk, ya o kadar çok aradık ki Koray kafayı yedi! Bu olur, değil mi?" Merve elinde bir kedi çantasıyla yurdun merdivenlerini çıkarken ona bakıp gülümsedim.

"Evet, tam olarak bundan istiyordum."

"Koray iki saatin sonunda zar zor bulduğumuzda sinirinden parçalayacaktı bunu! Elinden zor aldım. Sen hazırlandın mı?"

"Hazırlandım. Tüm valizim hazır, bir iki ufak rötuş kaldı. Sonra tamamen hazır olacağım."

"Tamam, ben odama girip hazırlanayım, sen tamamen hazır olduğunda söyle taksi çağırayım. Ya İzmir sen ciddi ciddi gidiyorsun..." Merve dolu gözleriyle bana bakarken içim acıyarak kolunu sıvazladım.

"Gidiyorum, korkuyorum da... ama gidiyorum."

"Her şey güzel olacak, bunu biliyorsun, değil mi?"

"Biliyorum... Ama işte... Doğduğum, büyüdüğüm, her şeyi yaşadığım ülkeyi bırakıp hiç bilmediğim bir ülkeye gidiyorum."

"Ama Ege'nin yanına gidiyorsun! Sevdiğin insanın yanına!" Gülümsemeye çalıştım.

"Korkuyorum... Ya yanına gittiğimde aramızdaki şey büyüsünü kaybederse..." Merve gözlerini devirdi.

"Saçmalıyorsun. Ege günlerdir başımızın etini yiyor. İzmir ne düşünüyor, İzmir ne diyor, İzmir ne karar verdi, İzmir iyi mi, İzmir'in morali yerinde mi... Çocuğun senden başka düşündüğü yok! Hem söz veriyorum, okul tatile girer girmez Fransa'yı gezmeye geleceğiz hep birlikte. Bizi gezdireceksiniz. İnan bana güzel bir gelecek bekliyor sizi... Ben hissetmesem bunu söylemem."

Her şey ne kadar da hızlı ve kolay görünüyor, Uçak'ı kedi çantasına koyuşum, Merve, Doruk ve Koray'la birlikte taksiye binişimiz... Havalimanına ulaşmamız, güvenlik kontrollerinden geçmemiz. Ne kolay okunuyor değil mi? Oysa içinde saatler var, içinde gözyaşları var, korkular var... Kolay okunabilir her şey içi çok daha fazla acıtıyor aslına. En kısa cümleler, en can yakan cümleler oluyor mesela.

"Vay be İzmir. Gidiyorsun... Hasret son buluyor."

"Kronik mutsuzluk bitiyor!" Doruk ve Koray'ın cümlelerine gülmeye çalışsam da tir tir titriyordum.

"Tek bir şey rica edeceğim senden. Allah aşkına lütfen Ege oyun oynarken onun odasında olma. Senden mesaj gelince yanlışlıkla taramalıyla takım arkadaşını tarayan Ege sen onunla aynı odadayken bize neler yapmaz! Katleder bütün takımı!"

Tüm stresime rağmen kıkırdayarak güldüğüm sırada çantadan Uçak'ın öfkeyle miyavladığını duydum.

"Şşş," dedim, "Sakin ol."

"Demek sonunda Uçak uçacak ha!" dedi Merve gülerek. Şu an burada olmaları bana o kadar iyi geliyordu ki.

"Evet... Tabii ben uçağa binmeden kalp krizi geçirip ölmezsem."

"Kızım ne var uçağa binmekte," dedi Koray, "Şeyma Subaşı bile her gün uçaktan uçağa gezerken bizim İzmir'imiz mi binip gidemeyecekmiş?" Bir an onlar aralarında gülüşürlerken şaşkınlıkla kaşlarımı çattım.

"Siz... bu muhabbeti nereden biliyorsunuz?"

"Ege söyledi!" Doruk'un cevabının ardından Koray hemen atladı.

"Eyvah şimdi gitmekten vazgeçecek!" Sinirle gülmeye başladığım sırada Ege'ye gider gitmez bunun hesabını soracak olmak planlarımın en başına yerleşmişti.

"Bunu da anlatmadığı kimse kalmadı, neredeyse televizyonlara filan çıkıp anlatacak!"

"Kızım ciddi ciddi çocuğun babasına demişsin bunu. Babasına!" Kahkahalarla gülüştükleri sırada gözlerimi devirdim.

"Gitmiyorum Fransa'ya. Hadi bakalım!" dediğim sırada kahkahaları arttı.

"Ege bizi akşam oyunda taramalıyla tarar. Hatta ne oyunu, gerçekten gelip yurdu basar." Tam söze atlayacağım sırada bir anons duyuldu.

"TK2353 Numaralı İstanbul Paris Uçuşu yolcuları kapıya beklenmektedir." Korkuyla derin bir nefes aldığım sırada yere bıraktığım sırt çantamı omzuma geçirdim. Diğer elimle valizimi tutup sırt çantamı taktığım elime Uçak'ın çantasını taktım.

"Artık gitme vakti..." diye mırıldandım.

"Biliyorum sen şu an heyecandan da korkudan da ölüyorsun İzmir. Ama güven bana... Mutlu olacaksın." Merve'ye sıkı sıkı sarıldığımda tek gözümden bir damla yaş aktı.

"Fransa'ya giderken ağlayan tek insansındır bence!" Koray'a sarıldığım sırada onun ve Doruk'un enerjik halleri bana bir şekilde düştüğüm bu bunalımlı ruh halinden çıkmam için güç veriyordu ama çıkamıyordum işte!

"Gider gitmez Ege'ye söyle, oyuna girsin. Hemen!" Gülümsedim.

"Tamam... Söylerim."

"Kendine iyi bak kuzu." dedi Koray.

"Siz de iyi bakın. Her şey için çok teşekkür ederim. Sizi seviyorum..."

"Bu kız beni ağlatacak!" Merve gözlerinden akan yaşlarla arkasını dönerken titriyordum.

"Şşş, kız duygusallığına başlamayın hemen! Hadi İzmir, geç kalmadan git. Biz nasılsa yine görüşeceğiz. En yakın zamanda!" Başımı salladım.

"En yakın zamanda..."

Onlardan uzaklaşırken dünyanın bir kısmının ışıkları bir anda söndü sanki. Onlar karanlıkta kaldılar, adım attığım her yerde ardımda kalan kısım karardı ben yürürken... Çünkü artık buralara eski İzmir olarak adım atmayacaktım, beynim bir bir ışıklarını söndürdü her bir santimetrekarenin. Güvenlik kontrolünden geçtim, uçağa doğru ilerledim, uçağa bindim ve koskoca bir havalimanı gözlerimin önünde silindi gitti.

İstanbul yok oldu. Işıkları söndü, karardı.

Uçak İstanbul semaları üzerinde havalanırken gökyüzü de yavaş yavaş kararmaya başladı benim için. Başka bir şehrin benim kalbimde yeri yoktu. Tüm Türkiye karardı ama ne kaldı geriye biliyor musunuz?

İzmir...

Orada bir yerlerde, ardımda kalsa da ışıklarını kafamın içinde söndürmediğim tek şehir olarak kaldı. Doğduğum, büyüdüğüm, sevdiğim ve hatta içinde öldüğüm şehir. Senin ışıklarını söndüremem. Annemi ve babamı asla karanlıkta bırakmayacağım. Bu dünyada benim için üzerinde ışık yanan iki yer var artık. Biri İzmir, biri Ege'min yanı...

Ege'nin ona gittiğimden haberi olmadığını düşündükçe karnıma ağrılar giriyor... Koray'lara Ege'ye hiçbir şey söylememeleri için ısrar ettim. Ege'nin ailesine de aynı şekilde... Sabahın köründe havalimanına gittiğine ve saatlerdir beni beklediğine eminim. İçinde çok büyük bir korku olduğuna da eminim. Çünkü ben de korkuyorum. Ama mucizelere inanıyorum. Siz de inanın. Çünkü onlar her gün gerçekleşiyorlar... Gördüğümüz ya da görmediğimiz her şekilde.

"Sayın yolcularımız, şu an uçağımız Paris semaları üzerindedir. Birazdan alçalmaya başlayacağız. Şimdi koltuklarınızı dik hale getirin, kemerlerinizin bağlı olduğundan emin olun."

Nefesimi tuttum. Ve sanırım Ege'yi görene kadar da bırakmayacaktım. Uçak herkesi koltuğundan oynatırcasına yere indiğinde kalbim deli gibi atıyordu. Yutkunsam yutkunamıyordum, nefes almayı denesem bile hiçbir şey şu an bana çare olmuyordu.

"İyi günler..." diye mırıldandı Türk hostes ben uçaktan indiğim sırada. Kadının yüzüne dehşet içinde baktım. Öylesine korkuyordum ki şu an herkese dehşet içinde bakıyordum.

Yaklaşık kırk dakika kadar pasaport kontrol sırasında bekledim. Ve tabii ki telefonum yine bu ülke sınırları içerisinde çekmiyordu... Sürekli ve sürekli gerçeklerin filmlerdeki kadar akıcı hızlı ve kolay olmadığı gerçeğiyle yüz yüze kalmaktan çok sıkılmıştım. Uçaktan koşarak inip Ege'ye sarılmak istiyordum, kırk dakika pasaport sırasında beklemek değil. Her şekilde o zaman da geçti, aktı, bir şekilde sonuçlandı ve ben şimdi ellerim valiz, çanta ve KEDİ dolu yürüyorum sonsuzluğa doğru... Gözlerim onu arıyor. Bir tek onu. Bir binadasınız, düşünsenize... İçinde binlerce kişi var, ama umurunuzda mı? Değil. Tek bir kişiden başka kimse umurunuzda değil. İnsanın beyni çoğulları tekil yapabiliyor. Şehirleri karartabiliyor, binaların içinden insanları silebiliyor ve işte tam orada karşısında duran tek kişiyi yüzlerce insan arasında görebiliyor...

Ege... Orada. Etrafına bakınıyor... Siyah bir gömlek giymiş, eline bir çiçek almış. Saçları her zamankinden daha özenli. Heyecandan bir sağa bir sola bakıyor. Sık sık gömleğini düzeltiyor, saçlarını düzeltiyor, çiçeğine bakıyor... Çiçeğe bile eliyle çeki düzen veriyor bana daha güzel görünsünler diye. Gözlerindeki korku beni arkamdan itiyor sanki ona doğru koşayım diye.

Keşke diyorum, keşke... Keşke koşmayı ilk öğrendiğim an koşarak sana gelseymişim. Bu kadar uzağa kaçmana izin vermeseydim.

Sonra yürümeye başlıyorum, göğsümde bir ağrı. Umarım beni görmez diye dua ediyorum içimden. Çünkü ağlıyorum...

Umarım beni ağlarken görmez. Şuna bak siz de ağlıyorsunuz! Yapmayın, siz bari ağlamayın! Sonra Ege'nin gözleri tüm o kalabalığın arasında beni görüyor. Olduğum yerde donakalıyorum. Bana şok içinde bakıyor, tek gözünden bir damla yaş akıyor... Aramızda varsa yoksa iki metre var... Bir çılgınlık yapıp çantalarımı da kedim Uçak'ı da orada bırakıp koşmaya başlıyorum. Ege elindeki çiçeği ne yaptığını bilmeden yere atıyor. Olduğu yerde kıpırdamadan korkuyla beni bekliyor. Koşuyorum ve sonunda, ona sarılıyorum...

"İzmir!"

"Ege..."

"Geldin?"

"Geldim..."

Dakikalarca orada sarılı bir şekilde kaldık. Sanki bilincimi kaybettim. Baygınlık geçirseydim bile bu kadar ayrılamazdım dış dünyadan. Buradayım ya, buradayım! Şaka gibi. Ege ise komaya girmiş gibi. Size yemin ederim çocuk aklını yitirdi! Gülerek ondan ayrıldığımda şok içinde Uçak'ı geride bıraktığımı fark ettim. Çantalarımı da. Bunu ben mi yapmışım! Hızla onları almak için yöneldiğim sırada şok içindeki Ege beni elimden tuttu,

"İzmir..." dedi bir kez daha hipnoz olmuş gibi. Sonra beni kendine çekti, dudaklarını dudaklarıma öyle bir değdirdi ki ruhumun ona teslim olduğunu hissettim. Yanaklarımı öptü, burnumu öptü, dudaklarımı öptü, alnımı öptü... Beni sıkıca sardı.

"Kediyi çalacaklar!" dedim bir anda.

"Çalsınlar!" Ege kendinden geçmiş gibiydi, "Oraya gidersen seni de çalabilirler."

Gülerek ondan ayrıldım ve yüzüne hayranlıkla baktım. Kıpkırmızıydı. Şokunu hâlâ atlatamamış gibiydi. Öyle garip hissediyordum ki sanki her şey yeni başlıyor gibiydi. Tüm hikâye, tüm serüven yeni başlıyordu...

"Söz veriyorum, kimse beni çalmayacak Ege." Elini tuttum, birlikte çantalara doğru ilerledik. Ben Uçak'ı elime aldığım sırada Ege valizleri devraldı ve çıkışa doğru ilerledik. Her şey çok garipti. Hiç konuşmuyorduk. İkimiz de hayatımızın şokunu yaşamışız gibi çıt bile çıkarmadan öylece yürüyorduk. Tek kelime etmedik. Konuşmadan taksiye bindik. Takside yol boyunca ne o bana bir şey dedi, ne ben ona. Göz göze geldiğimiz anlarda bile gözlerimizi kaçırıyorduk. İkimizin de yüzü kıpkırmızıydı. Dünyanın bütün utanç, şok ve heyecan yükü bize yüklenmişti sanki o an.

Taksiden lüks bir Fransız binasının önünde indik. Ege, "Üçüncü kat..."dedi.

Halini görseydiniz o kadar gülerdiniz ki... Sesi bile kısık çıkıyordu. Ben Uçak'la birlikte asansöre biner binmez peşimizden geldi. Asansörde ben ona bakamıyordum o bana... Resmen gözlerimizle köşe kapmaca oynuyorduk. Tam o an Uçak öfkeyle miyavladı! Gülmemek için kendimi zor tuttuğum sırada Ege boğazını temizleyerek asansörden indi. Peşinden indiğimde harika bir koridorla karşılaştım. Ege harika bir cümle daha kurdu.

"24 numara..." Konuşmalarımız müthişti.

Ağır ağır ilerledik. Ege kapıyı açar açmaz içeri girdik. Eve bakamadım bile. Ciddi söylüyorum, bana inanmıyorsunuz ama aklım yerinde değildi. Uçak'ı çantadan çıkarıp yere bıraktım ve koltuğun bir köşesine oturdum. Ege de bir süre bana baktıktan sonra yanıma oturdu. O da duvara bakıyordu ben de...

"Konuşamıyorum." diye mırıldandı, "Sanırım benim dilim tutuldu."

"Ben seni duyamıyorum bile... Sanırım ben öldüm." Sonra yutkunarak devam ettim.

"Şimdi biz... burada mı yaşayacağız? Birlikte." Ege titrek bir nefes aldı.

"Evet," dedi, "Burada yaşayacağız. Birlikte. "Sonra bir an telaş içinde saçmalamaya başladım.

"Aaa evde kalorifer varmış!" Ege başını salladı ve daha saçma bir cevap verdi.

"Evet, içeride klima da var."

"Çamaşır makinesi de var mı?"

"Var. Bulaşık makinesi de var. Kurutucu da var..."

"Çok iyi..." Gerçekten mi İzmir? Çok mu iyi? Çok mu iyi kurutucu olması, çok mu sevindin? Allah aşkına senin açtığın bu konu da ne ya? Bu nereden çıktı? Kilometreleri aştım, ona geldim ve evde kalorifer var diye seviniyorum o da evde olan diğer şeyleri sayıyor. Muhteşem bir an.

"Ege..." dedim bir anda. Bu sefer gözlerimi ona çevirdim, başım titrese de yine de ona baktım. Başını kaldırdı, o da bana baktı. Göz göze geldiğimizde gökyüzünde bir yerde bir yıldız kaydı, size yemin edebilirim.

"Söylesene..." dedim aylar öncesine dönerek, "Aramızda tam olarak kaç kilometre var? Bulunduğun nokta ve bulunduğum nokta arasında. Tam olarak... kaç kilometre?" Ege'nin dudağının sağ kenarı yukarı doğru kıvrıldı. Bilmiş bir şekilde gülümsedi.

"Sıfır." diye mırıldandı, "Aramızda sıfır kilometre var İzmir..." Sonra koltukta yavaş yavaş yanıma doğru yaklaştı sanki zaten dakikalardır bunu bekliyormuş gibi. Alnını alnıma yasladı, tek elini yanağıma koydu.

"Hayatımda hep her şeyi elde ettim ama bu dünyada seni istediğim kadar hiçbir şeyi istemedim ben İzmir. Hoş geldin." Gözlerimden damla damla yaşlar akarken burnumu çektim.

"Zaten böyle olacağını biliyordun, değil mi? Sözünü tuttun. Beni ayaklarına getirdin... Hoş buldum Ege." dedim gözyaşlarımın içinde.

Dünya aslında karanlık değilmiş.

O an bunu anladım. Hayatım boyunca hep ışıkları sevdim, Ege gibi. Çünkü ben hep karanlığım aydınlansın istedim. Ama şimdi anladım ki, dünya aslında karanlık değilmiş... Bunu bir gün siz de anlayacaksınız. Biri gelecek, elinin kirlenmesini umursamadan elini sizin karanlığınızın içine sokacak ve ışıklarınızı yakacak. İnanın bana, hayal ettiğiniz sürece karanlıkta kalmayacaksınız. Şimdi kalkın, aynanın karşısına geçin. Ve bir söz verin kendinize. Kendinize bir Ege sözü verin. Bilirsiniz, Ege sözünü hep tutar... "Karanlıkta kalmayacağıma söz veriyorum." deyin gözlerinizin içine baka baka. İçinizdeki ışıkları yakın. Ve bilin ki her şey hep anını bekledi ve hâlâ anını bekliyor. Biliyorum, korkuyorsunuz. Kendi gözlerinizin içine baktığınızda bile korkuyorsunuz. Ben de korktum, çok korktum. Ama kendinize deyin ki, "Korkarak tuttuğum her şey avuçlarımın içinde ölür." O yüzden hiçbir şeyden korkmayın. Kendinize güvenin... Her şey güzel olacak. Söz veriyorum size... Ege sözü.

Sevgili okurum...

Biliyorum ki bu satırları okurken içinde hep "Acaba Ege ne düşünüyor, ne hissediyor?" merakı oldu.

Ve ben bu merakla kitabı kapatmanı istemiyorum.

Bu yüzden senin için kitabın üç bölümünü bir de Ege'nin ağzından yazdım...

İyi okumalar.

Ege'nin Anlatımıyla

1. Bölüm

Kahvem masamın üzerinde, gözlerim her zamanki gibi bilgisayarımın ekranında bomboş geçirdiğim akşamlara bir yenisini daha ekliyordum. Bomboş derken... Dışarıdan bakıldığında bomboş görünen oysa benim için içi dopdolu bir akşam. Çünkü yine onunlayım. Yine onun satırlarını okuyorum. Yine onun paylaştığı komik fotoğraflara bakıp gülüyorum. Yine onun blogundaki her bir şarkıyı dinliyor ve kendimden geçiyorum.

O derken... Sanırım size ondan bahsetmeliyim.

İzmir. Hayır, şehir olan değil. İnsan olan. Size ismi İzmir olan bir kızdan bahsediyorum. Neye benzediğini bile bilmediğim, saçının rengini tahmin edemediğim, ne yaşadığını anlayamadığım bir kız. Onu yedi ay önce takip ettiğim bir bloggerın sayfasında gezinirken gördüm. Bir şarkı paylaşmıştı. Merak edip şarkıyı dinlediğimde tüylerimin diken diken olduğunu hatırlıyorum.

"Şimdi buradan çok uzakta," diyordu şarkı, *"Kaf Dağının ardındasın."*

Yıllarca her kitapta her şarkıda beni anlatan satırlar arayıp durdum. Bulamadım. Başıma öyle şeyler geldi ki hayat beni belki de Kaf dağının ardına sürükledi. Ve ben hayatımda ilk kez o gece beni anlatan ve hatta gözlerimi dolduran bir şarkıya tanık oldum. Sonra kendi kendime bu şarkıyı blogunda paylaşacak kadar seven bir insanın ruhunu merak ettim. Bloguna girdim ve yedi ay oldu hâlâ çıkamadım. O gece blogunun isminin beni şoka sokuşunu hâlâ hatırlıyorum...

"Benegeninincisi." Kullanıcı adı tam olarak buydu. Ekrana baktım, o an kendi kendime dedim ki "Ege... Bir şeyler oluyor." Yüzümde garip bir gülümseme belirdiğini hatırlıyorum. Yedi aydır gözlerimin en çok gördüğü kelimeler bunlar. Bu güzel ruhun sahibi olan kız bence aynı zamanda bir deliydi. Çünkü kızın blogu neredeyse bin sayfanın üzerinde. Bir insan bu kadar yazacak çizecek paylaşacak kadar ne yaşamış olabilir?

Ama bir gerçek daha vardı, ben ondan daha deliydim... Çünkü yedi aydır onun yazdığı ve paylaştığı her şeyi gece gündüz takip ediyor olmak bundan daha büyük bir delilikti. Her gün uyandığımda bu kıza mesaj atmaya karar veriyor ve bir saat içerisinde vazgeçiyordum. Bir gün aynanın karşısına geçtim ve kendi kendime konuşmaya başladım.

"Merhaba Ege'nin incisi. Ben Ege." Siz hayatınızda bundan daha güzel bir tanışma cümlesi gördünüz mü? Sırf bu cümleyi ona söyleyebilmek için bile tanışabilirdim onunla. Oysa bu benim yedi ayımı aldı. Sanki bir şekilde onunla tanışmadan önce onu tanımak istiyordum. Ve onu tanımaya da başlıyordum.

Her sabah kalktığında okuldan şikâyet eden paylaşımlar yapıyordu. Bir kere aynen şöyle yazmıştı, "Arkadaşlar ben okulu bırakıyorum özel hayatımı etkilemeye başladı." Buna abartılı bir şekilde gülmüştüm.

Her gün öğleden sonra sanıyorum ki okulu bittiği için neşeli bir şarkı paylaşıyordu. Sonra akşama doğru neşeli şarkılar yerini hüzünlü şarkılara bırakıyordu. Saat gece yarısını geçtiğinde ise yazılar yazmaya başlıyordu. Her gün deli gibi saatin gece yarısını geçmesini bekliyordum. Cümlelerini okumak, onu biraz daha tanımak istiyordum.

Geçen hafta bir gece yarısı şöyle bir yazıyla çıktı karşıma. "Hatırlıyor musun aynaya baktığında gözlerinde gördüğün hüznü, kendi ruhunun gözlerinin içinden sana lütfen bana yardım et diye yalvarır gibi sana bakışını, tüm bunları hatırlıyor musun? Günler günleri kovalarken çaresizce kendine yardım edemeyeceğini, elinden bir şeyin gelmeyeceğini ruhuna nasıl açıklamaya çalıştığını hatırlıyor musun? Tüm o eksikliklerine, fazlalıklarına, onlardan duyduğun utanca nasıl lanet ettiğini ve kendine nasıl büyük bir haksızlık ettiğini hatırlıyor musun? Bomboş bir odada elini kalbine götürüp dizlerinin üstüne çöküp durmayan gözyaşlarına nasıl büyük bir ceza verdiğini hatırlıyor musun? Kendini, koskoca bir deve benzeyen o yüce ruhunu ellerinin arasında küçültüp, ufaltıp, unufak edip küçük bir toz tanesine çevirdiğin o günleri hatırlıyor musun? Hatırla. Çünkü bil ki, aynaya baktığında gördüğün ne varsa sen getirdin, göremediğin ne varsa sen götürdün. Buna sen izin verdin, kendi ellerinle."

Gece sabaha kadar uyuyamadım. Sürekli ona mesajlar yazıp sildim. Mesaj kutusunu karşıma aldım ve yazmaya başladım.

"Selam. İyi misin?" Aynen bayağı iyi mesaj Ege. Kızla da üç yıllık arkadaşsınız zaten.

"Merhaba. Blog yazını gördüm de sakıncası yoksa bir şey sormak istiyorum." Sen ciddi misin Ege? "Pardon anketör ya da dilenci değilim bir soru sorabilir miyim?" yazsaydın bari. Biraz düşün, kafanı çalıştır.

"Selam." Bayağı iyi çalıştırdın kafanı, tebrik ederim. Sinirle yazmaya başladım,

"Selam, ben seni yedi aydır gizli gizli takip ediyorum. Bir MANYAK gibi bütün yazılarını okudum, şimdi de sanırım kötü bir gece geçiriyorsun. Konuşmak ister misin?"

Bu mesajlar sabaha kadar yazılıp yazılıp silindi ve sabaha karşı bilgisayarımı kapatıp yatağıma girdim. Sonra üzerinden bir hafta geçti ve bugüne geldik. Bugün garip bir şey oldu. Kız bu sabah okul hakkında hiçbir şey yazmadı. Öğleden sonra neşeli bir şarkı paylaşmadı. Başına bir şey mi gelmişti? Hasta filan mıydı? Canı mı sıkkındı? Dün gece en son şöyle yazmıştı.

"Bize bir şeylerden, bir yerlerden, birilerinden arda kalanlar hep çok güzel, bir paket çubuk krakerin bile en güzel yeri çubuk krakerler bitince arda kalan kırıntıları."

Bunda çok da anormal bir durum yoktu. Oysa bu kız yedi aydır her gün aynı düzenle paylaşım yaparken bir anda neden düzeni bozmuştu. Bir sorun olmak zorundaydı. Bir sıkıntısı vardı. Ya da ben kafayı yiyordum. Hapsedildiğim bu evde kendime saçma sapan bir uğraş bulmuştum. Oysa bu kıza öylesine bağlanmıştım ki buna saçma sapan dediğim için bile kendime kızıyordum.

Saçma sapan değildi. Yedi ayıma değerdi tüm bu satırlar, bu şarkılar. Oysa şimdi sabahtan beri ne ses vardı ne soluk. Tam üç saat bekledim... Acaba bu kadar bunalım dolu yazıların sonu bir intiharla sonuçlanmış olabilir miydi? Kızın başına gerçekten bir şey gelmiş olabilir miydi? Babasının asker olduğunu okumuştum bir yazısında. Kötü bir haber almış olabilir miydi? Annesi bir dernekte çalışıyordu, başına bir şey gelmiş olabilir miydi? Her şeyden kötüsü de şuydu, bu kız blog yazıları yazmayı bırakmış olabilir miydi? Ya ondan bir daha haber alamazsam? Kafam tüm bu düşüncelerle çalkalanırken sayfayı yeniledim. O an derin bir nefes almama sebep olan o paylaşımı gördüm. Kız bir Cem Adrian şarkısı paylaşmıştı.

"Gitmemiş..." dedim bir anda, "Hâlâ burada..." Deli gibi davranıyordum, ama umurumda değildi. Bu kız benim arkadaşımdı. Hiç konuşmamıştık evet. Ama ben yedi ayımı onunla geçirmiştim. O giderse, bir gün bu siteyi terk ederse bir anda onun hakkında bir şeyler öğrenmeyi kesemezdim. Bunu istemiyordum. Şu an bile aklımda dönen şeyleri duysanız gerçekten delirdiğimi düşünürdünüz. Yarın hafta içiydi oysa İzmir saatin 03.25 olmasına rağmen hâlâ uyanıktı. Normalde her gece 1'den sonra paylaşım yapmayı bırakırdı. Kaşlarım çatıldı... Garip bir cesaretle alt dudağımı ısırarak bir saniye bile beklemeden kendimi bile şaşırtacak bir şekilde kızın mesaj kutusuna girdim. Artık ona "Ben varım!" demek istiyordum. Artık varlığımdan haberdar olmasını istiyordum. Artık ona ufacık da olsa sesimi duyurmak istiyordum. Parmaklarım benden izinsizce yazmaya başladı.

Kime: benegenin incisi

Kimden: gelmemeyegidenadam

"Artık uyu."

Ve gönderdim. Ama şu an kafayı yiyorum! Bu nasıl saçma bir mesajdı böyle. Bu nasıl bir ilk mesaj türüydü? Tamam, sakin ol Ege. Olan oldu artık. Belli ki kız cevap vermeyecek ve seni engelleyecek. İzmir'e veda etsen iyi olur... Derken mesaj kutumun üzerinde küçücük bir "1" yazısı belirdi. Ondan cevap gelmiş olmalıydı ama ben tüm cesaretimi kaybetmiştim. Mesajını okumaya bile cesaret edemiyordum. Yine de kalan son cesaret kırıntımla mesajın üzerine tıkladım ve girdim. Aynen şöyle yazmıştı.

Kime: gelmemeyegidenadam

Kimden: benegenin incisi

"Bunu söylemene ihtiyacım yoktu. Uykum geldiğinde yapacağım ilk iş uyumak olacaktı zaten."

Heh. Sinirlenmiş. Muhteşem bir ilk konuşma oluyor bu şu an. Yedi aydır hayal ettiğim gibi! Aptalsın Ege, aptal. Ben konuşmaya böyle girmeyecektim ki. Yahu yedi aydır ne hayal ediyoruz biz? "Merhaba Ege'nin incisi. Ben Ege." demeyi hayal etmedik mi? Provalarını yapmadık mı? Bunu hayal edip yazdığın mesaj "Artık uyu." mu gerçekten? Bir şekilde toparlamaya çalışarak yeni bir mesaj yazdım.

Kime: benegeninincisi

Kimden: gelmemeyegidenadam

"Uyumazsan uyanamazsın diye söyledim Ege'nin incisi İzmir. Ben Ege. Tanıştığımıza memnun oldum. Yarın bana yazacaksın. İyi geceler."

Derin bir nefes aldım. Sanırım toparlamıştım. Kızın bana daha fazla kızacağını biliyordum ama yarın bana yazacağını söylemek aklına girmeme sebep olacaktı. Belki küstahlıkla aklına girmiş olacaktım ama o an bu umurumda değildi. Acaba şu an profilimi inceliyor muydu? O da benim blogumda geziniyor muydu? Ne düşünüyordu? Kafam tüm bunları sorgularken onun bana yazdığı mesaj anında geldi. Tüm korkumu bir kenara atıp oldukça özgüvenli bir merakla mesajını okudum.

Kime: gelmemeyegidenadam

Kimden: benegeninincisi

"Yarın sana yazmayacağım. İyi geceler."

Yüzümde feci bir gülümseme oluştu. İnatçıydı... Onun hakkında onunla konuşarak öğrendiğim ilk şey buydu. En az benim kadar inatçıydı... Oysa yazılarından tanıdığım İzmir'in aklı çoktan karışmış olmalıydı.

O an buna emindim...

Yarın bana yazacaktı.

Benim için yepyeni bir dönem başlıyordu. Yedi ay önce bomboş bir hayatım vardı çünkü Ege İzmir'siz bir hiçti. Zor buldum, zor konuştum, ama kolay bırakmayacaktım.

Ege'nin Anlatımıyla

17. ve 18. Bölüm

Sekiz gün... Artı yedi saat... Telefonumu açmadan geçirdiğim, İzmir'i görmeden duymadan atlatmaya çalıştığım, kendimi zorla tutup bir hayattan çeke çeke başka bir hayata sürüklediğim, kendimi İzmir'siz bırakmaya çalıştığım koskoca sekiz gün ve yedi saat sonra yine bilgisayarımın başındayım. Dikkatim dağılsın diye açtığım dizinin adını bile hatırlamıyorum. Aklım tamamen İzmir'de. Beni mesaj yağmuruna tuttuğuna adım gibi eminim, beni deli gibi merak ettiğine de adım gibi eminim. Oysa benden uzak olması onun için tek iyi seçenek. Onun geleceği burada benimle bir sürgün hayatı yaşamak üzerine kurulu değil. Onun güzel bir geleceği olmak zorunda... Benimle bir cinayetin izlerini kapatmak yerine ülkesinde evinde mutlu bir hayat yaşamalı. Evet yaşamalı, yaşamalı ama ben ne yapacağım? Ben nasıl yaşayacağım?

Aklımın içinde öyle bir yer etti ki aklımda ondan başka hiçbir şeye yer kalmadı. Hiçbir şeyi düşünemiyorum, hiçbir şeye karşı hiçbir şey hissedemiyorum çünkü tüm bedenim İzmir'e karşı çalışmak üzere kodlanmış gibi. Âşık olmak, sevmek bunları geçin... Ben sanırım ona tutuldum. Bu kelimeyi hayatımda ilk kez kullanıyorum. Tutulmak... Acı verici bir kelime bu. Bizimkisi aşktan öte, onun acı verici versiyonu. Ve ben bu acıyı onun da çekmesini istemiyorum. Ama kendi irademe yenik düşmek üzereyim, telefonumu açmak istiyorum. Bana yazdıklarını okumak istiyorum. Bunu deli gibi istiyorum...

Derin bir nefes aldıktan sonra öfkeyle telefonumu elime geçirdim. Ne yaptığımın bilinçsizliğiyle telefonumu açtım. Sanki günlerdir susuz bırakılmıştım da elime bir bardak su geçmiş gibi hırsla bardağı ağzıma götürürcesine İzmir'le mesajlaşmalarımıza girdim. Mesajlar art arda sıralanmaya başladığında kalbim ağzımdaydı.

"Ege."

"Neredesin?"

"Ege, lütfen cevap ver."

"Biliyorum telefonda sana bir şeyler söylemeliydim. Ama... şoka girdim... hiçbir şey diyemedim."

"Ege..."

"Lütfen mesajlarımı gördüğün an bana cevap ver."

"Beş gün oldu. Yoksun. Ve artık meraktan kafayı yemek üzereyim."

"Lütfen yaz."

"Bugün altı gün oldu ve artık dayanamıyorum. Hayatımdan uzaklaştıkça aklıma yerleşiyorsun."

"Günaydın."

"Ne diyeceğimi bilmiyorum. Biliyorum, anlattığın kaldırılabilecek bir şey değildi. Ama ilk duyduğum anda bencilce kendimi düşündüm, kaldıramadım. Şimdi farklı düşünüyorum, ben kaldıramıyorsam bunu sen nasıl kaldıracaksın."

"İyi geceler Ege."

"Bugün yedi gün oldu. Ve hâlâ yoksun. Hayatıma devam edemeyecek hale geldim."

"Ve sekiz... Sen bana yazana kadar ben sana yazacağım."

İçim acıyla dolarken gözlerim de aklım da tek bir cümlede kalakalmıştı, "Hayatımdan uzaklaştıkça aklıma yerleşiyorsun." Bu sekiz gün içinde zaman zaman neden İzmir'e bu kadar bağlandığımı düşündüm ve her defasında yüzlerce sebep buldum kendime. Şu cümleye bakın, ruhunun güzelliği beni hiç görmeden kilometrelerce öteden kalbinin içine koyduğu yerden belli değil mi? Sonra korkunç bir şey oldu. Ben mesajları daha yeni okumuşken telefonum çalmaya başladı. Sanki mesajlarını okuduğumu fark etmiş gibi o arıyordu beni.

"Ege'nin İncisi Arıyor..."

Ne yapmalıydım bilmiyordum. Açmalı mıydım? Ne demeliydim? Hiçbir şey umurumda değildi. O an tek bildiğim onun sesini son bir kez bile olsa duymak istediğimdi... Deli bir cesaretle telefonu açtım.

"Alo..." dedim.

"Ege!" Kalbim durdu. Size yemin ederim, içim gitti. O güzel sesi, o güzel harabe olmuş sesi... O nefes nefese heyecanı...

"Ege..." dedi bir kez daha ben onun sesiyle mest olurken, "biliyorum beni dinliyorsun. Konuşmasan da beni duyuyorsun. Lütfen kapatma. Biliyorum, o gün benden sana bir şeyler söylememi bekledin. Ve ben sessiz kaldığım için seni suçladığımı düşündün. Şok oldum, bana tüm olanları anlattığında şoka girdim. Annemi babamı kaybedişim, onları bir trafik kazasında kaybetmiş olmam ve senin birden ben trafik kazasında birinin ölümüne sebep oldum demen... Beni şok etti, iki üç gün seninle konuşmak bile istemedim. Ama sonra bana anlattığın şeyler geldi aklıma. Frenin tutmaması, frenin tutması için resmen kendini parçalaman ama yine de arabayı durduramaman. Ege! Senin bile isteye yapmadığını biliyorum, suçlu olmadığını biliyorum. Ve ben seni kavuşma ihtimalimiz yüzde bir bile olsa hayatımda istiyorum! Sensiz bir hayat istemiyorum. Lütfen, beni sensiz bırakma. Sen suçlu olamazsın."

Hiçbir şey diyebilecek halde değildim. Tek istediğim susmak ve onu dinlemekti. Oysa bu güzel ses benimle olmaktan daha iyisini hak ediyordu. O an kendime geldim, kafamda berbat bir plan oluştu. Bir şekilde onu bana yazmaktan, beni düşünmekten alıkoymalıydım. Bu dünyada var olmadığımı bilirse belki ancak o zaman vazgeçerdi benden. Ki onun benden vazgeçmesi bu dünyanın bana en büyük kazığı olacaktı ama ben bunu onun için kendime yapmak zorundaydım. Onun mutlu olması için kendimi mutsuz etmek zorundaydım.

"Ne olursa olsun biri benim yüzümden öldü. Birileri benim yüzümden babasız kaldı, senin gibi. Sen anlattıklarıma sessiz kalana kadar, seninle tanışıp anneni babanı kaybettiğinde ne hale geldiğini görene kadar idrak edememiştim yaptığım şeyin ne kadar berbat olduğunu. Kendimi teselli ediyordum, fren tutmadı ben suçsuzum diyordum. Oysa ne olursa olsun birinin canını aldım ben. Birinin babasını bir trafik kazasında öldürdüm İzmir. Ve sen bu yüzden girdin hayatıma, yaptığım şeyin ne kadar iğrenç bir şey olduğunu görebileyim diye. Annen ve babanın ölümünden sonra ne hale geldiğini bana anlattığın ilk gün başladım vicdan azabı çekmeye. Bir sürü şey düşündüm, kendimi öldürmeyi dahi düşündüm. Çünkü içim içime sığmıyordu."

"Ege!" Sesi öyle korku dolu çıkıyordu ki bir an tereddüt ettim.

"İstemez miydin anneni babanı öldüren insanın da ölmesini? Hiç dilemedin mi bunu?"

"Durumlarımızın bir alakası yok!" Telaşa kapılmıştı, biliyordum.

"Var. Apaçık, direkt olarak bir alakası var. Ben bir katilim. Ve gerçekleri sen babasız, annesiz kalınca anladım. Ben de bir başkasını bu hale getirdim, ben de bir başkasının hayatını mahvettim. İzmir, bir elimde telefon, yani sen; yani kalbimin ta kendisi. Bir elimde bir silah, kalbime dayanmış." Gözlerimi öfkeyle kapattım. Bunu ona yapmamalıydım. Siktiğimin hayatı yüzünden ona bu korkuyu yaşatmamalıydım.

"Hayır," dedi korkuyla, "Ege hayır." Sesi titriyordu ya... Sesi titriyordu. Bunu size nasıl anlatabilirim?

"Hayatıma girdin ve bana yaşadığımı hissettirdin. Bir kalbim olduğunu hatırlattın. Yokluğunda acı neymiş onunla tanıştım ben. Sen bana bir insana hiç kimseye olmadığım kadar bağlı olabilmem için yan yana olmama gerek olmadığını gösterdin. Uzağımda ama kalbimin en içindeydin. Şimdi ayı izliyorsun, biliyorum. Ben de izliyorum. Her gece ayı izlemeye çalıştım senin yokluğunda belki aynı yere bakarsak göz göze geliriz diye. Her gece gölgemi izledim duvarda, seni yanımda hayal ettim."

"Ege lütfen yapma!"

"Seni bilgisayar ekranımda ilk gördüğümde o kahverengi gözlerin dünyanın en güzel gözleri olmuştu benim için. O titreyen utangaç sesin duyduğum en güzel şarkıdan daha güzeldi. Bana bir fotoğraf atmıştın, arkanda dünyanın en güzel yağlı tablosu vardı, sen demiştin bunu. Ama sen o tablodan daha güzeldin. Seninle kısa zamanda çok şey yaptık biz İzmir. İnsanlar birlikte gezer, sinemaya gider, dans eder. Biz gölgelerimizi el ele tutuşturduk, yağmura uzattık ellerimizi birbirlerine değsinler diye, aynı anda uyuduk birlikte uyuyormuşuz gibi. Sen gelecek planımda hesaba katmadığım tek şeydin. Hayatımın sonrasını bir odada dış dünyaya kapalı bir halde geçireceğimi düşünmüştüm hep. Nereden bilebilirdim o odanın içinde bana arkadaş olacağını ve o odayı benim için dünyadan daha büyük bir hale getireceğini. Nereden bilebilirdim benimle birlikte o çatıya çıkacağını, gölgemin ellerini tutacağını."

"Ege... yalvarıyorum sana..." Bu kızı böyle yalvarttım ya, keşke dedim o an... Keşke gerçekten de elimde bir silah olsaydı da kendimi öldürebilseydim.

"Geçen gün bloguna bir söz yazmıştın... 'Şimdi bir gemideyim su alıp duran. Yüzme biliyorum, ama kıpırdamam.' İşte ben şimdi o gemideyim İzmir. Ve ben bu gemiyle birlikte batacağım."

"Ege! Eğer beni biraz seviyorsan!" Bu cümlede boğazımda oluşan düğümü size anlatamam bile. Biraz sevmek mi?

"Biraz mı? Ben seni çok sevdim İzmir. Biliyorum, sana binlerce söz verdim. Ve hiçbirini gerçekleştiremeden bırakacağım seni bir başına."

"Bırakma o zaman!" O sırada parmaklarım bilgisayarımın ekranına bu rezil planımın devamını sağlayacak kelimeleri yazıyordu. Basit bir ses efekti arıyordum... Bir silah sesi efekti. Bir geri zekâlı gibi, bir beyinsiz gibi bu kızı bu korkuyla bırakıp aptal bir ses efektiyle hayatından çıkıp gitmeyi mi planlıyordum?

"Bırakacağım İzmir. Bırakmak zorundayım. Ben kendimi affedemiyorum artık. Gelmemeye Giden Adam derdin ya hep bana, belki de ben gerçekten gelmemeye gittim. O kadar çok gittim ki, artık hiçbir yerdeyim. Ama şunu bil ki, bu dünyada olmayı seçebileceğim tek bir yer olsaydı senin yanını seçerdim. Çünkü ben seni, ben seni..."

Söyleyemedim. Ses efektine tıkladım, ses çıkarken İzmir'in sesini duydum.

"Ege! Hayır!" Bu ondan duyduğum son kelimeler olacaktı. Telefonu kapattım, titrek bir nefes aldım. O an en büyük düşmanım kendimdim. Seni seven kızı bir silah sesiyle ne hale soktuğunu ve o son haykırışlarını unutma Ege diyordum kendi kendime... Kendimden nefret edebildiğim kadar ediyordum.

Umurumda olan şey kendim değildi, İzmir'in acı çekiyor olduğunu bilmekti. Hayatımın kalanı nasıl geçecekti bilmiyordum... Tek bildiğim bomboş geçeceğiydi.

İzmir'i Türkiye haritasından silmeye çalışıyorlardı sanki...

Yorganımın altında yepyeni karanlık hayatımı selamlarken odamın renkli küçük ışıklarını bile görmek istemiyordum. Tek istediğim uyumaktı. Ve hatta bir daha uyanmamak...

Sabah saatlerinde gözlerimi açtığımda saatin kaç olduğunu bile bilmiyordum belki sabah bile değildi. Umurumda da değildi. Harabe olmuş bir şekilde yataktan kalktım, hiçbir şey yemeden bilgisayarımın başına geçtim. İzmir'in bloguna girip bir şeyler yazıp yazmadığına baktım. Hiçbir şey yazmamıştı. Sonra eski yazılarını okumaya başladım. Yazılarını okumak onunla konuşuyormuşum gibi hissettiriyordu.

Aklımdan çıkmıyordu. Ne yapıyordu, ne haldeydi, düşündükçe kafayı yiyordum. O sırada kapı çaldı. Sıkıntıyla ayağa kalktım, gözlerimi zar zor açıyordum. Fransız komşum yemek getirmiş olmalıydı, burada başka tanıdığım yoktu... Kapıya doğru ağır ağır ilerledim, kapıyı açıp araladım ve yüzüne bile bakmadan arkamı dönüp odama doğru ilerledim.

"Vous pouvez laisser la nourriture dans la cuisine." (Yemeği mutfağa bırakabilirsin.) diye mırıldanarak odama döndüm. Komşudan cevap gelmedi, pek umurumda da değildi. Yemeği bırakıp gidebilirdi, zaten bunu hatır için değil babam ona para ödediği için yapıyordu. Son bir kez daha bilgisayar masamın başında bozuk Fransız aksanımla sessizce yemeği buzdolabına koymasını mırıldandıktan sonra gözlerimi bilgisayar ekranıma çevirdim. O an çok daha büyük dertlerim vardı. İzmir'in günler önce yazdığı ve defalarca okuduğum yazısına takılı kalmıştı gözlerim.

"Seni her gördüğümde baş üstü düşüyorum dünyaya." yazmıştı. Bu Deniz Tekin'in bir şarkı sözüydü. O geceyi hatırlıyordum, görüntülü bir konuşmamızdan sonra yazmıştı bunu.

Ve dünyaya baş üstü düşen o değil bendim aslında. Onu her gördüğümde yere çakılıp kalıyordum sanki. Onu her gördüğümde aklım başıma geliyordu, yılların komasından uyanıyor ve kendime geliyordum sanki. Oysa şimdi ne haldeydi kim bilir...

Dün gece rüyamda onu ağlarken gördüm. Onu ağlarken görmek, öyle hayal etmek, ağlayabileceği ihtimalini düşünmek bile bana acı veriyordu. Telefona sarılıp ona yazmak istiyordum. "Hayattayım," demek istiyordum, "Hadi artık ağlama, özür dilerim. Sen orada ağlarken benim içim içimi yemiyormuş gibi bunu yapma..." demek istiyordum. Daha da ötesi, elimi omzuna koymak istiyordum. Sarılmak istiyordum...

Koray'a bile yazamadım, ne diyebilirdim ki... "Ben öldüm ama İzmir iyi mi?" mi? O an İzmir'in tüm bu saçmalığıma inanmamasını diliyordum. Onun hayatından çıkıp gitmemin onun için ne kadar iyi olduğunu elbette ki biliyordum. Ama kalp bu işte insan gerçekleri kalbine kabullendiremiyor ve kalbim deli gibi onun benim öldüğüme inanmamasını diliyordu. Blogunda biraz daha aşağı indiğim sırada garip bir ses duydum.

Bir cümle. Çok yakınımdan, ama kulaklarımın yakınımdan geldiğini kabullenemediği bir cümle.

"Yemek getiremedim. Çok uzun yoldan geldim." Bu onun sesiydi. Bu olabilir miydi? Resmen ani bir felç geçirdiğimi hatırlıyorum, halüsinasyon sesler mi duyuyordum? Yutkunmaya çalıştığımı ama yutkunamadığımı, elimin klavyemin üzerinde donduğunu hatırlıyorum. Sonra bir elin uzanıp omzuma değdiğini hatırlıyorum. Kalbim yerinden çıkacak gibi atarken ne yaptığımın bilinçsizliğiyle başımı şok içinde arkama çevirdiğimde bunun gerçek olamayacağını biliyordum.

Hayal, halüsinasyon, rüya, ne derseniz deyin ama o şu an burada olamazdı. Ve bu benim umurumda bile değildi, onun hayalini görmek bile o kadar güzeldi ki gerçekliğini kaçırdığım için kendimi hiç affetmeyecektim. Gerçek olması imkânsızdı. İmkânsız. Beynim bunu kabullenmiyordu. Şok içinde ayağa kalktım, bana öyle bir bakıyordu ki beynim bana bu hayali gördürdüğü için kendimden nefret ediyordum. Yoksa uyuyor muydum şu an? Son bir saat rüyama dahil miydi?

"Selam..." dedi bir anda. Konuşuyordu. Gülüyordu. Siz buna inanabiliyor musunuz? Gözlerinden akan birer damla yaşı gördüğümde hayatımda bundan daha içimin gittiği bir an yaşamamıştım ama şoktaydım. Donmuştum. Beynimi kaybetmiştim, anlayabiliyor musunuz?

"Sen..." diyebildim sadece, "Sen... İzmir..." İsmini ilk kez bir telefon ahizesine söylemiyordum, ya da bir bilgisayar ekranına. Oysa ben şimdi kafamı bilgisayar ekranına vurmak üzereydim çünkü bu eğer bana bilincimin bir oyunuysa ne yapacaktım bilmiyordum.

"Ege..." dedi beklentiyle.

"Sen..." Tek diyebildiğim buydu.

"Biliyorum." dedi, "Öldüğünü sandığımı, seni unutacağımı düşündün." O an kendi kendime dedim ki, "Ege sen geri zekâlı olabilir misin?" İzmir buradaydı, burada. İzmir odamdaydı. Az önce kapıyı çalan oydu, içeri giren oydu, konuşmayan oydu. Beynimin içi bir savaş yeriydi sanki, İzmir buradaydı. Bilinçsizce kollarımı uzattığım gibi onu kollarımın arasına aldım. Ona öyle sıkı sarıldım ki kırık olan tüm parçalarını birleştirmek istedim sanki. O ana kadar güçlü duruyordu, oysa ona sarıldığım anda bıraktı kendini... Hüngür hüngür ağlamaya başladı ve ben kafamı bir kez daha bilgisayar monitörüne vurma isteğiyle yanıp tutuşuyordum. Ama kafamın içinde tekrar ettiğim tek bir cümle vardı, "O burada." O buradaydı ve geri kalan hiçbir şeyin önemi yoktu. Her şey hallolurdu, her şey düzelirdi. Ve bunu söylemenin yeri değil ama çok güzel kokuyordu ya.

Saçları ekranda göründüğünden daha uzundu ve daha açık renkti... Gözleri ağlamaktan mı kızarmıştı? Ve kötü bir haberim var, boyu o kadar kısaydı ki büyük ihtimalle göz göze gelip konuşabilmek için onun merdivene çıkması gerekecekti.

"Neden!" dedi bana, sesi zar zor çıkıyordu, "Neden sen de gitmeye çalıştın benden! Bir tek sen kalmıştın, bir tek sen! Sen de bırakıp gitmeye çalıştın beni!" Haklıydı, bunları söylemeliydi. Dün akşamdan beri karşıma geçip bana hesap sormasını hayal etmiştim. Kavuşmaktan çok bunu hak ediyorduk. Başımı eğip onu içime sokmak istercesine saçlarını öptüm.

"Ben bir aptalım," dedim, sesim titriyordu, "ben bir geri zekâlıyım. Seni bırakabileceğimi sandım." Sonra bir kez daha kendime inanamıyormuşum gibi şok içinde tekrarladım.

"Seni bırakabileceğimi sandım." O ağlamaya devam ederken ben kendime inanamamaya devam ediyordum ve aynı cümleyi tekrar tekrar söylüyordum.

"Seni bırakabileceğimi sandım..." İkimiz de darmadağın bir haldeydik. Sonra İzmir bir anda başını kollarımın arasından duvara doğru çevirdi, derin bir nefes aldı.

"Baksana..." diye mırıldandı. Başımı kaldırıp baktığı yere baktım. Duvardaki sarılmış gölgelerimize bakıyordu. Aylardır bu duvarda ikimizin gölgesini birlikte görebilmeyi hayal etmiştik, ki zaten ben tek başıma baktığımda bile yanımda onu görebiliyordum. Oysa şimdi gerçekten yanımdaydı.

"Sözümü tuttum," diye mırıldandım bir anda, "seni ayaklarıma getirdim."

Sanki İzmir Türkiye haritasında tekrar yerini almıştı. Şimdi her şey tamam olmuş gibi hissediyordum. Onsuz ben yarım bile değildim, hiçtim. Onunla tam olmuştum.

Ege'nin Anlatımıyla

35. Bölüm

Dünyanın en büyük mücadelesi birinin sessizliğine karşı verilen mücadeledir. İzmir'den günlerdir gelmeyen tek bir kelime için içim içimi yiyor. Ona günler önce buna devam edemeyeceğimi söyledim. Onun uzağında başına bir şey gelecek mi, biri onu benden alacak mı, hasta mı, iyi mi diye düşünürken kafayı yediğim bir anda söylemiştim bunu ve benden düşünmek için bir süre istemişti. Bu sürenin her bir saniyesi birer saatmiş kadar yavaş geçiyordu. Beynimde binlerce düşünce vardı. Acaba neden hâlâ bir şey yazmamıştı, belki de benimle devam etmek istemiyordu? Ona dün gece aynen şöyle bir mesaj attım.

"Eğer bana mesafelere rağmen yapabilir miyiz, devam edebilir miyiz dersen... Eğer uzağımda kalmaya devam etmek istersen ben varım İzmir. Ben hâlâ varım. Peki ya sen bir kez olsun aramızda kilometreler olmadan denemeye var mısın İzmir?"

Benimle burada yaşamayı kabul etmiyorsa bile ondan vazgeçemezdim, bunun imkânı yoktu. Şimdi ilişkimizin tüm geleceği onun ellerindeydi. Nerede, nasıl, ne zaman devam edeceğimize o karar verecekti... Tüm bu düşüncelerimden sıyrılıp merakla İzmir'in okulunun sitesine girdim, okullarının sitesinde bir mobese sistemi vardı ve bahçelerini canlı olarak kamerayla gösteriyordu. Birkaç gündür bunu yapıp İzmir'i mobese kamerasından görmeye çalışıyordum, ama tabii görememiştim. Hem de hiç. Şimdi de bahçe bomboştu, hava karlı olduğu için dışarıda duran pek insan yok gibiydi...

Merakla telefonumu elime alıp onunla mesajlaşmamıza girdiğim sırada onun çevrimiçi olduğunu gördüm. Harika, bana yazmayıp çevrimiçi olması muhteşem bir duyguydu. Kimle konuşuyordu kim bilir... Öfkeyle telefonu elimden bıraktım ve bilgisayarımdan bir bilet satış sitesi açtım. İstanbul'dan Paris'e bir direkt uçuş bulduğum gibi bileti satın aldım. Sonra aynı hızla ve aynı öfkeyle telefonumu tekrar elime aldım, İzmir yine çevrimiçiydi.

"Kimle konuşuyorsun sen?" Yazdım ve sildim. Öfkeme yenik düşmeyecektim. Sonra sakince yazmaya başladım.

"Sana çarşamba gününe bir bilet aldım. İstanbul'dan Paris'e... Uçak saat 14.30'da buraya inecek... Babam sana bir kurs ayarladı, birlikte gideceğiz. Yeşil pasaportun olduğu için vize almak zorunda kalmayacaksın. Eğer gelirsen seni orada o saatte bekliyor olacağım. Elimde bir buket çiçek olacak, beni çiçekten tanırsın. Eğer gelmezsen seni anlarım. Ama gelirsen, seni daha iyi anlarım İzmir... O güne kadar düşün. Bekliyorum."

Yazdığım an mesajım mavi tik olmuştu. Nasıl oldu bu? Yazdığımı gördüğü için mesajlarımıza mı girdi? Yoksa zaten mesaj ekranında mıydı? Yaklaşık beş dakika kadar ekranda kaldı, sonra hiçbir şey yazmadan çıktı. Harika, beni deli etmeye devam ediyordu. Çarşamba gününe iki gün vardı ve o güne hatta o ana kadar ona hiçbir şey yazmayacaktım. Ama tabii, benim de kendime göre ne yaptığını öğrenme yöntemlerim vardı.

* * *

Kendimle savaştım. Bu iki gün boyunca kendimle verebileceğim en büyük savaşı verdim ve ne Koray'dan ne Merve'den ne de Doruk'tan İzmir'le ilgili tek bir bilgi bile almadım. Hatta mobese görüntülerini bile izlemeyi bıraktım. Bu saate kadar tek başıma büyük bir savaş verdim. Gelecek miydi gelmeyecek miydi tüm bunları kendi başıma görmek istedim... Burada, tam bulunduğum bu noktada, ellerimdeki çiçeklerle...

Yaklaşık iki saattir hiç ayrılmadan burada "Dış Hatlar Geliş" kapısında bekliyordum. Ona bilet aldığım uçak bir saat önce indi ama hâlâ İzmir'den hiçbir haber yoktu. Umutsuz olmaya başlamıştım, ama aklımdaki pasaport sırasında bekliyor olabileceği fikri beni biraz olsun umutlandırıyordu. Çaresizce sağıma soluma bakıyordum, gelmesi için evrendeki tüm güzel enerjileri içime toplamıştım. Üzerimi düzelttim, çiçeklerime ona daha güzel görünsünler diye çeki düzen verdim. Umutsuz olmak şu an için en korktuğum şeydi... Acaba bir başka dış hatlar kapısından gelecek olabilir mi diye sağıma soluma bakındığım sırada gözlerim kalabalığın arasında tanıdık bir yüzü seçti.

Oradaydı. Orada. Ona dehşet içinde bakıyordum. Kıyametin kopuşunu görmüş gibi bakıyordum ki zaten şu an kendi dünyamda kıyamet kopuyordu bile. Bana doğru yürüyordu ve ağlıyordu. O an bana doğru yürümesi dünyada başıma gelmiş en güzel şeydi. Bir anda kedi çantasını da valizlerini de yere bıraktı ve bana doğru koşmaya başladı. Ne yaptığımın bilinçsizliğiyle elimdeki çiçeği yere bırakıp ona kollarımı açtım! Hayatımın en güzel kavuşmasını yaşadım o an.

"İzmir!"

"Ege..."

"Geldin?"

"Geldim..."

İkimiz de bitmiş haldeyiz, ama aslında ikimiz de yeniden başlıyoruz sanki. Tir tir titreyen vücudum onun tir tir titreyen vücuduna yaslı ve daha şimdiden yan yana da ne kadar iyi bir takım olacağımızı hisseder bir haldeyim. İzmir bir anda benden ayrılıp heyecanla çantalarına doğru yönelirken korku içinde elini tuttum.

"İzmir," dedim korkuyla, onu kendime doğru çektim ve dudaklarım dudaklarıyla buluşurken nerede olduğumuzu bile unuttum... Sonra benden ayrıldığında hipnoz olmuş gibi konuşmaya başladı.

"Kediyi çalacaklar!"

"Çalsınlar!" dedim, kendimden geçmiş gibiydim, "Oraya gidersen seni de çalabilirler." Bana hayranlıkla ve dünyanın en güzel gülümsemesiyle baktı.

"Söz veriyorum, kimse beni çalmayacak Ege." dediğinde bile içim büyük bir korkuyla kaplıydı. Sonra elimi tuttu, benimle birlikte valizlere doğru yürümeye başladı. İzmir Uçak'ı eline alırken ben de valizleri aldım ve bir elim onun elinde birlikte çıkışa doğru yürümeye başladık.

Konuşamıyorduk... Resmen sanki birbirimizi hiç tanımıyormuşuz gibi öylece yan yana yürüyor ama tek kelime edemiyorduk. Birlikte bir taksiye bindiğimizde bile eve gidene kadar ne ondan ne benden tek kelime çıktı... Oysa benim göz ucum hep onun üzerindeydi. Sürekli ona bakmak istiyordum...

Taksiden binanın önünde indiğimizde bile gözlerimle İzmir'i izliyordum, binayı görünce vereceği tepkiyi görmek istiyordum. Ve tepkisi oldukça hayran kalmış gibiydi... Ben de hayran kalmıştım. Ona...

Asansöre bindiğimizde yine birbirimize göz uçlarımızla kaçamak bakışlar atıp gözlerimizi kaçırıyorduk. Sonra Uçak bundan rahatsız olmuş gibi öfkeyle miyavladı. İzmir gülerken ben nedenini bilmediğim bir gerginlikle boğazımı temizledim ve asansörden indim. İzmir de peşimden inerken kalbim duracak gibiydi...

"24 numara." diye mırıldandım... Harika bir iletişimimiz vardı.

Evin kapısına geldiğimizde kapıyı anahtarla açtım ve birlikte içeri girdik. Valizleri koridora bıraktığım sırada İzmir'in yüzünü inceliyordum evi beğenip beğenmediğini anlamak için. Eve bakmıyordu bile, sanki heyecandan bir anda kendini koltuğun bir köşesine atıvermişti. Ben de diğer köşesine... Gözlerim duvara doğru çevrilirken ne diyeceğimi ne yapacağımı bilemiyordum. Ellerim heyecandan buz gibi olmuştu.

"Konuşamıyorum." diye mırıldandım, "Sanırım benim dilim tutuldu."

"Ben seni duyamıyorum bile... Sanırım ben öldüm." Sonra yutkundu ve devam etti.

"Şimdi biz... burada mı yaşayacağız? Birlikte." Karnıma giren bir heyecan ağrısıyla titreyen sesimle cevapladım.

"Evet," dedi, "Burada yaşayacağız. Birlikte." Sonra İzmir bir anda garip bir şaşkınlıkla konuşmaya başladı.

"Aaa evde kalorifer varmış!" Gerçekten buna mı sevinmişti?

"Evet, içeride klima da var." Peki ben gerçekten bu cevabı mı vermiştim?

"Çamaşır makinesi de var mı?" Allah'ım, biz ne konuşuyorduk şu an.

"Var. Bulaşık makinesi de var. Kurutucu da var..."

"Çok iyi..." Çok mu iyi İzmir? Neredeyse kahkahalarla gülmeye başlayacaktım. Bu konuşma tanıştığımızdan beri yaşadığımız en gülünç konuşmaydı. Ve ileride hatırlayıp gülecektik.

"Ege..." dedi bir anda ürkek bir sesle. Bu sefer gözlerini bana çevirdi, başı titrese de yine de bana bakıyordu. Başımı kaldırdı, bir cesaretle ben de ona baktım. Göz göze geldiğimizde şarkıda dediği gibi baş üstü düştüm sanki dünyaya...

"Söylesene..." dedi, "Aramızda tam olarak kaç kilometre var? Bulunduğun nokta ve bulunduğum nokta arasında. Tam olarak... kaç kilometre?" O an dudağımın sağ kenarı yukarı doğru kıvrıldı. Aylar öncesine dönmüştük sanki...

"Sıfır." diye mırıldandı hafif bir gülümsemeyle, "Aramızda sıfır kilometre var İzmir..." Sonra koltukta yavaş yavaş yanına doğru kaydım. Zaten dakikalardır bu anı bekliyordum. Ona yakın olabilmek için deliriyordum. Alnımı alnına yasladım, tek elimi yanağına koydum.

"Hayatımda hep her şeyi elde ettim ama bu dünyada seni istediğim kadar hiçbir şeyi istemedim ben İzmir. Hoş geldin." Gözlerinden birkaç damla yaş akarken yanağını öptüm.

"Zaten böyle olacağını biliyordun, değil mi? Sözünü tuttun. Beni ayaklarına getirdin... Hoş buldum Ege." dedi gözyaşlarının içinde.

Ve o an anladım ki benim bu zamana kadar yaktığım bütün renkli ışıklardan daha parlak daha renkliydi İzmir. Ona onu tanıdığımdan beri neden bu kadar düşkün olduğumu biliyordum artık. O benim yeni renkli ışığımdı...

O var olduğu sürece ne karanlıkta kalacak, ne de onu karanlıkta bırakacaktım.

Hepimizin renkli ışıkları var bu dünyada. Ailemiz, sevgilimiz, ruhumuz, her ne olursa olsun hepimizin o karanlıktan çıkmasını sağlayan bir ışık var...

O ışığı bulun. Ve sonsuza kadar kapatmayın.

Her şey güzel olacak, size söz veriyorum. Ege sözü.

final.

ama devam edecek...

söz.

Ege sözü...

* Peter Gabriel - *Heroes*

*Cihan Mürtezaoğlu – *Şimdiden*

* Deniz Tekin – *Bende Bir Problem Var*

* Almora – *Kaf Dağının Ardında*

* Deniz Tekin – *Yıldızlar*

"Işıklar Sana Evinin Yolunu Gösterecek."

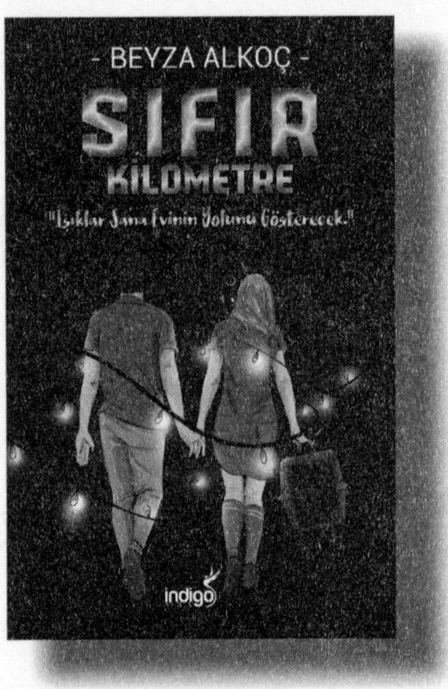

Birbirimizi uzaktan uzağa sevmek bir göldü, biz de o göle atlayan iki balıktık. O ufacık gölün içerisinde birbirimizi bulduk ve hiç kaybetmeyiz sandık. Oysa hiçbir şey sandığımız kadar kolay olmadı. Yan yana olmak koskoca bir denizdi ve biz bu denizde birbirimizi kaybettik. Binlerce kilometreyi aştık, birbirimize geldik. Oysa şimdi her zamankinden zor bir savaş bekliyor bizi, buram buram hissediyorum bunu. Sonra kulaklığımı takıyorum, telefonumu atıyorum cebime, kendi kendime fısıldamaya başlıyorum içimden…

"Işıklar sana evinin yolunu gösterecek…"
Bir kez daha tekrar ediyorum:
"Işıklar sana evinin yolunu gösterecek…"
Sonra bir kez daha…
"Işıklar sana evinin yolunu gösterecek…"
Ben İzmir ve bu benim evimi bulma hikâyem.

İzmir ve Ege'nin ışıklarla dolu karanlık dünyalarının hikâyesi devam ediyor... Üstelik aralarındaki mesafe artık sıfır kilometre! Işıklarınızı yeniden yakmaya geliyoruz, hazır mısınız?